The Neuroscience of Sleep and Dreams

잠과 꿈의 신경과학

잠과 꿈의 신경과학

초판 1쇄 인쇄일 2026년 2월 20일   초판 1쇄 발행일 2025년 2월 27일

지은이 패트릭 맥너마라 | 옮긴이 홍욱희
펴낸이 박재환 | 편집 유은재·신기원 | 마케팅 박용민 | 관리 조영란
펴낸곳 에코리브르 | 주소 서울시 마포구 동교로15길 34 3층(04003) | 전화 702-2530 | 팩스 702-2532
이메일 ecolivres@hanmail.net | 블로그 http://blog.naver.com/ecolivres | 인스타그램 @ecolivres_official
출판등록 2001년 5월 7일 제2001-000092호
종이 세종페이퍼 | 인쇄·제본 상지사 P&B

ISBN 978-89-6263-335-1 93180

책값은 뒤표지에 있습니다.   잘못된 책은 구입한 곳에서 바꿔드립니다.

잠과 꿈의 신경과학

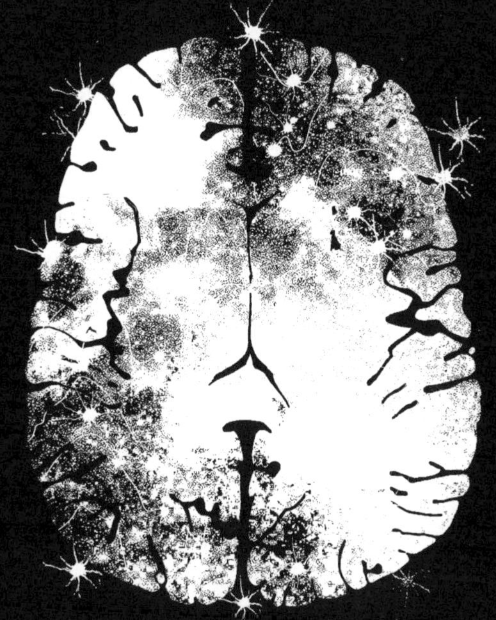

패트릭 맥너마라 지음 | 홍욱희 옮김

에코
리브르

50세 생일을 기념하여

이나 리비아 맥너마라(Ina Livia McNamara)에게 바침

차례

그림 목록

표 목록

<h1 style="text-align:center">서문</h1>

그림 P.1의 사암에 새겨진 조각은 〈우주적 잠에 빠진 비슈누(힌두교의 주요 신—옮긴이)〉로, 비슈누의 주변 인물과 동물들을 보여준다. 여기에는 이 책의 주제인 수면과 꿈이 상징적으로 묘사되어 있다. 비슈누는 잠을 자고 그렇기 때문에 꿈을 꾼다. 그는 사람, 장소, 사물 등 모든 세계를 꿈꾼다. 사실 비슈누의 수면이 하는 기능은 꿈을 꾸는 것이다. 수면과 꿈의 관계는 이 책에서 우리가 탐구할 핵심 질문이다. 그러나 수면과 꿈에 관한 신경과학 분야에서 새롭게 떠오르고 있는, 다른 중요한 연구 결과들도 소홀히 하지 않을 것이다. 이 책은 케임브리지 심리학에서의 기초 신경과학(Cambridge Fundamentals of Neuroscience in Psychology) 시리즈의 일부로 집필되었다. 이 시리즈의 목표는 심리학적 질문들에 답하는 데 필요한 신경과학적 방법론과 연구를 독자들에게 제공하는 것이다. 따라서 이 책의 핵심 주제는 독자들에게 수면과 꿈에 대한 과학적 기초를 설명하고 그와 관련한 여러 심리학적 질문을 밝혀내기 위해 신경과학적 방법론과 연구의 활용을 소개하는 것이다. 이 책은 대학에서 뇌와 행동·정신약리학·신경심리학·행동신경과학·꿈심리학·생리심리

그림 P.1 〈우주적 잠에 빠진 비슈누〉.
로스앤젤레스 카운티 미술관(Los Angeles County Museum of Art, Los Angeles, CA, LACMA.org)의 허가를 받아 사용함.

학 같은 과목의 부교재, 학부 심화 과정이나 대학원 과정의 강의와 세미나에서 (다른 과학적 보충 논문들과 함께) 주 교재, 교육받은 일반인들을 위한 교양서로 활용이 가능하다.

이번 2판에서는 모든 장과 본문에서 다루는 거의 모든 주제에 대해 상당한 양의 새로운 자료가 추가되었다. 가장 중요한 점은 많은 그림과 표를 새롭게 추가해, 본문의 내용을 보완하면서 요점을 보다 명확히 설명했다는 것이다.

미국수면의학회는 최근 수면과 정신 및 신체 건강 전반의 관계에 대한 공식 입장문을 발표하였다(AASM; Ramar et al., 2021). 수면은 건강에 필수라는 것이 미국수면의학회의 입장이다. 나는 이 입장문에 전적으로 동의하며, 이 책에서 수면과 건강에 대한 미국수면의학회의 입장을 폭넓게 뒷받침하는 여러 증거를 제시할 것이다. 수면이 성인과 아동 모두의 건강에 필수라는 점은 이제 충분히 분명해졌지만, 질병통제예방센터(CDC)와 모자보건국(MCHB)이 실시한 설문 조사 결과에 따르면 미국 아동의 34.1퍼센트, 고등학생의 74.6퍼센트, 성인의 32.5퍼센트가 필요한 수면 시간을 확보하지 못한다고 미국수면의학회 입장문은 지적하였다. 여기에 더해 대중에게 더 나은 수면의 중요성을 알려야 하는 사람들조차 환자들을 돕는 데 필요한 수면 관련 교육을 제대로 받지 못하고 있다. 예를 들어 미국수면의학회의 입장문에 따르면, 여러 국가의 의과대학에서 실시한 설문 조사 결과, 교과 과정에서 수면 교육에 할당하는 시간은 평균 2.5시간에 불과하며, 의대생의 27퍼센트는 소속한 학교에서 수면 교육을 전혀 제공받지 못했다. 10개국의 소아과 레지던트 교육 프로그램 책임자들을 대상으로 한 설문 조사에서도 평균 수면 교육 시간은 4.4시간에 그쳤으며, 전체 교육생의 23퍼센트에게는 수면 교육을 전혀 제공하지 못했다. 또한 (최일선에서 환자들을 대하는 의료진인) 간호사와 의료보조원들을 위한 공식적 수면 교육이나 관련 자격증은 아예 없는 것으로 나타났다. 미국의 경우 임상심리학 프로그램의 6퍼센트만이 수면의학에 대한 공식적 교육 과정을 제공하며, 그중 수면 장애 치료 관련 교육을 제공하는 프로그램은 31퍼센트뿐이다. 또한 미국과 캐나다에서 활발히 활동 중인 임상심리학자들은 수련 과정이나 경력 전반에 걸쳐 10시간의 형식적 수면 교육을 받은 것으로 나타났다. 응답자의 95퍼센트는 수면에 대한 임상 교육을 전혀 받지 않았다고 응답하였다.

요컨대 수면과 건강의 관계에 대한 최신 연구 결과를 사회 전반에, 특히 고등 교육과 임상 부문에 더 널리 보급해야 할 필요성은 분명하고도 크다. 나는 수면과 꿈의 신경과학을 소개하는 이 개정판이 수면 교육 증진을 위한 노력 전반에 기여할 수 있기를 바란다. 미국수면의학회 입장문에 한 가지 약점이 있다면, 그것은 꿈이 건강에 미치는 역할을 전혀 언급하지 않았다는 점이다. 사실 꿈은 정신 건강에 절대적으로 중요하며 신체 건강에도 중요한 역할을 할 수 있다. 따라서 나는 이 책에서 정신 및 신체 건강의 유지와 증진에 꿈이 하는 역할에 관한 최근의 연구 결과를 풍부하게 소개하고자 한다.

내가 이 책에서 다룰 질문 중 몇 가지는 다음과 같다. 수면이란 무엇이며, 수면에는 왜 두 가지 기본 형태〔적어도 육상 포유류의 경우에는 렘(REM, rapid eye movement: 급속 안구 운동)수면과 비(非)렘수면이 있다〕가 있을까? 렘수면 동안 편도체가 활성화하고 배측 전전두엽 피질이 하향 조절되는 이유는 무엇일까? 서파(slow-wave, 徐波: 깊은 수면 시 관찰할 수 있는, 진폭이 큰 저주파—옮긴이) 수면 중에 면역 시스템이 복구된다는 증거는 무엇일까? 수면 부채란 무엇이며 뇌 기능과 어떤 관련이 있을까? 만성 수면 부채의 심리적 결과는 무엇일까? 사건 수면(parasomnias), 즉 수면 중 이상 행동은 의식 상태에 대해 우리에게 무엇을 알려줄 수 있을까? 그 밖에도 이 책에서는 다양한 수면 장애의 흥미롭고 특이한 증상(몽유병, 렘수면 행동 장애, 기면증 등)과 기억, 학습, 정신 건강에서 수면과 꿈의 역할에 대한 최신 연구 결과를 논의할 예정이다. 꿈과 관련해 이 책이 다룰 질문 중 몇 가지는 다음과 같다. 왜 어떤 사람들은 꿈을 거의 기억하지 못하는데 어떤 사람들은 매일 밤 꿈을 꾸고 그 기억이 홍수처럼 넘쳐나는 것일까? 꿈에는 왜 그렇게 사회적 상호 작용에 관한 것이 많을까? 특정한 꿈이 질병이나 죽음의 신호일 수도 있을까? 왜 어떤 꿈은 매우 감동적인데 어떤 꿈은 진부하고 쉽게 잊혀질까? 왜 어떤 사람들은 꿈 꿀 때 자신이 꿈꾸고 있음을 쉽게 깨닫는데 어떤 사람들은 그런 "자각 몽"을 전혀 경험하지 못할까? 우리가 꿈을 꾸는 것은 뭔가를 기억하기 위해서일까? 창의력을 발휘하는 데 꿈이 필요할까? 수면 패턴과 꿈을 추적하기 위한 스마트폰과 앱 사용의 새로운 열풍은 수면과 꿈에 대한 우리의 이해를 어떻게 바꾸고 있을까? 악몽에 대해서는 어떨까? 악몽 은 왜 발생하며, 이 문제에 대처할 방법은 없는 것일까? 이는 이 책에 서 다룰, 수면과 꿈에 관한 흥미로운 수수께끼 중 일부다.

수면과 꿈에 관한 다른 입문서들과는 달리, 나는 이 책에서 수면과 꿈의 신경심리학을 이해하기 위해 진화론적·사회신경과학적 접근 방 식을 일관적으로 취하고자 한다. 나는 생리학적 시스템의 기능적 측면 은 다윈주의 진화생물학의 틀 안에서 더 쉽게 이해할 수 있다고 보기 때문이다. 진화적 맥락에서 수면을 바라볼 때, 대부분의 동물이 적합도 를 대가로 지불하고서라도 사회적 상호 작용을 하기 때문에 수면을 사 회적 행동으로 간주할 수밖에 없다. 따라서 나는 수면을 적어도 일부는 사회적 현상으로서 연구하고 이해하는 것이 사회에 유용하다고 주장하 고자 한다. 예를 들어 태아와 영아의 수면은 사회적 맥락, 즉 영아와 어 머니의 상호 작용을 고려하지 않으면 이해할 수 없다. 마찬가지로 유아 기부터 성인기까지의 수면 상태도 사회적 관계(아동기에는 부모와의 애착 관 계, 성인기에는 성적 파트너와의 애착 관계 등) 안에서 발생하기에 그런 관계가 수면의 모든 측면에 영향을 미친다. 혼자 자는 사람과 같이 자는 사람 의 수면 표현은 다르다. 같이 자는 것은 인간이 진화 과정에서 선택한 기본 습관이라고 할 수 있다. 우리 조상들은 모두 같이 잤다. 그리고 그 사실이 수면과 관련한 일부 생물학적 특징을 설명하는 데 도움이 된다. 수면과 사회적 맥락에 관한 이러한 기본적 사실은 수면과학자들이 제안하고 때로 인정받기도 하지만, 마땅히 그래야 하는 만큼 관심을 끌지는 못한 듯하다. 수면을 사회적 맥락에서 보는 것은 수면과 관련 장애의 일상적·기능적 측면을 부각해, 수면과 꿈에 관한 이 신경심리학 입문서의 독자들에게 도움이 될 것이다.

이번 서문에는 마지막 논점이 있다. 이 책의 개정판 원고는 2020~2022년, 즉 코로나19 대유행 기간에 작성되었다. 이 시기의 사회적 봉쇄 조치가 우리의 수면과 꿈에 어떤 영향을 미칠 수 있는지에 대한 연구들을 검토한 결과, 이 책의 초판에서 우리가 주장한 내용, 즉 잠(그리고 꿈)의 사회적 성격이 충분히 분명해졌다. 코로나19로 인한 봉쇄 기간에 많은 사람들이 겪은 고립감과 외로움으로 수면 구조의 변화, 악몽의 위험, 불쾌한 꿈의 내용을 상당히 예측할 수 있었다. 이러한 수면과 꿈의 결과는 코로나19가 개인에게 미치는 영향을 개인차와 상황에 따라 악화 또는 완화시켰다. 연구자들은 코로나19와 사회적 거리두기/봉쇄 정책으로 인한 사회적 혼란의 주관적 경험을 묻는 설문 조사에 전 세계 997명이 보낸 응답을 분석하였다(Kahawage et al., 2022). 그들은 사회적 거리두기 동안 주야간 일과의 주관적 경험을 설명하면서 다음과 같은 네 가지 주제에 대해 보고하는 경향이 있었다. (1) 매일 정해진 시간에 하던 일상적 활동의 상실, (2) 사회적 상호 작용의 역할, (3) 시간 지각의 변화, (4) 동기의 붕괴와 관련한 심리적 영향. 대부분의 응답자가 보고한 전반적 느낌은 수면, 꿈, 깨어 있을 때의 활동이 뒤섞이는 경향이 있고 심리적으로 적잖이 "방황"했다는 것이었다. 참여자들은 시간과 장

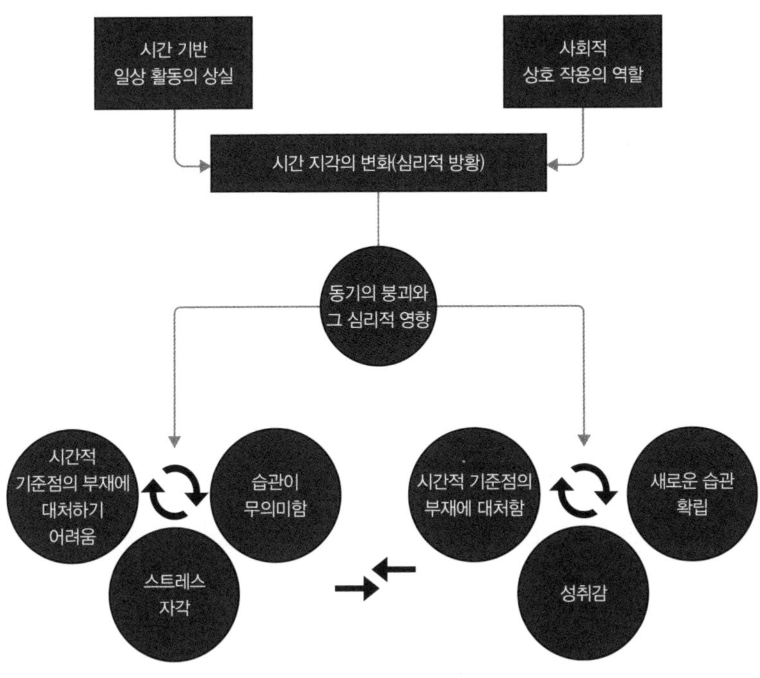

그림 P.2 코로나19가 수면에 미친 영향의 네 주제와 그 관계의 휴리스틱 지도.
허가를 받아 Kahawage et al. (2022)에서 인용함.

소 모두에 대한 방향 감각을 잃고 날짜가 뒤섞인 느낌이었다고 했으며,
무의미함을 느낀 경우가 많았다. 사회적 봉쇄와 거리두기는 역설적으로
사람들을 사회적으로 고립시키는 동시에 때로는 평소 접촉하지 않던
동거인과 매일 접촉하게 만들었다. 이러한 경우 사회적 접촉의 긴장도
가 도전이 되는 경향이 있었는데, 특히 다른 구성원들의 수면-기상 일
정이 불규칙하고 예측할 수 없을 때 더 그러하였다. 위 네 가지 주제의
상호 관계는 임시적 휴리스틱 지도(그림 P.2 참조)로 정리할 수 있다. 사
회적 거리두기가 실시되자 심리적 방황이 나타났고, 사람들은 이를 어

떻게 다룰지 선택해야 했다. 이러한 방황에 성공적으로 대처하기 위해서는 규칙적 운동과 수면-기상 습관 및 일정이 필요했다. 그러지 못했을 때는 결과가 좋지 않았고 만성적 고통을 겪기도 했다.

꿈꾸는 뇌가 팬데믹, 특히 질병의 위협과 사회적 거리두기 같은 상황에 어떻게 반응하는지를 다룬 연구들은 꿈의 강력함을 다양한 측면에서 드러냈다. 하나의 사례만 살펴봐도 이를 확인할 수 있다. 한 연구(Šćepanović et al., 2022)는 텍스트에서 의학적 상태에 대한 언급을 추출하는 딥러닝 알고리즘을 활용해, 팬데믹 기간에 수집한 두 데이터 세트에 이를 적용하였다. 해당 데이터 세트는 총 2888개의 꿈 보고(즉 수면 중 꿈 경험)와 팬데믹을 언급한 5700만 건의 트윗(즉 깨어 있을 때 삶의 경험)으로 구성되었다. 이 두 데이터 세트를 분석한 결과, 공통으로 나타난 건강 관련 표현은 전형적인 코로나19 증상(예: 기침, 발열, 불안)을 우려하거나 묘사하는 문구들이었다. 그러나 각성 상태에서의 표현이 증상을 비교적 사실적·상식적 방식(예: 비강 통증, 조류 독감, 신종 인플루엔자)으로 기술한 반면, 꿈에서의 표현은 보다 은유적·비일상적(예: 구더기, 기형, 뱀에 물림)이거나 초현실적 상태(예: 이가 빠짐, 몸이 모래가 되어 부서지는 느낌)로 나타났다. 이러한 결과를 시각화한 그림 P.3에서 볼 수 있듯, 꿈(파란색 원)은 코로나19 경험의 외곽이나 정의하기 어려운 경계를 탐색하는 방식으로 드러났다. 이러한 종류의 정보는 감염된 사람들에게 (앞으로 닥칠 수 있는 상황에 대비하는 데) 도움이 되고, 환자를 돌보는 사람들에게도 마찬가지이며, 팬데믹의 일상적 어려움을 견뎌내는 나머지 우리에게도 매우 유용하다. 이처럼 일반인들의 꿈은 각성 상태에서의 담론적 반성보다 코로나19 경험의 더 넓은 부분을 예측하고 포착 또는 묘사하였다. 따라

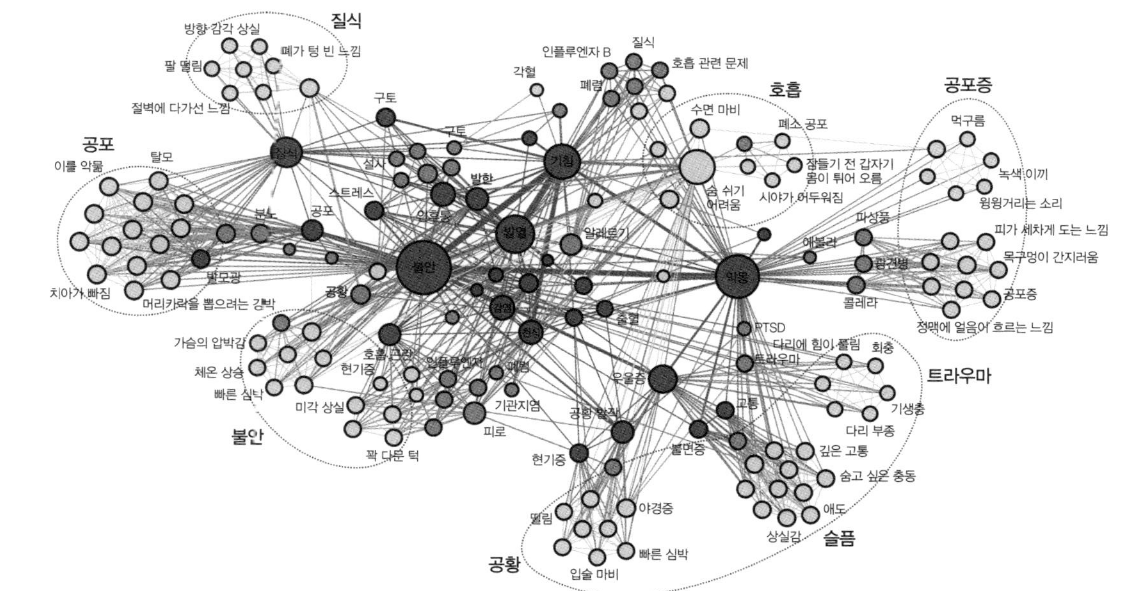

그림 P.3　꿈 보고 네트워크 내에서 의학적 상태의 동시 발생.

주황색: 깨어 있을 때와 꿈 보고에서 빈도가 동일함, 초록색: 깨어 있을 때의 보고에서 전형적임, 파란색: 꿈 보고에서 전형적임, 회색 점선 내: 꿈 보고에서 빈도가 더 높음. 허가를 받아 Šcepanović et al. (2022)에서 인용함.

＊컬러 버전은 간지의 별도 사진 참조.

서 수면에 대한 설명은 꿈에 대한 설명 없이 결코 충분하지 않다. 수면
의 신경과학이란 없다. 수면과 꿈의 신경과학만 있을 뿐이다.

감사의 글

그동안 내 연구에 도움을 주신 스티븐 어세라(Stephen Acerra), 닉 깁슨(Nick Gibson), 베티나 셔피라(Bettina Shapira), 셔넬 리드(Chanel Reed), 앨빈 맥클린(Alvin McClean)에게 감사드린다.

수면이란 무엇인가
진화적 배경

학습 목표

○ 수면의 항상성을 이해한다.

○ 수면의 과학적 정의에서 핵심 요소들을 평가한다.

○ 수면의 사회적 본질에 대한 증거들을 평가한다.

○ 파충류, 조류, 포유류, 영장류의 수면과 인간의 수면에서 생물학적 특성을 구별한다.

1.1 서론

수면은 음식, 물, 산소와 마찬가지로 모든 생명에 필수 요소다. 우리는 충분한 수면을 취하지 못하면 죽는다. 하지만 이 말을 좀더 구체적으로 설명할 필요가 있다. 인간의 수면에는 렘수면과 비렘수면이라는 두 가지 형태가 있다. 비렘수면이 없다면 실제로 죽는 것은 분명하지만, 렘수면의 경우 사정이 더 복잡하다. 이 책은 꿈의 과학에 대한 소개이기도 하기에 우리가 가장 생생한 꿈을 경험하는 수면 형태인 렘수면의 생물학에 대해서도 처음부터 자세히 살펴볼 가치가 있다. 렘수면이 없다면 우리는 정신적으로 무너질 듯하겠지만 죽지는 않을 것이다.

실제로 렘수면은 생명을 영위하는 데 꼭 필요하지 **않을** 뿐만 아니라 생명에 해로울 수도 있다는 징후가 있다! 예를 들어 렘수면은 (눈 근육을 제외한) 근육의 전반적 마비를 수반하기 때문에 개인은 완전히 움직일 수 없게 된다(즉 목 아래 부분이 모두 마비된다). 물론 렘수면과 관련된 이 마비는 비렘수면과 관련된 무의식 상태와 달리 우리를 포식자나 다른 위험에 취약하게 만든다. 잠에서 깨어날 때(예: 포식자를 피하기 위해) 신체의 마비를 경험하는 것은 그렇지 않은 것보다 훨씬 문제다. 설상가상으로 마비된 동시에 렘수면 상태인 신체는 자율 신경계 폭풍(autonomic nervous system storms)을 겪기 시작하는데, 이는 자율 신경계의 여러 신경절에서 강렬하고 주기적인 전기 방전을 수반한다. 이러한 자율 신경계 폭풍은 심장과 시스템의 심한 불안정성을 초래하며, 이는 렘수면이 정점인 이른 아침 시간대에 심장 마비가 특히 많이 발생한다는 사실과 관련이 있다(Verrier, Muller, & Hobson, 1996).

렘수면 동안 신체 마비와 자율 신경계 폭풍 외에도 혈중 산소 불포화도 수준이 최대치에 도달한다. 산소 수준이 낮아지면 자연적으로 들숨이 증가하지만, 이런 저산소성 호흡 반응은 렘수면 동안 정상 용량의 50퍼센트 이상 감소한다. 따라서 렘수면과 관련된 저산소혈증과 비정상적 호흡 패턴은 폐활량이 작은 영유아(돌연사 증후군을 초래할 수 있다)와 다양한 호흡기 질환 및 장애가 있는 성인들을 생명을 위협하는 합병증에 노출시킨다. 또한 렘수면은 변온 상태로 복귀를 수반하는 것으로 보인다(Parmeggiani, 2000). 즉 렘수면 동안에는 정상적 체온 조절이 불가능해지는 것이다. 렘수면 동안 뇌의 온도는 상승하지만, 땀 흘림이나 헐떡임 같은 체온 조절 반응은 효과적으로 이뤄지지 않는다. 신체는 적절히 내부 온도를 조절하고 환경의 열 변화에 반응해야 하지만 렘수면 동안에는 그럴 수 없는 것이다.

렘수면 동안에는 여러 생리학적 현상이 다양한 형태의 불안정성으로 분출하는 그림이 나타나는데 여기에 또 다른 반전이 더해진다. 렘수면은 항상 남성의 발기(유아의 경우에도), 여성의 음핵 충혈, 자궁 수축, 때로 골반 앞뒤로 움직이기와 관련한다. 따라서 개인이 움직일 수 없고 생리학적으로 혼란스러운 상태에 있는 동안 성적 시스템이 활성화한다. 이러한 모든 변화가 그리 특이하지 않은 것 같다면, 렘수면 동안 뇌에서 어떤 일이 일어나는지 살펴보자. 먼저 감은 눈꺼풀 아래서 눈동자가 앞뒤로 움직이고(그래서 렘수면이라는 이름이 붙었다), 외부 감각 정보에 대한 접근이 감소하고, 어떤 경우에는 효과적으로 차단된다(예: 시각적 정보). 그럼에도 시상하부·내측 중격·해마 영역에서 시작하는 렘 관련 뇌파, 즉 세타파는 뇌교-슬상체-후두엽(Pontine Geniculo Occipital, PGO) 전기 스파이크(극파)의 활성화를 촉진한다. 이 전기 스파이크는 시각 중심부를 통해, 그다음은 다른 뇌 영역으로 전파되어 뇌의 특정 변연계 및 신피질 영역을 강하게 활성화한다. 쥐의 경우 렘수면 동안 해마에서 세타파와 감마파가 폭발적으로 증가하고, 이어서 과혈류나 혈관 확장 같은 현상이 일어나며, 뇌의 모든 활성화된 영역을 통해 혈류가 증가한다.

이러한 렘수면 중의 혈류 현상은 쥐와 인간 모두의 깨어 있을 때 혈류 패턴을 크게 능가한다. 일단 해마의 렘 세타파가 PGO파, 혈류 역학의 급증 및 관련한 변연계 및 신피질 활성화를 유발하면 세타파는 특히 복내측 전전두엽 피질 부위에서 감마파와 결합하는 경향을 보인다. 이 시점에 신체는 마비되고, 성적으로 활성화되고, 열역학적으로 침묵하며, 환기 또한 원활하지 않지만 인지적으로는 각성된 개인은 **꿈**이라는 현상을 지켜볼 수밖에 없다.

외부 환경과 단절되어 (신체 마비와 감은 눈 때문에) 포식자들에게 완전히 취약한 상태에서 기이한 성적 각성 등 극심한 생리학적 불안정성을 겪을 때, 우리는 꿈이라고 부르는 환각적 시뮬레이션에 사로잡힌다. 밤이 깊어질수록 이러한 렘수면 주기와 강렬한 서사 시나리오(꿈)가 약 90분 간격으로 반복되며 점점 더 격렬해지고, 더 강렬한 자율 신경계 폭풍을 불러오고, 심박수와 호흡 기능에 심각한 변동이 일어나고, 더 정교하고 환각적인 꿈의 서사가 생겨난다. 그리고 우리는 밤의 모험에서 깨어나 또 다른 하루를 맞이하며 어리둥절하고 혼란스러워한다.

블럼버그 등(Blumberg et al., 2020)은 겉보기에는 렘수면에 위험하고 해롭고 대가가 크고 역설적인 특성이 있다는 점에 주목했다. 예를 들어 모든 육상 포유류와 조류가 렘수면을 하며 이때 체온 조절 반사가 일시 정지된다는 점을 고려할 때, 이를 통해 렘수면이 동물의 체온을 유지하는 데 기여한다고 결론지어야 할까? 뒤에서 살펴보겠지만, 렘수면의 일부 중요한 전기생리학적 특성은 오스트레일리아 턱수염도마뱀과 같은 파충류에서도 나타난다. 파충류는 내부에서 열을 생성하거나 수면 중에 그 기능을 정지할 수 없기 때문에, 렘수면 중 체온 조절 반사의 정지는

그림 1.1　렘수면의 전통적 정의를 다시 생각하게 하는 동물들.
허가를 받아 Blumberg et al. (2020)에서 인용함.
＊컬러 버전은 간지의 별도 사진 참조.

보편적이거나 렘수면을 정의하는 특징은 아닐 수 있다. 블럼버그 등은 진화가 발달 과정의 변형을 통해 이루어진다는 점을 고려해 발달-비교적 접근법(developmental-comparative approach)을 채택해야 한다고 주장한다(그림 1.1 참조).

그림 1.1을 왼쪽에서 오른쪽의 순서로 살펴보자. 단공류인 오리너구리는 부리가 경련하고 (렘수면의 특징인) 급속 안구 운동이 발생하는 단일 혼합 수면 상태를 나타내지만, 대뇌 피질의 뇌파 검사(EEG)에서는 급속 안구 운동에서 보이지 않는 서파도 나타난다. 거위 같은 조류는 다른 동물들과 다르게, 렘수면 중 목 근육의 긴장이 부분적으로 감소하며 일반적 근육 마비는 보이지 않는다. 올빼미는 다른 조류 대부분과 유사한 렘수면을 하지만, 두개골 내에서 눈이 거의 움직이지 않기 때문에 급속 안구 운동은 보이지 않는다(그림의 확대된 부분 참조). 아르마딜로는 렘수면

의 전형적 특징을 보이나, 수컷은 다른 동물과 달리 렘수면 대신 비렘수면 중 발기한다. 렘수면의 일반적 특징은 각성 상태와 유사한 뇌 활동인데, 테구도마뱀은 렘수면 중 15헤르츠의 기이한 뇌 진동을 나타내며, 이는 깨어 있을 때는 관찰할 수 없다. 변온 동물인 테구도마뱀은 포유류 및 조류와 달리 렘수면 중 발한이나 몸 떨림과 같은 체온 조절 기능을 중단할 수 없다.

블럼버그 등(Blumberg et al., 2020)은 이렇게 다양한 렘수면의 형태를 분석하면서, 인간과 포유류 중심의 관점에서 벗어나야 한다고 주장한다. 수면과 꿈의 기능을 제대로 이해하려면 진화적·비교생물학적 관점을 가져야 한다. 이제 그런 관점을 좀더 살펴보자.

1.2 수면의 주요 특징

인간과 포유류 중심의 관점을 벗어나 수면을 이해하려면, 우선 인간과 포유류의 수면 모델을 논의할 필요가 있다. 그런 모델에서 비교적 명확한 사실을 발견할 수 있기 때문이다. 그렇지만 인간의 수면을 주로 다루더라도 비교생물학적·진화적 관점을 지속적으로 고려해야 한다. 먼저 인간의 수면을 잠정적으로 정의해보자. 인간의 수면은 기본적 필요를 넘어서는 것이다. 이는 뇌 상태에 따라 조절되고 가역적이고 항상성을 유지하는 회복 과정으로, 일주기 리듬과 사회적-생리적 요인으로 결정된다. 또한 수면 시작 시에는 특정한 의례적 신호 행동이, 잠자는 동안에는 종 특유의 정지 자세, 지각적 단절, 높은 각성 역치(쉽게 깨어나지 않음—옮긴이) 등이 나타난다. 이러한 정의가 복잡해 보일 수 있지만, 뒤에서 각 요소를 구체적으로 설명하고 예외도 함께 살펴볼 것이다(예: 인간이 아닌 종이 모두 렘수면의 항상성을 유지하는 것은 아니지만, 비렘수면의 경우 대부분 항상성이 유지된다). 그럼에도 잠자는 동물들 대부분은 인간 수면의 정의에서 제시한 여러 요소를 공유한다.

이런 정의는 행동적·기능적·생리적·전기생리학적 특성을 포함한다(표 1.1 참조). 대부분의 비인간 동물은 신경계의 구조상 완전한 폴리그래픽 수면(full polygraphic sleep), 혹은 두피에서 뇌의 전기적 활동을 기록하는 뇌파 검사로 측정할 수 있는 수면이 어렵기 때문에, 이런 동물들의 수면은 주로 행동적·기능적 특성을 기준으로 평가된다. 완전한 폴리그래픽 수면은 뇌파 검사로 렘수면과 N1, N2, N3의 세 단계로 구분되는 비렘수면 단계를 측정할 수 있는 경우를 의미한다. 일반적으로 "완전한 폴리그래픽 수면"이라는 용어는 전기생리학적 측정뿐만 아니라 나머지 세 특성을 모두 또는 대부분 포함하는 경우를 지칭한다. 수면의 네 가지 주요소(행동적·전기생리학적·생리적·기능적)를 모두 갖춘 경우, 우리는 그 동물이 완전한 폴리그래픽 수면을 한다고 간주한다. 현재 이러한 형태의 수면이 확인된 동물은 (인간을 포함한) 영장류뿐이다.

수면의 행동적 특성으로 종 특유의 수면 자세가 있는데, 대부분은 움직이지 않고 누운 상태로 잠잔다. 다만 일부 동물(예: 소)은 서 있는 상태에서도 제한적 수면이 가능하다. 또한 동물은 보통 체온을 유지하고 포식자로부터 자신을 보호하기 위해 특정한 수면 장소를 선택한다. 잠자리에 들기 전 둥지를 돌거나 하품을 하는 것 같은 행동이 나타나지만 이런 행동이 왜 필요한지는 아직 명확하지 않다. 수면의 기타 행동적

표 1.1 　인간 수면의 특성.

1. 행동적 특성
- 보통 정적인 자세를 유지함
- 특정한 장소에서 수면을 취함
- 수면 전 의례적 행동을 수행함(예: 돌기, 하품하기)
- 신체 활동 감소
- 각성 및 반응성의 역치가 증가함
- 수면 상태의 가역성이 높음
- 일주기 리듬에 따라 휴식—활동 주기가 달라짐—사회적 신호와 동종 개체의 활동에 영향을 받음
- 동면이나 휴면과는 구별함

2. 전기생리학적 특성

EEG
- 비렘수면: 고전압 서파, 델타파(깊은 수면)
- 일부 동물에서 수면 방추파가 나타남
- 일부 영장류에서 K-복합파가 관찰됨
- 렘수면: 저전압 고주파(렘수면, 역설적 수면, 활동적 수면)
- 해마의 세타파 활동 및 PGO파가 나타남

안전도(Electro-oculogram, EOG)
- 비렘수면: 안구 운동이 나타나지 않거나 안구를 느리게 굴리는 운동이 나타남
- 렘수면: 빠른 안구 운동이 나타남

근전도(Electromyogram, EMG)
- 각성 상태→비렘수면→렘수면으로 진행되면서 근육 긴장이 점진적으로 감소함

3. 생리학적 특성
- 렘수면: 심박수, 호흡, 체온 등 생리적 지표에서 불안정성이 증가함, 음경 발기
- 비렘수면: 생리적/대사적 활동이 감소하며 심부 체온이 약 2도 감소함

4. 기능적 특성
- 수면 결핍을 보상함(항상성 조절)
- 수면 부족 이후 수면 시간이 증가함

지표로 근긴장도의 감소, 목/목덜미 근육의 이완, 일부 종에서 반중력 근육의 마비, 각성 역치 증가, 각성 상태로의 빠른 복귀 등이 있다. 수면의 생리적 특성은 비렘수면 중 대사 활동의 현저한 감소, 렘수면 중 자율 신경계 활동과 심혈관 및 호흡 활동의 불안정성을 포함한다. 렘수면의 전기생리학적 특성은 낮은 전압의 빠른 뇌파, 해마에서의 세타파 리듬, PGO파다. 반면 비렘수면의 경우 높은 전압의 서파, 수면 방추파(비렘수면, 특히 2단계 동안 EEG에서 나타나는 짧고 빠른 리듬의 뇌파. 기억 공고화와 관련이 있는 것으로 추측한다—옮긴이), K-복합파가 특징이다. 기능적 특성으로는 수면 결핍 후 수면 시간이 증가하는 경향이 있고, 비록 예외가 있지만 보통은 수면 결핍 후 수면 강도가 높아진다. 예를 들어 군함조는 바다 위를 비행하는 열흘 동안 하루에 채 1시간도 자지 않지만, 그 후에도 수면 반동(sleep rebound)이 나타나지 않는다. 또한 털바다사자는 육지에서 하루에 약 80분의 렘수면을 하지만, 물속에서 헤엄칠 때는 하루 평균 3분에 그친다. 그러나 육지로 돌아온 후에도 렘수면 "반동"은 보이지 않는다.

1.2.1 수면은 항상성 조절의 과정이다

수면 결핍 이후 보상으로 수면이 증가하는 현상(수면 반동)은 일부(예: 군함조나 바다표범)를 제외하면 대부분의 동물에서 나타난다. 따라서 수면은 기본적으로 항상성 조절의 과정이다. 여기서 항상성 조절이란 수면의 양과 강도가 내부의 조절 메커니즘에 의해 일정하게 유지됨을 의미한다. 이는 체온을 일정하게 유지하는 온도 조절 장치와 유사하다. 수면 시간이 부족할 경우 수면 부채가 누적되며, 결국 이를 보충해야 한다. 즉 수면이 부족할수록 밤에 수면 시간이 증가하고 수면 강도가 높아진다. 적어도 비렘수면은 깨어 있는 시간의 길이에 비례하여 증가한다. 즉 깨어 있는 시간이 길수록(혹은 수면 부족 상태가 지속될수록) 이후 비렘수면의 시간과 강도가 늘어난다. 주중에 수면 시간이 부족한 경우 많은 사람들이 주말에 더 오래 자거나 늦잠을 자면서 이를 보충하려 한다. 휴일에 더 자는 것으로 평일에 잃어버린 수면 시간을 채우는 것이다.

1.2.2 수면은 회복의 시간이다

우리가 부족한 잠을 보충할 때 뇌파를 기록하기 위해 뇌파 검사를 사용하면(이 부분은 뒤에서 더 자세히 설명할 것이다), 뇌가 델타파를 많이 방출하는 것을 알 수 있다. 수면 전에 깨어 있는 시간이 길수록 비렘수면 중 델타파가 더 강하고 높게 나타난다. 그러나 일단 잠들면 밤을 지나며 델타파가 감소하기 시작하는데, 이것은 델타파가 "수면의 필요성" 또는 수면을 보충하는 동안의 수면 강도를 나타낸다는 의미다. 델타파가 강할수록 수면 보충의 효과도 더 강하다. 밤이 시작될 때 델타파가 높다가 잠을 자는 동안 점차 감소할 때, 사람들은 보통 양질의 수면을 취했다고 보고한다. 따라서 보충 수면의 핵심은 수면의 양이 아니라 강도에 있다. 델타파로 측정되는 수면의 강도가 높을수록 수면의 효과가 더 좋다. 더 집중적으로, 더 오래 수면을 취함으로써 수면 결핍을 보다 효과적으로 보충할 수 있다.

　보충 수면 현상은 깨어 있는 동안 몸이나 뇌 안에 어떤 화학적 물질 또는 과정이 축적되었다가 수면 중에 방출됨을 시사한다. 이렇게 깨어 있으면서 누적되는 화학적 과정을 '과정 S(Process S)'라고 부르며, 이 과정이 수면 중에 해소되는 효율성을 나타내는 지표가 델타파 활동이다. 델타파 활동은 서파 수면, 특히 N3 단계에서 관찰되며 깨어 있을 때 과정 S가 유발한 과정을 되돌리는, 어떤 역할을 하는 것으로 보인다. 예를 들어 만약 과정 S가 몸과 뇌에 일종의 연료이며 깨어 있는 동안 고갈된다면, 델타파 활동은 이 연료를 수면 중에 다시 만들어내는 일종의 생산 과정이다. 만약 우리가 과정 S의 물리적 원인을 규명할 수 있다면, 비렘수면의 실제 기능에 대한 통찰을 얻을 수 있을 것이다. 수면 박탈과 회복적 수면의 관계는 수면이 우리에게 실제로 무엇을 해주는지를, 즉 수면의 기능을 이해하는 데 중요한 단서를 제공한다.

과정 S는 신체를 재충전하는 일종의 에너지 보존 과정일까? 그럴 수도 있지만 그 그림은 복잡하다. 예를 들어 동면을 생각해보자. 동면은 일부 온혈 동물에게 먹이와 보온의 필요성을 극적으로 감소시킴으로써 장기적 비활동 기간을 허락하는 적응이다. 곰의 동면은 훌륭하다. 이는 수면과 각성의 일주기 리듬이 점차 약화되면서 시작된다. 곰은 실제로 몸을 떨고 신진대사율을 높여 체온을 조절한다. 곰은 동면하는 대부분의 기간에 비렘수면과 렘수면을 취하고 간간이 깨어 있는다. 곰은 동굴처럼 보호받을 수 있는 장소를 찾거나, 굴 또는 휴식처를 만들어 겨울 동안 그 안에 웅크리고 있는다. 곰이 자고 있는 것처럼 보이지만 실제로는 그렇지 않다. 이것은 수면이 단순한 휴식이나 활동하지 않는 상태가 아님을 보여준다. 동면 중인 동물은 심부 체온과 신진대사 활동을 낮추고 움직이지 않는 상태로 들어가지만, 그래도 잠을 자야 한다! 동면 중인 동물의 신진대사 활동이 크게 감소해 있음을 감안할 때, 몸이 작동하고 있거나 재충전을 위한 신진대사의 필요성이 생겨나고 있는지는 분명치 않다. 그럼에도 곰은 주기적으로 그런 상태에서 깨어나 잠을 보충하듯 서파 수면에 들어간다. 따라서 동면은 깨어 있는 상태와 같은 것으로 간주되어야 한다. 어떤 종류의 작업을 포함하는 행위이자 수면의 유기적 과정이 결핍된 행동으로 보이기 때문이다. 동면은 먹이가 부족하고 그것을 구하기 위해 열량을 소비할 만한 이점이 없는 긴 겨울 동안 동물이 생존할 수 있도록 한다. 다람쥐 같은 동물도 짧게 동면하지만 겨울 내내 그럴 필요는 없다. 동면하는 동물은 음식과 물과 체온 유지의 필요성을 크게 줄일 수 있지만, 수면의 필요성은 줄일 수 없기 때문에 주기적으로 깨어나 잠을 자야 한다. 동물이 휴면 상태에서 깨어나면 마치 잃어버린 수면 시간을 보충하듯 즉시 서파 활동에 진입한다. 그러나 동물이 취하는 서파 수면의 양은 몸과 뇌의 온도에 따라 달라지는 것으로 보인다. 뇌 온도가 낮을수록 깨어난 직후의 서파 활동이 더 강하게 나타난다. 동면하는 동물들에게서 나타나는, 이런 사실을 고려할 때 수면의 기능이 단순히 신진대사를 위한 재충전에 그치지 않음은 분명하다.

1.2.3 복구 수면에서 국소적 서파의 역할

신체와 뇌가 신진대사 활동을 끝마친 후 회복하는 방식에는 크게 두 가지가 있다. 첫째는 하향식 과정으로, 유기체의 몸 전체가 한꺼번에 잠에 빠져드는 방식이다. 둘째는 상향식 과정으로, 특정 신경세포(뉴런)

집단이 동기화된 활동을 생성하면서 해당 영역에서 서파 활동이 나타나는 방식이다. 따라서 한밤중 델타파 강도가 점진적으로 감소하는 일반적 경향과 더불어, 특정한 뇌 영역에서는 사용 정도에 따라 국소적·일시적 델타파 증가가 발생할 수 있다. 이러한 델타파의 국지적 증가는 복구 수면(recovery sleep)의 사용 의존적 기능을 보여준다. 즉 깨어 있는 동안 특정한 뇌 영역을 집중적으로 사용하면 해당 영역에서 국소적으로 델타파 활동이 증가하며, 이는 회복 과정을 거치고 있음을 의미한다. 매일 밤 규칙적이고 보다 전반적으로 나타나는 델타파 활동의 변화는 다른 뇌 영역보다 전두엽의 특정 영역 및 연결된 영역의 사용 및 활성화와 밀접한 것으로 보인다(Halász et al., 2014). 또한 수면 결핍은 복구 수면 중 전두엽에서의 델타파 활동을 우세하게 만들었고(Horne, 1993; Cajochen et al., 1999; Finelli et al., 2001), 이는 뇌 좌반구에서 두드러졌다(Achermann et al., 2001).

1.2.4 복구 수면과 관련한 특이한 렘수면 조절

(깨어 있는 동안 비렘수면이 부족하면 뇌파에서 델타파 서파가 급격히 증가하다, 이후 밤새 점진적으로 감소하면서 복구 수면으로 이어짐을 감안할 때) 비렘수면이 항상성 유지의 차원에서 조절됨은 분명하나, 렘수면의 경우는 좀더 복잡하다. 렘수면이 부족할 경우 수면 반동이 나타날 수 있다는 증거가 일부 존재하지만, (델타파로 비렘수면을 측정하듯) 렘수면의 강도를 평가할 수 있는 지표는 불분명하다. 또한 렘수면 반동이 발생하면 급속 안구 운동의 빈도가 증가하는 경향이 있지만, 이것이 실제 수면 강도의 증가를 의미하는

지는 확실치 않다. 렘수면 반동이 모든 경우 또는 종에서 동일하게 나타나는 것도 아니다. 한편 비렘수면의 필요성은 깨어 있는 동안 수행한 작업량에 비례하여 증가하지만, 렘수면의 필요성(또는 압력)은 그렇지 않다. 일부 연구에서는 렘수면의 필요성이 깨어 있는 시간뿐만 아니라 비렘수면의 지속 시간과도 상관이 있을 것이라고 제안한다(Benington & Heller, 1994). 더구나 렘수면의 할당량과 강도는 일주기 관련 단서(Dijk & Czeisler, 1995), 유전적 요인(Franken et al., 2001)에도 영향을 받았다.

렘수면의 발현을 조절하는 신경 기제를 살펴보면 비렘수면 회로와의 상호 작용이 보다 분명해진다. 두 상태는 서로 억제하는 관계로 보이며, 이들이 혼합되면 뇌에 병리적 상태가 발생한다. 또한 렘수면과 각성 상태가 혼합되면, 개인은 몽환적이거나 심지어 환각적인 상태를 경험하게 된다. 따라서 세 가지 상태가 서로 섞이지 않도록 유지하는 신경 회로가 필요하다. 렘수면과 비렘수면은 밤 동안 각성 상태를 피하면서 번갈아 나타나며, 비렘수면과 연동되어 렘수면을 켜거나 끄는 신경 회로에 의해 조절된다. 홉슨과 맥칼리의 초기 제안에서는 상호 억제하는 콜린성 및 모노아민성 핵이 렘수면의 발현을 조절한다고 했다(Hobson & McCarley, 1977). 뇌간에서 모노아민(세로토닌과 노르아드레날린) 수치가 감소하고 콜린성 신경 활동이 증가하면 렘수면이 나타난다. 최근에는 다른 신경 조절 물질도 렘수면 발현을 조절하는 데 상호 억제 역할을 하는 것으로 알려졌다. 예를 들어 감마아미노뷰티르산(gamma-aminobutyric acid, GABA)성 신경세포와 오렉신성 신경세포가 상호 억제하면서 렘수면을 켜고 끄는 조절 작용을 한다(Mignot et al., 2002; Saper et al., 2005; Lu et al., 2006). 렘수면은 시상하부의 GABA성 신경세포가 활성화하고, 이에 따라 확장한 복외측 시각 교차 앞 구역이 조절됨으로써 시작된다(Lu et al., 2002). 또한 렘수면 동안 외측 시상하부의 멜라닌 농축 호르몬 신경세포가 활성화한다. 반면 멜라닌 농축 호르몬이 음성(-)인 외측 시상하부의 GABA 신경세포는 비렘수면이 렘수면으로 바뀔 때 발화가 증가한다. 렘수면에서 깨어 있는 상태로 전환할 때는 시상하부의 오렉신성 및 하이포크레틴성 신경세포가 활성화한다.

1.2.5 수면은 가역적 상태이다

가역적 상태란 혼수상태처럼 빠져나올 수 없는 것이 아닌, 다시 깨어날 수 있음을 의미한다. 큰 소음이나 격렬한 흔들림 같은 자극을 적절히 주면 깨어 있는 상태로 돌아올 수 있다. 일반적 성인의 경우 뇌가 수면한 지 약 5~8시간 후 스스로 깨어 있는 상태로 전환한다.

1.2.6 수면은 하향식과 상향식 과정 모두가 조절하는 뇌 상태이다

유기체 수준에서 뇌는 수면을 시작하고 유지하며, 수면의 한 형태와 다른 형태 사이에서 전환을 족진하고, 깨어 있는 상태를 유발힌디. 따라서 수면은 철저히 뇌에 의존하고 뇌가 조절하는 과정이다. 그러나 앞서 언급했듯 서파 활동은 일정량의 작업을 수행하면 극소수의 뉴런으로도 자연적으로 나타난다. 자연적 서파 활동은 이러한 국소적 신경망의 회복을 촉진하는, 국소적 상향식 과정이다. 그리고 점점 더 많은 국소 영역이 제한적 서파 활동에 관여함에 따라, 그러한 작은 네트워크 전체에 걸친 서파 활동의 동기화가 응집하고, 더 많은 뇌 영역으로 널리 확산하며 서파가 전파되어 비렘수면이 발생한다.

이 서파 활동은 계속 퍼져 나가며 광범위한 뇌 영역을 동기화하여 뇌 활동을 전체적으로 감소시킨다. PET(Maquet, 1995; Hofle et al., 1997; Dang-Vu et al., 2005)와 fMRI(Czisch et al., 2004; Kaufmann et al., 2005)를 활용한 여러 연구에서 전두엽을 포함한 뇌 활동은 비렘수면이 깊어질수록 점차 감소하는 것으로 나타났다. 깨어 있는 상태에서 비렘수면으로 전환하는 과정에는 광범위한 대뇌 피질 및 피질하 영역, 특히 시상의 현저한 비활성화가 수반한다(Hofle et al., 1997; Dang-Vu, 2005). 비렘수면 동안 일어나는 점진적 비활성화는 사회적 뇌 네트워크 영역이 중심인 것으로 보인다. 여기에는 내측 전전두엽 피질, 브로드만 영역〔독일의 신경학자 코르비니안 브로드만(Korbinian Brodmann)이 대뇌 피질을 구조적·기능적 차이에 따라 52개 영역으로 구분한 체계. 각 영역은 신경세포의 배열과 기능적 특성에 따라 특정한 인지 및 운동 기능과 관련한다―옮긴이〕 9~10의 전방 내측 부위, 안와 전두 피질(브로드만 영역 11), 미측 안와 기저 전뇌, 전방 대상(브로드만 영역 24), 양측 전방 섬엽, 기저 전뇌 및 전방 시상하부, 양측 피각, 좌측 설전부 등이 들어간다(Dang-Vu et al., 2005).

1.2.7 수면은 일주기 및 사회생리학적 관습에 내재한다

수면은 24시간의 일주기 리듬과 사회적 맥락 속에서 일어난다. 인간과 일부 영장류의 경우, 일반적 수면은 단상성(monophasic)으로, 밤에 한 번의 긴 수면으로 집중된다. 그러나 일부 연구에 따르면 수렵·채집하는 인간의 수면은 본래 양상성(biphasic)이고, 긴 밤잠과 늦은 오후의 짧은 낮잠으로 이뤄질 가능성이 있다. 반면 대부분의 포유류는 다상성(polyphasic) 수면 패턴을 보이며, 밤낮을 가리지 않고 여러 번 잠을 잔다. 예를 들어 고양이나 기니피그 같은 동물들은 하루 중 아무 때나 짧게 수면한다. 이러한 수면 주기의 차이를 결정하는 요인은 명확히 밝혀지지 않았지만, 사회적 상호 작용을 유지하는 능력이 중요한 요소일 가능성이 크다. 수면 중 긴 시간을 움직이지 않으면 포식자로부터 공격받을 위험이 커지고, 사회적 유대 형성이나 번식의 기회를 놓칠 확률 또한 높아진다. 따라서 만약 짧은 단속적 수면을 통해 한 번의 긴 잠에서만큼 충분한 휴식을 취할 수 있다면 그러한 수면 패턴이 나타날 가능성이 크다.

영장류와 인간의 수면은 사회적 신호에 매우 민감하게 반응한다. 생체 리듬은 기본적으로 빛과 어둠의 변화에 따라 조절되지만, 사회적 요인도 수면에 큰 영향을 미친다. 예를 들어 우리가 시차가 있는 지역에 갔을 때, 단순히 빛의 주기뿐만 아니라 주변 사람들이 깨어 있는 것 때문에 쉽게 잠들지 못하는 현상이 발생할 수 있다. 전염성 하품은 일부 영장류에게 잠잘 때가 다가온다는 신호로 작용하며 인간에게도 그럴 가능성이 있는데, 이를 통해 집단이 함께 잠잘 준비를 하는 것처럼 보인다. 수면이 시작되어도 각자의 생리적 시스템이 혼자 자는 것을 전제로 작동하지 않는 듯하다. 예를 들어 렘수면 동안에는 체온 조절 반응이 완화되는데, 이는 다른 따뜻한 몸과 함께 자면서 체온을 유지할 수 있기 때문일 확률이 높다. 또한 포유류 대부분에서 렘수면 중 성적 활성화가 나타난다. 이는 뇌간 활성화의 부수적 현상일 수도 있지만, 혼

코로나19 팬데믹으로 인한 봉쇄 조치는 전 세계적으로 사회적 고립이 수면 패턴에 미치는 영향을 평가하는 거대한 실험실 같은 역할을 하였다. 이에 대한 기존 연구 결과들을 한 연구에서 종합 검토하였다(Pilcher et al., 2022). 연구진이 12개 이상의 국가에서 이뤄진 연구를 분석한 결과, 성인의 약 3분의 1이 수면 시간이 줄어들고 수면의 질이 저하했다고 보고했다. 청소년들의 수면 시간은 증가하는 경향이 있었지만 수면의 질이 향상한 것은 아니었다. 사회적 고립이 시작된 초기에는 취침 시간, 수면 중간 시간(mid-sleep time), 기상 시간이 모두 늦어지는 현상이 공통으로 나타났다. 그러나 시간이 지나면서 새로운 생활 패턴에 적응한 후에는, 특히 가장 고립된(즉 혼자 사는) 경우에는 수면 시간이 감소하고 질이 떨어지는 경향이 두드러졌다.

사회적 고립이 수면에 미치는 영향을 보다 통제된 환경에서 연구하기 위해, 한 연구팀이 우주 비행 시뮬레이션 환경에서 연구를 수행했다(Gemignani et al. 2014). 연구팀은 우주선 시뮬레이터(MARS500) 내부에서 건강한 성인 6명이 105일 동안 격리 생활하도록 하고, 그들의 수면을 특정한 시점에 총 5번 평가하였다. 그 결과 참여자들의 코르티솔 수치는 모두 정상 범위 내에 있었지만 그 수치가 비교적 높은 경우 수면이 단편화되는 경향과 이어졌다. 이는 수면 시간 및 델타파의 감소, 각성 횟수의 증가, 잠재적 렘수면 시간의 단축, 비렘수면 3단계에서 시그마파 및 베타파 증가 같은 형태로 나타났다. 즉 사회적 고립은 코르티솔 변동이 정상 범위에 있더라도 수면의 구조 및 뇌파 스펙트럼을 유의미하게 변화시켰다.

　사회적 고립이 수면에 미치는 영향은 혼자 사는 사람들에게 가장 클 것으로 보인다. 많은 고령자들이 이러한 상황에 직면한다. 맥클레이와 동료들은 현재까지 가장 큰 규모의 국가 데이터를 사용한 연구에서, 외로움과 사회적 고립이 지역 사회에 거주하며 복합적 돌봄이 필요한 남녀 노인의 수면 문제와 연관함을 확인하였다(McLay et al., 2021). 연구팀은 (표준화한 가정 방문 돌봄을 받는) 65세 이상의 노인 9만 5045명(여성 61퍼센트)을 대상으로 14만 423건의 수면 및 사회적 고립 평가 자료를 분석하였다. 그 결과 여성의 23.6퍼센트, 남성의 18.9퍼센트가 외로움을 느낀다고 보고했으며 여성의 53.8퍼센트, 남성의 33.8퍼센트가 혼자 사는 것으로 나타났다. 추적 관찰을 통해 이들의 사회적 고립과 수면의 관계를 분석한 결과, 외로움과 사회적 고립을 경험하는 노인은 수면 시간이 짧았고 수면의 질 역시 현저히 낮았다.

자 자지 않는다는 가정하에 생긴 기회적 기능(opportunistic function)일 수도 있다. 실제로 성적 파트너가 함께 잘 경우 두 사람의 생체 리듬이 서로 동기화하고 공명하게 된다. 영아와 어머니가 함께 지는 경우에도 마찬가지다. 특히 아기는 밤에 울기, 빨기, 젖 먹기, 미소 짓기, 움켜잡기, 떨림, 옹알이 등의 신호를 보내면서 어머니의 수면·각성 패턴뿐만 아니라 낮의 애착 형성 과정에도 영향을 미친다. 이러한 행동은 대부분 비렘수면보다 렘수면 중이나 깨어나는 과정에 발생하는 경향이 있다. 또한 부모와 함께 자는 아기들은 부모가 밤중에 깨는 횟수와 지속 시간에 영향을 미친다(McKenna et al., 1990, 1993, 1994). 이는 더 빈번한 야간 수유와 관련한다.

과거에 인류의 조상들은 어린 시절 부모와 함께 자며 성장했을 가능성이 크다. 그러다가 성인이 되면서 배우자나 확대 가족과 함께 자는 방식으로 변화했을 것이다. 하지만 지난 100여 년 동안 유럽과 북미의 일부 부유한 국가에서 독립적 수면 문화가 확산되었다. 인류의 역사 전반에서 수면은 사회적 활동이었다.

1.2.8 비렘수면은 휴지 상태이지만 렘수면은 그렇지 않다

휴지 상태(quiescent state)란 신체 활동이 깨어 있는 가장 편안한 때보다 더 감소한 상태를 의미한다. 즉 우리가 깨어 있을 때 가장 편안히 쉬는 상태를 떠올린 후에 그보다 신체 활동이 더 줄어든 상태를 상상하면 비렘수면의 휴지 상태에 도달하게 된다. 하지만 휴지 상태라고 해서 신체 활동이 완전히 멈추는 것은 아니다. 수면의 다양한 단계에서 약간의 움직임을 관찰할 수 있다. 비렘수면 동안 대부분의 대뇌 네트워크는 서로 동기화되어 있으며, 이는 신체의 전반적 휴지 상태와 일치한다. 반면 렘수면할 때의 뇌는 휴지 상태가 아니다. 오히려 특정한 신경 네트워크는 깨어 있을 때보다 더 활발히 활동한다. 렘수면과 깨어 있는 상태 중 어느 쪽에서 신경 네트워크의 활동이 더 활발한지는 이어지는 장에서 자세히 알아볼 것이다.

1.2.9 수면의 특징은 지각적 단절 상태이다

잠자는 동물이나 사람의 가장 뚜렷한 특징은 주변 환경의 자극에 정상적으로 반응하지 않는다는 것이다. 예를 들어 잠든 포유류의 눈꺼풀을 억지로 열어도 정상적으로 보지 못하며, 기능적으로는 눈먼 상태와 같다. 시각 정보가 일부 들어오기는 하지만 정상적으로 처리되지 않고 차단 또는 약화된다. 이는 다른 감각 체계에서도 마찬가지다. 외부 자극을 감지하기는 하지만 처리하지 않음으로써 잠에서 깨지 않도록 한다. 이러한 지각적 단절은 수면을 보호하는 역할을 하는 것으로 보인다. 따라서 일부 연구자들은 이를 수면의 정의에서 빼기도 한다. 그러나 지각적 단절 없이는 수면이 불가능하다는 점에서 수면의 필수 요소라고 할 수 있다. 한편 (사람을 포함해) 많은 동물은 졸음 상태를 이용해 완전한 지각적 단절 없이도 수면 효과를 일부 얻는다. 졸음 상태에서 눈꺼풀이 반쯤 감긴 채 유지되는 경우에는 시각 정보가 정상적으로 처리된다. 또한 졸음 상태에서는 미세 수면(microsleep) 현상이 자주 발생하는데, 이는 찰나에 깊은 수면 상태로 빠졌다가 졸음 상태로 다시 돌아옴을 의미한다.

1.2.10 수면은 종 특유의 자세 및 눈 감기와 관련이 있다

대부분의 육상 포유류는 특정한 잠자리에 누워 눈을 감은 상태로 잔다. 동물들은 추위와 포식자로부터 자신을 보호하고, 짝이나 집단과 함께 잠자기 위해 둥지를 만든다. 하지만 왜 대부분의 동물이 눈을 감고 자는지는 아직 불명확하다. 눈을 감으면 잠을 방해받을 가능성이 낮기 때문일까? 그러나 눈을 반쯤 감고 자는 반추 동물이나 한쪽 눈을 뜬 채 잠을 자는 일부 수생 포유류와 새들도 있다. 심지어 사람도 눈 뜨고 자는 경우가 있다. 따라서 눈을 감는 것이 단순히 수면을 보호하기 위해서는 아닐 수 있다.

새와 일부 수생 포유류(돌고래, 고래 등)는 뇌의 한쪽 반구씩 번갈아 잠을 잔다. 이런 동물들은 대개 깨어 있는 반구의 반대쪽 눈을 뜨고 있다. 따라서 뜬 눈을 통해 들어오는 정보는 일부가 수면 상태인 반구로 새어 나갈 수도 있지만, 주로 깨어 있는 반구로 전해진다고 볼 수 있다. 동물이 한쪽 눈을 감고 자면(즉 한쪽 눈과 반구만 깨어 있으면) '비행 중 수면'이 가능하다. 즉 수생 포유류는 계속 헤엄치면서도 반구 하나씩 번갈아 자고, 새들은 날아다니면서 한쪽 반구를 쉬게 할 수 있다. 반면 햇빛이 전혀 들지 않는 깊은 동굴에 사는 일부 어류는 시력을 잃었으며, 거의 또는 전혀 수면을 취하지 않는 것처럼 보인다.

대부분의 육상 동물들은 보호받을 수 있는 장소에 몸을 뉘고 잠을 잔다. 다시 말해 둥지나 은신처에 누운 후에 잠에 빠진다. 이런 자세는 에너지를 절약하는 데 도움이 되겠지만 그것이 유일한 이유는 아닐 것이다. 렘수면 중에 뇌가 매우 활발히 활동하기 때문에, 단순히 에너지를 절약하기 위해 눕는다고 보기는 어렵다. 렘수면을 할 때 근육이 이완되고 일시적 마비가 나타나는데, 누운 자세는 오히려 그런 상황에 더 맞을 수 있다. 소 같은 반추 동물들은 서서 자는데, 이들은 렘수면을 거의 하지 않는다. 그런가 하면 해달은 해수면 위에 떠서 자는 것을 선호하고, 박쥐는 동굴 천장에 거꾸로 매달려 잔다. 누운 자세는 체온을 유지하는 데도 도움이 되며, 특히 다른 개체와 함께 잘 때 그러하다. 어린 포유류는 어미나 형제들과 붙어 자면서 체온을 유지하고 안락하게 보호받는 경우가 많다. 어린 포유류에게 수면은 수동적 과정이 아니다. 자는 동안 쥐고, 빨고, 달라붙을 수 있기 때문이다. 예를 들어 새끼 쥐는 잠잘 때 사회적 환경을 "기대하며", 온기와 보호와 영양을 제공하는 어미 곁에서 무리 지어 자는 데 적응한 것으로 보인다. 설치류 성체는 굴이나 은신처에서 몸을 둥글게 말고 무리 지어 잔다.

영장류의 수면 장소는 사회적 관습과 밀접한 관련이 있다(Anderson, 1998). 같은 무리 내에서 개체 간의 사회적 관계는 수면 시 무리의 위치에도 영향을 미친다. 혈연관계, 번식 상태, 서열 등이 수면 중 각자의 공간적 배치와 밀착도를 결정짓는 요인이다. 프루스와 맥그루(Fruth and McGrew, 1998, Fruth & Hohmann, 1993도 참조)에 따르면 대형 유인원들은 잠자리에서 놀이, 털 손질, 성적 교류, 새끼 돌보기 등 사회적 상호 작용을 활발히 한다. 이러한 상호 작용은 대형 유인원의 수면 과정 자체가 사회적 필요에 의해 형성되었을 수 있음을 시사한다.

1.2.11 수면은 각성 역치의 증가와 관련이 있다

수면의 한 가지 중요한 특징은 자극이 일정 수준 이상이어야 잠든 동물이 깨어난다는 점이다. 즉 촉각, 소리, 빛 같은 감각 자극이 역치를 넘어서야 수면 중인 개체를 깨울 수 있다. 뇌는 일단 잠들면 수면을 유지하기 위해 보호 메커니즘을 작동시킨다. 자는 동안 방 안에서 소음이 발생하더라도 뇌는 그 정보를 억제하여 잠이 깨지 않도록 한다. 즉 뇌가 신경 억제 메커니즘을 활용해 소리 정보가 각성 중추로 전해지지 못하도록 막는다. 이러한 기제는 K-복합파나 수면 방추파 같은 뇌파 활동으로 나타나는데, 이에 대해서는 뒤에서 자세히 설명할 것이다.

1.2.12 수면의 시작은 의례화된 사회적 신호 행동과 관련이 있다

동물들은 잠들기 전 의례적 행동을 한다. 예를 들면 자기 털을 손질하거나, 둥지 주변을 맴돌거나, 잠자리를 정리하거나, 소리를 내거나, 하품을 한다. 영장류의 하품은 전염성이 있다. 즉 다른 개체가 하품하는 모습을 보거나 소리를 들으면 자신도 덩달아 하품하고 싶은 충동을 느낄 수 있다. 하품이 전염되는 이유는 같은 종의 개체들이 수면 시간을 맞추는 데 도움이 되어서일 가능성이 높다. 예를 들어 원숭이 무리에서 한 마리가 하품을 하면 다른 원숭이들도 따라 하고, 이후 특정한 행동이 연속으로 나타난다. 적절한 잠자리를 찾고 정리하며 그 주변을 돌거나, 함께 잘 짝을 고르는 등이다. 개체의 행동만 놓고 보면 하품은 뇌의 상태를 변화시키는 과정, 즉 휴지 상태에서 깨어 있는 상태로 전환하거나 반대로 깨어 있는 상태에서 휴지 상태로 전환하는 과정과 관련이 있다. 하품은 포유류뿐만 아니라 일부 조류와 파충류에서도 발생하는 것으로 보인다. 하품할 때는 보통 무의식적으로 입을 크게 벌리고, 숨을 들이쉬고, 눈을 감고, 몸통과 팔다리를 기지개하듯 쭉 편다. 하품은 렘수면과 신경학적 공통점이 있는데, 그것은 콜린성 신경 활성화와 도파민성 신경 억제다. 또한 옥시토신이나 테스토스테론을 주입하면 하품을 유발할 수 있다. 특히 옥시토신을 시상하부의 실방핵이나 해마에 주입하면 하품과 동시에 음경 발기가 나타나는데(Argiolas & Gessa, 1991), 이는 렘수면 시에도 자주 일어난다. 하품은 자궁 내 태아에서도 관찰할 수 있다. 동물계의 분류학에 하품이 널리 분포한다는 사실은 하품이 진화적으로 오래되었을 뿐만 아니라 수면 상태와 중요한 기능적 연관성이 있음을 시사한다.

1.2.13 중간 요약

우리는 수면을 정의하고 행동적·기능적·생리적·전기생리학적 주요 특성을 조사했기 때문에, 이제 동물계 전반에서 나타나는 수면 표현을 알아볼 수 있다. 이제부터 비교수면학적 데이터가 알려주는 수면의 기능적 측면에 초점을 맞춰, 다양한 동물종의 수면 특성을 살펴볼 것이다.

1.3 비교수면학

동물계 전반에 걸친 수면 연구는 단순한 유기체에서 시작해 우리와 조상이 같은 종으로 진행할 것이다. 이를 통해 인간 수면의 특별하고 특이한 점을 발견할 수 있다.

1.3.1 무척추동물

무척추동물은 척추가 없는 동물을 의미하며, 초파리 같이 비교적 단순한 생물들이 여기에 해당한다. 이런 곤충에서도 비렘수면 및 렘수면과 유사한 활동이 나타났다. 비렘수면과 비슷한 초파리의 수면 단계에서는 뇌 전체에 걸친 신경 활동의 느린 진동을 타원체(ellipsoid body)라는 뇌 구조에서 확인했다. 또한 초파리는 수면이 부족하면 이를 보충하려는 수면 반동을 보이기도 한다. 예쁜꼬마선충은 유충 단계가 바뀌는 전환기에 약 2~3시간 동안 일종의 혼수상태(lethargus)가 되는데, 이때 잠을 잔다. 선충의 수면은 ALA와 RIS라는 두 중간 신경세포(interneuron)에 의해 일어나는 것으로 보인다. 이 중간 신경세포들은 신경 펩타이드(뇌에서 신호를 전달하는 화학 물질─옮긴이)를 분비하여 몸을 휴지 상태로 유지하도록 한다.

1.3.2 척추동물

어류

물고기는 3만 3000종 이상이며, 이들이 살아가는 수중 환경은 매우 다양하다. 작은 빗물웅덩이부터 거대한 바다까지 다채로운 서식지가 존재한다. 연구자들은 형광 기반 수면 다원 검사(fluorescence-based polysomnography, fPSG)을 사용해 제브라피시의 수면과 활동 주기 동안 근긴장도, 심박수, 안구 운동, 뇌 활동을 모니터링하였다(Leung et al., 2019). 연구자들은 두 수면 단계, 즉 느린 폭발 수면(slow bursting sleep, SBS)이라는 조용한 수면 단계와 파동 전파 수면(propagating wave sleep, PWS)이라는 활동성 수면 단계를 확인하였다. 느린 폭발 수면은 수면이 부족할 때 주로 나타났다. 파동 전파 수면은 포유류의 렘수면과 유사한 특징을 보였다. 즉 근육 이완과 떨림, 뇌간의 활성화, 수면과 관련이 깊은 교뇌에서 시작해 뇌의 전후방으로 전파되는 신경 활동의 파동이 나타났다. 갑오징어 같은 연체동물에게도 두 가지 수면 단계가 있었다. 이들의 수면 단계는 색 변화나 색소 활성이 전혀 없는 상태와 강한 색소 활성 및 안구 운동이 나타나는 상태로 나뉘었다. 문어는 하루의 반을 조용한 수면 상태에서 보내며, 그 외의 시간에는 활동성 수면 단계가 갑자기 나타나는데, 이런 수면은 하루를 통틀어 8분을 넘지 않는다. 빛이 없는 어두운 동굴에서 생활하는 물고기들은 색소와 기능적 시각 시스템을 상실하며, 일부는 일주기 조절 시스템도 작동하지 않게 된다. 그럼에도 수면 패턴은 일부 보존되는데, 반대로 수면은 감소하지만 일주기 리듬은 일정 부분 유지되는 경우도 있다. 이는 수면과 일주기 리듬이 독립적으로 작동할 수 있음을 시사한다. 그러나 동굴에 사는 물고기들은 대부분 시간에 맞춘 수면이 현저히 감소하는 경향을 보였다.

수면의 진화적 역사와 기능을 분석할 때 특히 중요한 점은 진화 경로에서 종의 분기에 따른 수면 패턴의 변화를 확인하는 것이다. 예를 들어 현대의 포유류와 조류는 약 2억 5000만 년 전 파충류의 조상에서 분기한 것으로 보인다. 따라서 현재의 파충류는 포유류가 등장하기 전에 번성한 동물들의 수면 특징을 어느 정도 보존하고 있을 수 있다. 즉 현대의 파충류 연구는 포유류와 조류의 수면이 어떻게 진화했는지를 이해하는 데 중요한 단서를 제공할 수 있다.

파충류

조류는 포유류보다 파충류와 더 가까운 관계지만, 수면 과정은 파충류보다 포유류와 더 유사하다. 그러나 조류와 포유류에서는 렘수면 및 비렘수면 상태의 전기생리학적 징후를 명확히 확인한 반면 파충류에서는 최근까지 그렇지 않았다. 근래 연구에서 파충류의 수면 중에 나타나는 고전압 서파(high-voltage slow waves, HVSW) 또는 고진폭 스파이크(high amplitude spikes)와 급격한 파동이 수면의 명확한 행동적 징후(예: 안구 운동, 각성 역치)에 동반함을 발견했으며, 이는 포유류에서 나타나는 서파 활동의 전 단계라는 의견이 있다. 일부 파충류에서는 수면 결핍 이후 수면 관련 과정(예: EEG 스파이크)에서의 보상 반응을 확인해, 파충류의 고전압 서파와 포유류의 서파 활동이 동일하다는 주장을 뒷받침한다. 카라마노바는 일부 파충류가 렘수면과 비렘수면의 전기생리학적 전조를 나타냈다고 주장하였다(Karamanova, 1982). 다른 연구진은 오스트레일리아 턱수염도마뱀의 렘수면 및 비렘수면 상태에서 관찰한 전기생리학적 징후가 포유류 및 조류와 유사하다고 밝혔다(Shein-Idelson et al., 2016). 이 연구에서 가장 흥미로운 점은 도마뱀의 렘수면과 비렘수면이 포유류처럼 교대로 나타났다는 것이다. 주파수가 낮고 진폭이 높은, 급격한 파동이 특징인 단계(포유류의 서파 수면에 해당함)가 깨어 있을 때와 비슷한 뇌 활동 및 급속 안구 운동이 나타나는 단계(포유류의 렘수면에 해당함)와 번갈아 이어졌다. 오스트레일리아 턱수염도마뱀의 서파 수면과 렘수면은 밤새 교대로 나타나는데, 한 주기가 약 80초에 불과하여 서파 수면-렘수면 주기는 최대 350번이 된다. (이에 비해 인간은 하룻밤에 약 90분의 주기를 4~5번 경험한다.) 또한 이 연구자들은 도마뱀의 서파 수면 동안 뇌의 피질과 배측 뇌실 능선 사이에서 조절되는 신경 활동을 기록했다. 이와 유사한 신경 조절 활동이 포유류의 뇌 피질과 해마 사이에서 발생하는데, 이는 포유류의 기억 강화 과정에 중요한 것으로 추측한다.

1.3.3 조류

비렘수면과 렘수면에서 나타나는 조류의 뇌파 특성은 포유류와 동일하지만, 조류의 렘수면은 일반적으로 몇 초밖에 지속하지 않는다(대신 한 번의 수면 주기 동안 여러 번 발생한다). 또한 조류의 전체 수면 시간에서 렘수면이 차지하는 비율은 포유류의 절반 이하다. 조류는 이동 중에도 "비행하면서" 잔다고 알려져 있다. 철새인 흰목멧새는 실험실에서 "이동 충동 증후(migratory restlessness)"를 나타낸다. 이동 시기가 다가오면 이들의 수면 시간은 급격히 감소하는데(하루 활동 시간의 13퍼센트만 수면에 할애한다), 이는 실제 비행 중에도 수면 시간이 줄어들 수 있는 가능성을 시사한다. 또한 수생 포유류와 마찬가지로 조류도 한쪽 눈만 감고 자는 단일 반구 서파 수면(unihemispheric slow wave sleep, USWS)을 한다(Rattenborg et al., 2000, 2009의 리뷰 참조). 이러한 상태에서는 한쪽 대뇌 반구만 수면하는데, 일부 연구에서 조류가 이렇게 자면서 이동 중 대열을 유지한다는 증거를 제시했다. 조류의 서파 수면은 항상 일정하게 유지되며, 수면량이 부족할 때 증가하는 식으로(항상성) 조절되지는 않는 듯하다. 예를 들어 비둘기의 비렘수면에서는 밤이 깊어져도 서파 수면이 감소하지 않는데, 이는 깨어 있는 동안 고갈된 어떤 화학 물질을 보충하는 과정이 아닐 수 있음을 뜻한다. 또한 포유류와 달리 조류의 비렘수면에서는 수면 방추파가 나타나지 않는다. 조류는 일반적 서파 수면 외에 각성과 서파 수면의 특징이 동시에 나타나는 수면 상태도 보인다.

타조나 사랑앵무는 전체 수면 시간의 25퍼센트 이상을 렘수면에 할애
하는데, 이는 인간의 렘수면과 비슷한 비율이다.

단공류

현존하는 단공류는 가시두더지 2종과 오리너구리, 총 3종이다. 이들은
포유류가 유대류와 태반류 계통으로 분화하기 전에 갈라져 나온 것으
로 추정된다. 짧은코가시두더지에 대한 연구 초기에는 서파 수면이 확
연히 나타나지만 뇌파 검사에서 렘수면의 징후가 보이지 않는다는 결
과가 나왔다. 그러나 후속 연구에서 짧은코가시두더지가 낮은 온도, 열
중립적 온도, 높은 주변 온도일 때 렘수면의 특징, 즉 대뇌 피질의 동시
적 활성화, 긴장성 근전도 활동의 감소, 급속 안구 운동을 나타낸다는
사실이 밝혀졌다. 또한 짧은코가시두더지의 서파 수면 동안 나타나는,
불규칙한 망 형태의 방전 패턴은 렘수면과 비렘수면이 섞인 형태로 보
인다. 이후 연구에서 오리너구리의 급속 안구 운동도 관찰했지만, 뇌파
검사에서는 렘수면의 징후가 명확하지 않았다. 이러한 연구 결과를 종
합하면, 단공류는 렘수면과 비렘수면의 특징이 모두 나타나는, 불확정
수면(indeterminate sleep)을 하는 것으로 보인다. 포유류의 수면 상태는
이러한 원시적 혼합형 수면 상태에서 분화했을 가능성이 있다. 즉 동물
의 중추 신경계 조직 방식에 따라 서파 수면과 렘수면이 독립적 뇌 상
태로 분리되었을 수 있다.

1.3.4 수생 포유류

병코돌고래, 고래, 매너티, 바다코끼리, 물개 등 해양 포유류의 수면 방식은 육상 동물과 크게 다르다(Lyamin et al., 2008의 리뷰 참조). 해양 포유류는 많은 조류종과 마찬가지로 단일 반구 수면을 하는 것처럼 보이는데, 이러한 특징은 육상 포유류에게는 없다. 즉 이들은 한 번에 한쪽 대뇌 반구만 수면하는데, 수면 중인 반구에서 비렘수면은 나타나지만 렘수면은 나타나지 않는다. 조류처럼 수생 포유류도 한쪽 눈을 뜨고 단일 반구 수면을 하며, 잠자는 반구의 반대쪽 눈을 뜨고 있는 경우가 많다. 물개는 바다에 있을 때 항상 단일 반구 수면을 하지만, 육지에서는 다른 육상 포유류처럼 양쪽 대뇌 반구가 함께 수면한다. 고래목은 뇌파 검사상 렘수면의 흔적이 없지만 급속 안구 운동, 음경 발기, 근육 경련 같은 행동적 특징을 보인다. 기각류에는 귀가 있는 바다사자과(바다사자와 물개)와 물범과의 두 가지 주요 계통이 있는데, 모두 단일 반구 수면과 양반구 수면을 함께 나타낸다. 물개는 물속에서 (숨을 참고) 자며, 이때 양쪽 대뇌 반구가 렘수면 또는 서파 수면에 들어간다. 아마존 매너티 역시 물속에서 수면하는데 양반구 렘수면, 양반구 서파 수면, 단일 반구 서파 수면의 세 가지 수면 상태를 나타낸다. 이들이 숨을 쉬기 위해 부상할 때 두 반구가 동시에 잠에서 깬다. 고래와 돌고래는 단일 반구 서파 수면만 한다. 물개와 바다사자는 수생과 육상 생활을 모두 한다. 이들은 바다에서는 고래류처럼 단일 반구 서파 수면만 하지만, 육지에서는 양반구 서파 수면도 한다. 고래류가 실제 렘수면을 하는지는 확실치 않으나, 바다사자과는 육지에서 렘수면을 하며, 이는 항상 양반구에서 나타난다.

바다사자과가 육지에서는 포유류의 일반적 수면 패턴을 보이지만 바다에서는 단일 반구 수면을 한다는 사실은, 수면의 구조와 기능이 적어도 부분적으로는 가변적·적응적임을 강하게 시사한다. 즉 수면은 두 가지 상태(양반구 렘수면과 비렘수면), 또는 한 가지 상태(단일 반구 서파 수면), 또는 렘수면과 비렘수면의 혼합 상태의 발현을 통해 필수 기능을 할 수 있다. 서파 수면이 렘수면보다 더 필수적인 상태로 보인다. 현재까지 연구된 동물 중 서파 수면 없이 기능하는 종은 없다. 반면 렘수면은 일부 종에서는 전혀 나타나지 않는다. 특히 바다사자과가 육지로 돌아왔을 때 렘수면 반동이 거의 혹은 전혀 나타나지 않는 것은, 렘수면의 일부 측면이 동물이 정상적으로 기능하는 데 필요치 않을 수도 있음을 시사한다. 수면 반동 현상은 다른 면에서도 흥미롭다. 반동의 효과는 뇌의 특정 영역에만 회복적 역할을 할 수도 있다. 그렇다면 단일 반구 서파 수면을 강제로 방해하면 어떻게 될까? 이 경우 방해받은 반구만 수면 부채를 경험하며 이후 단일 반구 서파 수면의 양과 강도를 증가시키는 반동 현상을 보인다. 이러한 사실은 수면 반동은 반구마다 독립적으로 발생하고 수면의 항상성에 대한 필요는 각 반구에 개별적으로 축적됨을 시사한다. 만약 항상성에 대한 필요가 어떤 반구에서 독립적으로 나타난다면, 깨어 있는 동안 소모되는 뭔가가 그 반구에 있어야 한다.

1.3.5 육상 포유류

이제 바다에서 육지로 이동해 육상 포유류의 수면을 살펴보자. 육상 포유류의 수면 패턴은 매우 다양하다. 하루 평균 총 수면 시간은 당나귀의 약 3시간부터 아르마딜로의 20시간까지 큰 차이를 보인다(Affani, Cervino, & Marcos, 2001). 평균 수면 주기도 종마다 다르다. 예를 들어 친칠라는 수면 주기가 6분으로 짧지만, 인간과 침팬지의 수면 주기는 약 90분으로 훨씬 길다. 육상 포유류의 수면 시간과 패턴을 비교한 연구에 따르면, 비렘수면과 렘수면의 양은 함께 증가한다. 즉 진화적으로 비렘수면 시간이 길어질수록 렘수면 시간도 증가한다(Capellini, Barton, et al., 2008). 렘수면과 비렘수면의 총 지속 시간은 동물이 더 개방적이고 위험한 환경에서 수면할수록, 그리고 초식성이 강할수록 감소한다. 이는 포식당할 위험이 높은 종일수록 총 수면 시간이 제한될 가능성이 큼을 시사한다.

1.3.6 영장류

영장류의 수면에 대한 연구는 넌과 동료들(Nunn et al., 2010)이 종합한 바 있다. 현재 생존한 영장류는 크게 두 가지, 즉 곡비원류(여우원숭이류와 로리스류)와 직비원류(원숭이류, 유인원류, 안경원숭이)로 분류하는데, 우리는 인간의 조상을 포함한 진원류에 주목하고자 한다. 진원류는 다시 광비원류와 협비원류로 나뉜다. 광비원류는 신세계에 서식하는 원숭이들이며, 협비원류는 구세계의 원숭이들과 유인원을 포함한다(여기서 신세계는 남아메리카, 구세계는 아프리카 및 아시아를 가리킨다―옮긴이).

　비인간 영장류에게는 두 가지 주요 수면 단계, 즉 렘수면과 비렘수면이 있다. 일부 유인원의 비렘수면은 두 개의 하위 단계, 즉 얕은 수면과 서파 활동이 특징인 깊은 수면으로 나눈다. 영장류의 하루 평균 총 수면 시간은 종에 따라 차이가 크다. 올빼미원숭이, 솜털머리타마린, 회색쥐여우원숭이 등의 종은 하루 13~17시간 동안 수면을 취한다. 인간, 침팬지, 일부 긴꼬리원숭이아과, 여우원숭이, 몇몇 신세계 영장류 등은 (하루 평균 총 수면 시간이 8~11시간인) '단시간 수면자(short sleeper)'들이다. 영장류가 렘수면에 소요하는 시간은 그리벳원숭이의 경우 하루에 30분 이상, 침팬지와 인간의 경우에는 하루에 2시간 정도로 다양하다. 인간은 다른 영장류에 비해 총 수면 시간이 짧지만 렘수면의 비율은 높다 (Samson & Nunn, 2015).

전반적으로 영장류의 수면에서 나타나는 특징은 다음과 같다. (1) 한 번의 긴 수면 주기나 두 번의 비교적 긴 수면 주기로 수면이 집중되며, 이는 더 깊은 수면을 유도하는 것으로 보인다. (2) 인간을 포함해 낮에 활동하는 주행성 영장류는 총 수면 시간이 줄어드는 경향이 있는데, 이는 주행성과 관련한 생존의 여러 이점이나 제약 때문일 수 있다. (3) 수면 강도의 증가는 비렘수면이 얕은 수면 단계와 깊은 수면 단계로 분화된 것과 관련할 가능성이 있다. (4) 수면 중 사회적 접촉을 유지하며, 이는 새끼 보호, 포식자 방어, 체온 조절에 유리할 것이다.

1.3.7 인류의 조상

문화의 누적적 진화는 후기 구석기 시대에 유라시아의 생태 환경에서 본격적으로 시작되었다. 약 7만 5000년에서 5만 년 전, 해부학적 현대인(anatomically modern humans, AMH)은 아프리카를 벗어나 네안데르탈인 같은 다른 인류 집단과 마주했다. 이들은 새로운 집단 외에도 새로운 질병, 더 추운 기후에 적응해야 했다. 네안데르탈인의 DNA를 분석한 결과 아프리카를 떠나 이주한 신인류가 일부 네안데르탈인과 짝지었음을 확인했다(Danemann & Kelso, 2018). 이 과정에서 현대 인류의 유전자 풀(pool)에 네안데르탈인의 유전자가 남았는데 이 중 일부(예: ASB1, EXOC6)가 렘수면 과정을 강화하는 데 기여한 것으로 보인다. 그러나 이러한 유전자들은 기면증(렘수면이 과도하게 활성화해 렘수면 과정이 깨어 있는 의식으로 침투하는 장애)의 발병 위험을 높이기도 하였다. 렘수면의 신경생물학이 후기 구석기 시대의 신인류에게 새로운 영향을 미친 것이다.

넌과 삼손은 인간을 포함한 영장류 약 30종의 수면 패턴 및 이들의 생태학적·생리적·생활사적 특성을 분석하였다(Nunn & Samson, 2018). 이들은 두 가지 베이지안(Bayesian) 연구 방법〔계통발생학적 일반화 최소 제곱법, 무작위 부동과 안정화 선택을 모사하는 오른슈타인-울런벡 진화 모델(Ornstein-Uhlenbeck evolutionary model)〕을 포함한 계통발생학적 방법으로, 인간의 생리학적·생태학적·생활사적 특성을 고려할 때 인간 같은 영장류가 보일 수면 특성을 예측할 수 있었다. 그 결과 인간은 체질량, 포식당할 위험, 뇌 크기, 식량 채집의 필요성, 성 선택, 식단 등을 고려했을 때 예상보다 수면 시간이 훨씬 적은 것으로 밝혀졌다. 연구에 따르면 인간은 총 수면 시간의 13.8퍼센트를 렘수면에 할애할 것으로 예측되었으나 실제로 관찰된 값은 22.3퍼센트였다. 다시 말해 인간은 다른 영장류에 비해 총 수면 시간이 짧은데 렘수면 비율은 예상보다 더 높았다는 것이다. 이는 인간이 다른 영장류보다 렘수면에 비정상적으로 높은 투자를 하고 있음을 의미한다.

현재도 학자들 사이에서는 인간의 정상적 수면 패턴에 대한 논쟁이 이어지고 있는데, 그중 일부는 인간이 밤에 몇 시간 동안 수면을 취하고 오후 늦게 긴 낮잠을 자는 습관이 있다고 주장한다. 이것이 소위 "이분화 수면 패턴(bimodal sleep pattern)"이다. 어떤 학자들은 인간이 수면을 밤새 두 번에 나누어 취하며 그 중간에 깨어 있는다는 야간 이분화 수면을 주장하기도 한다. 그런가 하면 인간이 밤에 길게 한 번 잠자는 것을 정상 패턴으로 보고 이분화 수면을 부정하는 학자들도 있다. 역사학자와 인류학자들은 산업화 이전 사회에서 이분화 수면이 흔했다는 증거를 제시한다. 한 연구자에 따르면 전통 사회에서는 "첫 번째" 수면과 "두 번째" 수면을 구별하는 경우가 많았다(Ekirch, 2005). 예를 들어 서아프리카 해안의 아샨티(Asante)와 판테(Fante) 부족의 언어인 트위어로 "woadá ayi d. Fā"라는 표현은 "그들은 첫 번째 수면을 취하고 있다"라는 의미이며 "wayi (또는 wada) d. Biakō"는 "그는 밤의 첫 번째 부분 동안 잤다"는 의미다. 이러한 이분화 수면은 사회적 상호 작용과 관계있는 것으로 보인다. 전통 사회에서는 밤에 깨어 있는 동안 아이를 돌보거나, 사회적 유대를 형성하고 포식자들을 경계하는 등 다양한 활동을 했다(Yetish et al., 2015).

1.3.8 요약

주기적 휴지와 일정량의 수면 반동으로 나타나는 수면은 지렁이와 초파리처럼 가장 단순한 유기체부터 비인간 영장류와 인간에게서까지 나타난다. 조류와 수생 포유류는 한쪽 대뇌 반구만 자는 단일 반구 수면을 하기 때문에 장거리 이동을 하거나 헤엄치는 동안에도 잠잘 수 있으며, 그 밖에도 다양한 수면 형태를 나타낸다. 반면 렘수면은 양쪽 반구를 통해서만 나타난다. 파충류, 새, 포유류에서 고전압 서파 및 렘수면과 비슷한 뇌 활성 패턴이 드러나는데, 이는 인간의 이분 수면 단계(렘수면과 비렘수면)는 아주 오래된 적응이며, 환경에 대한 반응성이 줄어드는 위험을 감수하더라도 이점이 큼을 시사한다. 따라서 인간에게 나타나는 렘수면과 비렘수면은 초파리와 지렁이까지 거슬러 올라가는, 태곳적에 기원을 둔 두 가지 주요 수면 과정임이 점점 확실해지고 있다. 수면은 먹이 획득의 가능성, 사회적 상호 작용, 온도 등 다양한 환경적 요인에 영향을 받는다(McNamara et al., 2009; Capellini, 2010). 초파리가 실험실에서 고립되면 수면 시간이 줄고 수컷이 암컷과 접촉하면 수면이 억제되는 등, 수면에 대한 사회적 자극의 강한 영향력을 관찰할 수 있다(Machado et al., 2017). 고등 동물의 수면은 본래 사회적 성격을 띠며, 대부분의 포유류는 사회적으로 수면한다. 그럼에도 수면의 기능, 특히 인간의 활동적 수면 단계와 렘수면은 여전히 풀리지 않는 수수께끼다.

수면을 이해하는 가장 실용적인 방법은 이론적 모델이다. 이 책에서는 렘수면과 비렘수면을 이해하기 위해 다윈의 진화론을 기초로 삼는다. 여기에 더해 생애사 이론, 부모-자녀 갈등 이론, 성 갈등 이론(sex conflict theory), 그리고 가장 중요한 사회적-생태학적 이론(social-ecological theory)을 살펴볼 것이다(그림 1.2 참조). 이런 사회적-생태학적 틀은 인간의 수면이 사회적 기능 및 요소로 가득함을 전제한다. 또한 사회적-생태학적 이론을 통해 수면 장애를 일으키는 요인의 모델을 만

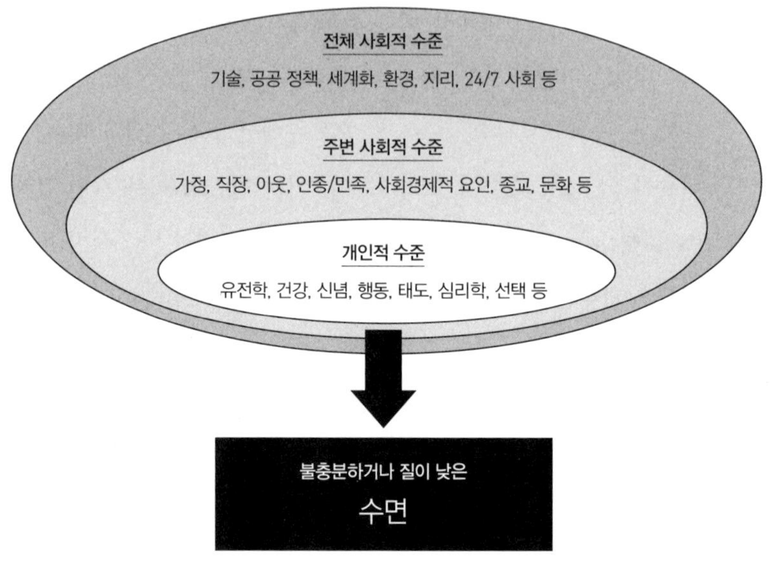

그림 1.2　수면의 사회적·생태학적 모델.
허가를 받아 Grandner (2017)에서 인용함.

들 수 있기 때문에, 이 책에서 주요한 배경 이론이 될 것이다.

복습 질문

○ 델타파의 강도는 우리가 얼마나 깊이 자는지를 보여준다. 왜 이 뇌파는 수면 중에 전

두엽에서 가장 강하게 나타날까?

○ 서파는 한 번에 한쪽 뇌 반구에서만 나타난다. 반면 렘수면은 한쪽 반구에서만 일어

나지 않는 것으로 알려져 있다. 왜 렘수면에는 양반구가 모두 필요할까?

○ 왜 조류 및 돌고래 같은 수생 포유류 일부는 한쪽 반구는 깨어 있고 그동안 다른 반

구는 잠을 자는 상태로 수면을 취할까?

○ 수면이 사회적이라는 과학적 주장에는 어떤 강점과 약점이 있을까?

더 읽을거리

Lyamin, O. I., Manger, P. R., Ridgeway, S. H., Mukhametov, L. M., & Siegel, J. M. (2008). Cetacean sleep: An unusual form of mammalian sleep. *Neuroscience and Biobehavioral Reviews, 32*, 1451–1484.

McLay, L., Jamieson, H. A., France, K. G., & Schluter, P. J. (2021). Loneliness and social isolation is associated with sleep problems among older community dwelling women and men with complex needs. *Science Reports, 11*(1), 4877. doi: 10.1038/s41598–021–83778–w.

Rattenborg, N. C., Amlaner, C. J., & Lima, S. L. (2000). Behavioral, neurophysiological and evolutionary perspectives on unihemispheric sleep. *Neuroscience and Biobehavioral Reviews, 24*, 817–842.

Rattenborg, N. C., Martinez–Gonzalez, D., & Lesku, J. A. (2009). Avian sleep homeostasis: Convergent evolution of complex brains, cognition and sleep functions in mammals and birds. *Neuroscience and Biobehavioral Reviews, 33*, 253–270.

Siegel, J. M. (2005). Clues to the functions of mammalian sleep. *Nature, 437*, 1264–1271.

_____ (2008). Do all animals sleep? *Trends in Neuroscience, 31*(4), 208–213.

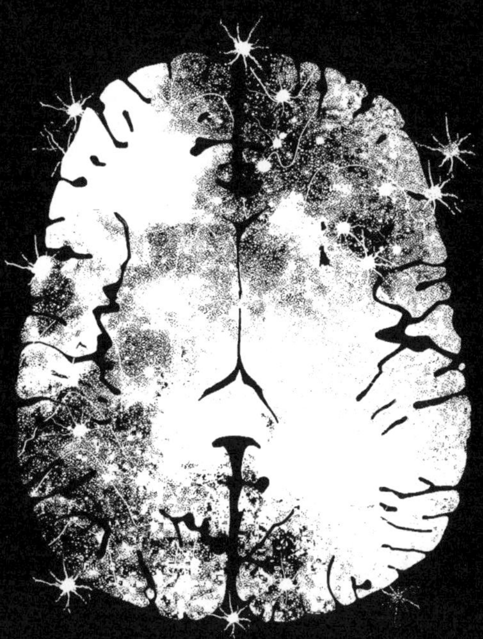

1부

수면

생체 리듬에서 수면 주기까지

학습 목표

○ 수면 주기가 24시간의 일주기 리듬 속에 어떻게 자리 잡았는지 설명할 수 있다.

○ 생체 시계의 중심인 시교차 상핵의 조절 기능을 이해한다.

○ 주요 생체 리듬 장애의 원인과 결과를 파악한다.

○ 수면 주기의 주요 전기생리학적 단계들을 구별할 수 있다.

2.1 서론

모든 육상 동물은 24시간의 빛-어둠 주기에 맞춰 생활한다. 그렇다면 수면 주기는 이러한 주기 또는 일주기에 어떻게 자리 잡고 있을까? 현재 통용되는 이론에 따르면, 뇌에 존재하는 일주기 페이스메이커

(circadian pacemaker) 또는 주 시계(master clock)가 24시간의 빛-어둠 주기에 동기화되어 있으며, 이를 통해 뇌 전체에 빛과 어둠의 변화를 알리는 화학적 신호를 보낸다. 다시 말해 주 시계는 낮과 밤이 바뀔 때마다 적절한 화학적 신호를 적절한 뇌 영역에 전달해 잠을 유도하거나 깨우는 역할을 한다. 또한 주 시계와 이어진 항상성 과정이 수면의 양과 타이밍을 조절하는데, 이는 페이스메이커 유전자(pacemaker genes)의 도움을 받아 이뤄진다. 이 과정은 아데노신 또는 수면의 필요성과 수면 부채를 알리는 기타 신경 내분비 혹은 신경화학적 물질의 축적으로 조절될 가능성이 있다. 아데노신은 사람이 깨어 있는 동안 서서히 축적되며, 이와 함께 수면 욕구도 점점 커진다. 그러다가 일정한 수준에 도달하면 수면이 시작되고, 수면 중에 아데노신 농도가 다시 초기화된다. 일주기 페이스메이커는 주 시계가 자리 잡은 시상하부의 신경 내분비 영역을 조절함으로써, 아데노신과 관련한 화학적 전달자들을 조절하는 역할을 한다.

　주 시계는 시상하부에 위치한 것으로 알려져 있으며, 보통 시교차 상핵으로 간주한다. 예를 들어 시상하부의 시교차 상핵은 시각 시스템을 통해 빛과 어둠에 대한 정보를 받아들인다. 그리고 이 정보를 바탕으로 (송과선에서 합성하는) 멜라토닌을 분비하여 수면을 시작하거나 종료하도록 신호를 보낸다. 이 과정이 정상적으로 이뤄지지 않으면 여러 수면 및 일주기 리듬 장애가 발생할 수 있으며, 이에 대한 자세한 내용은 다음 절에서 다룬다.

2.2 일주기 리듬과 수면

2.2.1 서론

인간의 생체 시계 역할을 하는 것으로 알려진 뇌 부위는 시교차 상핵이다. 이 부위는 시각 교차의 위쪽이자 시상하부의 아래쪽에 위치하며, 망막-시상하부 경로를 통해 망막으로부터 직접 신호를 받는다. 이 경로는 눈의 시신경에서 시상의 슬상핵을 거쳐 시각 피질과 시교차 상핵으로 빛 정보를 전달하는 역할을 한다. 시교차 상핵의 핵심 세포들은 망막에 있는 신경절 세포에서 오는 빛 정보를 받는다. 이 신경절 세포들은 멜라놉신이라는 특별한 광수용성 색소를 포함하고 있어 빛을 감지할 수 있다. 시교차 상핵의 핵심 세포들은 빛 정보를 받으면 빛-어둠 주기에 맞춰 발화 패턴을 조절한다. 또한 핵심 세포를 둘러싼 또 다른 세포 집단은 껍질 세포(shell cells)라고 하며, 멜라토닌 분비를 조절하는 역할을 한다.

멜라토닌은 송과선에서 생성되는 호르몬으로, 계절성으로 번식하는 동물의 경우 발정의 시작과 연관한다. 이 호르몬은 주행성과 야행성 동물 모두에서 주로 밤에 분비되며, 계절성 번식을 하는 동물은 이를 낮과 밤의 길이를 측정하는 데 활용한다. 예를 들어 봄이 되어 낮이 길어지면, 더 길어진 광주기(밝은 시간)가 멜라토닌 생성을 억제하여 밤새 멜라토닌 최고치의 지속 시간이 짧아진다. 이러한 야간의 멜라토닌 수준 변화는 생식샘 자극 호르몬 분비 억제를 해제하며, 그 결과 동물은 생식에 적합한 상태가 된다.

표 2.1 생체 시계의 장애.

장애	증상	병리생리학 및 치료법
교대 근무형, 시차증	피로, 졸음, 혼란, 무기력, 낮은 에너지 수준, 소화기 장애	개인의 생체 리듬이 사회 집단의 활동과 리듬에서 이탈 또는 불일치함(예: 교대 근무, 시간대가 바뀌는 항공 여행에 기인함). **치료법:** 지역 시간에 적응하는 데 약 일주일이 걸리며, 멜라토닌 투여로 생체 시계를 재조정할 수 있음
계절성 정서 장애	밤이 긴 시기에 발생하는 정서 장애와 우울증	가을과 겨울철 낮이 짧아지고 태양광이 감소해 시교차 상핵의 기능 및 일주기 리듬이 변화함. **치료법:** 광치료(시교차 상핵을 재조정하기 위해 다양한 강도의 빛에 노출시킴), 항우울제 투여
제1형 양극성 장애	극단적 조증 및 우울증 에피소드가 약 일주일씩 교대로 나타남. 조증 상태에서는 극도의 행복감, 고양감, 충동적 행동, 동요, 불면, 때때로 망상적 신념이 드러남. 우울증 상태에서는 주요 우울감(슬픔, 절망, 무쾌감 등)이 나타남	원인은 불명확하나 시교차 상핵에서 발현되는 시계 유전자가 관계있는 것으로 추정함. 치료법: 항정신병제, 기분 안정제, 항우울제 투여
지연 수면–각성 위상 장애	개인의 수면–각성 시간이 사회의 일반적 기준보다 2시간 이상 늦어짐	원인은 명확하지 않으나 사춘기 이후 생체 시계의 정상적 변화에 대한 과도한 반응일 가능성이 있음. **치료법:** 아침에 강한 빛을 이용하는 광치료, 멜라토닌(목표 입면 시각 6시간 전에 복용하여 생체 시계를 앞당김)
조기 수면–각성 위상 장애	개인이 사회의 일반적 기준보다 이른 시간에 잠들고 일어남	**치료법:** 저녁에 강한 빛에 노출시키고 아침에 멜라토닌을 사용함

인간의 경우 멜라토닌 분비는 시교차 상핵에서 일반적으로 밤 10시경에 증가하기 시작하여 (렘수면이 우세한) 새벽 3시쯤 최고조에 이르고,

아침 8시까지 점차 감소한다. 낮 동안에는 거의 검출되지 않는 수준이 된다. 특히 사춘기 이전 아동의 경우 멜라토닌 순환의 수준이 급격히 감소하는데, 이는 생식샘 자극 호르몬의 활성화를 돕고, 이 호르몬이 야간에 주기적으로 방출되는 패턴을 확립하는 데 기여한다. 인간에게 멜라토닌을 투여하면 주된 효과로 졸음이 온다.

멜라토닌이 합성 및 분비되는 송과선은 대뇌 반구 사이에 위치하며 작은 연결 조직을 통해 뇌와 이어진다. 그러나 이 연결 조직을 통해 신경 신호가 송과선으로 직접 전해지지는 않는다. 대신 시교차 상핵의 껍질 세포들이 시상하부 근처의 실방핵으로 신호를 보낸다. 이곳에서 시교차 상핵과의 연결을 통해 멜라토닌 분비를 조절한다. 멜라토닌이 한 번 분비되면 다시 시교차 상핵의 통제를 받으며, 이 과정은 생체 시계가 24시간의 빛-어둠 주기에 맞춰 생리적 과정을 조율하는 데 도움을 준다.

2.2.2 렘수면-비렘수면 주기

졸음은 시교차 상핵과 관련한 멜라토닌 활동이 유도한다. 포유류가 일단 잠에 빠지면 24시간 주기의 일주기 리듬 안에서 또 다른 주기적 과정이 활성화하는데, 이를 초주기(ultradian cycle) 리듬이라고 한다. 초주기 리듬에는 렘수면과 비렘수면의 반복적 전환도 들어간다. 이는 약 90분마다 렘수면과 비렘수면이 번갈아 나타나는 것이다. 성인의 경우 초주기 리듬은 수면이 비렘수면 단계를 통해 시작하고 렘수면 단계를 통해 다시 깨어나는 패턴으로 진행한다. 일반적으로 밤 시간의 첫 번째 3분의 1 동안에는 비렘수면이, 마지막 3분의 1 동안에는 렘수면이 우세하다. 대부분의 사람들은 비렘수면보다 렘수면 단계에서 깨어난다. 이러한 90분 주기의 초주기 수면 리듬은 수년에 걸쳐 발달한다.

이제 하루 동안 이어지는 성인 남녀들의 일반적 수면 주기를 좀더 자세히 살펴보자. 우리는 N1 또는 비렘수면 단계, N2, N3 또는 서파 수면 단계를 거쳐 잠든다. 비렘수면을 한 지 약 1시간 정도 지나면 깊은 서파 수면 단계에서 점차 가벼운 N2와 N1 단계로 이동하며, EEG의 진폭은 감소하고 주파수는 점점 빨라져 깨어 있는 상태와 유사해진다. 또한 N3 단계에서 나타나는 느리고 부드러운 안구 운동이 점차 가속하면서 눈을 감은 상태에서 눈동자가 앞뒤로 빠르게 움직이기 시작한다. 동시에 근육 긴장이 사라지면서 움직일 수 없게 되고, 심박수가 증가하며, 남성은 음경이 발기하고 여성은 음핵이 충혈되는 생식 기능의 활성화가 나타난다. 이러한 극적 변화는 첫 번째 렘수면 주기가 시작했음을 의미한다. 이 주기는 약 10~20분 동안 지속하며, 밤이 깊어질수록 주기가 점점 길어져 아침 무렵에는 30~40분 정도가 된다. 첫 번째 비렘수면에서 렘수면으로의 전환이 끝나면, 다시 서파 수면 단계로 돌아가며 주기를 반복한다. 즉 렘수면에서 N1, N2 단계를 거쳐 다시 N3 단계로 "하향"한다. 이때 EEG의 느린 파동이 나타나고, 근긴장도가 높아지고, 안구 운동이 느려지고, 생식 기능이 비활성화하고, 호흡수와 심박수가 규칙적 패턴을 보인다. 약 1시간이 지나면 EEG는 다시 빠르게 N2와 N1 단계를 거쳐 다른 렘수면 단계로 진입한다. 이러한 과정이 밤새 반복된다.

수면의 변화를 시각적으로 나타내는 수면 다이어그램(hypnogram)에서

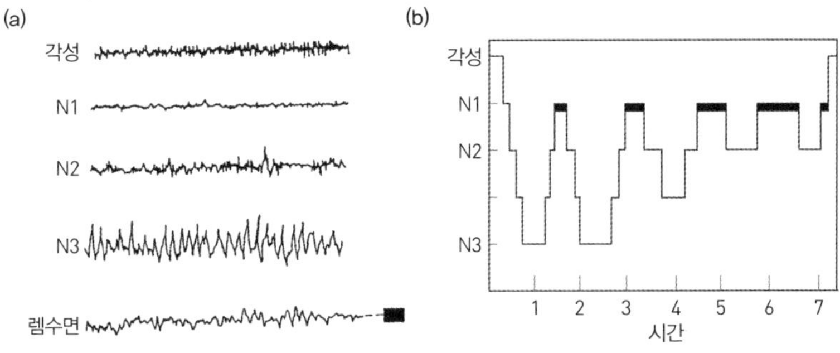

그림 2.1   인간의 수면 구조도(수면 다이어그램).
퍼블릭 도메인.

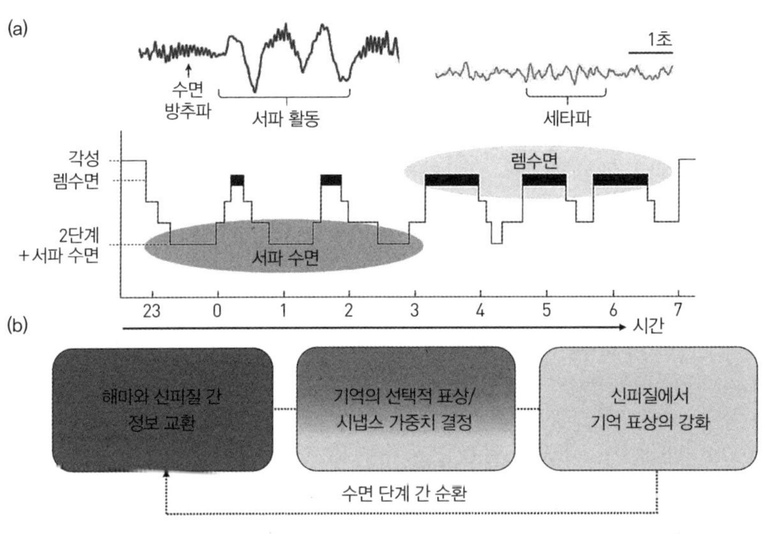

그림 2.2   인간의 수면 구조 및 관련 수면 진동 활동, 기억 공고화 단계의 개요.
허가를 받아 Cross et al. (2018)에서 인용함.
＊컬러 버전은 간지의 별도 사진 참조.

렘수면–비렘수면 주기에 걸친 EEG 및 각성 상태의 변화, 밤중의 렘수
면과 비렘수면 시간 분포를 한눈에 볼 수 있다. 이 그래프에서 시간은

가로축에, 수면 상태는 세로축에 나타나는데 이를 통해 하룻밤의 수면 구조를 파악한다. 그림 2.1에는 수면 단계의 새 명명법에 따라, 기존의 3단계와 4단계를 통합해 N3 단계로 표기했다.

그림 2.2에서 수면 주기가 어떻게 기억력 같은 인지 기능의 촉진과 관련하는지 볼 수 있다. 서파 수면은 수면 전반부에 가장 두드러지며, 시상에서 비롯해 대뇌 피질 전반에서 나타난다. 시상에서 발생하는 방추파는 N2 단계에서 가장 빈번하다. 반면 렘수면은 수면 후반부에 가장 두드러지며 뇌교-슬상체-후두엽 파동, 아세틸콜린의 증가, 내측 중격 영역과 해마에서 시작되는 세타파 진동이 특징이다. 서파 수면과 렘수면의 주기는 기억을 공고화하는 데 각각 중요한 역할을 한다. 서파 수면 중에는 예리한 파동 리플(sharp-wave ripples)과 수면 방추파가 나타나면서 해마 복합체에서 신피질로 정보가 전달된다. 이후 렘수면 중에 세타파 진동과 아세틸콜린의 증가가 기억을 더 강하게 정착시킨다.

2.2.3 무엇이 초주기 수면 리듬을 유발하는가

1990년대 중반, 사퍼와 동료들은 수면을 조절하는 스위치가 전방 시상하부에 있다고 주장하였다(Saper et al., 2005의 리뷰 참조). 전방 시상하부의 뉴런은 잠들기 직전에 활동이 증가하며, 특히 GABA 뉴런이 뇌간의 각성 촉진 뉴런들로 신호를 보내 이들을 억제한다. 흥미롭게도 전방 시상하부의 GABA 수면 촉진 뉴런과 히스타민성 뉴런, 하이포크레틴 뉴런, 수면 시작 뉴런 등 관련 뉴런은 시교차 상핵으로부터 직간접적 입력을 받는다. 시교차 상핵은 망막에서 들어오는 빛 신호를 신경 및 호르몬 신호로 변환해 일주기 리듬을 조절하는 역할을 한다. 즉 비렘수면-렘수면 주기의 시작은 망막에서 시상하부의 시교차 상핵으로 보내는, 어두워진다는 신호가 유발한다. 시교차 상핵은 이 신호를 전방 시상하부의 GABA 수면 촉진 뉴런으로 전달해 이들을 활성화하며, 이 뉴런들은 뇌간의 각성 촉진 뉴런들에게 억제 신호를 보낸다. 결국 뇌간의 각성 시스템이 꺼지고 수면이 시작된다. 반대로 수면이 끝나고 낮이 오면 시교차 상핵은 시상하부의 하이포크레틴 뉴런을 활성화한다. 하이포크레틴 뉴런은 뇌간의 각성 촉진 뉴런들에게 다시 흥분성 신호를 보내는 동시에 전방 시상하부의 수면 시작 뉴런들을 억제한다. 이 과정이 진행되면 대뇌 피질이 활성화하면서 완전히 깨어나게 된다.

최근에는 광유전학(optogenetics: 빛을 이용해 신경세포의 활동을 정밀하게 조절하는 기술—옮긴이)와 CRISPR-Cas(특정 DNA 서열을 인식해 자를 수 있는 유전자 가위 기술—옮긴이) 같은 신기술의 발전으로 신경 회로에 대한 이해가 크게 진전하였다(Shiromani & Peever, 2017). 최근의 연구 결과에 따르면 각성과 수면은 서로를 억제하는 시스템이라고 한다. 각성이 시작되면 수면이 억제되고, 수면이 시작되면 각성이 억제된다. 이 두 상태는 동시에 활성화하지 않는다. 만약 그렇게 된다면 병리적 상태 또는 정신 장애가 나타날 수 있다. 이러한 상호 억제 시스템은 렘수면과 비렘수면에도 적용될 가능성이 크다. 즉 렘수면이 시작되면 비렘수면이 억제되고, 비렘수면이 시작되면 렘수면이 억제된다. 렘수면과 비렘수면이 혼합된 상태에서는 정신 장애의 가능성이 높아진다. 이런 상호 억제 과정은 다음과 같이 작동한다. 각성 상태가 지속하면 뇌에서 수면 욕구가 점점 커지는데(항상성 과정) 이는 깨어 있는 동안 뇌(콜린성이 풍부한 기저 전뇌로 추측한다)에 신경 화학 물질이 쌓이기 때문으로 보인다. 이런 축적 과정(과정 S)이 임계점에 도달하면, 수면을 촉진하는 신호가 각성을 촉진하는 신호보다 강해지면서 급격한 전환이 일어난다. (뉴런 집단 A가 활동을 멈추고 시상하부의 뉴런 집단 B가 활동을 시작하면서 수면이 시작된다.) 하지만 이런 전환이 일어나는 시점에는 유연성이 있다. 수면을 촉진하는 신호가 강해지더라도 여러 요인이 수면을 늦출 수 있다. 이러한 요인에는 사회적 상호 작용, 특수한 필요, 신진대사 관련 문제, 일주기 리듬의 조절 과정이 포함된다. 이를 과정 C(Process C)라고 부른다. 그러나 이 요인들이 수면을 무한정 지연시킬 수는 없다. 시간이 지나면서 아데노신 같은 신경 화학 물질이 뇌에 축적되고, 결국 수면 욕구가 너무 강해져 더 이상 저항하기 어려운 수준에 도달하기 때문이다. 이때 급격한 전환이 일어나면서 수면이 시작된다. 하지만 과정 C는 과정 S와 상호 작용하면서 수면의 시점과 강도를 조절한다.

2.2.4 일주기 리듬과 수면 리듬의 상호 작용: 두 과정 수면 조절 모델

수면이 부족해지면 모든 포유류에게 가장 뚜렷이 나타나는 공통 현상이 "보상적 반등(compensatory rebound)"이다. 이는 수면 시간이 기저선보다 길어지고, 수면 강도가 증가하는 것을 의미한다. 수면 강도는 각성 역치가 높아지고, 서파 활동이 증가하고, 급속 안구 운동의 빈도가 높아지고, 수면 주기가 더 "깊고" 길게 나타나는 것으로 측정한다(Borbély, 1980; Borbély et al., 1984). 수면이 부족해지면 포유류는 이를 보충하기 위해 이후의 수면 강도 및 지속 시간을 증가시키려 한다. 깨어 있는, 혹은 수면을 박탈당한 동안에는 아데노신 같은 신경 화학 물질이 점진적으로 쌓이는데(Blanco-Centurion et al., 2006; Strecter et al., 2006), 이는 깨어 있는 시간이 길어질수록 늘어난다. 이 신경 화학 물질이 (기저 전뇌로 추정하는) 수면 중추에 쌓이면서 뇌간과 전뇌의 각성 촉진 뉴런을 억제하여 졸음을 유발하는 듯하다. 반대로 수면이 시작되면 아데노신의 축적이 멈추고, 쌓여 있는 아데노신이 서서히 분해되면서 다시 기저선 수준으로 감소한다. 깨어난 이후에는 다시 하루 동안 아데노신을 축적해야 다시 수면을 정상적으로 시작할 수 있다.

보벨리(Borbély, 1982)는 포유류의 수면이 수면 시간과 수면 강도 사이의 균형에 따라 조절되며, 따라서 잠을 조정하는 것은 항상성이라는 개념을 처음 공식화했다. 그는 이를 두 과정 수면 조절 모델(two-process model of sleep regulation)로 설명하였다(그림 2.3 참조). 이 모델에는 두 가지의 중요한 과정이 작용한다. 잠을 자기 위해서는 (추정컨대 아데노신의 양과 관련이 있는) 과정 S가 필요한데, 이 과정은 깨어 있는(혹은 수면 부족) 상태에서 증가하고 수면 상태에서 감소한다. 이는 수면이 뇌나 신체, 혹은 둘 다의 회복을 위한 필수 과정임을 의미한다. 과정 S는 빛이 조절하는 일주기 시스템인 과정 C와 상호 작용하는 것으로 보이는데, 과정 C는 수면 및 각성 리듬과는 독립적으로 작동한다. 과정 S의 변화를 측정하는 지표로 서파 활동을 사용하며, 그 이유는 서파 활동이 각성 역치와 상관관계가 있고 연구한 모든 포유류에서 이전의 각성 기간과 수면 부족 이후 수면 반동 기간에 증가했기 때문이다. 과정 S가 일정한 역치에 도달하면(즉 서파 수면의 양과 강도가 충분해지면) 과정 C가 활성화한다. 이 모델의 가정에 기반한 시뮬레이션에 따르면, 수면의 항상성 요

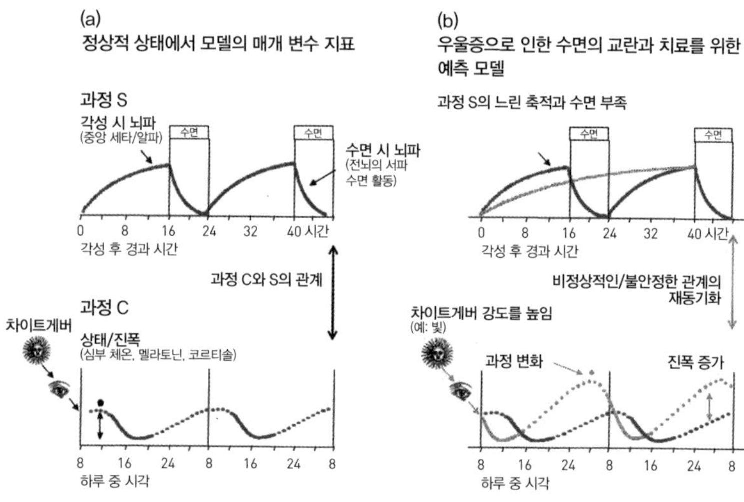

그림 2.3　두 과정 모델의 개념도와 우울증에 대한 적용. (a) 모델의 매개 변수 지표를 포함한 정상적 상태, (b) 추정되는 병리적 변화와 치료 방안.
허가를 받아 Borbély et al. (2016)에서 인용함.
＊컬러 버전은 간지의 별도 사진 참조.

소가 깨어 있는 동안에는 시그모이드 형태로 감소하고, 수면 중에는 포화된 지수 함수 형태로 증가한다. 과정 S가 시작되면 수면 경향성이 높아진다. 즉 과정 S는 전에 깨어 있던 시간에 크게 영향받는다. 반면 과정 C는 반복적으로 변화하는 수면 경향성(즉 잠들 수 있는 능력)에 의해 정해지며, 따라서 일주기 페이스메이커가 조절하는 것으로 추정한다. 각성과 서파 수면 시 델타파 활동은 상호 억제 관계에 있다. 즉 과정 S(서파 수면 활동)가 높은 상태에서는 수면 욕구가 높고 과정 C가 낮아진다. 반대로 과정 S가 수면 중 감소하면 과정 C가 서서히 증가한다(그림 2.3 왼쪽 참조). 이는 정상적인 경우이다. 과정 C는 수면 주기가 끝날 무렵에 증가해야 하는데, 너무 일찍 활성화하면 조기 각성이 발생해 수면 부족을 초래하고, 이는 기분 장애나 심지어 우울증으로 이어질 수도 있다. 이러한 기분 장애는 과정 S와 과정 C를 재동기화하는 방식으로 치료한다(그림 2.3 오른쪽 참조).

앞서 언급했듯, 수면 연구자들은 이 단순한 두 과정 모델의 기본 구성 요소나 매개 변수 중 하나만 조절함으로써 실제로 나타나는 다양한 수면 장애를 모형화할 수 있었다. 예를 들어 불면증이나 수면 부족은 과정 S가 과정 C와 상호 작용할 때 그 기능이 약화 또는 제거된 상태로 모델링할 수 있다. 즉 과정 S가 충분한 아데노신을 생성해 각성 중추를 효과적으로 억제하지 못하면, 개인은 잠들거나 숙면하지 못하게 된다. 이후 두 과정 모델을 확장해, 동일한 과정 S의 시간적 상수를 사용해 장시간 수면자(long sleepers)와 단시간 수면자 모두의 수면 부족에 대한 반응을 예측할 수 있었다(Aeschbach et al., 2017). 단시간 수면자의 경우 장시간 수면자보다 과정 S가 더 많이 나타나고, 장시간 수면자와 비교했을 때 과정 S 수준이 더 높은 것으로 밝혀졌다. 연구자들은 수면 부족의 인지적 효과를 설명하기 위해 원래 모델에서처럼 과정 C가 과정 S에 일방적으로 미치는 영향 대신, 일주기 과정 C와 항상성 과정 S 사이의 비선형적 양방향 상호 작용을 사용했다. 또한 과정 C 대 과정 S의 두 과정 모델 안에 초주기적 비렘수면-렘수면 주기를 포함시키려고 시도했다.

두 과정 모델의 우아한 단순성은 수면-각성 주기의 정상적 기능을 잘 설명하지만, 수면 주기가 다른 행동적 변수들과 맺는 보다 복잡한 상호 작용을 포착하기 위해 다중 진동자(multi-oscillator) 모델이 개발되었다. 이 모델에서는 두 가지 이상의 상호 작용하는 진동자가 각 행동적 변수의 주기를 만들어낸다. 예를 들어 한 가지 진동자는 시교차 상핵, 즉 주 시계일 수 있다. 시교차 상핵은 체온 및 멜라토닌 리듬을 다시 작동시킨다. 두 번째 진동자는 수면-각성 리듬의 조절자로, 복외측 시교차 전핵을 중심으로 하는 것으로 보이며, 렘수면-비렘수면 주기를 조절한다. 복외측 시교차 전핵에 있는 플립플롭 스위치(flip-flop switch)의 발견은 수면-각성 상태 조절에 대한 플립플롭 모델의 발전을 촉진하였다. 플립플롭 스위치란 스위치가 한 상태(수면)에 있을 때 다른 상태(각성)가 억제되고, 그 반대도 마찬가지로 작동하는 기제를 의미한다. 최근의 한 플립플롭 모델에서는 복외측 시교차 전핵 내의 수면 활성 신경세포(S-R 뉴런)가, 각성 상태에서 발화하고 렘수면 동안 발화가 감소하는 시상하부 및 뇌간의 각성 활성 신경세포(W-A 뉴런)와 길항적으로 작용한다고 가정한다. 여기에 더해 확장된 복외측 시교차 전핵 영역에서 렘수면 동안 발화하는 세 번째 신경세포 집단과, 각성과 렘수면 시 모두 발화하는 기저 전뇌의 네 번째 신경세포(W-R 뉴런) 집단이 앞의 두 집단과 상호 작용한다. 이 네 집단의 신경세포는 깨어 있을 때 수면 촉진 물질(예: 아데노신)이 축적되면 뇌 상태의 전환을 유도해, S-R 뉴런을 활성화하고 수면 중에 이 물질이 서서히 감소하도록 한다. (호르몬 유사 물질인 소마토스타틴이나 성장 호르몬 등으로 보이는) 또 다른 수면 촉진 물질은 각성과 비렘수면 동안 축적되며, 이는 확장된 복외측 시교차 전핵의 W-R 뉴런을 활성화한 뒤 렘수면 동안 감소한다.

2.2.5 생체 리듬의 사회적 조절

앞서 살펴본 두 과정 모델에 따르면 일주기 리듬과 수면 주기가 맞지 않을 때 기분 장애가 발생할 수 있다. 간단히 말해 일주기 리듬이 수면 리듬과 동기화되지 않으면 생리적·정신적 기능 장애는 불가피하다. 따라서 내 생체 리듬을 일주기 리듬과 일치시키려면 신체와 뇌에 신뢰할 수 있는 시간적 신호가 필요하다. 예를 들어 매일 아침 7시쯤부터 사회적 활동이 활발해지고 나 역시 이러한 활동에 주의를 기울여서 반응해야 한다면, 이 사회적 활동 자체가 내 생리적 준비 상태를 조율하는 시간적 신호 역할을 할 수 있다. 이러한 시간 조절 기능을 사회적 차이트게버(zeitgeber)라고 부른다. 연구자들은 기분 장애를 비롯한 여러 정신 질환이 사회적 차이트게버를 교란해 결과적으로 사회적·생물학적 리듬이 흐트러지게 하는 생활 사건들 때문에 발생할 수 있다고 제안하였다(Ehlers, Frank, & Kupfer, 1988; Grandin et al., 2006). 이 이론에 따르면, 사회적 리듬의 교란은 내부의 생체 리듬뿐만 아니라 수면-각성 주기에도 영향을 미쳐 취약한 개인에게 기분 장애가 나타날 가능성을 높인다(그림 2.4 참조). 실제로 우울증 환자들은 일주기 리듬과 기타 생체 리듬이 비정상적이다. 이들은 새벽에 일찍 깨거나 수면-각성 주기, 체온, 멜라토닌, 코르티솔 분비 리듬도 정상과 다르다. 이때 생체 리듬을 재정비함으로써 기분 장애를 효과적으로 치료하는 경우도 있다(Crowe et al., 2020). 사회적 차이트게버 이론에 따르면, 생체 리듬의 사회적 동기화를 방해하는 모든 요소가 취약한 개인의 기분 장애를 유발할 수 있다. 일부 사람들은 (유전적·의학적·역사적 요인으로 인해) 생리적 리듬이 쉽게 교란

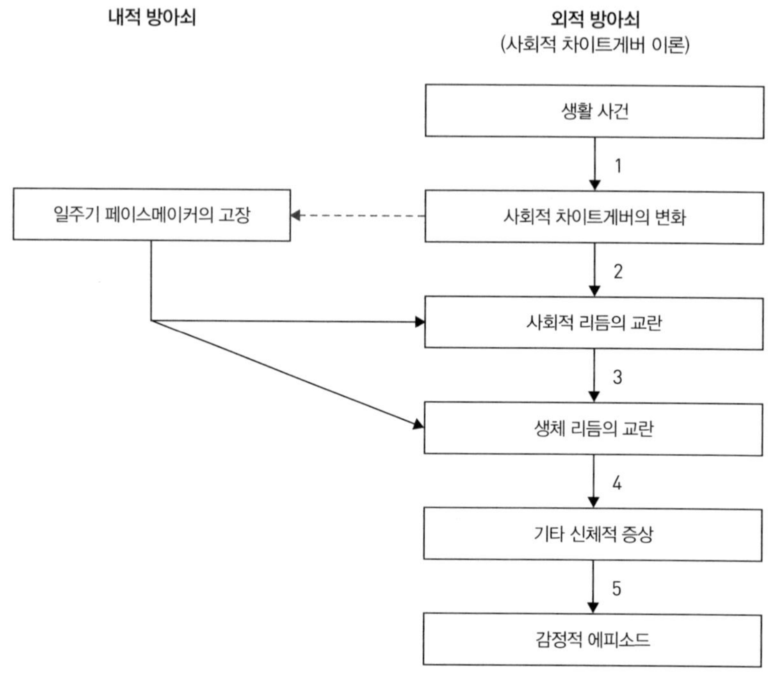

그림 2.4   기분 장애의 사회적 차이트게버 이론.
허가를 받아 Grandin et al. (2006)에서 인용.

되는 취약성이 있다. 이를 리듬 교란의 "내적 방아쇠"라고 하며, 예를 들면 페이스메이커 유전자의 돌연변이가 있다. 반면 외적 방아쇠는 사회적·환경적 차이트게버와 관련한다.

코로나19 팬데믹 동안 정부의 봉쇄 및 사회적 고립 조치는 정상적인 사회적 차이트게버 효과를 크게 교란했다. 만약 사회적 차이트게버가 실제로 생체 리듬을 조율하는 역할을 하고, 이 조율이 생체 리듬 장애를 예방한다면, 팬데믹 기간에 기분 장애를 비롯한 생체 리듬 장애가 급격히 증가했을 것으로 예상할 수 있다. 한 연구에서는 사회적 봉쇄 조치를 경험한 참여자 997명을 대상으로 설문을 진행하였다(Kahawage et al., 2022). 이 연구진은 생체 리듬 장애를 명확히 진단하는 대신 미묘한 변화를 분석했다. 모든 참여자를 심층 인터뷰한 연구진은 "정신적 표류"라는 강력한 증상이 만연하고 있음을 관찰했다. 이 현상을 경험한 사람들은 시간 감각을 상실하고, 집중력이 흐려지고, 공상하는 시간이 늘어나고, 무기력해지고, 길을 잃은 듯이 느끼고, 경미한 우울감을 겪었다고 보고하였다. 연구진은 이러한 현상과 관련하여 다음의 네 가지 주요 주제를 도출하였다. (1) 시간에 맞춘 일상적 활동의 상실, (2) 사회적 상호 작용의 역할, (3) 시간 지각의 변화, (4) 동기의 저하와 그에 따른 심리적 영향. 참여자들은 시간적·공간적으로 모두 길을 잃은 듯한 느낌이었다고 보고하였다. 특히 하루하루가 똑같이 반복되며 "서로 구별되지 않고 모호해지는" 경험을 했다. 간단히 말해 코로나19 봉쇄로 사회적 차이트게버와 개인의 일주기 리듬이 무너지면서 정신 건강에 미친 부정적 영향이 명확히 드러났다. 실제로 코로나19 기간에 많은 사람이 수면-각성 주기의 변화를 경험하였다. 수면 시간 자체는 증가했지만 잠들고 일어나는 시각이 늦어지는 경향이 나타났다. 아침형 인간으로 분류되던 사람들도 점차 저녁형 인간의 수면 패턴을 보였으며, 전체적으로 수면 시간이 늘어났음에도 오히려 수면의 질은 급격히 저하하였다(Kantermann, 2020; Marelli et al., 2020).

사람의 초주기 및 일주기 리듬은 사회적 신호에 매우 민감하게 반응한다. 특히 사회적 상호 작용의 빈도와 질은 생체 리듬에 강한 영향을 미친다. 사회적 리듬과 빛 단서는 강력한 차이트게버 역할을 하며, 인간의 생체 리듬을 정기적인 사회적 사건에 맞춰 조정한다. 이러한 조정이 우리에게 다양한 기회(함께하는 식사, 사회적 유대 형성 및 협상, 생식 등)를 제공하고, 환경적 위협에 대비할 수 있도록 돕는다. "아침형"과 "저녁형" 인간의 차이도 서로 다른 사회적 신호나 차이트게버에 얼마나 민감한지에 따라 생길 가능성이 있다. 아침형 인간은 보통 오전 5~7시에 기상하고 밤 9~11시에 잠든다. 반면 저녁형 인간은 오전 9~11시에 기상하고 밤 11시에서 새벽 3시 사이에 잠든다. 보통 아침형 인간은 저녁형 인간보다 일주기 리듬과 수면 패턴의 변동성이 적다.

사람들이 아침 또는 저녁 활동을 선호하는 경향을 생체 리듬 유형(chronotype)이라고 한다. 대부분의 사람들은 아침형과 저녁형의 중간 지점에 있지만, 양극단의 사람들에게서는 흥미로운 차이가 나타난다. 예를 들어 아침형 인간은 감정적으로 더 안정적이고, 삶에 대한 만족도가 높고, 정신 질환에 대한 취약성이 낮다. 반면 저녁형 인간은 수면-각성 주기의 변동성이 크고, 기분 변화 및 장애가 자주 나타나고, 정신 질환에 더 취약하다.

또 다른 수면 관련 현상으로 "점심 후 나른함" 또는 "시에스타(siesta)"가 있는데, 이는 사회적 요인에 아주 민감하게 반응한다. 낮잠 시간대는 일반적으로 오후 1~4시로, 이 시기에는 졸음이 증가하고 반응이 둔해지며 주의력이 감소한다. 전 세계의 사무실과 공장에서 수많은 사람들이 이 시간에 졸음을 느끼거나 집중력이 떨어져 작은 실수를 한다. 낮잠 시간대에는 체온이 눈에 띄게 낮아지는데, 이는 신체가 수면을 준비하는 것과 비슷한 양상이다. 이러한 낮잠은 인간의 원시적 수면 패턴이 이분화한 형태, 즉 밤에 한 번의 긴 수면과 오후에 한 번의 짧은 수면으로 이루어져 있었음을 시사한다. 현대 사회에서 이러한 낮잠은 시

1. 만약 하루 일정을 자유롭게 계획할 수 있다면 당신은 몇 시에 일어나겠습니까?

2. 만약 저녁 시간을 자유롭게 계획할 수 있다면 당신은 몇 시에 잠자리에 들겠습니까?

3. 특정한 아침 시간에 일어나야 할 경우 당신은 알람에 얼마나 의존합니까?

4. (기대치 않게 깼을 때를 제외하고) 당신은 아침에 일어나기가 얼마나 쉽습니까?

5. 아침에 일어난 후 첫 30분 동안 당신의 정신은 얼마나 맑습니까?

6. 아침에 일어난 후 첫 30분 동안 당신은 얼마나 배가 고픕니까?

7. 아침에 일어난 후 첫 30분 동안 당신은 얼마나 피곤합니까?

8. 다음 날 특별한 일정이 없을 경우 당신은 평소와 비교해 몇 시에 잠자리에 들겠습니까?

9. 당신은 운동을 하기로 결정했습니다. 친구가 일주일에 두 번, 오전 7~8시에 한 시간씩 함께하자고 제안했습니다. 자신의 생체 리듬(내부 "시계")만을 고려할 때 당신은 그 시간에 운동을 얼마나 잘할 것 같습니까?

10. 당신이 수면이 필요해서 피곤함을 느끼는 시간은 몇 시쯤입니까?

11. 당신은 정신적으로 매우 힘들 것으로 예상되는 두 시간짜리 시험을 치러야 합니다. 최선의 결과를 내기 위해 하루 일정을 자유롭게 계획할 수 있습니다. 자신의 내부 "시계"만을 고려할 때, 다음 네

가지 시험 시간 중 언제를 선택하겠습니까?

12. 만약 당신이 밤 11시에 잠자리에 들었다면, 얼마나 피곤할 것 같습니까?

13. 어떤 이유로 평소보다 몇 시간 늦게 잠자리에 들었으나, 다음 날 특정한 시간에 일어나야 할 필요가 없습니다. 이때 당신이 할 가능성이 가장 높은 행동은 무엇입니까?

14. 어느 날 새벽 4~6시 사이에 깨어 있어야 하는 상황이 생겼습니다. 다음 날 특별한 일정은 없습니다. 당신은 어떤 대안이 가장 적절하다고 생각하십니까?

15. 힘든 육체노동을 두 시간 동안 해야 합니다. 하루 일정을 자유롭게 계획할 수 있습니다. 자신의 내부 "시계"만을 고려할 때, 당신은 어떤 시간대를 선택하겠습니까?

16. 당신은 강도 높은 운동을 하기로 결정했습니다. 친구가 일주일에 두 번, 밤 10~11시에 한 시간씩 함께하자고 제안했습니다. 자신의 내부 "시계"만을 고려할 때, 그 시간에 얼마나 잘 운동할 수 있을 것 같습니까?

17. 근무 시간을 자유롭게 정할 수 있다고 가정해봅시다. 하루에 (휴식을 포함해) 5시간씩 근무해야 하며, 업무는 흥미롭고 성과에 따라 급여를 받습니다. 연속 5시간의 근무 시간을 선택할 수 있다면, 당신은 언제를 선택하겠습니까?

18. 당신은 하루 중 언제 "최고의 상태"라고 느낍니까?

19. 사람은 "아침형 인간"과 "저녁형 인간"으로 나뉜다고 합니다. 당신은 어느 유형에 해당한다고 생각하십니까?

에스타로 바뀌었으며, 일부 문화권에서는 아예 사라지기도 했다. 이는 수면이 사회적 규범의 영향을 크게 받고, 적어도 수면의 일부는 필수적이지 않음을 보여준다.

2.2.6 생체 리듬 장애

전체 인구의 약 4분의 1이 수면 장애를 겪거나 개운치 않은 수면을 하고 있다고 불평하는데, 이 중 상당수는 생체 리듬 장애가 있을 가능성이 높다. 즉 이들의 24시간 수면-각성 주기가 사회적 차이트게버나 사회적 의무와 비동기화되어 맞지 않는 것이다. 지연 수면-각성 위상 장애(delayed sleep phase disorder, DSPD)가 있는 사람들은 관습적 수면 시간보다 최소 2시간 늦게 잠든다. 예를 들어 자기 문화권에서 대부분의 사람들은 자정쯤 잠자리에 드는데 새벽 2시 이후에 잠든다면 지연 수면-각성 위상 장애일 가능성이 있다. 지연 수면-각성 위상 장애를 겪는 사람들은 수면 시간을 앞당기려 노력하지만 쉽게 잠들지 못하며, 일찍 잠들더라도 문화적으로 허용되는 시간보다 늦게 일어난다. 따라서 수면 일정이 사회적 요구와 충돌하며, 몸이 원하는 시간보다 더 일찍 일어나야 한다. 그래서 수면 부채가 누적되며 항상 졸리고 피곤한 상태가 된다. 지연 수면-각성 위상 장애는 가족 내에서 나타나는 경우가 있어 유전적 요인이 작용하는 것으로 보이며, 주로 청소년기에 발병한다.

지연 수면-각성 위상 장애의 반대가 조기 수면-각성 위상 장애(advanced sleep phase disorder, ASPD)다. 지연 수면-각성 위상 장애가 있으면 늦게 자고 늦게 일어나기를 선호하는 반면, 조기 수면-각성 위상 장애의 경우 이른 저녁에 졸음이 오고 이른 새벽에 깬다. 조기 수면-각성 위상 장애가 있는 사람은 늦잠을 자고 싶어도 저절로 일찍 깨어난다.

지연 수면-각성 위상 장애를 치료하기 위해서는 아침에 강한 빛에 노출시키고, 저녁에는 빛을 줄여서 (보통 햇빛에 따라 움직이는) 주 시계를 재설정함으로써 사회적 수면-각성 주기와 맞출 수 있다. 또한 원하는 수면 시각보다 6시간 전에 멜라토닌을 투여하면 주 시계를 뒤로 돌려 일반적 휴식-활동 일정에 맞추는 데 도움이 된다. 조기 수면-각성 위상 장애 환자에게는 반대의 치료 과정을 적용한다. 즉 수면과 멜라토닌 분비를 지연시키기 위해 저녁에 강한 빛에 노출시킨다.

우리가 잘 아는 시차 증후군(jet lag disorder)도 수면 리듬 장애의 한 유형이다. 시간대를 넘나드는 비행을 하면 기존의 수면-각성 주기가 현지의 사회적 일정과 달라진다. 수면 시간뿐만 아니라 식사 및 휴식 시간도 지역의 관행과 어긋나게 되는데, 생리적 리듬이 현지 시간에 적응해야 정상적 사회생활이 가능해진다. 또 다른 수면 관련 장애로 계절성 정서 장애(seasonal affective disorder, SAD)가 있다. 이는 주요 우울증 장애의 아형으로, "계절성 패턴의 우울감"이라고 부른다. 계절성 정서 장애를 겪는 사람들은 겨울철에 일조량이 감소하면 우울하고 무기력해지며, 졸음이 많아진다. 반면 봄이 되어 일조량이 늘어나면 기분이 좋아지고 활력을 되찾는다. 제1형 양극성 장애 역시 생체 리듬과 관련한다. 이 장애가 있는 사람들은 하루 또는 몇 주 동안 극심한 기분 변화를 경험한다. 환자는 수면이 거의 필요 없는 상태와 광적인 활동이 며칠간 이어지는 조증 에피소드와 갑작스럽게 깊은 우울, 졸음, 무기력에 빠지는 에피소드를 오갈 수 있다. 조증 상태에서는 며칠 동안 잠을 거의 자지 않고, 빠르게 말하고, 아이디어가 폭발적으로 떠오르고, 과하게 흥분하고, 종종 성욕이 증가한다. 그러나 우울증 상태로 바뀌면 갑작스럽게 의욕을 잃고 말을 거의 하지 않는다. 이 시기에는 자아 비판적 태도를 보이며 우울하고 피곤해하지만 양질의 수면을 취하지 못한다. 계절성 정서 장애와 제1형 양극성 장애에는 항우울제나 신경 안정제 치료가 효과적이다. 또한 특정한 시간대에 강한 빛에 노출시키는 광 치료가 일주기 리듬을 효과적으로 재조정함으로써 위상 장애뿐만 아니라 계절성 정서 장애에도 도움이 될 수 있다.

2.2.7 결론

초주기성 비렘수면-렘수면 주기는 더 넓은 24시간의 일주기에 포함된다. 수면 주기는 일주기와 상호 작용하며, 시상하부 내의 주 시계인 시교차 상핵에 의해 조절된다. 수면 과정과 일주기 과정의 상호 작용을 설명하는 대표적 이론이 두 과정 모델이다. 지연 수면-각성 위상 장애, 양극성 장애 같은 생체 리듬 장애는 수면에 큰 영향을 미치지만 적절히 치료할 수 있다. 다음 장에서는 인간의 수면이 전 생애에 걸쳐 어떻게 변하는지 알아볼 것이다.

복습 질문

○ 아데노신은 수면 주기 조절에서 어떤 역할을 한다고 추정하는가?

◦ 조울증(양극성 장애)이 생체 리듬과 관련된 수면 장애라는 증거는 무엇인가?

◦ 사회적 과정이 생체 리듬을 조절하는 두 가지 방식은 무엇인가?

◦ 두 과정 모델에서는 일주기 리듬과 수면 주기의 상호 작용을 어떻게 설명하는가?

◦ 왜 우리는 렘수면이 아닌 비렘수면 단계를 거쳐 잠들까?

더 읽을거리

Alloy, L. B., Ng, T. H., Titone, M. K., & Boland, E. M. (2017). Circadian rhythm dysregulation in bipolar spectrum disorders. *Current Psychiatry Reports*, (4), 21.

Borbély, A. A. (1982). A two process model of sleep regulation. *Human Neurobiology*, 1, 195–204.

Czeisler, C. A., & Gooley, J. J. (2007). Sleep and circadian rhythms in humans. *Cold Spring Harbor Symposia on Quantitative Biology*, 72, 579–597.

Saper, C. B., Scammell, T. E., & Lu, J. (2005). Hypothalamic regulation of sleep and circadian rhythms. *Nature*, 437(7063), 1257–1263.

인간의 생애 주기에 걸친 수면 습관 변화

학습 목표

○ [애착 이론, 부모-자녀 갈등 이론, 이시성(heterochrony) 등] 중간 수준의 여러 진화 이론이 수면 특성의 발현과 어떻게 관련하는지 설명할 수 있다.

○ 렘수면이 뇌 발달에 필수적이라는 주장의 근거를 평가할 수 있다.

○ 인간의 생애 주기에 걸쳐 렘수면과 비렘수면의 비율이 어떻게 변화하는지 설명할 수 있다.

○ 수면이 장수에 미치는 영향을 이해한다.

3.1 서론

인간의 수면 패턴이 어떻게 발달하고 나타나는지 알기 위해 우리는 어떻게 해야 할까? 가장 직접적인 방법은 사람이 성숙해서 자녀를 낳고, 나이가 들어 생을 마감하는 과정 전체를 관찰하는 것이다. 그렇다면 인간의 전형적 수면 패턴을 확인하기 위해서는 어떤 사람들을 연구해야 할까?

안타깝게도 지금까지 인간의 수면 발달 및 패턴에 대한 대부분의 연구는 특정한 집단 하나만을 대상으로 이뤄졌다. 몇몇 연구자는 그들을 "서구의 민주적인 산업화 사회에서 태어나 좋은 교육을 받고 자랐으며 부유한(Western, Educated, Industrialized, Rich, Democratic, WEIRD)" 사람들이라고 했다(Beebe, 2016; Henrich, 2020). 다시 말해 이제까지 수면과학자들이 "정상적" 수면 패턴의 연구 대상으로 삼은 사람들은 전 세계 인구 중 극히 일부이며 인류를 대표할 수 없는 사람들이었다(예: 대부분의 인류는 부유하지 않다). 이러한 편향성이 문제가 되지 않으려면 수면이 사회적·문화적 요인의 영향을 받지 않아야 한다. 하지만 현실은 전혀 그렇지 않다. 수면은 사회적·문화적 요인에 큰 영향을 받는다. 따라서 특정한 소수 집단만을 대상으로 수면 발달을 연구하는 것은 바람직하지 않다. 예를 들어 WEIRD 사회에서는 어머니와 영아가 함께 자는 것도 일반적이지 않지만, 다른 문화권에서는 영아기부터 노년기까지 온 가족이 한방에서 같이 자는 것이 일반적이다. 이 장에서 다루는, 생애 주기에 따른 수면 발달의 일반적 경향을 살펴볼 때 이러한 점을 염두에 둘 필요가 있다(Peña et al., 2016). 연구자들은 수면을 보다 객관적으로 측정하기 위해 손목시계형 수면·각성 활동 측정기의 "객관적" 기록과 주관적 보고(수면 일기)를 취합하였다(Kocevska et al., 2020). 이 연구의 표본은 네덜란드의 36개 연구에서 총 20만 358명(1~100세, 여성 55퍼센트), 영국의 연구에서 47만 1759명(40~69세, 여성 55.5퍼센트), 미국의 연구에서 40만 9617명(18세 이상, 여성 55.8퍼센트)이다. 이 연구의 주요 결과를 표 3.1에서 볼 수 있는데, 모든 연령대에서 여성의 수면 효율이 남성보다 약간 더 높았다. 수면 효율은 수면이 각성, 깨움, 움직임에 의해 방해받지 않는 정도를 의미한다. 10대에는 수면 효율이 일정하게 유지되다가 성인이 되면 서서히 감소하며, 이런 추세는 남성과 여성 모두 비슷했다. 객관적으로 측정한 모든 연령대의 평균 수면 시간은 8시간보다 짧은 약 7시간이었다. 성인기의 수면 시간은 6시간 정도로 더욱 감소했다. 전체 응답자의 9.6~19.4퍼센트는 불면증 증상을 보고했으며, 10대의 경우 51.5퍼센트가 미국수면재단(Sleep Foundation)의 권장 수면 시간(8~10시간)보다 적게 잤고, 18퍼센트는 낮 동안 졸음을 느낀다고 응답하였다.

이러한 연구 결과는 건강한 WEIRD 인구에서 나타나는 것과 전반적으로 비슷한 수면 패턴을 보여주는데, 다른 연구에서는 훨씬 다양한 사람들을 포함해 전체 47개국, 6만 9650명의 성인(19~67세)을 대상으로 그들이 보고한 1114만 밤의 수면 자료를 분석했다(Jonasdottir et al. 2021). 이 연구 결과도 WEIRD 국가에서의 결과와 대체로 일치했다. 연령이 높아질수록 총 수면 시간이 감소하고, 밤중에 깨는 횟수가 증가하고, 취침 및 기상 시간이 점점 빨라지는 것으로 나타났다. 그래서 더 빨리 은퇴한 사람들이 시간이 지날수록 더 일찍 일어났다. 남성의 전반적 수면 시간이 여성보다 짧았지만, 여성은 밤중에 깨는 빈도가 더 높았다. 특히 성인 초기 및 중기, 즉 육아하는 시기에 이러한 성차가 가장 두드러졌다. 수면 구조(수면의 단계별 구성)가 일생에 걸쳐 어떻게 변화하는지를 살펴보았을 때, 렘수면은 영아기와 유아기에 풍부해 총 수면 시간

표 3.1 연령 및 성별에 따라 잠자리에서 보내는 객관적·주관적 시간, 총 수면 시간, 수면 효율.

연령과 성별에 따른 충화	잠자리에서의 시간			총 수면 시간			수면 효율(%)		
	N	수면·각성 활동 평균 ± SD	수면 일기 평균 ± SD	N	수면·각성 활동 평균 ± SD	수면 일기 평균 ± SD	N	수면·각성 활동 평균 ± SD	수면 일기 평균 ± SD
6~13세									
총합	900	9.2 ± 0.7	10.2 ± 0.6	900	7.7 ± 0.7	9.6 ± 0.7	900	83.8 ± 4	93.5 ± 5
남성	427	9.2 ± 0.7	10.2 ± 0.6	427	7.6 ± 0.7	9.6 ± 0.7	427	82.7 ± 5	93.6 ± 5
여성	473	9.2 ± 0.7	10.2 ± 0.6	473	7.8 ± 0.7	9.6 ± 0.8	473	84.7 ± 4	93.5 ± 5
14~17세									
총합	486	8.4 ± 0.8	8.9 ± 0.8	486	7.2 ± 0.9	8.5 ± 0.8	486	85.9 ± 7	95.6 ± 4
남성	221	8.3 ± 0.8	8.8 ± 0.8	221	7.0 ± 0.8	8.5 ± 0.7	221	84.6 ± 6	95.9 ± 4
여성	265	8.4 ± 0.8	8.9 ± 0.8	265	7.3 ± 0.9	8.4 ± 0.8	265	87.1 ± 8	95.2 ± 4
41~64세									
총합	1,270	–	8.1 ± 0.9	1,270	6.0 ± 0.9	6.8 ± 0.9	1,270	74.4 ± 9	84.6 ± 10
남성	557	–	7.8 ± 0.8	557	5.7 ± 0.9	6.8 ± 0.9	557	73.5 ± 9	86.9 ± 9
여성	713	–	8.3 ± 0.8	713	6.2 ± 0.8	6.8 ± 0.9	713	75.1 ± 8	82.8 ± 10
65세 이상									
총합	668	–	8.4 ± 0.8	668	6.2 ± 0.9	6.9 ± 1.0	668	73.9 ± 8	82.3 ± 11
남성	319	–	8.3 ± 0.8	319	6.1 ± 0.9	7.0 ± 1.0	319	73.3 ± 9	84.4 ± 11
여성	349	–	8.4 ± 0.8	349	6.3 ± 0.9	6.7 ± 1.0	349	74.4 ± 8	80.3 ± 10

참고: 네덜란드, 영국, 미국에서 총 110만 명을 대상으로 조사한 수면 특성의 변화. 체계적 문헌 고찰 및 메타 분석(Kocevska et al., 2021). 각 집단의 참여자가 200명 미만일 경우 유병률은 계산하지 않음. 약어: N = 표본 크기, SD = 표준 편차. 허가를 받아 Kocevska et al. (2021)에서 인용함.

의 약 50퍼센트를 차지하였다. 그러나 학령기가 되면 렘수면은 약 20퍼센트로 감소한다. 사춘기가 시작된 후에도 이 비율은 유지되지만, 서파 수면은 점차 감소하였다. 이런 감소는 노년기에 이르러 심화되며, 일부 노인의 경우 서파 수면이 사라졌다.

3.2 생애 주기에 걸친 장 내 미생물군과 수면의 변화

우리의 사회적-생태학적 이론에 따르면, 인간의 수면 패턴은 신체 내부의 다양한 생리적 시스템 및 사회적·생태학적 환경과 분리되어 정해지지 않는다. 수면 패턴과 다른 생체 시스템의 관계를 고려하는 예로 인체 내 또 하나의 뇌라고 부르는 장 내 미생물군(gut microbiome)을 들 수 있다. 장 내 미생물군은 소장과 대장에 서식하는 미생물들에 의해 활성화하며, 태어난 후부터 시간이 지남에 따라 점점 더 발달한다. 이 미생물군에게는 (미주 신경이 주된 역할을 하는) 자체적 유전체(genome)와 장 신경계(enteric nervous system)를 비롯해 신호 전달 분자 및 시스템도 있다. 장 내 미생물군은 실제로 "미니 뇌" 또는 정보 처리 기구처럼 작용하면서 인체의 다양한 기능을 조절하는 역할을 한다. 여기에는 뇌의 고차원적 피질 기능을 조절하는 대뇌의 신호 시스템뿐만 아니라 수면 조절 기능도 들어간다. 장 점막을 이루는 내분비 세포(enteroendocrine cells, EEC)는 신경 내분비 물질과 신경 전달 물질을 분비해 뇌간의 수면 관련 부위인 연수의 고립로핵, 시상하부의 시교차 상핵 등에 영향을 미친다. (이유기 고형식 섭취와 아동기로의 전환을 촉발하는 등) 발달 단계의 변화를 특징짓는 결정적 시점(민감기)에는 미생물군–장–뇌 축(microbiota-gut-brain axis)을 따라 신호의 소통이 증가하는데, 이 과정이 방해받는 경우 발달 지연과 기능 장애가 발생한다. 영아기에 이 "미니 뇌"가 교란되면 수면 체계의 발달을 저해하며, 그 역도 마찬가지다. 영아기 이후 장 내 미생물군은 점점 더 복잡한 형태로 변화해, 마치 성인처럼 박테로이데스, 프레보텔라, 루미노코커스, 클로스트리디움, 베일로넬라 같은 미생물군이 나타난다. 이 시기에는 렘수면의 비율이 전체 수면 시간의 약 50퍼센트에서 20퍼센트로 급격히 감소한다. 개인의 수면 패턴은 장 투과성, 면역계 활성화, 염증, 에너지 대사, 장 내 미생물군의 다양성의 변화에 민감해진다. 이와 유사하게 사춘기와 노년기에 각각 접어들 때 장 내 미생물군, 수면–각성 주기, 수면 구조가 극적으로 변화한다. 이러한 사실은 수면이 인간의 생리적 기능과 깊이 연결되어 있으며, 각 생애 단계에서 사회적·생태학적 요인에 즉각 민감하게 반응함을 보여준다(그림 3.1 참고). 결국 수면은 최소한 세 개의 뇌, 즉 장 내 미생물군이라는 미니 뇌, 전뇌, 문화적·사회적·생태학적 환경에 내재한 정보 네트워크가 조절한다고 할 수 있다.

이 세 가지 뇌(장 내 미생물군, 전뇌, 사회적·문화적 환경)는 생애사에서 결정적인 몇 번의 전환기에 수면을 크게 변화시키는 것으로 보이며, 이러한 변화는 지역적·사회적·생태적 조건에 대한 반응으로 긍정적이거나 부정적으로 나타날 수 있다. 인간의 수면 일정에서 나타나는 더 넓은 생애 주기의 흐름을 생애사적 전환과 관련지어 이해하기 위해, 진화생물학적 원리로 논의를 확장해보자.

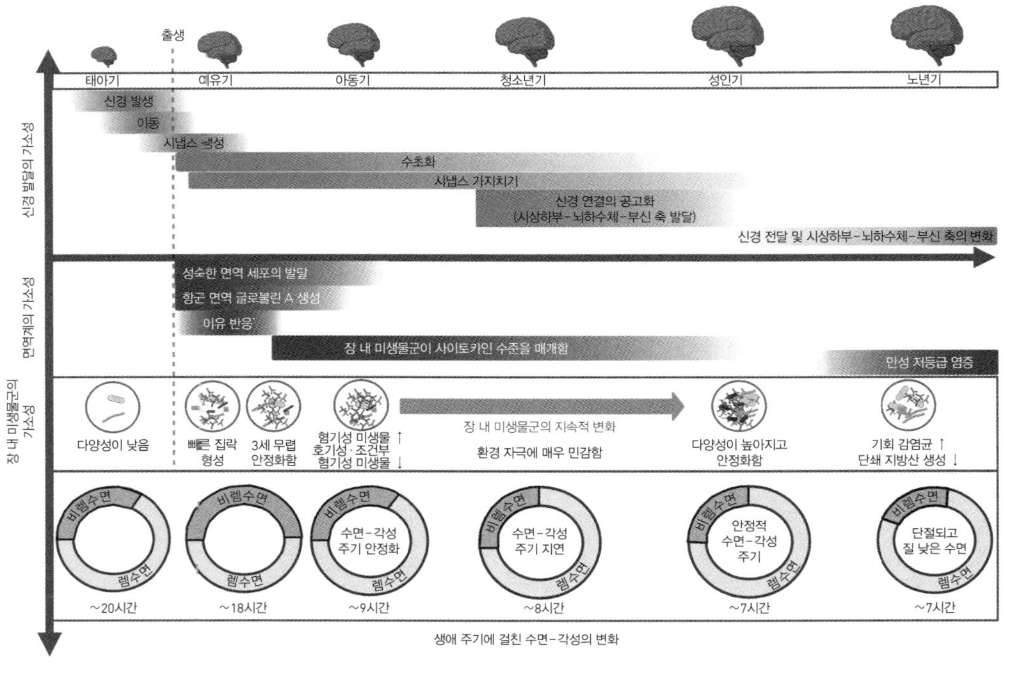

그림 3.1　뇌, 면역계, 장 내 미생물군, 수면-각성 주기의 발달 도식. 허가를 받아 Sgro et al. (2022)에서 인용함.

＊컬러 버전은 간지의 별도 사진 참조.

3.3 생애 주기에 따른 수면 패턴의 진화적 배경

3.3.1 신경 발달 과정에서 이시성 또는 시점의 변화

진화적 혁신은 주로 생명의 발달 형태 및 과정의 변화에서 나타난다. 따라서 우리가 생애 주기에 따른 수면의 발달을 살펴보고자 한다면 진화생물학의 영역에 발을 들이지 않을 수 없다. 맥너마라(McNamara, 1997)와 번스(Burns, 2007) 등의 연구자들은 인간이 영장류 조상들에 비해 각 발달 단계(영아기, 아동기, 청소년기, 성인기 등)가 길어지는 경향성, 즉 고차 형성(hypermorphosis)을 보인다고 주장했다. 영장류 조상들과 비교했을 때 인간의 성장 기간이 각 발달 단계에서 더 길게 연장되었다는 것이다. 다시 말해 인간은 영장류의 전형적 생애 주기에 비해 각 성장 단계를 더 길게 경험하고, 이로 인해 영아기와 유년기의 두뇌 성장도 더 오랜 기간 지속해 뇌가 더 커진다. 이러한 발달 일정의 특징 때문에 인간의 수면 주기 역시 생애 전환기나 신경 가소성이 높은 시기에 중요한 영향을 받을 수밖에 없다. 예를 들어 만약 수면이 뇌 발달을 촉진하는 기능을 일부 담당한다고 가정하면, 뇌 발달이 활발하게 이뤄지는 영아기와 아동기에 수면 주기가 더 강하게 작용할 가능성이 있다. 서파 수면처럼 특정한 형태의 수면은 노년기에 급격히 줄어들거나 완전히 사라지기도 한다. 반면 렘수면과 비렘수면은 생식 기능이 성숙하는 단계(즉 청소년기)에 남녀 모두에게서 뚜렷하게 증가하는 경향을 보인다. 여성의 경우 임신과 출산, 폐경 이후 수면 패턴이 크게 변화한다. 고차 형성이 나타나는 것은 영아기·유년기의 수면 주기가 다른 영장류들 또는 생애 주기의 다른 기간에 비해 (1) 더 길어지거나 (2) 더 강도가 높음을 의미한다. 인간의 조상은 이 두 방식을 모두 활용한 것처럼 보인다. 하지만 고차 형성과 수면 패턴의 발달은 다음 절에서 살펴볼 다양한 진화적 압력에도 큰 영향을 받았다.

3.3.2 실행 제어 신경망, 기술, 그리고 수면

인간 두뇌 기능의 진화를 이끈 주요인은 사회적인 것(즉 집단 생활의 압력)으로 보인다. 사회적 협력을 유지해야 하는 필요성이 인간 두뇌의 진화에 중요한 영향을 미쳤겠지만 그것이 유일한 요인은 아니었다. 더 큰 문화적 요인도 기여하였다. 인간 집단에서 사회적 협력이 안정적으로 이뤄지려면 공격적으로 반응하는 개인을 효과적으로 통제할 수 있는 능력이 필요하다. 따라서 인간은 반응적 공격성을 조절할 수 있는 두뇌 메커니즘을 발달시켜야 했다. 반응적 공격성에 대한 통제력이 향상되면서 보다 통제 가능하고 치명적인 전략적 공격도 가능해졌을 것이다. 하지만 도구 제작 능력의 발전에도 유사한 실행 제어 메커니즘이 필수적이었다. 정교한 도구와 무기를 만들고 다루려면 주의 과정, 시각-운동 조정을 정밀하게 통제할 수 있어야 한다. 또한 해부학적 현대인 집단이 유럽으로 이주하면서 겪은, 더 추운 기후와 더 긴 밤이라는 환경적 조건도 새로운 도전 과제였다. 이들은 네안데르탈인과 데니소바인 같은 기존 호미닌(hominin) 집단과의 상호 작용뿐만 아니라, 새로운 환경과 집단을 만나며 경험하게 된 새로운 질병들에도 적응해야 했다. 더 많은 협력이 필요해진 더 큰 사회 집단, 더 복잡한 도구들, 새로운 환경과 기후라는 도전, 새로운 질병 등 모든 문제는 새로운 수준의 인지적 통제를 필요로 했고, 사회적 압력과 무관하게 인간의 두뇌 진화에 중요한 동인이 되었다. 실행 제어 기능을 담당하는 두뇌 체계의 진화는 전전두엽 및 두정엽 피질의 억제 기능 확장과 관계있을 것이다. 흥미롭게도 렘수면이 그러한 실행 제어 신경망의 진화를 촉진하는 동시에 두뇌 연결 패턴의 진화적 혁신에 의해 변하기도 했다는 증거가 늘고 있다. 내측 전두 영역에서 기록되는 세타파 대역(4~8헤르츠)의 렘수면 관련 전기생리학적 진동은 인지 통제 집행을 직접적으로 반영하는 신경학적 지표로 확립되고 있다. 렘수면에서 세타파는 서로 다른 두뇌 영역을 연결하여 예측 오류를 처리하고, 낮의 행동을 안내하는 예측 모델이나 신념을 갱신하는 역할을 한다. 특히 렘수면에서의 세타파 활동이 전두엽에서의 감마파 진동과 결합했을 때는, 낯선 상황에 직면하거나 기존 예측 모델과 충돌하는 정보가 입력되면 더 활성화한다. 렘수면 세타파가 기존 모델을 업데이트하고 그 과정을 조율해야 한다는 신호를 보내는 것이다. 또한 렘수면 세타파와 감마파 진동이 결합하면 해마-전방 대상 피질-전전두엽 피질 사이의 네트워크가 연동되는데, 이런 역동적 동기화는 분석 과정과 계획 및 운동 실행 과정을 연결해, 최적의 모델 갱신과 인지적 제어를 가능케 한다. 렘수면 세타파에 대해서는 이후 기억 처리에서의 역할과 관련해 다시 다룰 것이다. 현재까지의 연구를 종합하면 사회적·환경적 요인이 우리의 진화적 조상들에게 중앙 집중형 인지 제어 체계를 적극적으로 활용하도록 압력을 가했고, 이에 따라 렘수면 세타파 시스템이 두뇌 확장 과정을 조절하기 시작했을 가능성이 크다.

3.3.3 문화의 누적적 진화, 과업 실행의 인지적 통제, 그리고 렘수면

앞서 언급했듯 인간의 뇌 진화는 실행 통제 네트워크의 발달에 중점을 두었다. 감정 및 실행 기능을 조절하는 뇌의 메커니즘은 행동의 가소성을 가능케 했는데, 이는 오늘날 말하는 문화의 누적적 진화(cumulative cultural evolution, CCE)에서 필수 요소다. 관련 이론에 따르면 인간은 다윈이 말한 자연 선택뿐만 아니라 문화적 선택이라는 진화적 압력도 받는다. 문화적 선택에는 사회적 모방과 학습이란 인지 과정을 통해, 세대를 거쳐 전승하는 사회적 관습이 들어간다. 예를 들어 복잡한 석기 제작 과정이나 지역의 문화 내에서 사회적으로 공유되는 상징적 지식 등이 대표적인 문화의 누적적 진화다. 도구 제작 기술은 세대를 거듭할수록 점점 더 정교해지고 효율성이 증가하는데, 이는 선대의 지식을 바탕으로 발전하며 매 세대가 처음부터 다시 시작하지 않아도 되기 때문이다. 문화의 누적적 진화가 작동하려면 인지적 통제, 기술적 절차에 대한 지식, 유연한 학습 능력이 필수다. 이를 가능케 하는 뇌 구조는 전전두엽과 두정엽의 실행 기능 네트워크에서 다양한 뇌 영역 각각으로 억제 신호를 정교하게 전달할 수 있는 신경 경로를 포함한다. 그러므로 문화의 누적적 진화는 실행 통제 네트워크의 발달을 지원하는 방식으로 수면에도 영향을 미쳤을 것이다.

문화의 누적적 진화에서 가장 중요한 형태는 아마 도구와 기술의 발전일 것이다. 기술의 진화와 관련한 신경해부학적 변화는 두정엽 설전부 및 내구, 연상회, 전방 섬엽, 시공간 연합 피질 등과 연관된다(Bruner et al., 2018). 이러한 영역들은 렘수면 동안 활성화하는데, 해부학적 현대인이 네안데르탈인에 비해 더 발달한 것으로 추정된다. 이들 영역은 특히 전두엽과의 상호 작용에서 실행 통제와 주의력 네트워크에 관여하고 신체적 표상을 시각, 눈과 손의 협응, 자기 인식 같은 복잡한 경험과 통합하는 역할을 한다. 브루너는 이러한 뇌 시스템이 도구를 신체에 대한 인지 도식에 통합시켰다고 주장하였다.

사회적 협력의 필요성, 반응적 공격성의 감소, 예측 불가능한 기후 변화, 점점 복잡해지는 도구 중 어떤 요인이 해부학적 현대인의 뇌 구조와 기능 진화를 촉진했든 렘수면과 꿈 현상은 인류의 진화를 가속화하고 있는 문화적 진화의 중심 요소로 자리 잡았다.

3.3.4 문화의 누적적 진화에서 렘수면과 꿈의 중요성

문화의 누적적 진화는 후기 구석기 시대 유라시아의 생태적 환경에서 본격적으로 가속화했다. 지금으로부터 약 7만 5000년 전부터 5만 년 전까지 아프리카를 떠난 해부학적 현대인은 네안데르탈인을 포함한 다른 인간 집단들과 조우하면서 새로운 인구와 질병, 그리고 더 추운 기후에 적응해야 했다. 최근 네안데르탈인의 DNA 분석 결과에 따르면 그렇게 이주한 현생 인류 일부가 네안데르탈인과 짝지었다. 해부학적 현대인에게 남아 있는 네안데르탈인의 유전자 중 일부(예: ASB1, EXOC6)는 여러 측면에서 렘수면을 향상시켰지만, 동시에 기면증의 발병 위험을 증가시키기도 했다. 기면증은 렘수면 관련 신경생물학적 과정이 과활성화하고 억제되지 않아 렘수면 상태가 깨어 있는 의식에 침투하는 질환이다. 다시 말해 렘수면의 신경생물학적 과정은 후기 구석기 시대의 해부학적 현대인에게 새로운 방식으로 작용했으며, 해리 상태에 취약한 일부 사람들에게 침투적 요소가 되었을 가능성이 크다.

3.3.5 후기 구석기 시대 인류는 렘수면에 차별적으로 투자했다

연구자들은 인간을 포함한 영장류 30여 종의 수면, 생태적 요인, 생리적 특성, 생애사 관련 데이터를 수집해 분석하였다(Nunn & Samson, 2018). 이들에 따르면 인간은 체질량, 포식당할 위험, 뇌 크기, 음식을 구해야 할 필요성, 성 선택, 식습관이 비슷한 영장류에 대한 예측치보다 적게 자는 것으로 나타났다. 인간은 총 수면 시간 중 13.8퍼센트를 렘수면할 것으로 예측되었지만, 실제 관찰된 값은 22.3퍼센트였다. 인간은 다른 영장류에 비해 총 수면 시간은 짧지만 예상보다 높은 비율의 렘수면을 취하는데, 이는 (렘수면을 늘리는 대신) 비렘수면을 줄임으로써 가능하다. 연구자들은 비렘수면의 진화적 감소와 렘수면에 대한 투자가 학습, 물질적 대상의 창조, 사회화를 위한 새로운 기회를 창출했다고 주장한다. 내 생각에 비렘수면의 감소와 렘수면의 증가가 문화적 학습을 위한 새로운 진화적 기회를 제공했다는 가정은 합리적이다. 낮의 길이가 짧아지고 기후가 추워짐에 따라 수면 습관을 조정해야 했던 해부학적 현대인들이, 렘수면을 더 많이 활용하는 식으로 대처한 것이다. 왜 이런 점이 수면 일정의 발달에서 중요할까? 그 이유는 렘수면이 창의성 발달에 필수로 보이기 때문이다.

이와 관련해 기면증에 대해 다시 논의할 필요가 있다. 기면증은 특정 유전자(EXOC6)가 현대인에게 작용하는 방식과 동일하게(즉 기면증의 위험을 높이는 방식으로) 후기 구석기 시대에도 작용했다면 이 유전자가 있는 사람들에게 발생했을 가능성이 높은 발달 장애다. 기면증의 특징은 렘수면의 신경생물학적 특성이 깨어 있는 동안 침입하는 것이며, 주요 증상은 (1) 낮에 오는 과도한 졸음, (2) 입면기 환각, (3) 강한 정서적 자극(예: 웃음이나 강렬한 정서) 후 갑작스럽게 발생하는 "수면 발작" 또는 근육 마비(탈력 발작) 등이다. 하지만 만약 렘수면이 해마와 전두엽 간 연결을 강화하는 세타파를 활성화한다면, 기면증에는 이점이 있다. 한 연구에서 185명의 기면증 환자와 126명의 건강한 대조군을 대상으로 렘수면의 신경생물학과 인지적 창의성 간의 연관성을 체계적으로 평가하였다(Lacaux et al., 2019). 그 결과, 기면증 환자들은 여러 측정 방식에서 대조군보다 창의성의 수준이 더 높게 나타났다. 이들은 과거의 창의적 성취를 평가하는 지표와 함께, "상상적, 혁신적, 연구자형" 창의성 양식을 측정하는 실험실에서의 객관적 창의성 검사에서도 점수가 더 높았다. 또한 발산적·수렴적 사고, 언어적·도형적 사고, 추상적·구체적 사고 등 다양한 창의적 사고 양식 전반에서도 수행이 우수했다. 그리고 기면증이 있는 참여자 185명 중 43퍼센트가 자각몽을 빈번히 경험한 반면, 대조군 126명 중에서는 3퍼센트만 그러했다. 자각몽을 경험한 참여자들은 속한 집단에서 가장 창의적이었다(Lacaux et al., 1988-1999).

렘수면은 인간 두뇌의 진화뿐만 아니라 개인의 생애 발달 과정에서도 중요하다는 것이 점점 더 명확해지는 가운데, 렘수면과 비렘수면이 인간의 생애 주기에 걸친 발달에서 어떤 역할을 하는지는 유기체의 사회적·생태학적 환경과 함께 고려해야 한다. 또한 발달의 일정은 궁극적으로 장기적 생식 적합성을 최적화하려 한다는 점을 염두에 둬야 한다. 앞에서 수면 및 발달 일정에 가해진 장기적인 진화적 압력에 대해 언급했는데, 이제부터 인간의 생애 주기에 걸친 수면 표현에 영향을 미치는, 보다 밀접한 요인에 집중할 것이다. 이때도 진화적 힘은 사회적 영향이 수면 형성에 하는 역할을 다시 한번 분명히 보여준다. 이러한 중간 수준의 이론적 틀로는 부모-자녀 갈등 이론, 생애사 이론, 애착 이론이 있다.

3.3.6 부모-자녀 갈등과 수면

출생 후 영아의 수면 상태는 어머니와의 상호 작용 속에서 발달한다. 다시 말해 어머니와 영아의 상호 작용은 영아에게 투자하는 자원의 양과 질에 대한 어머니와 자녀의 갈등이라는 더 넓은 맥락 속에서 발달한다. 즉 어머니와 영아는 자원 제공이나 투자를 둘러싸고 갈등하는데, 이는 어머니와 영아의 유전적 이익이 서로 다르기 때문이다. 영아가 어머니가 제공할 수 있거나 제공하고자 하는 것보다 더 많은 자원을 원하기 때문에 갈등이 발생한다.

한 연구자는 부모와 자녀의 관련성 지수를 0.5로 제시하였다(Trivers, 1974). 즉 자녀는 어머니의 유전체 중 절반만 공유하기 때문에 어머니와 자녀의 유전적 이익이 완전히 일치하지는 않는다. 따라서 자녀는 부모로부터 그들이 주기를 원하거나 줄 수 있는 것보다 더 많은 자원을 얻으려 한다. 또한 포유류의 새끼들은 아버지가 다를 가능성이 있으며, 따라서 형제자매 간에도 유전적 이익이 크게 다를 수 있다. 설령 아버지가 같다 해도 형제자매 간의 유전적 관련성 지수가 0.5에 불과하기 때문에 그들의 이익은 동일하지 않다. 따라서 자녀는 어머니나 형제자매가 받는 영향과 상관없이 어머니의 자원을 최대한 독점하려는 전략을 사용할 것이다. 영아가 보호자로부터 더 많은 자원을 얻기 위해 사용하는 전략은 소리 내기, 손으로 잡기, 미소 짓기, 울기, 소리치기, 젖빨기 등이다. 수면은 어머니에게 잠시 휴식을 제공하지만 영아가 자는 동안 젖을 빨 경우 그조차 어려울 수 있다. 특히 밤중에 깨는 행동은 어머니(또는 보호자)와 영아 사이에 갈등을 일으키는 주요인이다. 다음으로 영아가 밤에 깨는 것과 어머니와 자녀 간에 형성되는 애착 유형의 관련성을 살펴볼 것이다.

3.3.7 생애사 이론과 수면

생애사 이론에 따르면 임신 기간, 자녀의 체격 및 수, 첫 출산 연령, 수유 및 이유 기간, 지속적 생식 전략, 수명 등 생애 주기의 특성은 지역의 생태학적·사회적 환경에 영향을 받으며, 생식 적응도를 결정한다(Stearns, 1992). 개인은 생애 주기 전반에서 유아기의 생존, 아동기의 성장, 성인기의 발달, 생식과 관련한 문제를 해결하기 위해 생물행동적 전략을 발전시킨다. 또한 현재의 환경 조건(예: 지역의 사망률)에 대한 지각적·정서적 정보를 바탕으로 한정된 자원을 최적으로 배분하기 위한 (무의식적) 결정을 내린다.

개인은 "신체적 노력"(somatic effort: 신체 성장 및 발달에 대한 투자)과 "생식적 노력"(reproductive effort: 자녀를 낳고 양육하는 데 대한 투자)에 시간과 에너지를 적절히 분배해야 한다. 이러한 에너지 배분을 수면이 부분적으로 조절하기 때문에 신체적 또는 생식적 목표에 따라 수면에 할애하는 시간도 달라질 수 있다. 생식적 노력은 짝을 찾고 유지하려는 짝짓기 노력(mating effort)과 임신과 출산과 이후의 돌봄, 즉 양육 노력(parenting effort)으로 다시 나눌 수 있다. 수면이 발달 과정에서 뇌 성장에 중요한 영향을 미친다는 점을 고려하면, 수면이 신체적 발달뿐만 아니라 생식적 노력을 지원하는 행동 전략(부모-자녀 관계 및 짝짓기 전략)의 형성에도 무의식적 영향을 미칠 가능성이 크다.

발달 일정과 관련한 이러한 무의식적 결정은 개인의 유전적 소인뿐만 아니라 사회적 환경도 직관적으로 파악해 내릴 가능성이 높다. 일부 연구자들은 신생아와 아동이 미래의 사회적·생태학적 환경을 예측하는 방식은 유전적으로 물려받은 특성과 양육자와의 경험으로 결정된다고 주장한다(Belsky & Chisholm, 1999). 예를 들어 양육자가 아이에게 최소한의 자원만 투자하고자 한다면, 아이는 지역적·사회적·생태학적 환경이 불리하다고 판단하고 이에 맞게 "오래 살지 못할 것이기 때문에 빨리 성장하고 적게 자면서 많은 자녀를 낳도록 노력해야 한다"는 식으로 발달 일정을 조정한다. 반면 양육자가 아이에게 양질의 시간과 자원을 투자한다면 아이는 사회적·생태학적 환경이 우호적이라고 인식해 보다 느린 발달 일정, 더 길거나 강도가 높은 수면 주기, 더 긴 수명을 선택한다. 이는 "천천히 성장하고, 깊이 자고, 한두 명의 자녀에게 집중적으로 투자하고, 더 오래 살자"는 전략으로 요약할 수 있다.

한 연구에서 생애사 전략이 수면 일정에 미치는 영향을 확인하기 위해 연령대가 다양한 568명의 데이터를 분석했다(Dishakjian et al., 2020). 연구진은 분절 회귀 모델, 위계적 회귀 모델, 구조 방정식 모델링, 머신 러닝 등의 기법을 활용해 수면의 지속 시간/질과 생애사 전략의 관계를 분석하였다. 그 결과 예측대로 생애사 전략은 연령을 매개 변수로 평균 수면 지속 시간, 수면 가치 평가, 수면 일정과 U자 또는 V자형 관계였다. 빠른 생애사 전략(빨리 살고 일찍 생식하고 단명하는 경향)을 따르는 사람들은 매우 짧거나 긴 극단적 수면 지속 시간과 수면 가치 평가에서 높은 변동성을 나타냈다. 이들은 사망 위험이 가장 높은 수면 범위(6.5시간 미만의 짧은 수면과 8.5시간을 초과하는 긴 수면)에 들어갔으며 수면의 전반적 질도 낮았다(수면 시작 지연, 수면 시작 뒤 더 자주 깸, 수면-각성 불안정성이 더 높음, 수면 지속 시간 변동성이 더 큼). 흥미롭게도 생애사 전략이 데이터 내에서 수면 관련 변수를 예측하는 데 가장 강력한 요인이었다. 다시 말해 생애사 전략은 짝짓기 노력, 수면의 쾌락적 가치 평가, 인구통계학적 변수를 통제한 후에도 수면의 질을 설명하는 데 있어 설명력이 가장 컸다. 연구진은 구조 방정식을 활용해 생애사 전략과 수면 결과 간의 관계를 분석함으로써 수면 결과에 영향을 미치는 변인에 대한 생애사 전략의 연쇄적 효과를 확인할 수 있었다(그림 3.2 참조). 수면 중 깨어 있는 시간(waking after sleep onset, WASO)과 수면 시작 지연(sleep onset latency, SOL) 및 졸음 사이에 양의 관계가 있었다. 이러한 관계는 빠른 생애사 전략의 수면-각성 불안정성이 매개했다. 반면 느린 생애사 전략을 따르는 경우 단기적 짝짓기 성향(short-term mating orientation, STMO)과 평생의 성적 파트너 수가 전반적으로 낮았다. 느린 생애사 전략에서 장기적 짝짓기 전략으로 이어지는 경로는 전반적 안정성을 높이고, 수면에 대한 긍정적 가치 평가를 증가시키며, 이는 다시 수면 부족으로부터 어느 정도 보호 효과를 제공했다(수면 부족과 안정성 사이의 부적 경로).

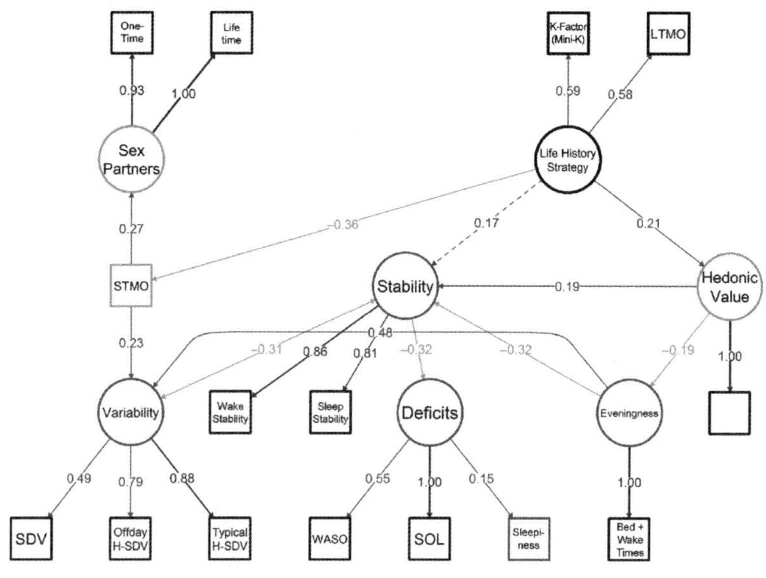

그림 3.2　생애사 전략이 생존 및 생식 할당에 미치는 영향에 대한 구조 방정식 모델. (경로에는 표준화한 가중치를 표시함. 빨간색 테두리가 있는 변수는 단기 생식을 위한 투자, 파란색 테두리가 있는 변수는 장기 유지를 위한 투자임. 단기적 짝짓기 성향은 생애사 전략에 회귀되었으며, 졸음은 수면 부족에 회귀되었음. SDV=수면 지속 시간 변동성, Hedonic value=개인이 수면을 가치 있게 여기는 정도. 실선으로 표시한 모든 경로는 $P < 0.05$ 수준에서 유의미하며, 점선으로 표시한 모든 경로는 P값이 0.05보다 큼.)
허가를 받아 Dishakjian et al. (2020)에서 인용함.
＊컬러 버전은 간지의 별도 사진 참조.

3.3.8 애착 이론과 수면

애착 이론은 볼비(Bowlby, 1969)와 에인스워스(Ainsworth et al., 1978)가 개발하였다. 애착 이론의 기본 개념은 출생부터 생후 18개월까지 영아가 양육자와 정서적 신뢰라는 특별한 유대감을 발전시킨다는 것이다. 볼비는 애착 시스템을 양육자와 아동 간의 신체적·정서적 근접성을 조절하는 생물행동적 과정으로 간주하였다. 애착 시스템에서 기대하는 최적의 애착 유형은 "안정 애착"으로, 영아가 양육자의 일관적 보살핌을 받으면서 친밀함에 대한 편안함을 발달시키고, 양육자와 물리적으로 잠깐 떨어져 탐색할 때도 편안한 유형이다.

에인스워스는 "낯선 상황에서의 절차(strange situation procedure, SSP)"를 통해 불안정한 애착 유형을 식별할 수 있었다. 비일관적 양육을 겪은 아이들은 불안정-불안형 애착을 형성하게 되는데, 이들은 양육자와의 분리를 정서적으로 감당하지 못한다. 이러한 아이들은 분리 후 쉽게 안심하지 못하며 양육자와 근접성을 계속 유지하려고 한다. 반면 불안정-회피형 애착인 아이들은 양육자와 상호 작용을 피하고 감정적으로 억제된 모습을 보인다.

이러한 애착 유형은 성인에서도 유사하게 나타나는데, 성인의 애착 유형은 자신과 애착 대상의 관계를 표상하는 인지적 작동 모델로 개념화할 수 있다(표 3.2 참조). 즉 우리는 애착 관계를 자기와 타인의 관계로 인식하고 표상한다. 안정 애착인 성인은 자신과 애착 대상을 긍정적으로 인식하며, 친밀함과 독립성 모두에 편안함을 느낀다. 불안정-양가형 애착 또는 몰입형 애착인 사람은 애착 대상의 가치를 과대평가하는 반면 자기는 과소평가하며, 독립성에 불편함을 느낀다. 불안정-회피형 애착인 사람들은 자신과 애착 대상 모두를 부정적으로 인식하지만, 독립성에 대해서는 편안함을 느낀다. 마지막으로 거부형 애착인 사람들은 자기를 과대평가하고 애착 대상을 부정적으로 인식한다. 자기와 타인에 대한 이 내적 작동 모델은 렘수면 꿈을 꿀 때 형성된다는 연구 결과가 늘고 있다. 여기에 대해서는 이후 꿈과 애착을 다루는 장에서 다시 논

표 3.2 자기 및 타인에 대한 내적 작동 모델에 따른 애착 지향성.

| | | 자기에 대한 인식 | |
		긍정적	부정적
애착 대상에 대한 인식	긍정적	**안정형 애착:** 자기와 애착 대상 모두에 대해 편안함을 느낀다. 애착 대상과의 관계를 원하며, 관계 속에서도 편안함을 느낀다.	**몰입형 애착:** 자기를 부정적으로, 애착 대상을 과도하게 긍정적으로 평가한다. 애착 대상과의 관계를 절실히 원한다.
	부정적	**거부형 애착:** 자기를 과도하게 긍정적으로, 애착 대상을 과도하게 부정적으로 평가한다. 친밀감에 대한 욕구가 낮다고 주장한다.	**공포형 애착:** 자기와 애착 대상을 모두 부정적으로 평가한다. 관계를 불안해하고 회피한다.

의할 것이다. 지금은 발달 일정, 사회적 애착 과정, 수면의 상호 관계에 초점을 맞추자.

애착 관계는 수면–각성 주기의 발달에 중요한 역할을 한다. 신생아나 어린이가 어머니와 정서적 애착을 안정적으로 형성할 수 있다면, 아이는 자신이 속한 환경이 충분한 자원, 성숙을 지연시키고 소수의 우수한 자녀에게 큰 투자를 하는 장기적 생식 전략을 지원한다고 "결론지을" 것이다. 이러한 경우에는 영아기 동안 수면 강도가 높으며, 밤잠을 자주 깨거나 악몽을 꾸는 등의 수면 장애가 적게 발생할 것이다. 다음 절에서 살펴보겠지만, 최근의 연구들은 이러한 예측을 뒷받침하는 결과를 제시하고 있다.

3.4 생애 주기에 따른 수면 발달

3.4.1 태아의 수면

현재까지의 연구에 의하면 모든 포유류는 자궁 내에서 자발적이고 혼합된 뇌 활동을 보이는 불확정 수면 단계를 거친다. 이는 임신 중반기부터 점차 분명히 구별할 수 있는 수면 상태로 분화한다. "불확정 수면" 단계를 지나 임신 28~32주 차부터는 조용한 수면(quiet sleep, QS)과 활동성 수면(active sleep, AS)이라는 두 수면 형태가 나타난다. 임신 28주 차에는 급속 안구 운동과 호흡 운동이 특징인 주기가 나타나며, 이는 지속적 운동 휴지 상태(안구 운동이 거의 또는 전혀 없음)와 교대로 나타난다. 렘수면과 유사한 활동성 수면 상태는 임신 30~32주 차에 나타나며, 점차 증가해 태아의 수면에서 약 90퍼센트를 차지하게 된다. 출생 후 1~2주 동안 렘수면은 약 90퍼센트로 유지되다가, 이후 급격히 감소하면서 성인의 수면 패턴으로 변화한다. 태아가 대부분의 시간을 렘수면으로 보내는 이유는 아직 명확하지 않으나, 이는 렘수면이 뇌 발달을 지원하는 기능을 한다는 가설과 일치한다.

3.4.2 신생아의 수면

신생아는 하루에 약 16시간을 잔다. 성인들이 비렘수면을 통해 잠드는 양상과 달리, 만삭을 지나 태어난 정상적 신생아는 비렘수면이 아니라 렘수면과 유사한 상태로 수면을 시작한다. 신생아의 수면은 활동성 수면과 조용한 수면이 거의 동일한 비율이며, 50분 주기가 반복된다. 다시 말해 일반적 신생아에게는 24시간 동안 평균 6~8번의 규칙적 수면 주기가 있다. 하지만 개인차가 커 생후 첫 며칠 동안 하루 18~20시간을 자는 경우도 있고, 10~12시간만 자는 경우도 있다(Burnham et al., 2002). 생후 첫 한 달 동안 신생아의 수면-각성 상태는 점차 빛-어둠 주기와 사회적 신호에 맞춰지기 시작한다.

생후 3~6개월이면 영아의 수면 상태(활동성 수면과 조용한 수면)는 성인의 렘수면 및 비렘수면 형태와 유사해진다. 이후 성장하면서 렘수면의 비율은 점차 감소한다. 2~3세인 유아는 잠자는 시간의 약 35퍼센트를 렘수면하는데, 성인은 그 비율이 약 20퍼센트다. 생후 3개월부터 렘수면은 50~60분 주기로 반복되지만, 각 주기에서 차지하는 비율이 변화한다. 밤의 후반부에는 렘수면이 두드러지고 초반부에는 비렘수면, 특히 비렘수면의 3단계인 N3 수면이 우세해진다. 3세가 되면 수면의 시간적 조직은 성인과 유사해지지만, 수면 주기의 길이는 청소년기가 될 때까지 성인 수준(90분 주기)으로 늘어나지 않는다.

어미와 분리된 새끼 쥐(Hofer & Shair, 1982)와 원숭이(Reite et al., 1976; Reite & Short, 1978)에 대한 연구는 활동성 수면과 렘수면이 어미와의 분리 여부와 관련이 깊음을 극적으로 보여주었다. 이런 연구들은 어미와 분리된 새끼들의 활동성 수면/렘수면 시간이 처음에는 증가하지만 이후 급격히 감소한다고 명확히 밝혔다(하지만 비렘수면이나 서파 수면은 그러한 영향을 받지 않았다).

렘수면의 전기생리학적 특징이 성숙하는 데는 오랜 시간이 걸린다(예: 새끼 고양이는 출생 후 3주가 지날 때까지 뇌교-슬상체-후두엽 파형이 나타나지 않

표 3.3   신생아기부터 성인기까지의 수면 변화.

	신생아	성인
렘수면/비렘수면 비율	50 대 50	20 대 80
렘수면/비렘수면 주기	50~60분	90~100분
수면 시작 상태	렘수면	비렘수면
수면 상태의 시간적 구조	렘수면/비렘수면 주기가 수면 전반에서 균등하게 나타남	밤의 첫 3분의 1에서는 비렘수면이, 마지막 3분의 1에서는 렘수면이 우세함
수면 구조	비렘수면 1단계	비렘수면 3단계

는다). 이에 반해 비렘수면의 뇌 활동(0.5~4.0헤르츠의 델타파와 7~14헤르츠의 수면 방추파가 보이는 서파 활동)은 상대적으로 짧은 기간 내에 성숙한다. EEG를 활용한 연구에 따르면 신생아의 비렘수면은 처음에 "교대 흔적(trace alternant)"이라는, 느린 불연속적 파형으로 나타나다가 이후의 발달 과정에서 느린 연속적 파형으로 전환된다. 수면 방추파도 나중에 나타난다.

3.4.3 애착과 영아기의 수면

버넘 등은 영아가 야간에 잠을 깨는 횟수에서 상당한 변동성이 나타난다고 하였다(Burnham et al., 2002). 생후 1개월 된 영아는 밤에 평균 4.12회(표준 편차＝2.57) 깨는데, 그 빈도는 최소 1회에서 최대 11회였다. 생후 12개월에는 평균 2.62회(표준 편차＝2.03), 최소 0회에서 최대 10회 깼다. 진화 이론은 밤에 깨는 빈도가 애착 유형에 따라 다를 것으로 예상한다. 영아가 깨어난 후 신호를 보내면 신호를 보내지 않을 때보다 어머니가 개입할 가능성이 높다. 애착 과정에 영향을 줄 수 있는 야간의 신호에는 울기, 빨기, 젖 먹기, 웃기, 움켜쥐기, 떨기, 옹알이를 비롯한 소리 내기 등 다양한 행동이 들어간다. 이런 신호는 비렘수면보다 렘수면에서 더 자주 나타난다(McNamara, 2004의 리뷰 참조).

연구에 따르면 야간에 잠을 깨는 현상은 진화 이론에서 주장하듯 애착 유형과 밀접한 관련이 있다. 한 연구에서는 불안정 애착을 보인 20명의 영아가 모두 심각한 수면 장애를 나타냈다(Benoit et al., 1992). 다른 연구에서는 이스라엘 키부츠의 공동 숙소에서(즉 부모가 사는 가정에서 떨어져) 자는 영아의 52퍼센트가 불안정 애착 유형으로 분류된 반면 부모와 함께 집에서 자는 영아는 20퍼센트만이 불안정 애착 유형에 속했다(Sagi et al., 1994). 그런가 하면 안정 애착을 보인 영아는 평균적으로 밤에 1번, 약 11분 동안 깨어 있다고 보고한 연구도 있다(Scher, 2001). 이 연구에 따르면 "의존적 안정(B4: 안정 애착이지만 어느 정도의 양가성도 나타내는 유형)" 애착 영아의 어머니들 중 43퍼센트, 안정 애착 영아의 어머니들 중 23퍼센트가 영아의 취침 과정에서 어려움을 겪는다. 또한 야간에 자주 깨는 영아들은 "낯선 상황" 실험 절차에서 접촉 유지 점수가 그렇지 않은 영아들보다 높게 나타났다. 한편 생후 6개월에 불안정-저항형 또는 불안정-불안형 영아가 밤에 가장 자주 깨고, 불안정-회피형 영아가 가장 적게 깼다(Beijers et al., 2011). 맥너마라 등의 연구에서도 이와 유사한 결과가 나타났는데, 15개월 된 불안정-불안형 또는 불안정-저항형 영아가 불안정-회피형 영아보다 더 자주, 길게 깨어 있었다(McNamara et al., 2003). 또 다른 연구에 따르면 12개월에 불안정-불안형 또는 불안정-저항형 영아가 밤에 자주 깼으며, 이러한 패턴은 1년 후에도 지속적 수면 문제로 이어질 가능성이 높았다(Morrell and Steele, 2003). 이상의 연구 결과를 종합하면, 불안정-불안형 애착인 영아는 생후 6~18개월 밤에 유독 자주 깨는 반면, 안정형 또는 회피형 애착인 영아는 같은 기간에 상대적으로 덜 깬다. 이러한 차이는 왜 생길까? 만약 밤에 깨는 것이 어머니로부터 더 많은 자원을 확보하기 위한 전략이라면, 안정 애착을 형성한 영아는 자신이 충분한 보호와 양육을 받고 있다고 인식하기 때문에 이러한 행동을 할 필요가 없다. 한편 불안정-회피형 영아는 회피 전략을 쓰기 때문에 불안정-불안형 또는 불안정-저항형 영아보다 신호를 보내는 빈도가 낮다. 다음 절에서는 이러한 영아기의 야간 각성 패턴을 진화적 관점에서 어떻게 이해할 수 있는지 살펴보자.

3.4.4 영아의 수면과 유전적 갈등

부모 입장에서 신생아를 돌보는 일은 극심한 피로를 유발한다. 아기는 밤새 여러 번 깨고, 큰 소리를 내거나 울면서 부모의 수면을 방해한다. 거대한 산업을 이룬 유아 수면 전문가들은 밤새 아기를 잘 재워 부모의 수면 패턴을 정상으로 되돌리는 방법을 조언한다. 그렇다면 자연은 왜 이런 비효율적 수면 패턴을 신생아에게 부여하는 것일까? 부모와 아기 모두가 만성 수면 부족에 시달린다면 누구에게도 유리하지 않을 것이다. 연구자들은 영아의 야간 각성은 수유를 통해 어머니의 배란을 억제함으로써 출산 간격을 연장하는 기능을 한다고 주장하였다(Haig,

2014; Blurton Jones & da Costa, 1987). 어머니가 영아에게 수유하는 동안에는 배란이 억제되어 새로운 임신이 어렵다. 만약 어머니가 생후 몇 년 동안 한 아기에게 자원을 집중적으로 제공한다면 아기의 생존 가능성은 높아진다. 우리는 앞에서 불안정-불안형 또는 불안정-저항형 애착인 영아들이 밤에 가장 많이 깬다는 연구 결과를 살펴보았다. 이들 영아의 잦은 야간 각성은 수유 횟수를 증가시켜 어머니의 배란을 억제함으로써, 결과적으로 영아가 어머니의 자원을 일정 기간 독점할 수 있도록 한다. 만약 불안정-저항형 애착인 영아의 야간 각성이 시간에 따라 감소하는 속도가 불안정-회피형 애착인 영아보다 느리다면, 수유를 통한 피임 효과가 극대화하는 시점이 영아의 애착 유형에 따라 다를 가능성이 있다.

최적의 출산 간격은 애착 상태와 사회적-생태학적 환경에 따른 어머니와 영아의 관계에 달렸다. 특히 사망률이 높은 환경에서는 부모가 더 많은 자녀를 출산하고자 하는 기회주의적 생식 전략을 추구하는 경향이 있다. 이는 짧은 출산 간격과 자녀에 대한 낮은 투자 수준(예: 수유 감소)로 나타난다. 이러한 전략은 야간 각성의 빈도 감소와 회피 애착 유형을 보이는 영아의 비율 증가로 이어진다.

3.4.5 아동기의 수면

유아기부터 10대 초기까지 아동은 하루 평균 약 10시간을 자기 시작한다. 물론 이는 평균값일 뿐이며 개인차가 크다. 아동은 수면할 때 빠르게 N3 단계의 서파 수면으로 진입하며 약 1시간 동안 이 상태를 유지한 후 짧게 각성한다. 이때 인지적 혼란 상태("혼돈 각성")를 보이며 잠자리에서 몸을 뒤척이거나 소리를 내기도 하지만, 다시 N3 단계로 돌아가면서 첫 번째 렘수면 단계로 건너뛴다. 이후 첫 번째 렘수면을 약 20분간 지속하며, 이후 밤새 렘수면과 비렘수면을 정상적으로 반복한다. 사람의 서파 수면 양과 강도는 4세경에 정점을 찍는다. 이는 전통적으로 인간이 젖을 떼는 연령이 4세 무렵이기 때문에 흥미롭다. 아이가 잠을 잘 자서 어머니의 관심이 크게 필요치 않다면 어머니에게도 젖떼기 과정이 수월할 것이다. 또한 이 시기(4세 전후)에는 야경증이 나타날 수 있다. 이 증상은 3세에서 12세 사이에 발생할 수 있지만 4세 무렵에 가장 빈번하다. 이는 N3 서파 수면에서 발생하는 혼돈 각성과 관련이 있다. 아동은 침대에 앉아 극심한 공포 속에서 소리치거나, 눈을 크게 뜨고 있음에도 주변 사람들에게 반응하지 않을 수 있다. 이때 이들을 완전히 깨우는 것은 상당히 어렵다.

우리는 앞에서 영아기의 수면은 어머니와 자녀 간의 유전적 갈등과 사회적 애착 패턴이라는 사회적 맥락 속에 자리함을 살펴보았다. 아동의 애착 유형은 아동기의 수면 패턴에 계속 영향을 미친다. 다시 말해 애착의 안정성은 청소년기까지 이어지는 수면 패턴을 예측하며, 역으로 수면 패턴도 애착의 안정성을 예측한다. 이는 안정 애착이 보다 안정적인 수면 패턴을 촉진함을 시사한다. 한 연구에서는 영아기 때 부정적 정서성이 높다고 평가받은 아동들이(부정적 정서성은 종종 영아기의 불안정 애착과 관련한다) 유아기 때 애착 유형과 수면 패턴 간의 연관성을 더 강하게 나타낸다고 하였다(Troxel et al., 2013). 또한 켈러는 어머니와 자녀 간 애착의 안정성이 낮 동안의 주관적 졸음 감소와 관련이 있다고 보고했는데, 이는 남녀 아동 모두에게 해당하는 결과였다(Keller, 2011). 남아의 경우, 3학년 때 손목시계형 수면·각성 활동 측정기를 이용한 측정에서 야간의 신체적 불안정성(짧은 각성/잠이 깸)이 높을수록 5학년 때 모자 간 애착의 안정성이 낮았다. 추가적으로 3학년 때 부모의 결혼 관계에 대한 정서적 불안을 경험한 남아는 5학년 때 수면 문제가 발생할 가능성이 더 높았다.

3.4.6 청소년기의 수면

청소년기는 전체 수면 시간에서 서파 수면의 비율의 감소와 관련이 있다. 수면과학자들은 일반적으로 청소년기에 하루 약 10시간의 수면이 필요하지만 실제로는 8시간 이하로 수면한다는 데 의견이 일치한다. 수면이 부족한 청소년들은 그렇지 않은 청소년들보다 충동적 결정을 내리거나 사고에 연루될 위험성이 더 높고, 전반적으로 감정의 기복이 더 심하다. 청소년기의 수면 부족은 학교 과제 및 사회적 압박과 관련이 있는 것으로 보인다. 화면에서 빛이 나오는 스마트폰 및 전자 기기 사용이 증가하는 것도 청소년들의 수면 시간에 부정적 영향을 미친다. 청소년들이 충분히 수면할 수 있도록 학교 시간표를 조정하면 긍정적 결과가 나타난다는 연구가 있지만, 이러한 권고가 널리 시행되지는 않는다.

청소년기는 사춘기가 시작되는 시기로 이런 생물학적 변화는 수면에 영향을 주는 동시에 수면의 영향을 받는다. 사춘기의 시작은 시상하부에서 분비되는 생식샘 자극 호르몬 분비 호르몬, 황체 형성 호르몬, 난포 자극 호르몬이 유발한다. 이런 호르몬들의 영향을 받아 목소리의 변

화, 키의 성장, 유방 및 생식기 발달 등 2차 성징이 나타나며, 편도체
와 시상하부 같이 성적 이형성(二形性)을 보이는 뇌 영역에서도 세포 수
준의 변화가 일어난다. 이러한 호르몬의 맥동성(脈動性) 분비는 멜라토닌
과 수면 주기에 일정 부분 영향을 받을 가능성이 있다. 청소년기의 성
장 호르몬은 대부분 수면 중에 분비되며, 사춘기의 발달을 조절하는 여
러 호르몬 또한 수면 과정의 영향을 받는다.

생애 초기의 렘수면 박탈은 이후의 성 기능 손상과 관련이 있으며,
쥐와 원숭이를 대상으로 한 연구에서 이를 확인했다. 렘수면은 남성의
주기적 발기, 여성의 질 윤활, 음핵 충혈, 골반 움직임 등과 연관한다.
남성 청소년의 경우, 렘수면 동안 발기가 지속되는 총 시간(평균 190분)
이 정점을 이룬다. 몽정도 청소년기에 시작되는데, 렘수면 중 발생하는
것으로 보인다.

3.4.7 성인 여성의 수면

여성의 수면은 생리 주기의 영향을 받는다. 특정한 수면 단계에서 보내
는 시간의 비율은 차이가 나타나지 않지만, 여성들은 졸음의 주관적 변
화를 보고한다. 대부분의 여성에게 프로게스테론의 분비가 졸음을 유발
하며, 이는 주관적 졸음을 증가시킬 수 있다. 임신 중에는 에스트로겐
과 프로게스테론 같은 생식샘 스테로이드 호르몬, 뇌하수체 호르몬인
프로락틴과 성장 호르몬의 작용이 급격히 증가해 임산부의 뇌와 발달
중인 태아에 영향을 미친다. 태아의 수면은 어머니의 수면에 영향을 주
며, 그 역도 성립한다. 임신 기간 동안 프로게스테론 활동 수준이 꾸준

히 증가하는데, 이는 임산부의 비렘수면 증가 및 렘수면 감소(렘수면 진입의 지연 포함)와 연관이 있다. 임신 말기에는 태반에서 에스트로겐과 코르티솔의 활동이 증가하는데 이는 렘수면을 억제하는 경향이 있다. 프로락틴은 서파 수면을 촉진하며 수면 시작 후 4시간에서 6시간 사이에 최고 수치에 도달한다. 또한 프로락틴은 젖 생성을 촉진한다. 옥시토신은 분만 중 멜라토닌과 상호 작용하며 자궁 수축을 유도한다. 태반 성장 호르몬의 혈중 농도는 임신기 동안 꾸준히 증가하며, 임신 35주경 최고치에 이른다. 태반 성장 호르몬은 서파 수면을 촉진하는 것으로도 알려져 있다.

수면상태생물학(sleep state biology)의 관점에서 볼 때, 임신은 유전적으로 구별되는 두 개체의 수면 상태가 상호 작용하는 독특한 생리적 과정이다. 한 연구자는 태반이 모체가 아닌 태아의 유전적 일부라는 사실에 주목해, 태아와 모체 간에 유전적 이해관계의 차이가 발생할 가능성이 있다고 주장하였다(Haig, 1993). 비정상적 삼배체 태아의 경우 부계 유전자가 두 세트, 모계 유전자가 한 세트 있으면 태반이 매우 크며, 반대로 모계 유전자가 두 세트, 부계 유전자가 한 세트 있으면 태반이 매우 작고 성장 저하가 나타난다. 부모와 자녀의 유전적 전략을 모델링한 연구에 따르면, 모체-태아 상호 작용에서 태아는 가능한 한 많은 자원을 모체로부터 확보하도록 선택받지만, 모체는 자기 자원을 너무 많이 빼앗기지 않게 조절하도록 선택받는다. 모체의 유전적 이해관계는 현재의 태아뿐만 아니라 미래에 출산할 자녀에게도 있다. 따라서 모체는 현재의 태아에게 귀중한 자원을 투자하는 데 있어 신중해야 한다. 모체의 미래 자손들은 현재의 태아와 자원을 놓고 직접적으로 경쟁하며, 따라

	1분기	2분기	3분기	출산
임신기 기저선과 비교한 수면 측정	총 수면 시간이 증가하지만 서파 수면 비율은 감소함	총 수면 시간이 감소하고, 새끼 동물 등과 관련한 생생한 꿈이 증가하고, 서파 수면이 감소함	총 수면 시간이 증가하지만 수면 효율, 서파 수면, 렘수면은 감소함. 생생한 꿈을 꾸며 불안한 꿈이나 악몽을 경험하기도 함	렘수면이 감소하고 분만 시작과 함께 델타파가 증가함

서 태아는 모체로부터 최대한 많은 자원을 이끌어내려고 한다. 임신기에 모체 및 태아의 수면 과정과 태아의 성장 사이의 상호 작용은 이러한 유전적 배경의 영향을 받을 가능성이 있다(표 3.4 참조).

임신 초기 10주 동안, 착상한 접합체의 영양막에서 분비되는 인간 융모성 생식선 자극 호르몬이 황체를 유지하면서 에스트로겐과 프로게스테론을 계속 분비하도록 한다. 이 성 스테로이드 호르몬은 (뇌하수체에서 분비되는) 프로락틴과 함께 임신기 동안 모체와 태아의 생리적 변화 및 성장을 촉진한다. 또한 프로게스테론 수치가 높아져 자궁 수축을 억제하거나 방지한다. 인간 융모성 생식선 자극 호르몬은 임신 2분기부터 감소하는데, 이는 태반이 자체적으로 태반 락토겐, 프로게스테론, 에스트로겐의 생산을 증가시키기 때문이다. 태반 락토겐은 구조와 기능 면에서 성장 호르몬과 매우 유사하다. 성장 호르몬은 특히 남성, 그리고 여성에서도 수면과 밀접한 관계를 맺고 있으며, 하루 생산량의 95퍼센트가 서파 수면 동안 분비된다. 성장 호르몬의 분비와 서파 수면의 관계는 단순히 일시적인 것이 아니고, 서파 수면 자체가 호르몬 분비를

자극한다. 여성의 경우 서파 수면이 성장 호르몬 외 성장 인자의 분비
도 촉진할 가능성이 크다.

3.4.8 노인의 수면

건강한 노인의 수면 구조에서 가장 일관적으로 나타나는 변화는 델타
파를 포함한 서파 수면의 감소다(Bliwise, 2000). 어떤 경우에는 서파 수
면이 전체 수면의 5~10퍼센트에 불과하다. 렘수면의 비율은 개인차가
크지만 나이가 들어도 감소하지 않는다. 여성은 남성보다 약 10년 후에
비렘수면 지표의 감소를 경험한다. 또한 노년기 여성의 N2 수면 방추
파는 같은 연령대의 남성보다 2배 많이 나타났다. 이러한 객관적 수면
패턴의 차이에도 여성들은 수면의 질이 낮다고 보고하는 경향이 남성
보다 크며, 특히 폐경기에 그러하다.

3.4.9 결론

그림 3.3에 지금까지 밝혀진, 인생 주기 전반에 걸친 주요한 수면 경
향을 요약했다. 잠드는 데 걸리는 시간(수면 잠복기)은 숭년까지 삼소하
며 노년기까지 비교적 일정하게 유지된다. 입면 후 각성 시간은 전반적
으로 감소하지만, 총 수면 시간에서 차지하는 비율은 오히려 증가한다.
다시 말해 나이가 들수록 잠에서 깨는 횟수가 증가한다. 렘수면의 비율
은 나이가 들면서 감소하지만 총 수면 시간과 비교하면 거의 변하지 않
는다. 이는 N2 단계의 가벼운 수면과 전이하는 N1 단계의 수면에도 적

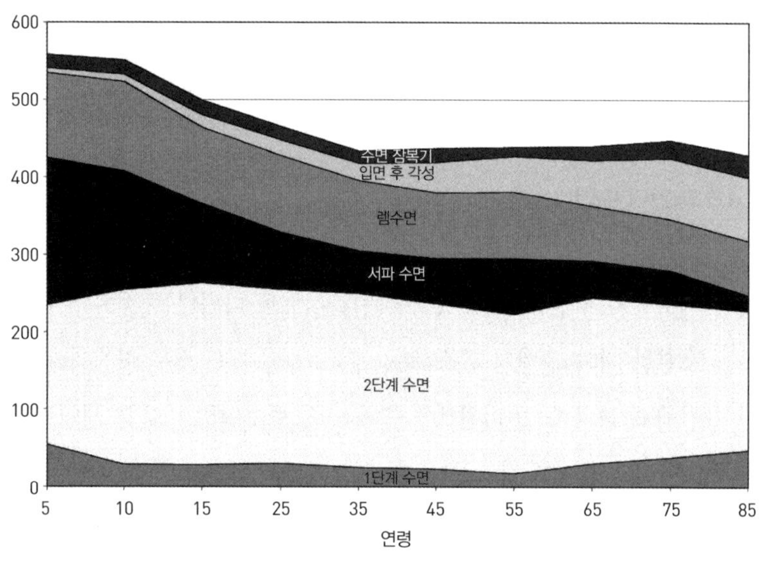

그림 3.3　연령에 따른 수면 시간(분)의 변화 경향.

용되며, 그 비율은 나이가 들면서 거의 동일하게 유지되거나 약간 증가한다. 반면 N3 단계의 서파 수면은 연령이 증가할수록 감소하며, 노년기에 이르면 거의 완전히 사라진다. 수면은 전 생애 주기에 걸쳐 사회정서적 애착 과정과 밀접하며, 이 관계는 양방향으로 인과적일 가능성이 있다. 즉 아동의 발달 단계에는 부모와 자녀 간 애착 과정과, 성인기에는 성적/낭만적 관계 및 친한 친구 관계에서의 애착 과정과 수면이 연관된다. 이러한 수면 과정과 애착 과정의 관계는 수면의 본질이 사회적임을 다시 한번 강조한다.

지금까지 수면이 인생 주기에 걸쳐 나타나는 방식과 그 방식을 조형하는 진화적 힘을 알아보았다. 다음으로는 주요 수면 상태, 즉 비렘수면과 비렘수면의 생물행동적·신경학적 특성을 자세히 알아보자.

복습 질문

○ 불안정 애착 유형인 아동과 안정 애착 유형인 아동의 수면 패턴 차이에는 어떤 의미
  가 있는가?

○ 불안정 애착 유형인 성인과 안정 애착 유형인 성인의 수면 패턴 차이에는 어떤 의미
  가 있는가?

○ 서파 수면이 총 수면 시간에서 차지하는 비율이 연령에 따라 감소하는 이유는 무엇
  인가?

○ 전 생애 주기에 걸쳐 수면에 미치는 사회적 영향에 대한 증거의 강점과 한계는 무엇
  인가?

더 읽을거리

Beattie, L., Kyle, S. D., Espie, C. A., & Biello, S. M. (2015). Social interactions, emotion and sleep: A systematic review and research agenda. *Sleep Medicine Reviews, 24*, 83–100. doi: 10.1016/j.smrv.2014.12.005.

Carskadon, M., & Dement, W. C. (2000). Normal human sleep: An overview. In M. H. Kryger, T. Roth, & W. C. Dement (eds.), *Principles and Practice of Sleep Medicine* (3rd ed., pp. 15–25). Philadelphia: Saunders.

Keller, P. S. (2011). Sleep and attachment. In M. El-Sheikh (ed.), *Sleep and Development* (pp. 49–77). New York: Oxford.

Troxel, W. M. (2010). It's more than sex: Exploring the dyadic nature of sleep and implications for health. *Psychosomatic Medicine, 72*(6), 578–586. doi: 10.1097/PSY.0b013e3181de7ff8.

렘수면과 비렘수면의 특징

○ 각 비렘수면 단계의 전기생리학적 특징을 설명할 수 있다.

○ 렘수면의 전기생리학적·생물행동적 특징을 설명할 수 있다.

○ 비렘수면과 관련한 뇌의 주요 활성화 및 비활성화 패턴을 식별할 수 있다.

○ 렘수면과 관련한 뇌의 주요 활성화 및 비활성화 패턴을 식별할 수 있다.

4.1 서론

수면의 신경생물학을 이해하려면, 먼저 각성(잠이 깨어 있는 상태)의 주요 신경생물학적 특징을 간략히 살펴볼 필요가 있다. 그림 4.1은 각성을 유도하고 유지하는 신경 네트워크의 주요소를 나타낸 도식이다. 이 그림에는 2개의 주요 경로를 제시했다. 첫 번째 경로(노란색)는 상행 망상 활성계가 근간이며, 여기서 활성화 신호가 시상 중계핵 및 망상핵을 통해 상행한다. 이 입력 신호는 뇌간의 교뇌 및 외측 후방 피개핵(pedunculopontine and laterodorsal tegmental nuclei)에 위치한 아세틸콜린 생성 뉴런군에서 유래한다. 두 번째 주요 뉴런군(빨간색)은 노르아드레날린을 분비하는 청반(locus coeruleus), 세로토닌을 분비하는 배측 및 정중 솔기핵(dorsal and median raphe nuclei), 도파민을 분비하는 수도 주위 회색질(periaqueductal gray matter), 히스타민을 분비하는 결절 유두핵(tuberomammillary nucleus)으로 구성된다. 주로 콜린성인 이 신경세포군은 대규모 아민성, 즉 세로토닌성/노르아드레날린성 신경군과 상호 억제하면서 균형을 이룬다. 추가적 피질 입력은 GABA 또는 아세틸콜린을 포함하는 기저 전뇌(basal forebrain) 뉴런뿐만 아니라, 멜라닌 농축 호르몬(melanin-concentrating hormone) 또는 오렉신(하이포크레틴)을 포함하는 외측 시상하부 펩타이드성 뉴런에서도 유래한다.

각성 상태에 영향을 미치는 두 번째 시스템은 복외측 시교차 전핵(ventrolateral preoptic nucleus)에 뿌리를 두며, 이는 상행 망상 활성계의 각성 시스템 구성 요소로 투사된다. 복외측 시교차 전핵은 수면 주기를 전환하는 플립플롭 스위치 시스템에도 관여하며, 여기에 대해 뒤에서 더 알아볼 것이다.

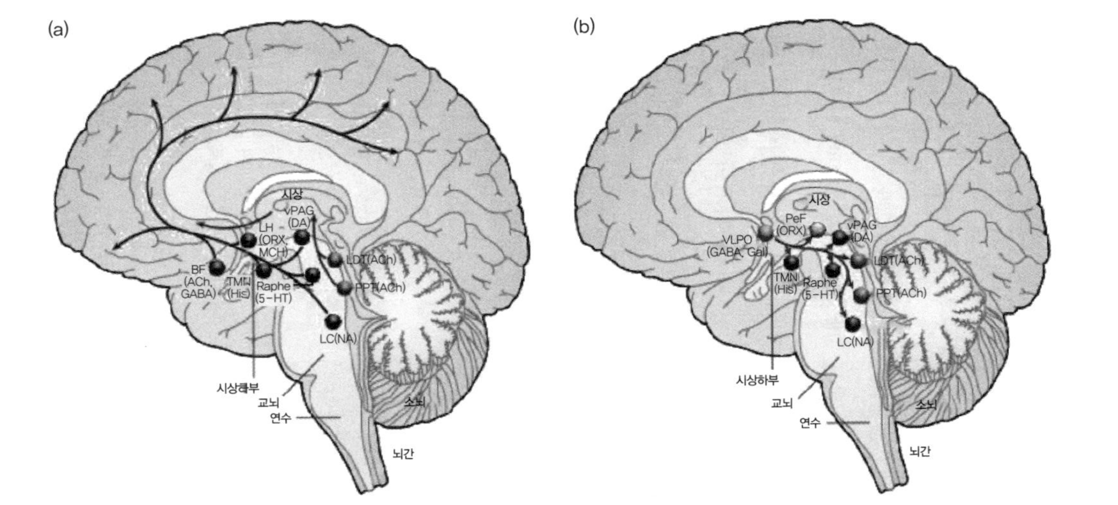

그림 4.1 수면과 각성의 신경생물학 및 생리학.

(a) 상행 망상 활성계, (b) 복외측 시교차 전핵에서 상행 각성 시스템 구성 요소로 투사. PPT(ACh): 교뇌 후방 피개핵(아세틸콜린성), LDT(ACh): 외측 후방 피개핵(아세틸콜린성), LC(NA): 청반(노르아드레날린성), Raphe(5-HT): 솔기핵(세로토닌성), vPAG(DA): 수도 주위 회색질(도파민성), TMN(His): 결절 유두핵(히스타민성), BF(ACh, GABA): 기저 전뇌(아세틸콜린성, GABA성), LH(ORX, MCH): 외측 시상하부(오렉신성, 멜라닌 농축 호르몬성), PeF(ORX): perifornical area(오렉신성), VLPO(GABA, Gal): 복외측 시교차 전핵(GABA성, 갈라닌성).

허가를 받아 van Someren & Cluydts (2013)에서 인용함.

＊컬러 버전은 간지의 별도 사진 참조.

4.2 비렘수면의 특성

우리는 비렘수면을 통해 각성 상태에서 수면으로 가는 문턱을 넘게 된다. 궁극적으로 우리는 모두 잠에 빠질 수밖에 없는데, 이는 기이하고 품위 없고 무력한 비활동 상태, 즉 망각과 꿈꾸는 동안 나타나는 과각성의 기묘한 조합이다. 비렘수면은 우리가 망각에 가장 가까이 가면서도 생명을 유지하고 있는 수면 단계다. 개인이 깊은 수면에 빠지는 일반적 과정을 추적하면, 망각의 상태로 이행하기 전 이완된 각성 상태 또는 졸린 상태를 거친다는 것을 알 수 있다. 이 시기의 뇌파는 각성 상태의 빠른 비동기적 파형에서 초당 8~12헤르츠의, 보다 느리고 규칙적인 알파파 활동으로 변화한다. 이후 알파파는 저진폭 혼합 주파수의 세타파(4~8헤르츠)가 나타나는 N1 단계로 바뀐다. N1 단계는 몇 분 정도 지속한다. 이어서 수면으로 향하는 개인은 N2 비렘수면 단계에 도달한다. N2 단계에서는 가벼운 수면 상태가 유지되며 각성이 쉽게 가능하다. 뇌파 검사에서는 수면 방추파와 K-복합파라는 고진폭 스파이크가 관찰된다. 수면 방추파는 7~14헤르츠의 저진폭으로 동기화한 파형으로 N2 비렘수면에서 발생하며, 종종 K-복합파 형성에 선행한다. K-복합파는 N2 수면 단계에서 무작위로 나타나지만, 청각 자극에 대한 반응으로 발생할 수도 있다. 수면 방추파는 모든 수면 단계에서 발생할 수 있지만 N2 비렘수면에서 "더 자주" 나타나며, 시상-대뇌 피질 네트워크에서 전파되어 신피질의 투사 표적에 강한 탈분극 효과를 미친다.

　전기생리학적·현상학적 관점에서 N1 수면은 각성에서 수면으로 가는 과도기적 졸음 상태이며, N2 수면은 "수면 방추파"와 "K-복합파"라는 전기생리학적 신호가 특징으로 나타나는 가벼운 수면 단계다. N3 수면은 깊은 수면 상태로, 느린 파형과 풍부한 델타파 활동이 특징이다. 델타파(0.5~4헤르츠) 활동은 가벼운 수면에서 깊은 수면으로 진행되는 동안 점점 더 우세해진다. 델타파의 진폭은 일반적으로 가장 넓은 20~200마이크로볼트 범위에 해당한다. 밤새 수면이 이어지면서 델타파의 세기는 점진적으로 감소한다(그리고 렘수면은 증가한다). 즉 수면은 델타파가 반영하는 뇌 과정이 사라지게 한다. 수면이 진행될수록 델타파의 세기에 대한 필요는 점점 감소한다. 수면 중 델타파의 세기는 수면 이전의 각성 기간에 수행한 활동의 양(그리고 강도)에 따라 일부 정해진다. 이러한 "각성도"를 연구자들이 측정하는 한 가지 방법은 깨어 있는 동안 전두엽이 집행 기능 및 사회인지적 과제에 관여한 정도를 측정하는 것이다. 집행 기능 관련 인지 과제로는 작업 기억, 주의 집중, 경계 과제(vigilance tasks), 숫자 계산 등이, 사회인지 과제로는 타인의 의도나 생각 추론 등이 있다. 일부 연구자들(예: Harrison et al., 2000; Anderson & Horne, 2003)은 수면 중 델타파와 각성 중 전두엽 활동의 연관성에 기초해, 서파 수면이 전두엽 기능을 부분적으로 회복시킨다는 가설을 제시하였다. 이러한 가설은 타당해 보이지만 N3 수면 단계인 서파 수면을 포함한 수면은 전두엽 기능의 회복뿐만 아니라 여러 기능을 할 가능성이 크다.

비렘수면에서 발생하는 다른 EEG 패턴으로 주기적 교대 패턴(cyclic alternating pattern, CAP)이 있다(Terzano et al., 1985). 이런 주기적 활성화 패턴은 20~40초 간격으로 발생하며, 활성화(A events) 리듬과 이 리듬에 대응해 보다 일반적으로 보이는 배경(B events) 리듬이 번갈아 나타난다. 단계 A는 A1, A2, A3의 세 형태로 나타난다. A1은 서파 성분(예: K-복합파와 서파군)을 나타내며 자율 신경 및 근육 변화가 거의 없는 반면 항상성이 높은 상태다. A3은 탈동기화한 빠른 활동, 자율 신경 활성화, 근긴장 증가 등 전형적인 각성 패턴을 보인다. A2는 A1과 A3이 섞인 특성을 나타낸다. 뇌에서의 CAP 지도화 연구에서는 A1 유형의 사건이 전방 전두 영역(0.25~2.5헤르츠)에서 우세했던 반면, A3 유형은 두정-후두 영역(7~12헤르츠)에서 상대적으로 강한 활동을 보이는 것으로 나타났다.

느린 진동과 델타파 활동의 차이 그리고 1~4헤르츠의 파동이 시상에서의 시계 같은 델타파 활동과 피질 델타파 활동을 반영하는 반면, 비렘수면 중 1초당 진동수가 1헤르츠보다 작은 서파 활동은 전부 피질에서 기원하며 서로 다른 생리학적 과정을 반영한다는 사실에 기반해, 서파 활동에 바로 반응하는 형태와 보다 장기적인 비반응 형태가 있다는 제안도 나왔다(Halász et al., 2014). 하지만 두 형태 모두 수면을 보호하고, 전두엽 활동과 인지 기능을 유지하는 것으로 보인다. 빠르게 작용하는 서파의 항상적 형태는 K-복합파와 수면 방추파 같은 전기생리학적 사건을 포함하며, 잠재적으로 수면을 방해할 수 있는 사건을 보상해 야간의 델타파 수준을 유지함으로써 전두엽이 매개하는 수면과 인지 기능을 보호한다.

그러나 N2 단계에서 나타나는 수면 방추파와 K-복합파는 단순히 감각 정보의 유입을 억제해 수면을 보호하는 것 이상의 역할을 수행한다. 수면 방추파는 망상 시상 신경세포가 대뇌 피질로 투사하는 시상 신경세포의 반복적 억제를 통해 발생한다. 시상-피질 신경세포에서 나타나는 스파이크 폭발(spike bursts)은 피질 집단을 수면 방추파의 진동에 동조시키며, 이렇게 위상 동조된 방추파 활동의 탈분극 효과는 피라미드 신경세포 내로 칼슘 이온의 유입을 촉진한다. 이는 시냅스 감수성 증진을 유도하는 강력한 방아쇠 역할을 하는 것으로 잘 알려져 있다(Sejnowski & Destexhe, 2000). 칼슘 이온의 급속한 유입은 칼슘-칼모듈린 의존성 단백질 키나아제 II(calcium-calmodulin-dependent protein kinase II)의 상향 조절을 유도하며, 이는 새로운 시냅스 후 가소성 관련 단백질 수용체의 인산화를 촉진한다. 그 결과 글루탐산성 신호 전달이 늘어나 해당 회로 내의 흥분성이 증가하고, 이는 장기적 강화(long-term potentiation, LTP)로 이어진다(Walker, 2005; Walker & Stickgold, 2006). 장기적 강화는 기억과 학습의 전기생리학적 신경세포 표지로 간주된다. 따라서 수면 방추파는 수면과 관련한 기억 및 학습 능력의 지표일 가능성이 있다.

신피질 신경세포 네트워크에서 일어나는 방추파 활동의 가소성 관련 효과를 뒷받침하는 것은, 인간과 비인간 동물 모두에서 방추파 활동과 기억 및 학습 수행의 강한 연관성이 나타났다는 점이다. 포겔 등은 이러한 생리학적·행동학적 연구 결과를 바탕으로 수면 방추파 활동이 개인의 전반적 기억 또는 일반적 학습 능력을 반영한다고 주장하였다(Fogel et al., 2007). 실제로 수면 방추파 활동의 감소는 알츠하이머병, 크로이츠펠트-야콥병, 진행성 핵상 마비, 루이소체 치매 등 다양한 신경 퇴행성 질환과 관련이 있다(Clawson et al., 2016).

인간의 N2 수면 단계에서 나타나는 전기생리학적 사건들을 EEG 분석을 통해 살펴본 결과, 두 유형의 수면 방추파가 나타났다. 하나는 상대적으로 느린 유형으로 주로 중심-전두(centro-frontal) 부위에서 나타나

표 4.1　수면 방추파의 두 유형.

	느린 방추파	빠른 방추파
주파수	12헤르츠	14헤르츠
위치	전두 영역	두정 영역
신경약리학	도파민성	세로토닌성
수면 부족에 받는 영향	매우 민감함	덜 민감함
노화에 받는 영향	매우 민감함	영향 없음
인지적 연관성	노력이 필요한 정보 처리, 사회인지, 운동 및 언어 학습, 서술 기억과 연관함	일반 지적 능력, 동작성 지능과 연관함

며, 다른 하나는 상대적으로 빠른 유형으로 주로 두정 부위에서 관찰된다(표 4.1 참조). 이 두 유형의 수면 방추파는 노화, 수면 박탈, 약물 등 다양한 요인에 상이한 영향을 받는다. 특히 전자인 전두 방추파는 후자인 두정 방추파에 비해 수면 박탈, 노화, 도파민성 약물의 영향을 더 많이 받으며, 서술적 학습(declarative learning) 및 언어 학습 과제와도 더 밀접한 관련이 있다. N2 수면 방추파와 관련한 수면 보호 및 가소성 관련 효과가 있음을 고려할 때, 향후 수면과학자들이 수면 방추파를 집중적으로 연구할 것이 분명하다.

　N2 단계의 가벼운 수면 상태에서 몇 분을 보낸 후, 잠자는 여행자는 마침내 깊은 수면이라는 약속된 망각의 상태로 내려간다. 이때 "매일의 삶이 죽음처럼 사라지고 …… 헝클어진 근심의 실타래를 다시 짠다"(셰익스피어, 〈맥베스〉, 2막 2장). 이제 EEG는 서파 수면의 특징인, 0.5~4.5헤르츠 대역에서 나타나는 델타파를 보여준다. 이 시점에 수면자는 사실

상 세상과 단절된 상태이며, 깨우는 것이 거의 불가능하다.

만약 수면자가 N3에서 N2, 그리고 N1을 거치는 정상적 역순 단계를 거치지 않고 각성하기 시작하면, 매우 기이한 사건이 발생할 수 있다. 예를 들어 수면자는 완전히 무의식적으로 복잡한 운동과 목표 지향적 행동을 할 수 있다. 몽유병(수면 보행), 잠꼬대(수면 중 말하기), 야경증, 수면 마비, "수면 중 성적 행동" 등의 사건 수면은 모두 N3, N2, N1 단계를 거치지 않은 채 각성이나 렘수면에 들어가는 경우 발생할 수 있다. 몽유병 상태에서는 수면자의 뇌가 여전히 느린 파동 활동을 기록하고 있음에도 시각이 정상적으로 작동하는 것처럼 다양한 장애물을 넘어 이동할 수 있다. 어떤 사람은 부엌에 가서 엄청난 양의 음식을 먹고, 완전히 깨어난 후 원인 모를 복부 팽만감에 당황하기도 한다. 수면 중 말하기 상태에서는 보이지 않는 상대와 길고 복잡한 대화를 이어갈 수도 있다. 야경증은 주로 어린이에게서 나타나는데 이들은 침대 가장자리에 앉아 극도의 공포심과 함께 비명을 지른다. 이때 아이들은 눈을 크게 뜨고 있지만, 뇌는 여전히 서파 수면 상태이기 때문에 주변을 인식하지 못하는 것처럼 보인다. 수면 중 성적 행동의 경우 수면자가 역시 수면 상태인 파트너에게 성적 행동을 시도할 수 있다.

4.2.1 비렘수면의 뇌 메커니즘

비렘수면은 기저 전뇌의 아데노신 수치가 증가하면서 시작되는데 이는 궁극적으로 대뇌 피질의 활성화 수준을 감소시키는 GABA성 원심성 신경을 활성화한다. 동시에 시상의 원심성 신경이 리드미컬하게 발화하

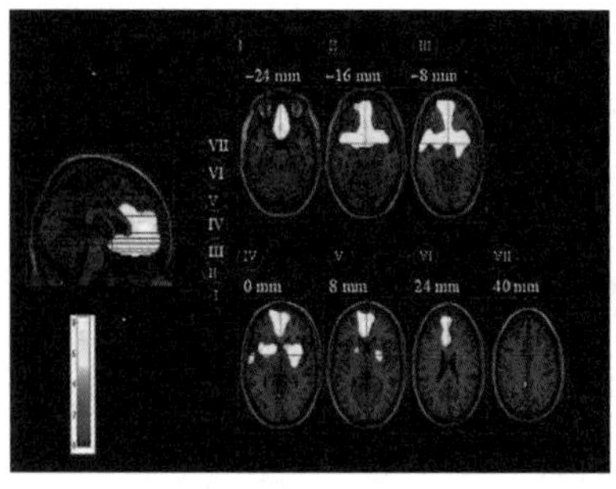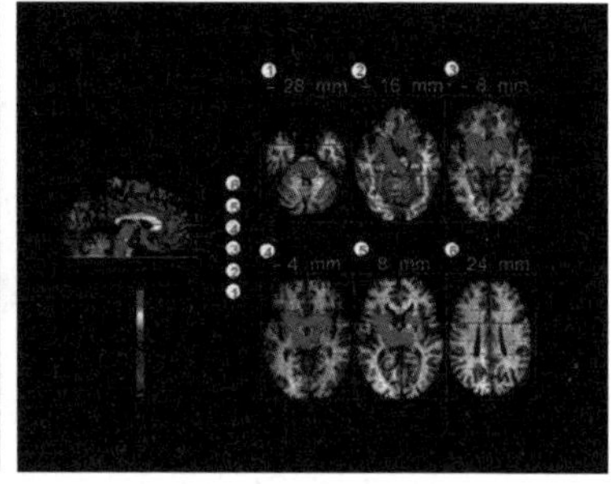

그림 4.2　정상인의 비렘수면에 대한 기능적 신경해부학(H2 15O PET 분석에 따름).
〔(왼쪽 사진) 비렘수면(2~3단계) 동안 델타파 전력의 변화에 따라 국소적 뇌 혈류가 감소하는 뇌 영역을 나타낸다. 각 이미지는 z축의 서로 다른 수준에 표시되며, 각 이미지 상단에 해당 위치를 제시했다. 색척도는 활성화한 복셀(voxel)의 Z값 범위를 나타낸다. 표시된 복셀은 통계적으로 다중 비교 보정 후 P<0.05 수준에서 유의미한 결과를 나타낸다. (오른쪽 사진) 비렘수면 동안 각성 및 렘수면 시보다 국소적 뇌 혈류가 감소하는 뇌 영역을 나타낸다. 왼쪽과 오른쪽 사진에서 보이는 국소적 혈류 분포의 유사성에 주목하자.〕
허가를 받아 Dang-Vu et al. (2007)에서 인용함.
＊컬러 버전은 간지의 별도 사진 참조.

기 시작해 대뇌 피질의 신경세포를 동조시키고, N3 서파 수면 동안 대뇌 피질을 따라 느리게 이동하는 파동을 형성한다. 이 시점에서 대부분의 뇌 영역이 대사 활동을 감소시키므로 깨어 있는 상태보다 혈류량이 약간 감소한다. N3 단계의 서파 활동은 전두 영역에서 주로 나타나며(Finelli et al., 2001), 이후 후방 영역으로 퍼진다. 이런 변동성이 있지만 서파는 다양한 뇌 영역에서 발견된다. 비렘수면 동안 델타파(1~4헤르츠)의 전력 밀도는 사회적 뇌 네트워크의 여러 영역, 즉 복내측 전전두엽 피질, 기저 전뇌, 선조체, 전방 섬엽, 설전부의 대뇌 혈류량과 음의 상관관계를 보인다(Dang-Vu et al., 2005). 피질하에서는 서파가 섬엽과 대상회에서 시작해 설전부와 후방 대상, 복외측 및 내측 전두 영역으로 상

행 전파된다. 이들 뇌 영역에서 비렘수면 동안 활성도가 감소하는 이유
는 무엇일까? 흥미롭게도 이런 영역은 "사회적 뇌 네트워크" 구조와 관
련이 있다. 비렘수면에 관여하는 모든 뇌 영역이 반드시 사회적 뇌 네
트워크에 들어가는 것은 아니지만, 대부분이 그렇다는 점은 주목할 만
하다. 결과적으로 이 네트워크는 비렘수면 단계 동안 서서히 오프라인
(비활성화) 상태가 된다(그림 4.2 참조). 이후 렘수면 단계에서 이 네트워크
는 재연결되고 온라인 상태로 돌아오며, 여기에 대해서는 렘수면을 논
의할 때 더 자세히 살펴볼 것이다.

4.2.2 서파 수면과 성장 호르몬

비렘수면에서의 서파 수면은 성장 호르몬 분비의 급격한 증가와 관련
이 있다(Steiger, 2003), 적어도 성인의 첫 번째 N3 수면 주기 동안에는
그러하다. 아동의 경우 첫 번째 N3 수면 기간을 지난 후에도 성장 호르
몬 분비가 이어질 수 있다. 성장 호르몬 방출 호르몬은 혈중 수치가 상
승하면 비렘수면의 시작을 촉진한다. 반면 소마토스타틴은 비렘수면을
억제하고 렘수면을 촉진하는 역할을 한다. 또한 소마토스타틴은 성장
호르몬과 상호 작용한다. 쥐와 인간에서 성장 호르몬의 생리적 효과 및
성장 촉진 효과는 이 호르몬의 맥동적 분비(pulsatile release: 한 번에 계속되
는 것이 아니라 톡톡 쏘듯 짧고 일정한 간격으로 이뤄지는 분비—옮긴이)에 의존하는
데, 이 과정은 소마토스타틴 활동이 조절한다. 소마토스타틴은 정현파
패턴(sinusoidal pattern: 오르락내리락하는 파도처럼 규칙적인 패턴—옮긴이)으로 분
비되며, 소마토스타틴 분비의 저점 기간에 성장 호르몬 방출 호르몬이

분비되면 성장 호르몬의 맥동적 분비를 유도한다. 반면 소마토스타틴 분비가 증가하면 성장 호르몬 분비가 기저선 수준으로 감소해 새로운 성장 호르몬-소마토스타틴 상호 작용 주기가 시작된다. 따라서 소마토스타틴 분비 수준의 변동은 성장 호르몬의 맥동적 분비를 유지하는 데 필수적이며, 결국 비렘수면을 시작하는 데 영향을 미친다.

4.2.3 서파 활동과 기억

1990년대와 2000년대 초반의 여러 중요한 연구들(Walker & Stickgold, 2004의 리뷰 참조)은 서파 수면이 특정한 유형의 새로운 기억을 형성하고 장기 기억 저장소로 이동시켜 공고화하는 데 매우 중요함을 입증하였다. 예를 들어 한 연구는 의미가 관련된 단어 쌍(예: 고양이-개) 같은 연합 학습 과제와 시각-심상적 정신 회전 과제(visual-imaginal mental rotation tasks: 참여자에게 서로 다른 방향으로 회전한 입체 도형 2개를 보여주고, 두 도형이 같은지 아닌지를 판단하게 하는 과제—옮긴이)의 학습이 늦은 아침의 렘수면이 아닌, 초기 비렘수면 확보에 의존함을 보여주었다(Plihal & Born, 1997).

비렘수면 전체가 기억 처리를 촉진하는 것에 더해, 비렘수면 동안 발생하는 특정 전기생리학적 사건들은 기억 및 학습과 관련이 있다. 예를 들어 한 연구에서 비렘수면 동안 국소적 서파 활동 증가가 전두엽이 중재하는 과제 수행 능력의 향상과 연관함을 보여주었다(Huber, Ghilardi, Massimini, & Tononi, 2004). 이런 연구 결과는 수면의 항상성이 국소적 요소를 포함하며, 이런 요소를 전두엽 영역이 관여하는 학습 과제가 유발할 수 있음을 시사한다. 흥미롭게도 학습 후 전두엽 영역에서 관찰되는

국소적 서파 활동의 증가는 N3 수면 이후 해당 과제의 수행 능력 향상
과 상관관계가 있다. 연구자들은 비렘수면에서 T형 칼슘 이온 채널의
활성화가 장기적 신경 억제 또는 장기적 시냅스 강화를 촉진할 수 있으
며, 두 과정 모두 해마의 기억 기능과 관련한다고 지적하였다(Benington
& Frank, 2003). 깨어 있는 동안 획득한 정보는 수면을 취할 때 기억 저장
소에서 공고화된다. 이는 해마와 대뇌 피질 간의 상호 작용에 의존하는
것으로 보이며 비렘수면 시의 서파 수면과 렘수면 동안 발생하는데, 렘
수면 동안 깨어 있는 동안 학습한 연합이 재현될 가능성이 있다. 예를
들어 쥐가 새로운 미로를 학습하는 동안 활성화하는 해마의 세포가 이
후 수면 중에도 활성화함을 보여주는 연구가 있다(Wilson & McNaughton,
1994).

4.2.4 아동기 N3 서파 수면의 특별한 역할

N3 수면이 학습 및 기억 기능을 촉진한다는 증거가 누적되면서, 우리
는 서파 수면이 아동기 두뇌 발달 과정에서 뇌의 가소성과 학습을 강화
하는 데 중요한 역할을 할 것으로 예측한다. 아동이 성장할 때 전체 수
면에서 N3 서파 수면이 차지하는 비율은 매우 높은데, 성인이 되면서
점진적으로 감소하다가 노년기에는 거의 완전히 사라진다. 이러한 N3
수면의 발달 프로파일은 인간의 뇌 발달에 불균형하게 많은 대사적 노
력이 투입됨을 고려할 때 N3 수면이 발달, 특히 뇌 발달에 중요하다는
1차적 근거를 제공한다. 앤더슨과 혼은 N3 수면 박탈이 전두엽 기능
에 차별적 손상을 초래함을 입증하였다(Anderson & Horne, 2003). N3 서

파 수면만 선택적으로 박탈하기는 쉽지 않다. 왜냐하면 그렇게 할 경우 이후의 야간 수면 주기에서 N3의 다음 단계로 나타나는 렘수면도 필연적으로 방해받기 때문이다. 그러나 특정한 방법을 사용하면 부분적으로 N3 수면을 선택적으로 박탈할 수 있다. 예를 들어 실험 참여자에게 N3 수면을 방해할 정도로 크지만 이후의 렘수면을 방해할 정도는 아닌 소리 자극을 듣게 하는 식이다. 이러한 선택적 N3 수면 박탈 후 복구 수면에서는 먼저 N3 수면을 보충한 후에 일부 렘수면을 회복하는 것으로 나타났다. N3 복구 수면 초반 몇 분 내지 몇 시간 동안에는 회복된 N3 수면의 비율이 후반보다 더 높게 나타났다. 서파 수면의 일부를 선택적으로 박탈하면서도 렘수면을 극적으로 변화시키지 않을 수 있다는 사실은, N3 수면 박탈이 전두엽 기능에 미치는 영향에 대한 앤더슨과 혼의 연구에 대한 신뢰도를 높여준다. 전두엽 기능에는 작업 기억, 주의력, 언어 유창성, 계획 수립, 실행 제어, 자기 조절, 개인적 성찰과 통찰 같은 능력이 포함된다. 아동기에 충분한 서파 수면을 확보하는 것은 이러한 전두엽 관련 기술의 정상적 습득에 필수다.

4.2.5 비렘수면 동안의 신체 변화

비렘수면의 현상을 이해하려면 이에 수반되는 신체적 영향을 간략히 살펴볼 필요가 있다. 비렘수면 동안에는 자율 신경계의 부교감 신경이 교감 신경보다 더 활성화한다. 이에 따라 심박수, 혈압, 체온, 대사율 등이 낮의 기저선보다 약간 감소한다. 독감이나 기타 감염과 같은 유행성 질환에 걸리면 N3 수면의 지속 시간 및 델타파 활동이 증가할 수 있다. 반면 수면 부족은 감염에 대한 취약성을 높인다. 다음 절에서 더 자세히 논의하겠지만, 이러한 사실은 면역계 유지가 비렘수면의 중요한 기능임을 시사한다.

4.2.6 치명적 가족성 불면증

비렘수면 관련 수면 장애에 대한 이해가 비렘수면의 특성을 보다 명확히 규명하는 데 도움이 될 수 있다. 비렘수면성 사건 수면과 야경증 같은 비렘수면 관련 수면 장애에 대해 뒤에서 논의하겠지만, 여기서는 특히 중요한 비렘수면 관련 장애 한 가지를 간략히 다루고자 한다. (비렘수면이라도) 너무 오래 잠을 자지 않으면 결국 사망에 이를 수 있다. 치명적 가족성 불면증(fatal familial insomnia, FFI)은 극히 드문 상염색체 우성 유전 질환으로, 프리온 단백질 유전자의 돌연변이(missense coding at codon 178: 코돈 178의 미스센스 변이)로 발생한다(Lugaresi et al., 1986). 현재까지의 연구에 따르면, 이 질환이 있는 가족 또는 환자는 전 세계적으로 수백 명에 불과하다. 치명적 가족성 불면증의 특징은 비렘수면의 소실이며, 환자들은 렘수면할 때처럼 꿈을 꾸는 것처럼 보이지만 렘수면도 일부 소실되는 것 같다. 이 질환은 보통 중년기에 발병하며, 진단 후 약 1년 내에 사망한다. 이 질환이 시작되면 점진적 불면증, 비몽사몽, 다소 무기력한 혼미 상태, 운동 항진(이런 행동은 렘수면 꿈에서 비롯할 가능성이 있다), 수면 중 반복적·전형적 일상 활동과 유사한 행동(예: 머리 빗기, 존재하지 않는 사람에게 인사하기, 물건 다루기 등)이 나타난다. 잠에서 깨어난 환자들에게 그런 행동에 대해서 물어보면 그 행동을 하는 꿈을 꿨다고 대답

한다. 질병이 진행될 때 시행하는 수면 다원 검사(polysomnography)에서
는 비렘수면의 수면 방추파와 델타파 활동이 점차 끊어지고 감소하다
가 결국 완전히 사라지는 현상이 나타난다. 이후에는 N1 수면 단계와
짧은 렘수면이 산발적으로 나타나는데, 이마저도 30~40초 정도 지속할
뿐이다. 이는 환자의 마지막 몇 주 또는 몇 달 동안 나타나는 수면의
유일한 흔적이다. 사후 뇌 분석 결과에서 환자의 시상 및 전두엽 내측
안와 영역의 세포 퇴행과 소실이 관찰되었다. 이 끔찍한 질환은 비렘수
면과 인간의 전두엽 기능 간에 명확한 기능적 연관성이 있음을 다시 한
번 보여준다.

이제 비렘수면의 특성에 대한 논의를 마치고 렘수면에 대해 살펴보
자. 렘수면은 여러 면에서 비렘수면의 반대 과정이다. 비렘수면 동안에
는 부교감 신경이 활성화하지만, 렘수면 동안에는 교감 신경이 활성화
한다. 내측 전전두엽 시스템이 비렘수면 동안에는 기능을 멈추지만, 렘
수면 동안에는 점진적으로 활성화한다. 또한 비렘수면 동안에는 물질
대사·심혈관·성 시스템이 안정적이지만, 렘수면 동안에는 불안정하며
변동성이 크다. 비렘수면 동안의 꿈은 친근한 일상적 상호 작용과 관련
하지만, 렘수면 동안의 꿈에서는 공격적이고 기괴한 상호 작용이 나타
난다.

4.3 렘수면의 특성

4.3.1 렘수면의 생물행동적 특성

앞에서 우리는 렘수면의 독특하고 흥미로운 행동적 특성을 논의했다. 여기서는 렘수면의 신경생물학적 세부 사항을 짚어보자. 렘수면은 인간의 총 수면 시간에서 약 22퍼센트를 차지하며, 생생한 꿈 및 눈을 감은 상태의 급속 안구 운동과 관련한다. 렘이라는 이름은 급속 안구 운동 때문에 붙었다. 렘수면 동안 (정서와 관련한 뇌 영역인) 변연계의 활성화 수준은 깨어 있는 상태보다 더 높을 수도 있다. 렘수면은 긴장성 사건과 간헐성 사건으로 구성된다. 긴장성은 렘수면 동안 지속적으로 나타나지만, 간헐성은 단속적으로 나타난다. 긴장성 렘수면의 특징은 비동기화된 뇌파 발생, 성적 활성화(음경의 발기와 음핵 충혈), 항중력 근육의 이완이다. 반면 간헐성 렘수면의 특징은 눈을 감은 상태에서 발생하는 급속 안구 운동의 폭발적 증가, 얼굴과 사지 근육군에서의 간대성 근경련, 심박수·호흡·혈압·자율 신경계 활성도의 변동성 증가 등을 포함한다. 렘수면의 간헐성 요소는 뇌교-슬상체-후두엽 파동과 함께 일어나는 경우가 많다. 뇌교-슬상체-후두엽 파동은 뇌의 시각 영역에서 발생하는 전기 스파이크라고 할 수 있다. 또한 일부 포유류의 해마에서는 렘수면 동안 세타파 리듬이 나타나기도 한다. 해마는 기억 형성에 중요한 뇌 영역이다. 렘수면은 자율 신경계의 불안정성과도 관련이 있는데, 이런 현상은 밤이 지나면서 렘수면 주기의 지속 시간이 길어질수록 더 극단적으로 나타난다. 비렘수면과 마찬가지로, 렘수면이 부족할 경우 이를 보상하려는 반동 현상이 나타난다. 이는 일정량의 렘수면이 필수적이며 부족한 경우 반드시 보충해야 함을 의미한다. 흥미롭게도 완전한 수면 박탈이 일어난 이후에는 렘수면보다 비렘수면을 먼저 보충한다.

4.3.2 렘온 및 렘오프 세포 네트워크

렘수면은 시상하부의 복외측 시교차 전핵 부근에 위치한 렘온(REM-on) 세포의 작용으로 시작한다. 확장된 복외측 시교차 전핵 영역의 신경세포들은 근처의 시상하부와 시상 각성 시스템을 GABA성 억제함으로써 렘수면을 촉진한다. 이러한 억제가 끝난 이후에는 외측 후방 피개핵과 교뇌 후방 피개핵에서 기원하는 콜린성 신경세포들도 렘수면을 개시한다. 이 신경세포들은 처음에 청반의 노르아드레날린성 뉴런과 후방 솔기핵의 세로토닌성 신경세포에 의해 억제받고 있다. 이러한 아민성 신경세포의 외측 후방 피개핵/교뇌 후방 피개핵의 콜린성 신경세포에 대한 억제가 사라지면 렘수면이 활성화한다. 외측 후방 피개핵/교뇌 후방 피개핵 세포의 말단에서 분비된 아세틸콜린은 렘수면의 개시를 촉발한다. 렘수면이 진행되면서 콜린성 흥분 효과가 뇌간, 시상하부, 변연계, 편도체, 기저 전뇌 등 렘수면의 다양한 구성 요소를 조절하는 뇌 영역을 활성화한다. 이러한 활성 수준이 역치에 도달하면, 지속적 신경 발화가 외측 후방 피개핵/교뇌 후방 피개핵에 있는 렘온 세포에 피드백 억제 효과를 유발해 렘수면이 끝난다. 결론적으로 렘수면의 발현은 길항적 세포군이 조절하는 것이다. 즉 아민성 세포군은 렘수면의 발현을 억제하고, 콜린성 세포군은 렘수면의 발현을 촉진한다. 콜린성 렘온 세포가 활성화하면 아민성 렘오프(REM-off) 세포군이 억제되며, 아민성 렘오프 세포군이 활성화하면 콜린성 렘온 세포가 억제된다.

4.3.3 렘수면에서의 뇌 메커니즘

최근 여러 PET 및 fMRI 연구를 통해 수면 중 뇌의 활동이 밝혀지고 있다(그림 4.3 참조). 그동안의 연구에 따르면 렘수면은 (각성 상태에 비해) 시각 피질의 선조체 바깥쪽 영역(extra-striate visual regions), 변연계, 변연 선조체, 변연계 주변 영역, 전방 섬엽, 전전두엽 피질의 브로드만 영역 10, 복내측 전전두엽 피질, 측두 영역에서 활성화가 높은 반면 하전두회, 중전두회, 하두정엽에서는 상대적으로 활성도가 낮았다(Maquet et al., 2005; Dang-Vu et al., 2010의 리뷰 참조). 또한 운동 피질과 전운동 피질 역시 렘수면 동안 매우 활성화했다(Maquet et al., 2004). 흥미로운 점은 상전두회, 내측 전두 영역, 두정엽내구, 상두정 피질은 각성 상태와 비교할 때 렘수면 시 활동이 감소하지 않는다는 것이다(Maquet et al., 2005). 렘수면 동안 해마는 피질로의 출력을 차단하지만, 피질 네트워크의 정보는 받아들인다.

일부 연구자들은 렘수면 동안 활성화 또는 비활성화하는 구조들이 기본 상태 네트워크(default mode network, DMN)와 상당 부분 겹친다고 지적하였다(Domhoff, 2011; Pace-Schott & Picchioni, 2017). 기본 상태 네트워크는 후방 대상(posterior cingulate), 설전부, 후대상피질(retrosplenial cortex), 하두정엽, 상측두엽, 해마 형성체(hippocampal formation), 내측 전전두엽 피질을 포함하며 개인이 휴식 상태에서 단순한 생각을 하거나,

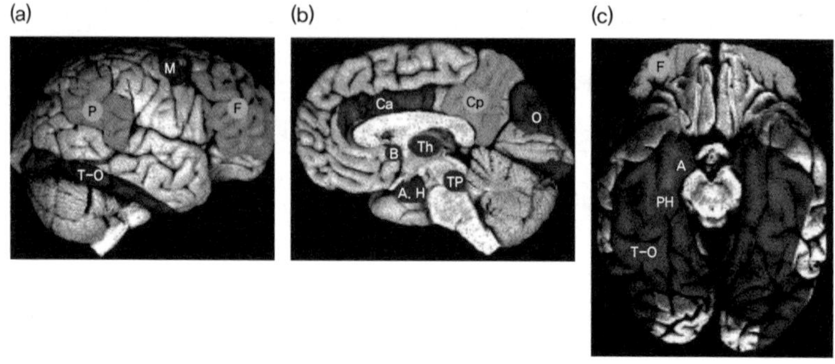

그림 4.3　PET 및 fMRI 데이터를 통합한 정상 렘수면의 기능적 신경해부학.
〔빨간색: 렘수면과 관련해 신경 활동이 상대적으로 증가하는 영역, 파란색: 렘수면과 관련해 신경 활동이 상대적으로 감소하는 영역. (a) 측면, (b) 내측, (c) 복측에서 본 뇌. A: 편도체(amygdala), B: 기저 전뇌(basal forebrain), Ca: 전방 대상회(anterior cingulate gyrus), Cp: 후방 대상회 및 설전부(posterior cingulate gyrus and precuneus), F: 전전두엽 피질(prefrontal cortex, 중전두·하전두·안와 전두 피질 포함), H: 시상하부(hypothalamus), M: 운동 피질(motor cortex), O: 후두 외측 피질(occipital-lateral cortex), P: 두정 피질(parietal cortex, 하두정 소엽 포함), PH: 해마방회(parahippocampal gyrus), Th: 시상(thalamus), T-O: 측두-후두 선조체 바깥쪽 영역 피질(temporo-occipital extrastriate cortex), TP: 교뇌 피개(pontine tegmentum).〕
허가를 받아 Dang-Vu et al. (2007)에서 인용함.
＊컬러 버전은 간지의 별도 사진 참조.

마음을 풀어놓거나, 공상할 때 활성화하는 영역이다. 한 연구에서는 기본 상태 네트워크가 최소한 2개의 주요 하위 시스템으로 구성된다고 주장하였다(Pace-Schott & Picchioni, 2017). 그중 하나는 내측 측두엽과 해마를 중심으로 하는 시뮬레이션 시스템으로 미래 또는 과거의 상황을 상상하는 기능을 한다. 다른 하나는 내측 전전두엽 피질을 중심으로 하는 자기 참조 시스템으로 정서를 포함해 자신과 관련한 정보를 처리하는 역할을 한다. 이 두 시스템은 모두 꿈꾸는 동안 활성화한다. 비렘수면에서는 기본 상태 네트워크 내의 서파 수면 주요점(nod)들이 서로 단절되지만, 렘수면에서는 시뮬레이션 시스템과 일시적으로 재연결된다. 특히 렘수면 동안 시뮬레이션 시스템의 연결 안정성이 자기 참조 시스템보다 높다. 즉 렘수면에서는 기본 상태 네트워크의 전방 영역이 재연결되며, 이러한 구조들은 1장에서 논의한 사회적 뇌 네트워크의 일부다. 따라서 렘수면은 비렘수면 동안 분해 또는 단절된 사회적 뇌 네트워크의 구조를 다시 연결하는 데 관련할 가능성이 크다. 꿈을 꾸는 동안 사회적 뇌 네트워크가 어떻게 활성화하는지는 뒤에서 다시 다룰 것이다. 먼저 렘수면의 특성 및 현상에 대한 논의를 이어가자.

4.3.4 렘수면과 동기적 보상

한 연구에서는 수면과 꿈에 대한 자신들의 "보상 활성화 모델(Reward Activation Model, RAM)"을 제시하였다(Perogamvrosa & Schwartz, 2012). 저자들은 최근의 신경생리학적·신경영상학적·임상적 연구 결과를 통합하여, 비렘수면(인간은 N2 수면, 쥐는 서파 수면)과 렘수면 동안 중뇌 변연계 도파민성(mesolimbic dopaminergic, ML-DA) 보상 시스템이 활성화함을 강조하였다. 렘수면과 관련해 복측 피개 영역에서 도파민 폭발(dopamine bursting) 활동이 증가한다. 이는 자극, 특히 보상 가치가 있는 사회적 자극을 처리할 때 깨어 있는 뇌에서 발생하는 것과 동일하다는 점에서 중요하다.

4.3.5 렘수면 관련 생리 현상

렘수면은 매우 독특한 생리적·인지적 현상들과 연관된다. 렘수면 동안 뇌는 강하게 활성화하지만 신체는 마비 상태가 된다. 또한 자율 신경계는 주기적 방전 또는 폭풍 현상을 보이며, 체온 조절 반사는 감소하거나 사라지는데 성적 시스템은 활성화된다. 물론 강렬한 꿈도 꾼다. 왜 자연이 수면 중 약 90분마다 뇌와 성적 시스템을 강하게 활성화하면서 신체를 마비시키고, 우리가 "꿈"이라고 부르는 것을 보도록 강제하는지 아직 명확한 해답이 없다! 이제 이러한 렘수면의 독특한 특성을 좀더 자세히 논의해보자.

4.3.6 렘수면 꿈의 내용

사람들은 렘수면과 비렘수면 상태에서 모두 꿈을 꾸지만, 일부 과학자들은 렘수면에서 깨어났을 때와 다른 수면 상태였을 때 꿈이 매우 다르다고 주장한다. 렘수면 꿈은 일반적으로 더 강렬하고, 이야기 형식이고, 공격적이고, 감정적이고, 생생한 시각적 세부와 불쾌한 정서와 때때로 기이한 비현실적 사건을 포함한다. 일부 꿈 연구자들에 따르면, 이러한 차이의 대부분이 꿈 1회당 단어 수와 꿈을 꾸는 밤 시간대를 통제하면 사라진다. 아침이 다가오면 신체의 각성 시스템 활성화가 시작되기 때문에 꿈이 더 생생해진다. 렘수면과 비렘수면 시 꿈의 차이가 실재하는지에 대한 논쟁은 아직 완결되지 않았지만, 현재까지의 연구 결과에 따르면 렘수면과 비렘수면 꿈의 내용 차이는 뚜렷하고 안정적이고, 극적이고, 실재한다.

4.3.7 결론: 렘수면과 비렘수면의 비교

지금까지 요약한 렘수면의 특성을 고려할 때, 그 기능이 무엇인지 알아내기가 쉽지 않다. 렘수면의 생물행동적 특성은 역설적인데, 왜냐하면 생리학적 측면에서는 개체의 건강에 해로운 영향을 미칠 수 있는 반면 뇌와 관련해서는 사회적·정서적 기능이 있음을 시사하기 때문이다. 비렘수면의 생물행동적 특성은 렘수면보다 덜 역설적이지만 여전히 불가사의하다. 비렘수면의 생리학적 기능은 면역계와 관련할 가능성이 있으며, 전기생리학적 특성은 수면의 회복적 기능과 명확히 관련이 있다. 렘수면과 비렘수면은 모두 기억 처리 과정에 기여하는 것으로 보이지만, 이는 깨어 있는 상태도 마찬가지다. 비렘수면이 특정 뇌 구조의 점진적 비활성화와 관련하며 렘수면 중에는 그 뇌 구조가 다시 활성화한다는 점은, 두 수면 상태가 최적의 뇌 기능을 위해 조화를 이루며 작용하거나, 렘수면이 형성한 어떤 과정을 비렘수면이 되돌릴 가능성을 시사한다. 렘수면과 비렘수면의 특이한 기능을 이해하고, 이 두 상태가 조화롭게 작용하는지, 반대로 작용하는지를 밝히려면 렘수면 및 비렘수면 관련 장애에 대한 사실을 살펴볼 필요가 있다. 이어지는 장에서 수면 장애 관련 연구 결과를 검토할 것이다.

복습 질문

○ N2 비렘수면 단계와 관련해 두 가지 주요 방추파 유형의 중요성을 설명해보자.

○ 렘수면의 보상 활성화 모델이란 무엇이며, 이 모델이 중요한 이유는 무엇인가?

○ 렘수면과 관련한 운동 마비는 무엇이며, 이것이 중요한 이유는 무엇인가? 왜 비렘수면에서는 이런 마비가 발생하지 않는다고 생각하는가?

○ 렘수면 중 발생하는 성적 활성화의 특성은 무엇인가?

더 읽을거리

Clawson, B. C., Durkin, J., & Aton, S. J. (2016). Form and function of sleep spindles across the lifespan. *Neural Plasticity,* 1–16. doi: 10.1155/2016/6936381.

Halász, P., Bódizs, R., Parrino, L., & Terzano, M. (2014). Two features of sleep slow waves: Homeostatic and reactive aspects: From long term to instant sleep homeostasis. *Sleep Medicine,* 15(10), 1184–1195. doi: 10.1016/j.sleep.2014.06.006.

Jouvet, M. (1999). *The Paradox of Sleep: The Story of Dreaming.* Cambridge, MA: MIT Press.

Perogamvrosa L. & Schwartz, S. (2012). The roles of the reward system in sleep and dreaming. *Neuroscience and Biobehavioral Reviews,* 36, 1934–1951.

수면 장애

학습 목표

○ 수면 장애의 두 주요 분류를 설명할 수 있다.

○ 주요 수면 이상(dyssomnia)을 설명할 수 있다.

○ 주요 사건 수면을 설명할 수 있다.

○ 사건 수면에서 뇌 상태 전이 실패의 의미를 설명할 수 있다.

5.1 서론

미국 인구 중 약 4000만 명에게 만성 수면 장애가 있다. 수면 장애로 인한 심혈관 질환으로 매년 3만 8000명이 사망하며, 관련 비용은 해마다 160억 달러를 초과한다. 또한 사고, 재산 피해, 소송, 입원, 사망 등으로 인한 간접 비용은 500억에서 1000억 달러에 이른다. 전 세계 인구의 약 10퍼센트가 불면증 장애의 진단 기준을 충족한다. 비만의 급증으로 폐쇄성 수면 무호흡증의 유병률과 함께 위험도 점차 오르고 있다. 수면 중 나타나는 반복적 무호흡(호흡의 정지) 및 저호흡(호흡의 감소)은 주간에 산소가 심각하게 부족한 뇌 상태를 초래한다. 일반 인구의 약 10퍼센트가 폐쇄성 수면 무호흡증일 것으로 보지만, 이는 과소 추정되었을 가능성이 크다. 특히 아프리카계 미국인, 과체중인 사람들, 노인의 폐쇄성 수면 무호흡증이 심하게 과소 진단되는 경향이 있기 때문이다. 수면 장애는 정신 건강에도 중대한 영향을 미친다. 예를 들어 주요 우울 장애가 있는 성인의 65~90퍼센트가 수면 문제를 보고하며, 우울증을 겪는 아동의 90퍼센트가 수면 장애를 경험한다. 수면 장애는 단순히 정신 건강 문제의 결과로 나타나는 것이 아니라, 정신 건강 문제를 유발하거나 악화시킬 수도 있다.

우리는 수면 장애를 연구할 때 수면을 보다 포괄적으로 이해하기 위해 사회생태학적 프레임워크를 고려해야 한다. 개인적 차원에서는 일반적으로 교육 수준, 소득, 운동량이 높을수록 더 양질의 수면을 경험한다.

대인 관계적 차원에서는 관계에서의 안정 애착 성향이 더 나은 수면을 예측한다. 지지적 인간관계와 사회적 네트워크는 수면의 질을 전반적으로 향상시키고, 수면 장애로 인한 부정적 영향을 완화한다. 생태학적 차원에서는 기후, 건물, 도로, 교통 상황, 나무, 주변 환경(예: 소음, 온도, 빛 공해)이 수면 특성에 영향을 미칠 수 있다. 사회적 환경은 사회적 결속력, 안전, 범죄에 대한 노출, 사회경제적 분위기 같은 요인을 의미한다. 개인적·대인 관계적·사회적·생태학적 차원의 모든 요소는 수면 장애의 출현, 심각성, 회복 가능성에 영향을 미친다.

수면 장애는 크게 두 범주, 즉 수면 이상과 사건 수면으로 나눌 수 있다. 수면 이상은 수면 지속 시간의 변화와 관련이 있으며, 환자가 과도한 혹은 과소한 수면을 취하는 것이다. 사건 수면의 경우 렘수면 또는 비렘수면 상태에서 각성이 부분적으로 발생한다. 세 번째 범주는 일주기 페이스메이커 리듬의 변화로 수면 시간이 24시간 주기의 정상적 시간대에서 벗어나 연기되거나 앞당겨지는 일주기 리듬 장애가 있다. 하지만 이 장애는 이미 앞에서 다뤘기 때문에, 여기에서는 수면 이상과 사건 수면에 대해서만 논의한다.

수면 이상은 정상적 기준값에서 지나치게 벗어나는 수면량의 변화를 포함한다. 과잉 수면(hypersomnolence)은 지나치게 많이 자는 상태, 불면증(insomnia)은 지나치게 조금 자는 상태를 의미한다. 불면증과 주간 과다 졸음(excessive daytime sleepiness, EDS)은 가장 흔한 수면 장애다. 나아가서 수면 시간의 변화는 신체 및 정신 건강에 중대한 위험을 초래할 수 있다. 예를 들어 렘수면 시간이 (인구 집단의 규준보다) 긴 사람들은 다양한 의학적 질환(심혈관 질환, 비만 등)과 사망의 위험이 증가하는 것으로 나타났다. 또한 이들은 우울증의 위험성도 더 크다. 최근 연구에 따르면, 수면의 회복적 또는 항상성 조절 기능은 수면의 양과 강도의 상호 작용이 조절한다. 이러한 사실은 보벨리의 두 과정 수면 조절 모델(Borbély, 1982), 그리고 그 수정 모델(Achermann & Borbély, 2003)에 의해 형태를 갖췄다. 수면이 부족할 경우 대부분의 포유류는 부족한 수면량에 비례해 수면 반동을 보이는데, 이는 "수면량" 또는 여기에 반영된 특정 요소가 생리적으로 필수임을 시사한다. 따라서 "수면량" 또는 "수면 지속 시간"은 엄격하게 조절되는 유기체의 생리적 필수 요소이며, 필요한 수면량에서 벗어나는 것은 장애로 간주하는 것이 마땅하다. 수면 과잉 또는 부족은 유기체에게 치명적 영향을 미칠 수 있다. 수면 부족은 수면 과잉보다 훨씬 흔한 불만이므로, 가장 흔한 수면 이상인 불면증부터 논의해보자.

5.2 수면 이상

5.2.1 불면증

불면증은 잠드는 것이 어렵거나, 잠들어 있는 것이 어렵거나, 두 가지가 모두 어려운 상태로 정의한다. 이는 매우 흔한 현상으로, 인구의 95퍼센트 이상이 평생에 한 번 이상 경험했다고 보고한다. 대다수의 사람들에게 이러한 불면 현상은 단 며칠만 지속된다. 그러나 인구의 약 10퍼센트에게는 불면증이 계속해서 나타나며, 이는 건강과 웰빙에 상당히 부정적인 영향을 미친다. 만성 불면증에 이어지는 지속적 피로와 탈진은 삶의 모든 측면을 악화시키며, 개인을 짜증스럽고 불행하고 크고 작은 건강 문제에 취약하게 만든다. 요컨대 불면증은 오늘날 세계적 공중 보건 위기이다.

불면증은 크게 1차 불면증(primary insomnia)과 2차 불면증(secondary insomnia)으로 구분한다. 1차 불면증은 수면과 직접 관련한 내재적 요인으로, 2차 불면증은 불안·질병·스트레스 등 비수면 관련 요인으로 발생한다.

5.2.2 1차 불면증

1차 불면증의 대표적 사례는 치명적 가족성 불면증으로, 이는 시상의 신경세포를 손상시켜 뇌를 각성 상태로 유지하는 프리온 질환이다. "프리온"은 작은 단백질인데, 신진대사 과정에서 각성과 수면의 조절에 중요한 특정 신경세포 내에서 잘못 접혀 얽혀버린다. 이런 이상 단백질이 신경세포 내 부적절한 위치에 과도하게 쌓이면 심각한 뇌 기능 장애가 발생한다. 치명적 가족성 불면증 환자의 경우 프리온 이상이 주로 시상의 각성 신경세포를 억제하는 뇌 영역에 영향을 미친다. 그 결과 시상의 각성 중추가 효과적으로 억제되지 못해, 개인은 비각성 및 수면으로 들어갈 수 없게 된다. 치명적 가족성 불면증은 진단 후 약 18개월 내에 사망에 이르는 질병이지만, 매우 희귀하다. 진단 후에는 불면 상태가 지속되면서 병의 경과가 매우 빠르다. 초기에는 집중력이 저하하다가 이후에는 혼란 상태, 공황 발작, 환각, 마지막으로 체중 감소가 나타난다. 환자는 사망에 이를 때까지 N1 수면 단계와 렘수면 단계를 오가며 꿈꾸듯 흐릿한 정신 상태에 있다.

대부분의 수면과학자들은 치명적 가족성 불면증을 제외한 내재적 혹은 1차 불면증의 존재 여부를 합의하지 못하고 있다. 흥미롭게도 어떤 사람들은 자신이 전혀 또는 제대로 자지 못한다고 생각하지만, 수면 실험실에서 이들의 수면을 측정하면 실제로는 정상 수면을 취하는 것으로 밝혀지곤 한다. 이런 "불면증" 사례를 "수면 인식 장애(sleep state misperception)"라고도 한다. 불면증을 호소하는 사람의 약 4퍼센트는 이런 수면 인식 장애를 겪는다. 대부분의 수면 임상의들은 이런 환자들이 높은 수준의 경계 또는 불안 상태를 지속적으로 유지하기 때문에 뇌가 완전히 이완되지 못한다고 믿는다. 그러나 뇌파 검사 결과에서는 깊은 수면이 명확히 나타난다.

5.2.3 2차 불면증

대부분의 불면증 사례는 2차 불면증에 해당한다. 다시 말해 보통 불면증이 정상 수면과 각성을 관장하는 뇌 시스템 자체의 문제로 발생하지 않는다는 것이다. 2차 불면증은 대체로 의학적 문제, 정서적 문제, 일상적 스트레스나 업무 관련 문제로 인해 잠자지 못하는 경우다. 만성 통증, 하지 불안 증후군, 약물 부작용 등 다양한 의학적 질환이 수면을 방해할 수 있다. 또한 갑상선 기능 항진증(과도한 갑상선 호르몬 분비)이나 코르티솔 과다 분비증 (부신 피질 호르몬인 코르티솔의 과도한 분비) 같은 의학적 상태는 만성 각성 상태를 유발해 수면의 시작이나 유지를 어렵게 할 수 있다. 하지만 2차 불면증의 가장 흔한 원인은 심리적 또는 정서적 문제다. 사람들이 일상적으로 경험하는 걱정과 만성 불안은 깊은 회복적 수면의 적이다.

주요 우울 장애, 조현병, 양극성 장애 등 주요 정신의학적 증상도 심각한 불면증을 포함한 여러 수면 장애와 밀접한 관련이 있다. 예를 들어 조울증의 조증 단계에서는 개인이 며칠 동안 자지 않고 깨어 있다가 피로를 견디지 못하고 쓰러지기도 한다. 조현병과 관련한 정신병적 상태가 활성화되는 동안에도 정상 수면을 취하지 못하고, 주요 우울 장애가 나타날 때는 불면증과 이른 아침 각성이 흔하게 나타나며 이를 우울증 진단의 지표로 삼기도 한다.

5.2.4 주요 우울 장애

우울증은 거의 항상 불면증과 관련이 있으며, 특히 이른 아침에 잠에서 깨는 현상을 호소하는 경우가 많다. 주요 우울 장애는 지속적 슬픔, 불안감, 절망감 등 주요 증상을 포함한 다양한 증상과 연관한다. 우울증 환자가 수면을 취할 때 꿈은 종종 강한 불쾌감을 동반하는데, 자신이 낯선 사람으로부터 공격당하는 장면이 빈번하게 나타난다. 또한 렘수면 잠복기의 감소, 렘수면 강도 및 시간 증가가 흔하다. 흥미롭게도 렘수면을 박탈하면 일시적으로 우울 증상이 완화될 수 있다(Vogel et al., 1975). 대부분의 항우울제는 렘수면을 감소시키며, 렘수면 억제의 정도는 환자의 증상 완화 정도와 상관관계가 있다. 따라서 일부 우울증 환자에서 관찰되는 렘수면 압력 증가는 정서 장애를 보상하기 위한 메커니즘이 아니라, 질환의 주요 증상 자체를 반영하는 것일 가능성이 있다. 우울증을 겪는 사람들이 꿈을 통해 어려운 정서를 해결하려 할 수 있기 때문이다(Cartwright, 1999).

5.2.5 수면 무호흡증

수면 무호흡증은 매우 흔한 수면 장애로, 수면 중 기도가 막혀 정상 호흡이 어려워지면서 수면에 어려움을 겪는 질환이다. 전 세계 남성의 약 24퍼센트, 여성의 약 9퍼센트가 나이가 들면서 수면 무호흡증을 경험한다. 이 질환은 각종 사고, 심장 마비, 뇌졸중을 일으켜 미국에서만 매년 5만 건의 조기 사망과 예방 가능한 사망을 초래한다. 수면 무호흡증 환자의 기도는 수면 중에 자주 막히는데, 이는 목 부위에 지방이 과도하게 축적되어 있기 때문이다. 이로 인해 기도가 붕괴하면서 폐로 가는 공기의 흐름을 차단하는데, 숨쉬지 못하게 된 환자는 갑자기 각성하면서 숨을 들이마신다. 이러한 짧은 각성, 즉 무호흡 상태가 밤새 수백 번 반복되면서 환자의 수면 구조는 심각하게 파편화한다. 수면 무호흡증에는 극심한 코골이가 동반되는데, 이는 입을 통해서는 정상 호흡이 어렵기 때문이다. 환자는 아침에 일어나면 충분한 휴식을 취하지 못했다고 느끼며, 따라서 낮 동안 피로와 심한 졸음을 경험한다.

수면 무호흡증은 크게 두 가지 유형, 즉 중추성 수면 무호흡증과 폐쇄성 수면 무호흡증으로 나눈다. 중추성 수면 무호흡증은 중추 신경계에 문제가 있어 호흡근이 정상적으로 반응하지 못할 때 발생한다. 하지만 수면 무호흡증의 가장 흔한 원인은 기도 폐색이며 주된 부위는 구강·비강·인후의 연조직이다. 이런 조직은 턱과 그 근육군의 구조적 특징이 폐색을 유발하는 경우에도 기도를 부분적으로 막을 수 있다. 하지만 가장 일반적인 원인은 구강·비강·인후의 연조직에 지방이 축적되면서 기도가 폐쇄되기 쉬운 상태가 되는 것이다. 비만은 폐쇄성 수면 무호흡증의 가장 강력한 예측 요인이다.

폐쇄성 수면 무호흡증의 심각도는 수면 무호흡 저호흡 지수(apnea hypopnea index, AHI: 흔히 줄여서 수면 무호흡 지수라고 부른다—옮긴이)로 정량화할 수 있다. AHI는 수면 중 무호흡 및 저호흡으로 인한 각성 상태 발생의 횟수를 총 수면 시간으로 나눈 값이다. 수면 무호흡 지수가 5~15이면 경증, 15~30이면 중등도, 30~45이면 중증, 45 이상이면 초중증 폐쇄성 수면 무호흡증으로 분류한다.

폐쇄성 수면 무호흡증의 가장 일반적인 치료법은 지속적 기도 양압(continuous positive airway pressure, CPAP) 요법이다. 이 치료에서 환자는 수면 시 얼굴에 마스크를 착용하고 코에 양압 공기(강한 바람 형태의 공기—옮긴이)를 주입받는다. 이 양압이 기관으로 이어지는 기도가 붕괴되지 않도록 유지해 정상 호흡을 돕는다. 그러나 많은 환자가 마스크를 착용한 상태로 자는 것을 불편해하며, 공기 흐름으로 인해 비강이 건조해지는 부작용이 있다.

이제까지 우리는 수면 부족 또는 상실과 관련한 주요 수면 장애에 대해 논의하였다. 그런데 과잉 수면과 관련한 장애도 있다. 여기에는 기면증과 클라인-레빈 증후군(Kleine-Levin syndrome)이 들어간다.

과다 수면증(hypersomnia)은 단순한 수면 부족이나 일시적 수면 방해로 설명할 수 없는, 주간의 과도한 졸음이 특징이다. 과다 수면증이 있는 사람은 낮 동안 깨어 있으려고 노력하지만 졸음을 극복하기 어렵다. 과잉 수면의 원인은 우울증일 수 있으며, 이런 경우 항우울제 치료로 기분 장애와 과잉 수면 증상을 동시에 개선할 수 있다. 또한 주간 졸음의 원인이 수면 무호흡증인 경우가 많다. 이에 대한 적절한 진단과 치료를 받으면 낮 동안의 졸음이 해소된다. 그러나 이러한 원인—우울증, 수면 무호흡증, 일시적 수면 방해 등—과 기면증 및 클라인-레빈 증후군 같이 잘 알려진 과다 수면증을 배제하고 "특발성 과다 수면증(idiopathic hypersomnia)" 또는 원인을 알 수 없는 주간 과다 졸음으로 간주하는 경우도 있다. 특발성 과다 수면증은 원인이 명확하지 않더라도 효과적으로 치료할 수 있으며, 주로 각성제를 사용한다.

클라인-레빈 증후군은 주기적 과다 수면증으로, 장기간의 반복적 과다 수면증과 행동적·인지적 증상을 동반한다. 주로 청소년기 남성에게서 나타나는데, 한번 시작하면 수 주간 거의 하루 종일 잠자는 패턴이다. 《국제수면장애분류》에서 클라인-레빈 증후군의 진단 기준은 다음과 같다. (1) 2일 이상 4주 미만 지속되는 과다 수면 에피소드가 연간 1회 이상 발생한다. (2) 에피소드 간 정상적 각성 상태·기분·인지·행동이 수개월에서 수년간 유지된다. (3) 연간 1회 이상의 에피소드가 긴 정상적 수면 주기와 함께 반복된다. (4) 에피소드를 다른 수면 장애나 신경학적 장애(예: 특발성 반복성 혼미, 뇌전증), 정신 장애(예: 양극성 장애, 정신병적 과잉 수면증, 우울증), 약물 사용(예: 벤조디아제핀, 알코올)으로 설명할 수 없다. 여기에 더해 클라인-레빈 증후군 환자는 과식증, 성욕 과다, 비정상적 행동, 인지 장애(예: 혼란, 비현실감, 환각 등) 중 적어도 한 가지를 경험해야 한다. 한 연구에 따르면 108건의 클라인-레빈 증후군 사례를 분석한 결과, 많은 환자가 심한 무기력, 탈진, 기억 문제, 일시적 방향 감각 장애, 비현실감, 꿈꾸는 듯한 상태, 언어 장애 등의 인지적·지각적 증상을 보였다(Arnulf et al., 2005의 리뷰 참조).

5.2.6 기면증

기면증은 대표적 수면 장애로 주요 증상은 과도한 졸음이다. 이 장애의 특징은 다음과 같다. (1) 주간 과다 졸음, (2) 잠들 때 보는 생생한 환각(hypnagogic hallucinations: 입면 환각), (3) 강한 정서적 자극(예: 웃음, 강렬한 정서)에 이어지는 돌연한 근력 상실(탈력 발작) 또는 "수면 발작(sleep attacks)", (4) 수면과 각성의 전환 과정에서 발생하는 수면 마비 또는 마비. 기면증 환자는 수면에서 각성으로 전환하는 과정에서 렘수면과 연관한 근육 마비가 아직 풀리지 않은 상태로 깨어난다. 또한 이들은 뇌척수액 내 하이포크레틴의 감소와 뇌파 검사에서 수면 발현 렘(sleep-onset REM, SOREM) 증상을 나타낼 수 있다. 정상 수면 구조에서는 비렘수면 단계를 거친 후 렘수면에 진입하지만, 수면 발현 렘의 경우 비렘수면 단계를 건너뛰고 바로 렘수면으로 진입한다. (오렉신이라고도 하는) 하이포크레틴은 시상하부에서 생성하는 신경 조절 펩타이드이다. 시상의 하이포크레틴 수용체는 역시 시상에 있는 각성 회로를 활성화하는 데 중요한 역할을 한다. 이러한 하이포크레틴성 수용체가 기면증 환자의 경우 부분적으로 파괴되는데, 그 원인이나 과정은 아직 불명확하다.

기면증이 면역계가 뇌의 특정 뉴런이나 신체의 특정 세포를 선택적으로 공격하는 자가 면역 질환일 가능성을 시사하는 증거가 일부 존재한다. 기면증 환자의 사후 뇌 조직을 분석한 결과, 시상하부에서 하이포크레틴을 생성하는 뉴런의 손상이 나타났다. 또한 이들에 대한 유전학적 연구에서는 환자들이 특정 HLA 유전자 변이형(DQB1*0602)을 가진 경우가 많음을 밝혔다.

기면증의 증상을 좀더 자세히 살펴보면, 각성 상태에서도 렘수면의 특성이 비정상적으로 나타난다. 주간 과다 졸음으로 인해 기면증 환자는 하루에도 여러 번 잠에 빠진다. 이러한 "수면 발작"은 짧게는 몇 분에서 길게는 한두 시간씩 지속한다. 이러한 짧은 "낮잠" 이후에는 졸음이 일시적으로 해소되지만, 몇 시간 후 다시 찾아온다. 또한 기면증 환자는 미세 수면을 경험할 수도 있는데, 이는 아주 짧은 순간 수면 상태에 빠지는 현상으로 정작 환자는 잘 인식하지 못한다. 환자들은 일반적으로 "수면 발작"이 발생하기 전 강렬한 졸음을 느끼고, 이후 갑자기 수면 상태로 빠져든다. 탈력 발작은 각성 상태에서 갑작스러운 마비를 동반하는 증상으로 웃음, 놀람, 공포 같은 강한 정서적 자극이 유발한다. 일부 환자들의 경우 영화 감상, 성행위, 운동 등 강한 정서적 반응을 수반하는 활동 중에 탈력 발작이 발생할 수도 있다. 모든 기면증 환자에게 탈력 발작이 나타나지는 않지만, 발생하는 경우 발작이 빠르게 진행되며 움직이지 못하고 의식을 잃는다. 환자는 갑작스러운 무릎 힘 풀림, 안면 근육 이완, 머리 떨굼, 팔의 처짐을 경험한다. 이런 양상은 렘수면에서 나타나는 정상적 근육 마비와 유사하다. 기면증 환자는 렘수면의 생리적 특성이 비정상적으로 각성 상태에서 나타나는 현상을 겪는 것으로 보인다. 이와 유사하게 환자들은 수면 발작 중 꿈과 비슷한, 강렬한 상태를 경험하기도 한다. 수면 실험실에서 기면증 환자를 연구한 결과, 이들은 렘수면 압력이 높았으며 수면에 빠진 직후 렘수면에 신속하게 진입했다. 환자는 각성 상태에서 수면으로 전환될 때 생생한 꿈을 경험하는데 이를 입면 환각이라고 하며, 반대로 수면에서 각성으로 전환될 때 이런 환각을 경험하면 각성 시 환각(hypnopompic hallucinations)

이라고 한다. 수면 마비는 이러한 전이 상태에서 근육이 마비되는 현상으로, 환자는 의식이 깨어 있으나 몸을 움직일 수 없다. 이때 공포감을 동반하는 환각을 경험하거나, 방 안에 위협적이고 사악한 존재가 있는 것 같은 느낌을 받기도 한다. 그러나 환자는 움직일 수 없기 때문에 방어할 수가 없다.

기면증 환자의 약 4분의 1은 전형적 4대 증상, 즉 주간 과다 졸음, 탈력 발작, 입면 또는 각성 시 환각, 수면 마비를 모두 경험하며, 대부분의 환자는 이 중 최소 두 가지 증상을 보인다. 기면증의 진단에는 다중 수면 잠복기 검사(multiple sleep latency test, MSLT)를 활용한다. 이 검사는 환자가 주어진 조건에서 얼마나 빨리 혹은 늦게 잠드는지, 그리고 수면에 진입할 때 정상적으로 비렘수면 단계를 거치는지 아니면 비정상적으로 렘수면 단계에 진입하는지를 평가한다. 기면증 환자는 평균 8분 이내에 잠이 들고 렘수면으로 바로 진입하며, 이러한 시기를 수면 발현 렘 기간(sleep-onset REM period)이라고 한다. 수면 발현 렘 기간은 기면증뿐만 아니라 우울증 및 기타 신경정신의학적 장애의 특성이기도 하다.

현재 기면증의 치료로는 주간의 졸음을 완화하기 위해 리탈린과 모다피닐 같은 각성제를 사용한다. 또한 탈력 발작 치료를 위해 (과거에 삼환계 항우울제로 사용하던) 클로미프라민, 이미프라민 등을 활용한다.

5.3 사건 수면

5.3.1 서론

사건 수면은 수면 중 행동이나 의식의 혼란이 발생하는 현상이다. 이러한 장애는 일반적으로 뇌 상태의 전환 과정에서 발생하는데, 예를 들면 잠이 들거나 깨어날 때, 혹은 비렘수면과 렘수면 상태가 바뀔 때다. 사건 수면은 렘수면 관련 장애와 비렘수면 관련 장애로 구분한다.

5.3.2 비렘수면 관련 사건 수면: 몽유병

몽유병은 가장 흔한 비렘 사건 수면이다. 몽유병은 아동에게 가장 자주 나타나지만 성인에게도 나타난다. 이는 일반적으로 N3 서파 수면에서 N2 단계의 가벼운 비렘수면으로 전이하는 과정에서 발생한다. 약 20퍼센트의 아동이 11~12세까지 몽유병 에피소드를 최소 1회 경험하며, 성인의 약 4퍼센트가 가끔 몽유병에 시달린다. 몽유병 발생의 가장 강력한 예측 요인은 가족력이며, 이는 몽유병에 유전적 요인이 있을 가능성이 높음을 시사한다. 그러나 몽유병을 결정짓는 명확한 유전적 프로파일은 아직 발견되지 않았다. 몽유병을 겪는 동안 음식을 준비하거나 물건을 찾는 것 같은 복잡한 행동을 수행할 수 있지만, 이들은 대체로 반의식 상태이며, 눈을 뜬 상태에서 환각을 경험할 가능성이 높다. 몽유병 환자를 깨우려고 하면 흥분하고 혼란스러운 각성 상태를 유발할 수 있으며, 심지어 공격적이거나 폭력적인 행동을 보이기도 한다. 또한 몽유병 에피소드 이후에는 자신이 어디에 있는지 혼란스러워하며, 해당 에피소드를 기억하지 못하는 것이 보통이다. 어떤 몽유병 환자들은 침대에서 일어나 부엌으로 가서 좋아하는 음식을 준비하고 먹는 습관이 생기기도 하는데, 이를 수면 관련 섭식 장애라고 한다.

몽유병 환자의 뇌파를 분석하면 수면 초기에 불안정한 델타파 활동과 빈번한 각성이 나타나며, 이러한 각성 상태에서 몽유병 에피소드가 시작된다. 몽유병은 클로나제팜이나 알프라졸람(상품명은 자낙스) 같은 약물로 효과적으로 치료할 수 있다.

5.3.3 수면 중 성적 행동

수면 중 성적 행동은 몽유병과 마찬가지로 수면 중 또는 비렘수면에서 비정상적인 델타파 활동과 함께 발생하는 혼돈 각성 상태에서 성적 활동이 수행되는 것을 의미한다. 수면 성행동은 혼자 있을 때나 침대에 파트너와 함께 있을 때 발생할 수 있으며 자위행위, 접촉, 애무, 성적 대화, 성관계 등 매우 다양한 성적 행동을 포함한다. 흥미롭게도 보통 키스는 수면 중 성적 행동으로 나타나지 않는다. 때때로 이러한 행동이 파트너를 압도하는 방식으로 나타나 위험한 상황이 벌어진다. 따라서 수면 중 성적 행동은 임상적 문제이며 법적 문제로 이어질 수도 있다. 이 장애에 대한 신뢰할 만한 데이터는 거의 없는 형편인데 아마 이 장애가 있는 사람 대부분이 이야기하기를 부끄러워하기 때문일 것이다. 현재까지 알려진 바에 따르면, 이 장애가 있는 사람의 80퍼센트가 남성이며, 다수는 몽유병 증상도 보인다. 수면 중 성적 행동은 대개 로봇 같은데, 이는 당사자가 수면 중이기 때문이다. 그를 깨우면 혼란스러워하고 방향 감각을 찾지 못하며, 때로는 수치심이나 분노를 표현하기도 한다. 대부분의 경우 그는 자신의 행동을 전혀 기억하지 못한다. 이 장애는 당사자에게 법적 문제를 포함해 중대한 문제를 초래할 수 있다. 수면 중 성적 행동 장애가 있는 사람의 침대 파트너는 종종 상대방의 행동에 당혹감을 느끼며, 충격을 받을 수도 있다. 특히 성행위가 강압적으로 이뤄지는 경우 법적 문제가 발생한다. 만약 환자가 새로운 관계를 시작한 상황이라면, 무의식적으로 시작되고 공격적인 수면 중 성적 행동이 충격을 줄 것이다.

5.3.4 야경증

야경증은 몽유병이나 수면 중 성적 행동과 마찬가지로 N3 서파 수면에서 깨려는 과정에 발생한다. 이 장애는 주로 아동에게 나타나며, 이때 불안정한 델타파 활동과 빈번한 각성이 수면 초반 몇 번의 수면 주기에 걸쳐 나타난다. 야경증이 발생하면 아동은 갑자기 상체를 일으키고 극도의 공포감을 느끼는 듯한 비명을 지른다. 야경증은 가족력이 있는 경우가 많다. 야경증은 대개 기억나지 않으며, 발작이 일어나는 동안 아동을 깨우기는 대단히 어렵다. 야경증 에피소드는 몇 분에서 30분까지 지속될 수 있으며, 당사자가 깨어나면 아무 기억이 없는 것이 보통이다.

5.3.5 수면 관련 폭식

수면 관련 폭식은 비렘수면에서 깨어나 몽유병 상태로 부엌으로 가서 달거나 기름진 음식을 폭식하는 행동이다. 이 장애의 75퍼센트는 소녀를 비롯한 여성에게 나타난다. 수면 관련 폭식이 발생할 수 있는 위험 요인은 가족력(예: 몽유병이나 기타 수면 장애), 섭식 장애(예: 신경성 식욕 부진증이나 폭식증) 병력 등이다. 수면 관련 폭식은 비렘 사건 수면으로 분류되지만, 어떤 경우에는 비렘수면 상태에서 각성을 시작했다가 환자가 폭식하는 동안 렘수면 상태로 전환되기도 한다. 폭식 에피소드 동안의 의식 수준은 다양해서 일부 환자는 자기 행동을 전혀 인식하지 못하고 기억도 없는 반면, 일부 환자들은 부분적으로 깨어 있지만 행동을 통제할 수 없다고 느끼기도 한다. 이 장애는 몽유병과 함께 나타나는 경우가 많으며, 두 장애 모두의 가족력이 있을 때도 그러하다. 수면 관련 폭식은 환자가 취침 전 충분한 식사를 했는지, 배고픈지와 상관없이 발생할 수 있다. 하지만 다음 날 아침에는 속이 더부룩하고 식욕이 감소하는 경우가 많다. 폭식 중 선택하는 음식은 대체로 고탄수화물 식품이지만, 환자가 혼탁한 의식 상태이기 때문에 매우 이례적인 조합이 만들어지기도 한다. 예를 들어 어떤 환자들은 생고기와 베이컨, 소금 샌드위치, 비누나 핸드크림, 개 사료, 커피 가루, 케첩, 마요네즈 등을 섭취했다고 보고했다. 일부는 조리 과정이 복잡한 음식을 준비하려고 하다가 스토브 끄기를 잊기도 한다. 그 외 수면 관련 폭식으로 발생할 수 있는 부정적 결과로는 체중 증가, 식중독의 위험, 낮 동안의 식욕 변화, 치아 손상을 비롯한 건강 문제가 있다.

5.3.6 잠꼬대

현재까지의 연구에 따르면, 잠꼬대(sleep talking)는 모든 수면 단계에서 발생할 수 있는 것으로 보인다. 그러나 몽유병, 수면 중 성적 행동, 수면 관련 폭식, 야경증과 마찬가지로 잠꼬대 역시 N3 서파 수면에서 비정상적 델타파 활동 이후 혼돈 각성부터 시작하며, 이후 렘수면의 혼합 형태로 진행한다. 잠꼬대는 아동의 약 50퍼센트가 하며, 성인의 약 4퍼센트가 지속한다. 다른 비렘 사건 수면과 마찬가지로 잠꼬대는 가족력이 많으며, 다른 사건 수면과 함께 나타난다. 잠꼬대의 내용은 일반적으로 평범하며, 환각이나 꿈속 등장인물과의 상호 작용인 경우가 많다. 수면 중 하는 말은 문법에 잘 맞는 경우가 대부분이지만, 무의미한 내용일 수 있다. 이중 언어를 사용하는 사람들은 대개 자신이 처음 배운 모국어로 잠꼬대한다. 흥미롭게도 잠꼬대하는 사람 두 명을 같은 침대에서 자게 하면 수면 중 의미 없는 대화를 주고받는 경우가 있다! 다른 비렘 사건 수면과 마찬가지로 잠꼬대 역시 다음 날 아침에는 기억나지 않는 경우가 대부분이다. 잠꼬대 자체는 크게 해롭지 않지만, 중년 성인의 경우에는 다계통 위축증(multiple system atrophy) 같은 신경 퇴행성 질환의 발병을 어느 정도 예측한다.

5.3.7 "폭발 머리 증후군"

이는 실제로 존재하는 장애이다! "폭발 머리 증후군"은 머릿속에서 갑자기 전구가 켜지는 소리나 폭발음이 들리는 듯한 감각이 특징이다. 주로 각성 상태에서 N1 수면으로 전환될 때 발생하며, 이 소리로 인해 잠에서 깨게 된다. 이 소리는 일반적으로 뇌의 깊숙한 중심에서 발생하는 것처럼 느껴지지만 통증은 없다. 지속 시간은 1초 이내로, 깨어나면 즉시 사라진다. 대부분의 사람들은 일생에 몇 번 정도만 이를 경험하지만, 노인들에게 더 흔할 수도 있다. 이 경험으로 놀랄 수는 있지만 임상적으로 뚜렷한 부정적 영향은 없는 것으로 보인다. 이러한 수면 관련 경험이 발생하는 원인은 밝혀진 바가 없다.

5.3.8 렘수면 관련 사건 수면

렘수면 관련 주요 사건 수면으로 악몽, 렘수면 행동 장애(REM behavior disorder, RBD), 단독 수면 마비(isolated sleep paralysis, ISP)가 있다.

5.3.9 악몽

《정신질환의 진단 및 통계 편람 제5판(DSM-5)》에서는 악몽 장애〔nightmare disorder, DSM-5 307.47 (F51.5)〕를 다른 정신 질환의 맥락에서 발생하지 않는, 극도로 공포스러운 꿈으로 인해 반복해 각성하는 사건 수면으로 정의한다. 악몽에서 깨어난 사람은 주변 상황을 명확히 인지하며 꿈의 내용을 선명하게 기억한다. 이러한 경험은 임상적으로 유의미한 스트레스와 낮 동안의 기능 저하를 초래할 수 있다. 유사하게 2016/17 국제질병분류체계 10-CM(ICD-10-CM) 진단 코드 F51.5는 악몽 장애를 공포스러운 꿈이 반복적으로 발생해 수면 중 각성을 유발하는 수면 장애로 정의한다. 개인은 완전히 잠에서 깨 혼란감 없이 주변을 인식할 수 있으며 악몽의 내용을 소상히 기억한다. 그 내용은 주로 개인에게 닥치는 급박한 위험과 관련이 있다.

악몽 장애는 일반적으로 주 1회 이상 한 달 넘게 꾸는 심각한 악몽을 뜻한다. 역학 연구에 따르면 미국 성인의 2~6퍼센트(1500만~2000만 명)가 적어도 주 1회 악몽을 경험한다. 아동의 절반에서 3분의 2 정도는 반복적 악몽을 꾼다. 아동기의 반복적 악몽은 이후 청소년 및 성인기에 정신병의 위험을 높이는 주요한 예측 요인이다. 따라서 아동의 악몽을 효과적으로 치료하면 정신병 발병을 일부라도 예방할 수 있을 것이다. 실제로 아동과 성인 모두 빈번한 악몽은 불안, 우울, 스트레스, 자살 사고 등 신경병리학적·신경정신의학적 위험 요인 및 장애와 관련한다(Spoormaker, Schredl, & van den Bout, 2006). 극심한 고통을 유발하는 반복적 악몽은 외상 후 스트레스 장애(PTSD), 렘수면 행동 장애, 다른 몇몇 신경정신의학적 만성 증후군을 유발하는 핵심 증상이다. 따라서 악몽 장애의 효과적 치료법을 개발하면 다른 장애에서 나타나는 악몽 관련 스트레스의 치료에도 긍정적 영향을 줄 수 있다.

5.3.10 렘수면 행동 장애

렘수면 행동 장애는 정상적 렘수면에서 나타나는 근육 이완의 상실이 특징이다. 따라서 렘수면 행동 장애 환자들은 렘수면에서 나타나는 꿈의 내용을 종종 실제 행동으로 옮긴다. 이들은 흔히 폭력적 꿈과 관련한 시각적·청각적 환각을 경험하는 것처럼 보인다. 이러한 렘수면 행동 장애는 파킨슨병, 루이소체 치매, 다계통 위축증 같은 시누클레인병(synucleinopathies)의 발병을 수십 년 전에 예고할 수도 있다. 환자가 꿈을 실행하는 행동은 몇 분간 지속할 수 있으며, 가상의 적과 실제로 싸우는 것처럼 행동하기 때문에 상당히 폭력적일 수 있다. 이들은 렘수면 동안 꿈과 관련해 복잡한 탐색적 움직임이나 방어적 행동을 나타낸다. 여기에는 일반적으로 소리를 지르거나, 주먹을 휘두르거나, 뭔가를 붙잡거나, 발로 차거나, 침대에서 뛰어내리는 등의 행동이 포함된다. 이러한 행동은 초자연적이거나 괴물 같은 적을 상대하거나, 이들로부터 도망치고자 하는 것이다. 한 연구에서는 수면 다원 검사에서 확진받은 렘수면 행동 장애 환자 49명과 건강한 대조군 71명의 렘수면에서 나타나는 꿈을 연구하였다(Fantini, Corona, Clerici, & Ferini-Strambi, 2005). 그 결과 렘수면 행동 장애 환자들은 대조군에 비해 공격적 꿈을 훨씬 자주 경험했다. 이들의 꿈에서는 괴물 같은 존재나 낯선 사람이 자기나 가족을 해칠 의도를 가지고 위협하거나 공격하는 경우가 빈번했다. 이러한 렘수면 행동 장애 특유의 꿈 상호 작용 패턴은 홀/밴 드 캐슬 꿈 내용 분석 지표(Hall/Van de Castle dream content indicators)를 통해 객관적으로 측정되었는데, 다음과 같은 특징이 확인되었다. "적어도 하나의 공격적 요소가 포함된 꿈"의 비율은 렘수면 행동 장애 환자 66퍼센트, 대조군 15퍼센트로 나타났다. 공격적 상호 작용/우호적 상호 작용의 비율은 렘수면 행동 장애 환자 86퍼센트, 대조군 44퍼센트였다. 공격적 행동/등장인물 수의 비율은 렘수면 행동 장애 환자 0.81, 대조군 0.12였다.

5.3.11 수면 마비

단독 수면 마비는 비교적 흔한 경험으로, 일반적으로 깨어난 후 몸을 움직이거나 말할 수 없는 상태, 방 안에 악의적·위협적인 누군가 또는 뭔가가 있다는 기이한 느낌을 동반한다. 이 사람은 여전히 렘수면 상태지만, 자신이 완전히 깨어 있거나 적어도 정신은 깨어 있다고 믿는다. 이는 꿈으로 분류할 수 있는 경험으로, 개인은 종종 청각적·시각적 환각을 겪으며 렘수면 동안 흔히 나타나는 근육의 이완 또는 마비 상태도 보인다.

이런 경험은 렘수면에서 각성 상태로 전이되는 과정에서 뇌가 렘수면 상태를 완전히 벗어나지 못할 때, 렘수면과 관련한 뇌 상태가 파편화하면서 나타난다. 렘수면에서 각성된 의식으로 완전히 전환하지 못하는 원인은 여러 가지다. 여기에는 스트레스, 질병, 부상, 화학적 불균형, 불면증 등이 들어간다. 워털루 대학교의 한 학자가 수면 마비 꿈/환각의 현상학을 연구하며 이 경험에서 나타나는 다양한 특성의 빈도를 설문 조사하였다(Cheyne, 2002). 응답자 2397명의 평균 발병 연령은 17세였으나, 이런 경험은 모든 연령대에서 발생할 수 있었다. 약 25퍼센트는 매주 또는 그것보다 자주 수면 마비를 경험한다고 했다. 약 80퍼센트는 어떤 존재를 느꼈다고 했는데, 이는 깨어 있지만 몸이 마비된 상태에서 방 안에 어떤 존재가 있으며 자신에게 해를 끼치려 한다고 느낀다는 말이었다. 개인은 도움을 요청하려 했지만 그렇게 할 수 없었다. 약 60퍼센트는 청각적·시각적 환각을, 41퍼센트는 촉각적 환각을 경험했다. 그들은 자신이 감지한 존재가 숨 쉬거나 다가오는 소리를 들고, 자신을 만지거나 누른다고 느끼기도 했다. 응답자의 3분의 1(33.4퍼센트)이 그 존재의 성별을 특정할 수 있었으며, 이 중 대부분(82퍼센트)은 그 존재가 남성이라고 했는데, 여성이 남성으로 인식하는 경우가 남성에 비해 많았다. 청각적 환각 중 절반 이상은 목소리였다. 응답자의 약 3분의 2는 압박감을 느꼈다고 했다. 거의 동일한 비율의 응답자들이 자신이 죽을 것 같은 느낌이었다고 보고하였다. 30~40퍼센트는 자기 몸을 위에서 내려다보는 유체 이탈 경험을, 약 20퍼센트는 회전하는 느낌이나 자신의 복제를 보는 경험(autoscopy)을 했다. 응답자의 거의 100퍼센트(96퍼센트)가 두려움을 느꼈다. 그러나 상당수는 성적 느낌, 심지어 쾌락을 경험했다.

한 연구에서는 홀/밴 드 캐슬 꿈 내용 분석을 사용해 단독 수면 마비의 특징을 일반적 꿈과 구별하고 정량화하였다(Parker & Blackmore, 2002). 단독 수면 마비 보고에는 일반적 꿈 보고에 비해 신체에 대한 언급이 4배 많았다. 또한 개인에 대한 신체적 공격성 수준이 일반적 꿈보다 높았다. 다양한 감정이 나타나는 꿈과는 달리, 단독 수면 마비 보고에서는 두려움이 주된 감정이었다. 연구자들은 단독 수면 마비의 일반적 특성을 다음과 같이 묘사했다.

……익숙한 실내 환경(주로 침실)에서 주로 발생하며, 꿈에 종종 모르는 존재나 사람이 나타났다. 그 존재는 (성별을 보고한 경우에 한해) 남성인 경우가 더 많았지만, 성별이 없는 '생명체' 또는 '형태'를 느끼는 경우가 가장 많았다. 그 존재와의 상호 작용은 대부분 공격적이었으며, 꿈꾸는 사람은 이런 상호 작용에서 피해를 입는다고 느꼈다. 이들은 신체, 특히 몸통을

상자 5.1 **수면과 법**

누군가 "자는 중"에 타인을 살해하는 복잡한 행위를 수행할 수 있을
까? 수면과학자인 로절린드 카트라이트(Rosalind Cartwright)는 이런 문
제를 연구해왔으며, 몽유병과 살인에 관한 재판에서 증언한 바 있다.
카트라이트에 따르면 이런 행동은 극히 드물게 가능하다. 그는 2010년
에 출간한 저서 《24시간의 마음(The Twenty-Four-Hour Mind)》에서, 스
콧 펄레이터(Scott Falater)가 오랜 세월 함께한 아내를 살해한 비극적
사건을 상세히 소개하였다. 이웃은 아내의 비명을 듣고, 펄레이터가 피
로 얼룩진 아내의 시신을 집 수영장에 밀어 넣는 장면을 목격했다. 펄
레이터는 아내를 수십 차례 찌른 후 침착하게 살인 현장을 떠났다(피
묻은 칼과 옷을 밀폐 용기에 담기 위해서였던 것으로 보인다). 그 후 그는 다
시 돌아와 시신을 수영장 안으로 밀어 넣었다. 그리고 펄레이터는 집
안에 다시 들어간 것으로 보이는데, 카트라이트는 대부분의 몽유병 환
자처럼 잠자리로 돌아가려 한 것으로 추정한다. 펄레이터의 변호인이
몽유병 상태를 주장했음에도 불구하고 그는 유죄 판결을 받았다.

　카트라이트는 진짜 몽유병 환자가 수면 중 복잡한 범죄 행위를 저지
를 경우, 사건 이후 아침에 해당 사건을 전혀 기억하지 못하며 범행을
은폐하려 시도하지 않는다고 주장한다. 이런 경우 대개 개인 또는 가
족에게 몽유병 병력이 있으며 비극 이후에는 깊은 슬픔, 죄책감, 수사
에 대한 적극적 협조가 뒤따른다. 한 연구에서는 수면 관련 폭력 행위
에서 수면 장애가 인과적 요인으로 작용했는지를 판단할 수 있는 다른
요소들을 제안하였다(Siclari et al., 2010). 우선 카트라이트가 지적했듯

의학적 근거(예: 수면 다원 검사 결과)와 개인 혹은 가족의 수면 관련 증상 이력이 있어야 한다. 다음으로 폭력 행위 자체가 수면 관련 폭력 사건에 대한 독립적 기준에 부합해야 한다. 예컨대 대부분의 수면 관련 폭력은 뚜렷한 동기 없이 발생하며, 깨어난 뒤 깊은 후회를 동반한다. 또한 사건 수면을 유발할 수 있는 전조적 요인, 예를 들어 수면 부족에 따른 항상성 유지의 욕구가 있어야 한다(다음의 요약 참조).

기저 수면 장애의 존재

진단을 뒷받침하는 확실한 의학적 증거

과거 유사한 에피소드의 발생

행위의 특성

각성 시 또는 수면 시작 직후에 발생

갑자기 시작하며 짧게 지속됨

충동적이고 무의미하며 명백한 동기가 없음

사건이 벌어질 때 개인은 이를 인식하지 못함

피해자는 우연히 현장에 있는 사람이며 의식 회복 시 각성 자극이 될 가능성이 있음

혼란, 공포, 도주 시도 및 사건에 대한 기억이 없음

촉발 요인의 존재

수면 중인 개인을 깨우려는 시도

진정제/수면제 복용

이전의 수면 부족

알코올 또는 약물 중독이 있는 경우, 법의학적 사례에서 각성 장애 진단은

배제함

강하게 인식하고, 두려움 같은 부정적 정서를 많이 보고하였다. 또한 이들은 마비 상태를 극복하려 애쓰는데, 이에 성공하거나 실패하는 경우가 거의 절반씩으로 나타났다(Parker & Blackmore, 2002, p. 57).

5.3.12 결론

여러 수면 장애를 비교해보면 이런 문제가 뇌의 측정 가능한 시스템에 미치는 영향을 파악할 수 있다. 그림 5.1은 여러 수면 장애가 수반하는 전뇌 회색질 부피의 손실을 보여준다. 여기에는 렘수면 행동 장애, 폐쇄성 수면 무호흡증, 하지 불안 증후군, 특발성 과다 수면증, 비렘수면 관련 사건 수면이 포함된다. 회색질 부피의 손실은 빨간색으로 표시했다. 특히 렘수면 관련 장애(렘수면 행동 장애와 기면증)와 비렘수면 관련 장애 사이에서 손실 부피 및 패턴의 차이가 뚜렷하다는 점에 주목하자.

수면과 꿈에 대한 신경과학은 뇌에 세 가지 기본 상태―각성, 렘수면, 비렘수면―가 존재함을 보여준다. 각 상태를 결정 및 유지하는 것은 뇌간에서 유래하는 신경 전달 물질 조합(아민성 및 콜린성 조절)의 활동 수준과, 전뇌의 활성화 및 비활성화 패턴이 서로 다르기 때문이며, 이

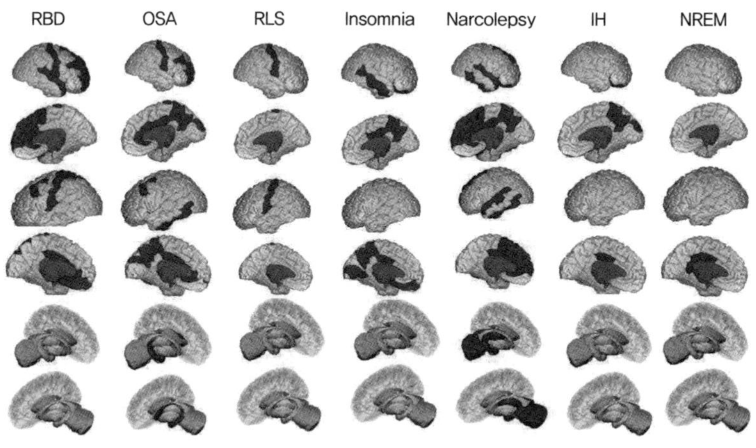

그림 5.1 다양한 수면 장애에 따른 회색질 두께 변화.
(RBD: 렘수면 행동 장애, OSA: 폐쇄성 수면 무호흡증, RLS: 하지 불안 증후군, Insomnia: 불면증, Narcolepsy: 기면증, IH: 특발성 과다 수면증, NREM: 비렘수면 관련 사건 수면) 허가를 받아 Paulekiene et al. (2022)에서 인용함.
＊컬러 버전은 간지의 별도 사진 참조.

는 앞 장에서 다룬 바 있다. 이 세 가지 뇌 상태를 가능케 하는 세 가지 뇌 활동 프로파일은 확률적인 것으로 간주되어야 한다. 각 뇌 상태의 프로파일은 완전히 활성화할 수도 있고, 부분적으로만 활성화할 수도 있다. 사건 수면과 관련한 경험을 이해하는 데 가장 중요한 점은 뇌 상태 간 전이가 완전할 수도 있고 부분적일 수도 있다는 것이다. 하나의 상태가 끝나고 다른 상태가 시작되는 경우, 그 전이는 완전하다. 그러나 뇌 상태를 조절하는 메커니즘의 본질은 확률적이므로 사실상 상태 간의 전이는 완전하지 않다. 상태 간 전이가 부분적일 경우, 우리의 뇌는 혼합 상태가 된다. 예를 들면 렘수면과 각성의 혼합 상태, 비렘수면과 각성의 혼합 상태, 렘수면과 비렘수면의 혼합 상태가 있다. 이러한 하이브리드 상태에서 전형적인 사건 수면이 나타난다.

예를 들어 수면 마비는 렘수면과 각성이 혼합된 상태다. 이때 환자는 의식이 있고 깨어 있으나, 렘수면과 관련한 근육 이완이 지속되기 때문에 몸을 움직일 수 없다. 여기에 더해 환자는 침입자의 환시를 보는데, 이는 렘수면 시 잠재적 위협에 대한 꿈을 꿀 때가 많기 때문일 수 있다. 이와 유사하게 (뒤에서 논의할) 자각몽도 렘수면과 각성의 혼합 상태다. 자각몽 상태에서는 배외측 전전두엽 피질이 부분적으로 활성화하는데, 정상 렘수면에서는 이 영역이 비활성화한다. 그러나 렘수면 중 이 영역이 활성화하는 경우 개인은 자기 의식을 일부 회복하며, 그로 인해 자신이 꿈을 꾸고 있음을 알게 된다. 몽유병, 잠꼬대 등 비렘 사건 수면은 비렘수면과 각성이 혼합된 상태에서 나타난다. 이러한 경우 개인은 N2 또는 N3 수면 상태에 머물러 있지만 의식 없이 복잡한 행동을 수행할 수 있다. 이는 뇌가 서파 활동에서 완전히 이탈하지 않은 상태에 (배외측 전전두엽 피질이 매개하는 것으로 보이는) 각성 상태가 부분적으로 침입함으로써, 의식 없이도 복잡한 행동 조정이 가능해지기 때문이다. 렘수면 행동 장애의 경우 렘수면에서 나타나는 근육 이완 상태가 소실되며, 이로 인해 수면 중인 뇌가 완전한 렘수면 상태가 아니게 되면서 꿈을 행동으로 표현한다. 이 역시 복잡한 행동이지만, 이 경우에는 잠든 뇌가 조절하는 행동이라는 점이 다르다. 이처럼 렘수면/각성과 비렘수면/각성의 혼합 상태는 의식이 배외측 전전두엽 피질과 그 연결망을 필요로 함을 시사한다. 해당 뇌 네트워크가 활성화할 때 자기 인식과 비판적 통찰이 수반하기 때문이다.

앞에서 우리는 렘수면과 각성이 혼합된 상태, 비렘수면과 각성이 혼합된 상태를 논의했다. 그렇다면 렘수면과 비렘수면이 혼합된 상태는 어떨까? 대부분의 수면과학자들은 렘수면/비렘수면 혼합이 단순히 무의식 상태를 초래한다고 본다. 그러나 일부 사건 수면의 경우 렘수면/비렘수면 혼합 상태가 관여할 가능성도 있다. 예를 들어 악몽은 일반적으로 렘수면 중 발생하지만, 트라우마 관련 악몽은 렘수면 외의 수면 단계에도 나타날 수 있다. 특히 야경증은 비렘수면 관련 사건 수면을 겪는 개인이 강렬한 악몽을 경험할 가능성을 시사한다. 이들은 공포에 질린 비명을 지르기 때문이다. 이론적으로 편도체의 강렬한 활성화 같은 렘수면의 일부 특성은 그 외 뇌의 많은 영역에서 서파 활동이 있을 때도 일시적으로 나타날 수 있다. 이러한 상태는 지옥 같은 악몽을 유발할 수 있다.

각각의 뇌 상태와 그 혼합은 서로 다른 주관적 경험의 세계를 생성하며, 우리는 깨어 있는 상태를 자신과 동일시한다. 이는 인간의 모든 문화에서 공통이다. 다만 일부 문화에서는 렘수면 상태를 존재의 또 다른 방식으로 인정한다. 이들은 렘수면 상태를 깨어 있는 상태와 동등하게 여기지는 않지만, 존재론적으로 실재한다고 보고 때로는 깨어 있는 상태보다 더 높은 가치를 부여하기도 한다. 이러한 문화권에서는 렘수면/각성의 혼합 상태, 즉 백일몽이나 환시 등도 중요하게 여긴다. 반면 비렘수면 상태를 가치 있는 상태로 간주하는 문화는 없는 것으로 보인다. 오히려 많은 문화에서는 비렘수면/각성의 혼합 상태(예: 몽유병)와 일부 렘수면/각성의 혼합 상태(예: 수면 마비)를 예방하기 위해 종교적·주술적·의학적 개입 방식을 발전시켰다. 이처럼 사건 수면과 관련한 비정상적 의식 상태는 분명히 문화와 상호 작용함에도 불구하고 수면

과학은 이러한 뇌의 혼합 상태에 대해 근거에 기반한 이론을 아직 명확히 수립하지 못했다. 이는 미래의 수면과학자들에게 남겨진 학문적 과제다.

복습 질문

○ 두뇌가 한 상태에서 다른 상태로 전이하는 데 실패하는 것이 우리에게 의식에 관해 알려주는 바는 무엇일까?

○ 비렘수면 중 나타나는 사건 수면에서 N3 단계의 비정상적 델타파 활동이 의미하는 바는 무엇일까?

○ 수면 마비 시 악몽을 렘수면 상태에서의 전이 실패로 어떻게 설명할 수 있을까?

○ 불면증의 주원인과 그 결과는 무엇일까?

더 읽을거리

Lugaresi, E., Medori, R., Montagna, P., Baruzzi, A., Cortelli, P., Lugaresi, A., et al. (1986). Fatal familial insomnia and dysautonomia with selective degeneration of thalamic nuclei. *New England Journal of Medicine*, 315, 997–1003.

Mahowald, M. W., & Cramer Bornemann, M. A. (2011). Non-REM arousal parasomnias. In M. Kryger, T. Roth & W. C. Dement (eds.), *Principles and Practice of Sleep Medicine* (5th ed.). Philadelphia: W. B. Saunders Co.

Mahowald, M. W., and Schenck, C. H. (2011). REM sleep parasomnias. In M.

Kryger, T. Roth, & W. C. Dement (eds.), *Principles and Practice of Sleep Medicine* (5th ed.). Philadelphia: W. B. Saunders Co.

Matheson, E., & Hainer, B. L. (2017). Insomnia: Pharmacologic therapy. *American Family Physician, 96*(1), 29–35.

렘수면과 비렘수면 이론

학습 목표

○ 비렘수면이 면역 반응을 강화한다는 주장의 증거를 식별 및 평가할 수 있다.

○ 수면 회복 이론의 강점과 약점을 평가할 수 있다.

○ 수면 관련 기억 강화 과정에 대한 증거를 식별 및 평가할 수 있다.

○ 렘수면과 비렘수면 간 생리학적 상호 작용의 기능적 의미를 설명할 수 있다.

6.1 서론

우리는 수면에 대해 많은 것을 알고 있지만 그 기능에 대해서는 아직 과학적 합의에 도달하지 못했다. 그러나 수면의 기능에는 필연적으로 엄청난 의미가 있을 수밖에 없다. 수면은 우리의 의지와 관계없이 발생하며, 그 상태에 놓이는 순간 우리를 덮치는 포식자에게 취약해질 수밖에 없기 때문이다. 누구나 결국 수면에 빠지며, 그렇지 않으면 생명을 유지할 수 없다. 우리는 산소·음식·물처럼 수면도 필수라는 사실을 알지만 그 이유는 아직 명확하지 않다.

수면의 기능은 하나 이상일 가능성이 매우 높다. 사실 비렘수면과 렘수면은 각각 독립적 기능을 수행할 수 있으며, 두 수면 상태에 상호 보완적이거나 대조적인 기능이 있을 수도 있다. 이런 수면의 기능은 진화 과정에서 동시에 형성되었을 수도 있고, 서로 다른 시기에 개별적으로 형성되었을 수도 있다. 만약 수면의 기능이 진화 과정에서 순차적으로 나타났다면, 후기에 형성된 기능은 초기 기능을 수행하던 생리적 시스템을 활용했을 가능성이 크다. 예를 들어 폐는 원래 기체 교환을 위해 진화했지만 시간이 흐르며 언어와 발성 기능도 수행하게 되었다. 마찬가지로 포유류의 수면은 처음에 체온 조절을 위해 진화했을 가능성이 높지만 현재는 뇌와 인지 기능에 필수 역할을 하고 있다.

그런가 하면 신경계가 아주 단순한 생물에서도 휴지기-활동기 패턴을 관찰할 수 있다. 예를 들어 신경세포가 302개뿐인 예쁜꼬마선충에게서도 이러한 패턴이 나타난다. 이는 복잡한 신경계가 없는 단순한 생물에서도 수면과 유사한 상태가 나타날 수 있음을 의미한다. 따라서 원시적 형태의 수면은 소규모 신경 집합체에서 자연스럽게 발생한 특성일 가능성이 높다.

6.2 비렘수면

앞에서 논의한 바와 같이 비렘수면은 3단계로 이뤄진다. 그러나 N1 및 N2 단계 수면의 기능에 대해서는 근거 기반 이론이 존재하지 않는다. 따라서 이 장에서는 N3 단계의 기능, 특히 서파 활동과 렘수면의 역할을 중심으로 논의하고자 한다.

신경생리학에서 특정 시스템의 기능을 밝히는 검증된 방법은 해당 시스템의 작동을 차단 또는 제거한 후 어떤 생리적 기능이 상실되었는지를 관찰하는 것이다. 1980년대 시카고 대학교의 앨런 렉트샤펜(Allan Rechtschaffen)과 그의 연구팀은 쥐를 대상으로 총 수면 박탈(total sleep deprivation)의 결과를 실험했다(Rechtschaffen et al., 1989). 연구팀은 수면 박탈을 유도하기 위해 플랫폼 연구법을 응용했다. 이 실험은 플랫폼에 앉아 있는 실험군 쥐가 잠들면 즉시 깨우는 방식이었다. 실험군 쥐가 잠에 빠지면 플랫폼이 물속으로 가라앉았고 쥐는 수면을 전혀 취할 수 없었다. 대조군 쥐 역시 동일한 환경에 놓였지만 수면을 어느 정도 취할 수 있었다. 이 실험은 쥐에게 극심한 스트레스를 유발했기 때문에 수면 부족에 대한 연구 결과에서 스트레스의 영향을 완전히 분리하기는 어려웠다. 그럼에도 대조군 쥐는 정상적 생활을 유지한 반면 실험군 쥐는 16~21일간 수면을 전혀 취하지 못한 후 모두 사망하였다. 수면을 박탈당한 쥐들은 식욕이 증가했음에도 불구하고 체중이 감소했으며, 털에 기름이 흐르고 떡졌으며 피부와 발에는 궤양이 발생하였다. 또한 대사 조절 및 체온 유지 기능이 크게 손상되고 대부분이 패혈증으로 사망하였다. 이는 수면 부족이 면역계를 붕괴시킬 수 있음을 시사한다.

6.2.1 비렘수면은 최적의 면역 반응을 촉진한다

앞서 언급한 연구 결과와 곧 살펴볼 결과는 수면, 특히 서파 수면이 면역 반응 조절에 중요한 역할을 할 가능성이 매우 높음을 시사한다. 인간을 포함한 여러 동물에서 수면 부족은 염증 유발성 사이토카인의 증가를 유발하고, 만성 수면 부족은 만성 염증을 초래한다. 실험 동물들은 감염이 발생하면 면역 반응을 활성화하기 위해 수면 시간을 늘리는 경향을 보인다. 이는 진화 과정에서 수면 시간을 연장시켜 면역 시스템의 유지 및 복구를 위해 대사 자원을 더 효율적으로 활용하도록 적응했을 가능성을 시사한다. 단기적 수면 시간 증가 현상은 면역 반응 과정에서 백혈구가 분비하는 면역 조절성 사이토카인이 유발하는 것으로 보인다(Opp & Krueger, 2015). 예를 들어 인터류킨-1을 투여하면 서파 수면이 즉각 증가한다. 인터류킨-1은 성장 호르몬 방출 호르몬, 프로스타글란딘 D2, 아데노신 등을 합성 및 방출하는데, 이런 물질들은 비렘수면을 조절하는 역할을 한다. 반대로 이 물질들의 작용을 억제하면 인터류킨-1이 유도하는 비렘수면 증가 효과가 감소하거나 차단된다. 앞 장에서 논의한 바와 같이 아데노신 생산은 서파 수면의 항상성 메커니즘과 직결하는 것으로 알려져 있다. 만약 백혈구 수가 증가해 항원에 대한 면역 반응이 강화되고 이로 인해 수면을 촉진하는 사이토카인의 방출이 증가한다면, 수면 시간은 진화적으로 증가했을 가능성이 있다.

한 연구에서는 수면과 면역계의 진화 과정을 탐색했다(Preston et al., 2009). 이들은 기존 연구에서 보고한 다양한 포유류 종의 수면 시간 데이터를 수집해 국제종정보시스템(International Species Information System,

ISIS)에 기록된 백혈구 수치와 비교했다. 그 결과 백혈구는 모든 면역 반응의 핵심 요소이며 면역력을 평가하는 타당한 지표로 간주할 수 있었다. 백혈구는 골수에서 생성되며 적혈구, 혈소판과 동일한 조혈 줄기 세포에서 유래한다. 그러나 적혈구와 혈소판은 면역 기능을 직접 수행하지 않으므로 연구자들은 이를 대조군으로 사용해 수면과 면역계 간의 관계를 분석하였다. 만약 비렘수면의 중요한 진화적 이점이 면역 시스템의 강화라면, 수면 시간이 더 긴 동물의 백혈구 수가 더 많이 증가해야 하지만 적혈구나 혈소판과는 유의한 상관관계가 없을 것이다. 연구진은 각 종의 데이터를 맞추고 교란 변수(예: 몸 크기, 활동 패턴)를 통제한 상태에서 26종의 포유류를 분석하였다. 그 결과 예상대로 수면 시간이 더 긴 종일수록 모세 혈관 내의 백혈구 수가 많았다. 종의 수면 시간이 14시간 증가하면 혈액 1밀리리터당 백혈구 수가 3000만 개(615퍼센트) 증가했다. 여기서 중요한 점은 적혈구와 혈소판에서는 그런 패턴이 나타나지 않았다는 것이다. 또한 연구팀은 계통발생학적으로 독립적인 대비 분석을 활용해 종 간 통계적 독립성이 부족한 문제를 해결하고자 했다. 이러한 분석은 다른 변수와 관련한 진화적 변화를 밝혔으며, 수면 시간의 변화와 면역 변수의 관계를 분석한 결과 진화적으로 더 긴 수면 시간을 획득한 계통일수록 백혈구 수 또한 증가했다. 이때도 이러한 관계는 백혈구에 한정되었으며, 수면 시간이 증가한 종일수록 다른 혈액 세포 유형에 비해 면역 세포의 비율이 더 높아지는 것으로 나타났다. 더욱이 연구 결과에 따르면 진화적으로 더 긴 수면 시간을 발달시킨 계통이나 종은 기생충 감염률이 더 낮았다. 즉 수면 시간이 긴 종은 수면 시간이 짧은 종보다 기생충 감염에 대한 부하(load)

가 현저히 적었으며 이런 결과는 체중, 몸 크기, 생태적 지위, 활동 주기 등 잠재적 교란 요인을 모두 고려해도 일관적이었다. 이런 데이터는 면역력의 향상이 비렘수면의 중요한 진화적 기능이라는 가설을 강하게 뒷받침한다.

6.2.2 휴식과 충전을 위한 수면: 수면은 에너지를 회복시킨다

수면에 대한 가장 상식적인 설명은 우리의 에너지 수준을 회복시키는 과정이라는 것이다. 우리가 깨어 있는 동안 에너지를 사용하면서 줄어드는 저장분을 수면으로 보충한다는 내용이고 이론도 마찬가지다. 실제로 수면 중에는 깨어 있을 때의 휴식 상태와 비교해 물질대사율이 감소한다. 하지만 수면 중 물질대사율 감소로 인해 절약되는 에너지의 양은 깨어 있을 때 단순한 휴식에서 얻을 수 있는 양에 비교할 때 그다지 크지 않다. 따라서 숙면 후의 회복된 느낌에는 단순한 에너지 절약 이상의 원인이 있는 것으로 보인다.

뇌는 신체 질량의 약 2퍼센트에 불과하지만 전체 에너지 소비량의 약 20퍼센트를 사용한다. 뇌의 유일한 에너지원은 포도당이며, 뇌 속에서는 글리코겐의 형태로 저장된다. 글리코겐 분자는 여러 개의 포도당 분자가 가지처럼 이어진 구조다. 뇌 세포는 크게 신경세포와 교세포라는 두 유형이 있는데, 교세포는 뇌 조직의 약 90퍼센트를 차지하며 글리코겐을 합성 및 저장한다. 특정 뇌 영역의 활동이 급격히 증가해 혈류를 통해 공급되는 포도당만으로는 에너지가 충분치 않을 때, 교세포가 빠르게 글리코겐을 분해해 신경세포에 연료를 공급한다.

교세포는 신경세포를 위한 일종의 림프계 역할도 담당한다. 체내 림프절이 물질대사 과정에서 생긴 독성 부산물을 제거하는 것처럼, 교세포 역시 신경세포의 물질대사 과정에서 나오는 독성 물질을 제거하는 글림프계 기능을 수행한다. 특히 비렘수면 3단계(N3) 동안에는 이러한 글림프계 활동이 낮보다 10~20배 증가한다. N3 수면 중 교세포는 크기가 절반으로 줄어들어 뇌척수액이 신경세포를 보다 효과적으로 세척해 독성 부산물을 제거할 수 있도록 돕는다. 이때 제거하는 독성 부산물 중 하나가 아밀로이드 단백질인데, 이는 신경세포를 얽히고 죽게 만들어 뇌 내에 사멸한 세포 덩어리를 형성하고, 궁극적으로 알츠하이머병 같은 신경퇴행성 질환을 유발할 수 있다.

앞서 언급한 것처럼 교세포는 글리코겐을 분해해 뇌에 연료를 공급하는 과정에도 관여한다. N3 서파 수면의 주요 기능 중 하나는 글리코겐 형태로 뇌의 에너지 저장량을 회복하는 것일 가능성이 크다. 뇌와 신체의 에너지를 생성하는 핵심 수단은 아데노신 삼인산(adenosine triphosphate, ATP)이다. 세포 외부에서의 아데노신 축적은 세포나 조직이 에너지를 소진했다는 신호다. 뇌에서 아데노신은 신경세포의 세포막에 위치한 칼륨 채널을 열어 양전하를 띤 칼륨 이온이 신경세포 밖으로 빠져나가도록 한다. 이로 인해 신경세포 내부의 음전하가 증가해 막전위의 음성이 강해지는 과분극 상태가 된다. 이후 칼슘 채널이 열리면서 칼슘이 신경세포 내부로 유입하면 탈분극이 발생하며, 이 과정에서 뉴런은 활동 전위를 생성한다. 이러한 활동 전위는 뇌파 검사에서 서파로 기록된다. 한 연구팀이 아데노신 활동 수준과 뇌의 서파 활동은 상관관계가 있음을 입증하였다(Bennington & Heller, 1995). 이들은 아데노신과 유사한 작용을 하는 분자를 쥐의 혈류나 뇌에 주입했을 때 수면 상태가 몇 시간 지속되면서 서파 활동이 현저히 증가함을 발견하였다. 수면 중에는 아데노신 수치가 뇌의 모든 영역에서 점진적으로 감소하는 반면, 깨어 있는 동안에는 대뇌 피질과 기저 전뇌에서 주로 증가하는 경향이 있었다. 아데노신은 기저 전뇌에서는 각성 상태에서 수면 상태로의 전환을 조절하고, 이른바 플립플롭 스위치를 수면 상태에 맞춰놓는다. 또한 대뇌 피질에서는 항상성으로 조절되는 수면 관련 변수로 보이는 서파 활동을 생성 및 유지한다.

글리코겐 분해는 글리코겐 인산화 효소에 의해 이뤄진다. 반면 글리코겐 합성은 글리코겐 합성 효소의 작용으로 일어난다. 노르에피네프린처럼 각성 상태를 촉진하는 신경 화학 물질은 글리코겐 분해 효소를 활성화하는 동시에 글리코겐 합성 효소를 억제한다. 이러한 각성 관련 신경 화학 물질들이 감소하면, 즉 각성을 촉진하는 뇌간 핵의 활동이 줄어들면 글리코겐 분해 효소는 억제되고 글리코겐 합성 효소가 활성화한다. 더불어 아데노신 삼인산은 글리코겐 분해 효소를 억제하는데, 이는 세포 내 에너지가 충분하고 아데노신 삼인산 수준이 높을 경우 글리코겐 저장고를 열 필요가 없음을 의미한다. 각성 상태 동안 교세포는 에너지 수준이 떨어지기 시작하면 즉시 글리코겐을 제공할 수 있는 준비 상태에 놓인다. 반대로 수면 중에는 글리코겐 저장량을 보충하는 상태로 전환한다.

아데노신은 두 가지 역할을 하는 것으로 보인다. 첫째, 기저 전뇌에서는 각성에서 수면으로 전환을 촉진하며 둘째, 대뇌 피질에서는 수면의 강도를 증가시킨다. 특정 대뇌 피질 영역의 활동이 증가해 글리코겐

이 소모될 경우, 해당 영역에서 수면 반응이 증가하는 경향이 있다. 예를 들어 전두엽의 복내측 부위는 이후 수면 시 상대적으로 더 많은 서파 활동을 나타낸다.

N3 수면이 에너지를 회복하는 기능을 한다는 가장 강력한 증거는 수면 부족 후 나타나는 수면 반동이다. 강제로 깨어 있는 시간이 길어지면 비렘수면에 대한 추동(drive) 또는 졸음이 증가하게 된다. 이러한 수면욕은 이후 수면을 통해 해소할 수 있으며, 이는 비렘수면의 회복 이론을 뒷받침한다. 흥미롭게도 복구 수면은 일반적으로 먼저 비렘수면으로 이뤄지며, 비렘수면을 충분히 보충한 이후에만 비로소 렘수면을 보충한다. 즉 수면 부족은 복구 수면 동안 비렘수면 시간(특히 비렘 델타파 활동)과 렘수면 시간이 보상적으로 증가하는 결과로 이어지지만, 우선하는 것은 비렘수면의 보충이다. 연구에 따르면 비렘 델타파 활동은 정상적 각성 기간에 축적되며 이후 비렘수면 중에 방전되거나 감소한다. 결국 포유류는 정상 기능을 유지하기 위해 일정량의 서파 수면을 필요로 하는 것이다.

수면 기능을 연구하는 많은 이론가들은 비렘수면이 생리적 기능을 회복하는 역할을 한다고 주장해왔다. 숙면 후의 상쾌함 같은 주관적 경험은 이러한 회복 이론을 뒷받침하며, 수면 부족 후 나타나는 수면 반동 현상도 마찬가지다. 그러나 N3 서파 수면의 회복 이론에서 잠재적 문제점은 동물의 동면 이후에 델타파 수면(서파 비렘수면)의 반동이 발생한다는 점이다. 동면은 기본적으로 에너지 소모가 적은 상태이며, 그 기간에 에너지가 소비되거나 조직이 손상되는 일이 거의 또는 전혀 없기 때문에 에너지를 회복하거나 조직을 복구하는 과정이 필요치 않은 것이 합리적이다. 실제로 동면에 대한 표준적 설명은 에너지를 보존하기 위한 상태라는 것이다! 그럼에도 동면 또는 최저 물질대사 상태(torpor: 이 상태인 곰이나 다람쥐는 몇 달 동안 동면하지만, 박쥐는 기온이 떨어지는 밤에 체온을 낮추고 신진대사를 줄인다—옮긴이)에 들어간 동물들은 보통 서파 활동을 위해 주기적으로 각성해야 한다.

6.2.3 비렘수면은 특히 전두엽 기능과 관련해 최적의 인지 수행을 회복시킨다

수면 부족은 다양한 인지 과제 수행 능력을 저하시킨다. 이러한 현상은 전두엽의 온전한 기능에 의존하는 과제에서 특히 두드러진다(Achermann et al., 2001; Anderson & Horne, 2003). 이러한 기능 저하의 정도는 각성 및 사용 수준에 따라 달라진다. 과제에서 전두엽을 많이 사용할수록 전두엽에서의 보상적 델타파 활동이 증가한다. 정상적 수행 능력은 수면을 통해 회복할 수 있으며 이는 수면 강도가 증가하면 함께 증가하는, 용량-반응 효과와 유사한 효과를 나타낸다. 델타파 활동이 강할수록 이후의 인지 과제 수행 능력이 향상하는 것이다. 즉 수면은 인지 수행 능력을 회복시키는 기능을 하며, 이는 전두엽 기능에 의존하는 과제에서 뚜렷이 나타난다.

6.2.4 비렘수면은 최적의 뉴런 연결성을 촉진한다

신경과학자들이 가장 널리 제안하는 수면의 기능은 아마 신경세포 연

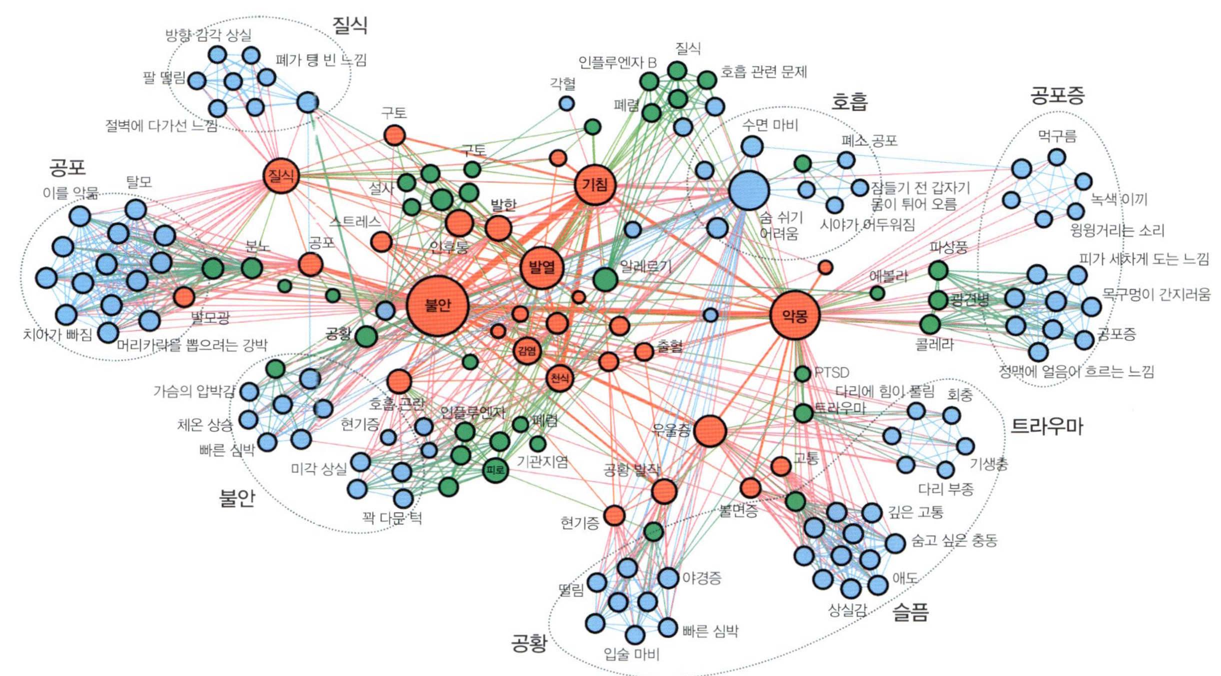

그림 P.3   꿈 보고 네트워크 내에서 의학적 상태의 동시 발생.

주황색: 깨어 있을 때와 꿈 보고에서 빈도가 동일함, 초록색: 깨어 있을 때의 보고에서 전형적임, 파란색: 꿈 보고에서 전형적임, 회색 점선 내: 꿈 보고에서 빈도가 더 높음.

허가를 받아 Šćepanović et al. (2022)에서 인용함.

그림 1.1　렘수면의 전통적 정의를 다시 생각하게 하는 동물들.
허가를 받아 Blumberg et al. (2020)에서 인용함.

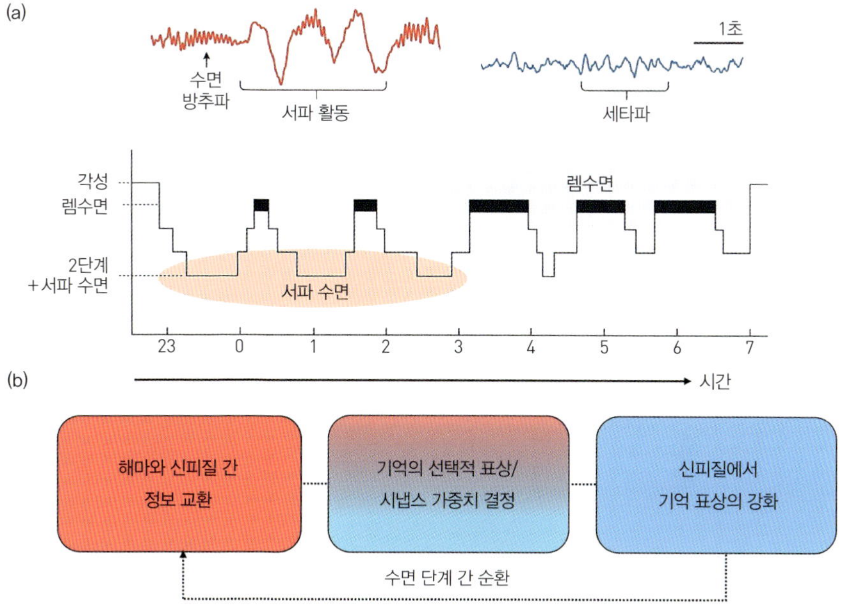

그림 2.2 인간의 수면 구조 및 관련 수면 진동 활동, 기억 공고화 단계의 개요.
허가를 받아 Cross et al. (2018)에서 인용함.

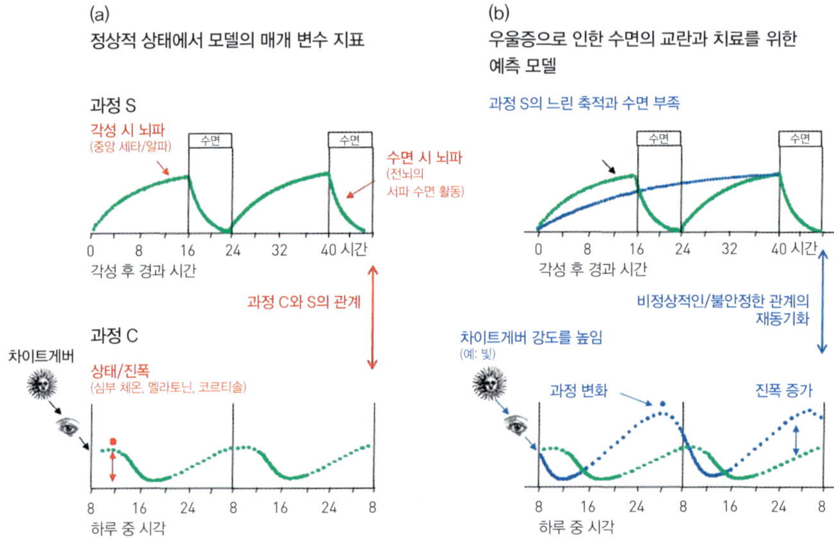

그림 2.3   두 과정 모델의 개념도와 우울증에 대한 적용. (a) 모델의 매개 변수 지표를 포함한 정상적 상태, (b) 추정되는 병리적 변화와 치료 방안.

허가를 받아 Borbély et al. (2016)에서 인용함.

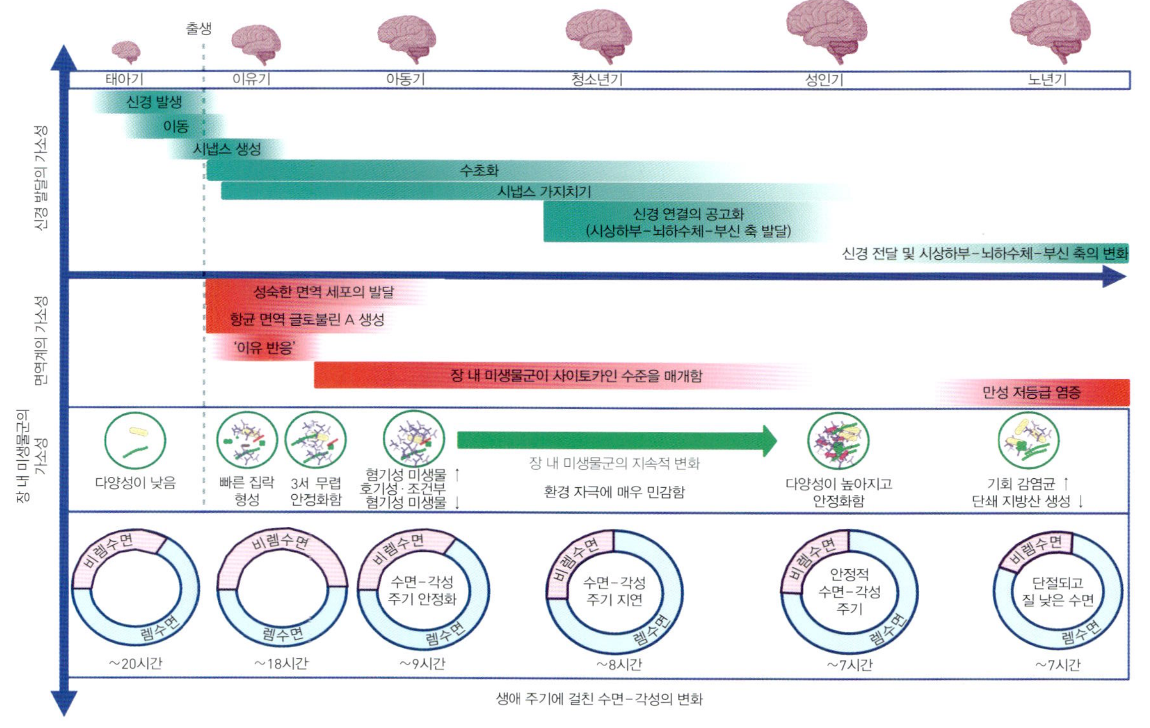

그림 3.1 뇌, 면역계, 장 내 미생물군, 수면–각성 주기의 발달 도식.
허가를 받아 Sgro et al. (2022)에서 인용함.

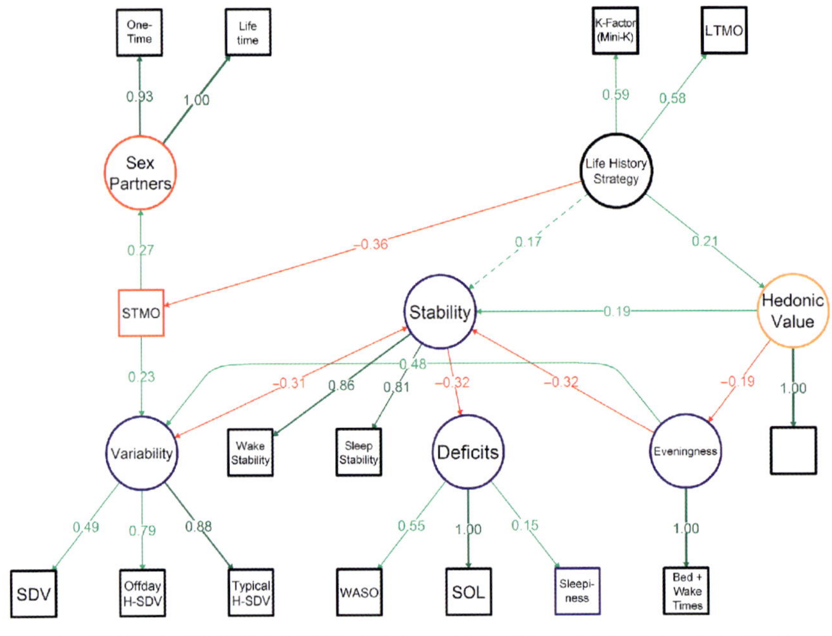

그림 3.2　생애사 전략이 생존 및 생식 할당에 미치는 영향에 대한 구조 방정식 모델. (경로에는 표준화한 가중치를 표시함. 빨간색 테두리가 있는 변수는 단기 생식을 위한 투자, 파란색 테두리가 있는 변수는 장기 유지를 위한 투자임. 단기적 짝짓기 성향은 생애사 전략에 회귀되었으며, 졸음은 수면 부족에 회귀되었음. SDV=수면 지속 시간 변동성, Hedonic value=개인이 수면을 가치 있게 여기는 정도. 실선으로 표시한 모든 경로는 P<0.05 수준에서 유의미하며, 점선으로 표시한 모든 경로는 P값이 0.05보다 큼.)

허가를 받아 Dishakjian et al. (2020)에서 인용함.

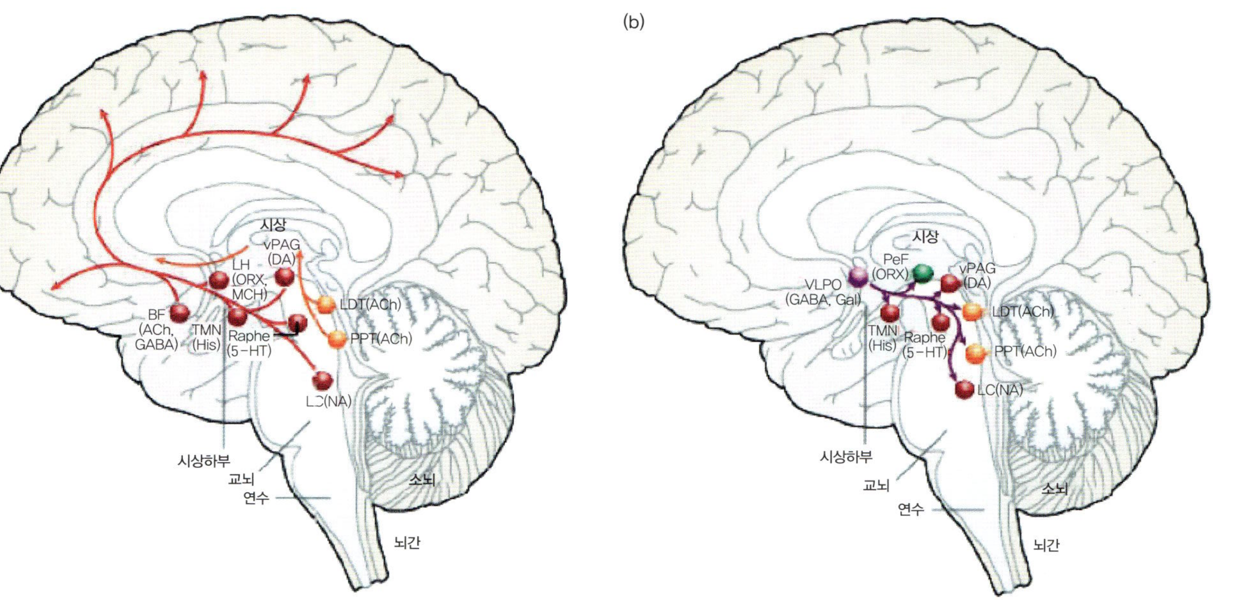

그림 4.1 수면과 각성의 신경생물학 및 생리학.

(a) 상행 망상 활성계, (b) 복외측 시교차 전핵에서 상행 각성 시스템 구성 요소로 투사. PPT(ACh): 교뇌 후방 피개핵(아세틸콜린성), LDT(ACh): 외측 후방 피개핵(아세틸콜린성), LC(NA): 청반(노르아드레날린성), Raphe(5–HT): 솔기핵(세로토닌성), vPAG(DA): 수도 주위 회색질(도파민성), TMN(His): 결절 유두핵(히스타민성), BF(ACh, GABA): 기저 전뇌(아세틸콜린성, GABA성), LH(ORX, MCH): 외측 시상하부(오렉신성, 멜라닌 농축 호르몬성), PeF(ORX): perifornical area(으렉신성), VLPO(GABA, Gal): 복외측 시교차 전핵(GABA성, 갈라닌성).

허가를 받아 van Someren & Cluydts (2013)에서 인용함.

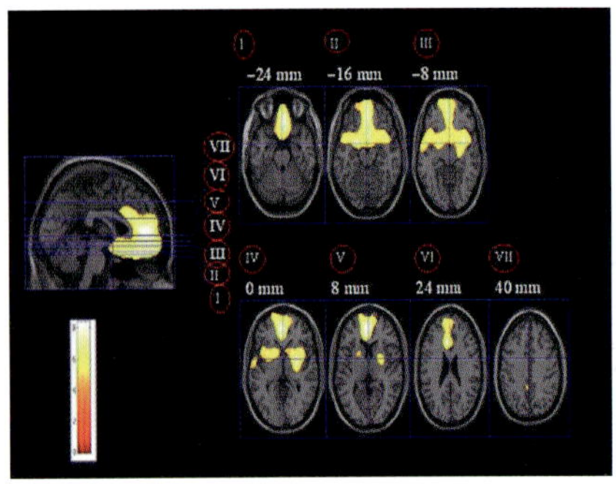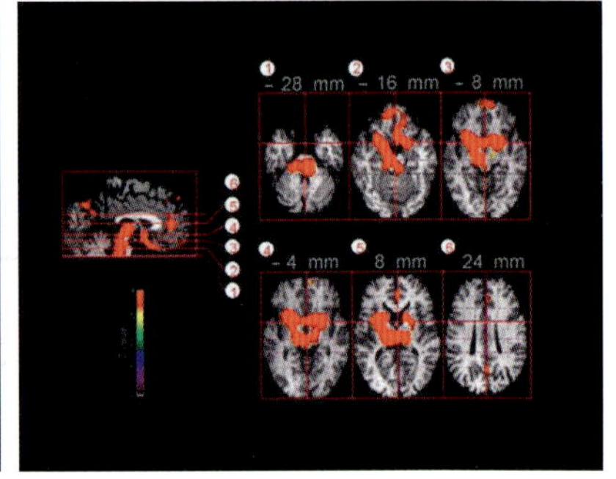

그림 4.2　정상인의 비렘수면에 대한 기능적 신경해부학(H2 15O PET 분석에 따름).
〔(왼쪽 사진) 비렘수면(2~3단계) 동안 델타파 전력의 변화에 따라 국소적 뇌 혈류가 감소하는 뇌 영역을 나타낸다. 각 이미지는 z축의 서로 다른 수준에 표시되며, 각 이미지 상단에 해당 위치를 제시했다. 색척도는 활성화한 복셀(voxel)의 Z값 범위를 나타낸다. 표시된 복셀은 통계적으로 다중 비교 보정 후 P<0.05 수준에서 유의미한 결과를 나타낸다. (오른쪽 사진) 비렘수면 동안 각성 및 렘수면 시보다 국소적 뇌 혈류가 감소하는 뇌 영역을 나타낸다. 왼쪽과 오른쪽 사진에서 보이는 국소적 혈류 분포의 유사성에 주목하자.〕
허가를 받아 Dang-Vu et al. (2007)에서 인용함.

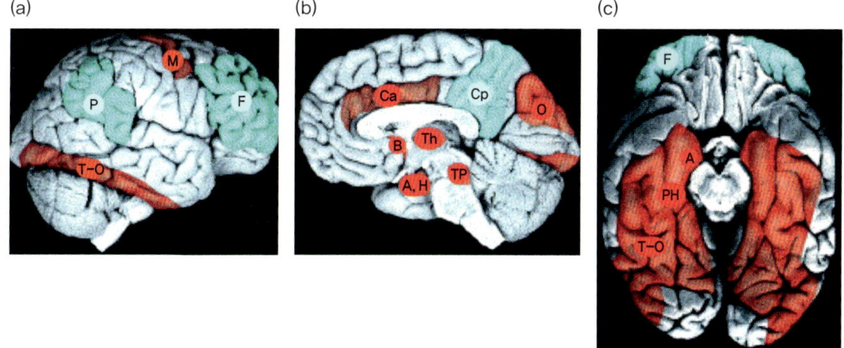

그림 4.3 PET 및 fMRI 데이터를 통합한 정상 렘수면의 기능적 신경해부학. 〔빨간색: 렘수면과 관련해 신경 활동이 상대적으로 증가하는 영역, 파란색: 렘수면과 관련해 신경 활동이 상대적으로 감소하는 영역. (a) 측면, (b) 내측, (c) 복측에서 본 뇌. A: 편도체(amygdala), B: 기저 전뇌(basal forebrain), Ca: 전방 대상회(anterior cingulate gyrus), Cp: 후방 대상회 및 설전부(posterior cingulate gyrus and precuneus), F: 전전두엽 피질(prefrontal cortex, 중전두·하전두·안와 전두 피질 포함), H: 시상하부(hypothalamus), M: 운동 피질(motor cortex), O: 후두 외측 피질(occipital-lateral cortex), P: 두정 피질(parietal cortex, 하두정 소엽 포함), PH: 해마방회(parahippocampal gyrus), Th: 시상(thalamus), T-O: 측두–후두 선조체 바깥쪽 영역 피질(temporo-occipital extrastriate cortex), TP: 교뇌 피개(pontine tegmentum).〕

허가를 받아 Dang-Vu et al. (2007)에서 인용함.

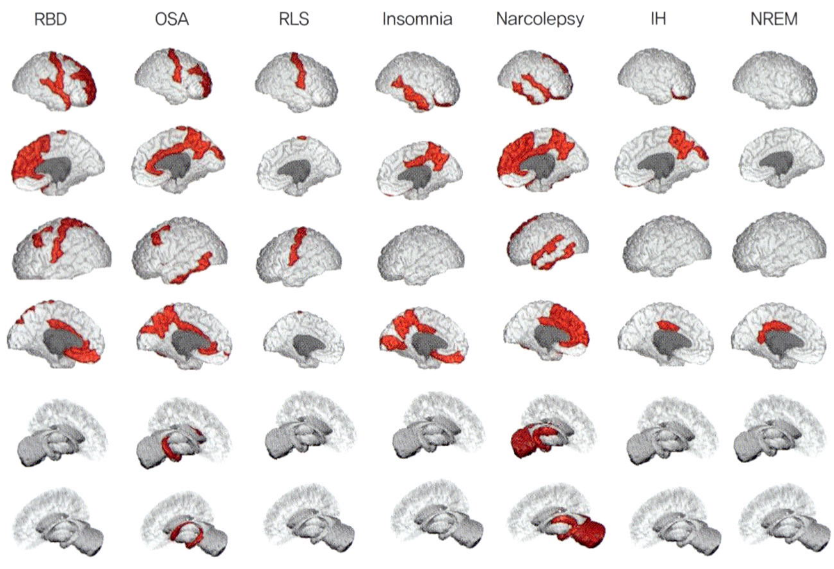

그림 5.1　다양한 수면 장애에 따른 회색질 두께 변화.

(RBD: 렘수면 행동 장애, OSA: 폐쇄성 수면 무호흡증, RLS: 하지 불안 증후군, Insomnia: 불면증, Narcolepsy: 기면증, IH: 특발성 과다 수면증, NREM: 비렘수면 관련 사건 수면)

허가를 받아 Paulekiene et al. (2022)에서 인용함.

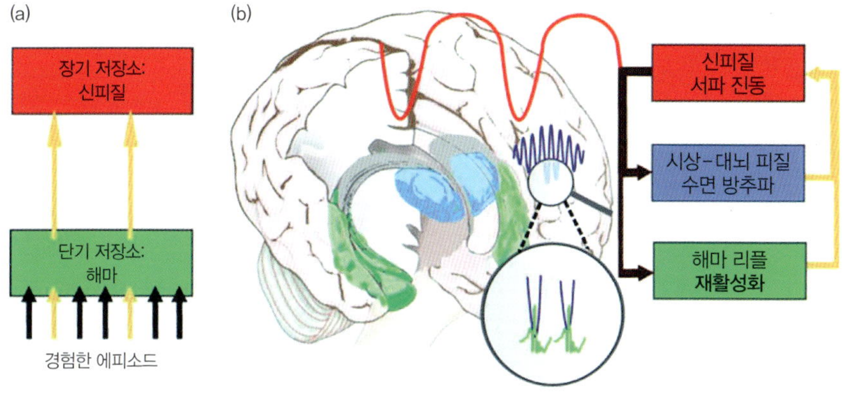

그림 6.1   능동적 시스템 공고화 이론.

허가를 받아 Born & Wilhelm (2012)에서 인용함.

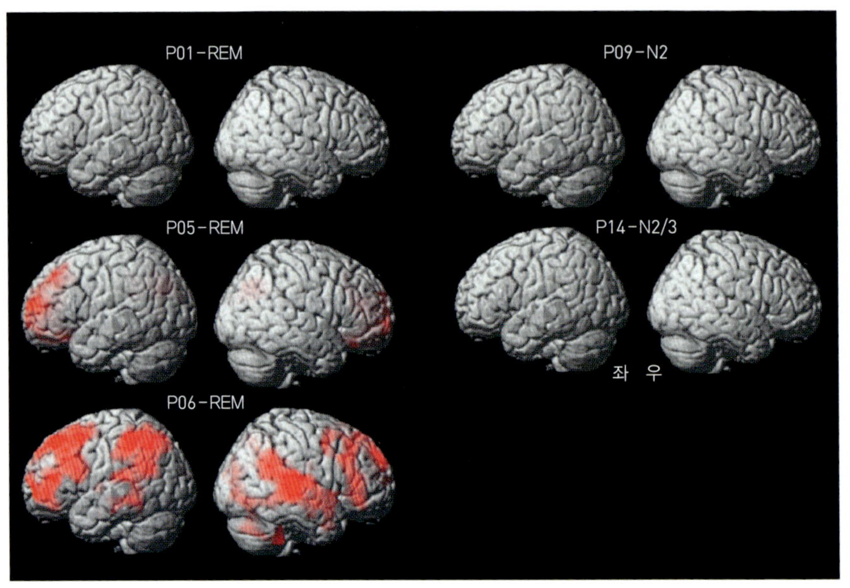

그림 7.1   수면 중 나타난 각 참여자의 서사 관련 뇌 활동.

〔이 그림은 수면 중인 참여자들에게 영화 〈테이큰〉의 청각적 내용을 들려주는 실험에서 나타난 유의미한 뇌 활동(p < 0.05, 가족 오류율 보정)을 보여준다. 이때의 자극은 깨어 있는 상태의 집단에서 수집한 긴장감 평가의 평균값을 기반으로 정량화했다. 실험 결과 렘수면 상태이던 한 참여자(P06)의 청각 및 전두–두정 영역에서 이야기 전반에 걸쳐 긴장감에 유의하게 반응하는 활동을 관찰했다. 또 다른 참여자(P05)에게서도 이러한 반응이 부분적으로 나타났다.〕

허가를 받아 Fogel et al. (2022)에서 인용함.

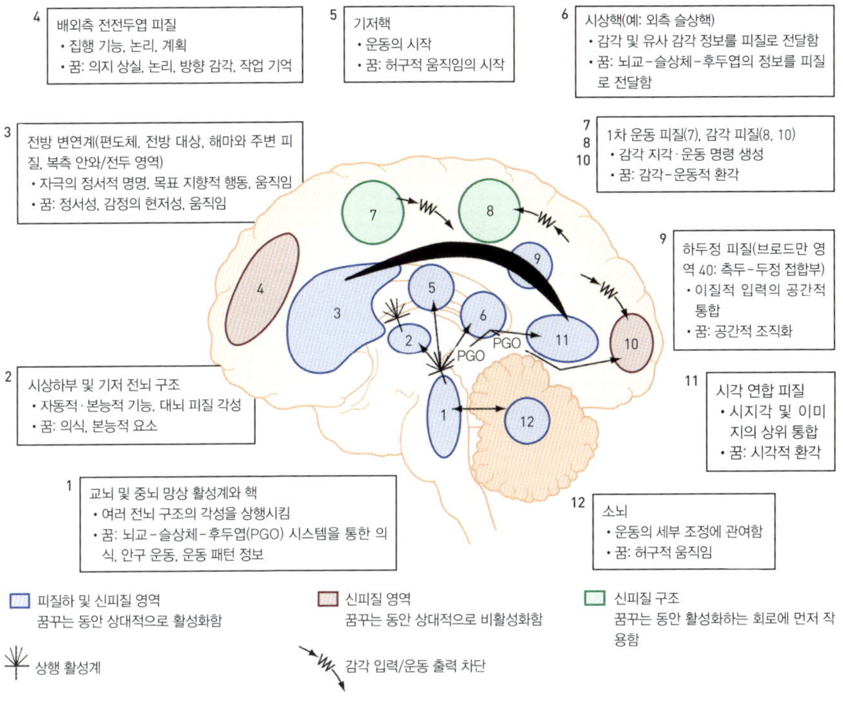

그림 7.2　꿈꾸는 동안 대뇌 피질 및 피질하 영역의 활동.
(영역 1, 2: 상행 각성 시스템, 영역 3: 피질하 및 피질 변연계와 변연계 주변 구조, 영역 4: 배외측 전전두엽 피질, 영역 5: 운동 개시 및 조절 중추, 영역 6: 시상 피질 전달 중추와 시상 피질 회로, 영역 7: 1차 운동 피질, 영역 8: 1차 감각 피질, 영역 9: 하두정엽, 영역 10: 1차 시각 피질, 영역 11: 시각 연합 피질, 영역 12: 소뇌.)
허가를 받아 Pace-Schott & Picchioni (2017)에서 인용함.

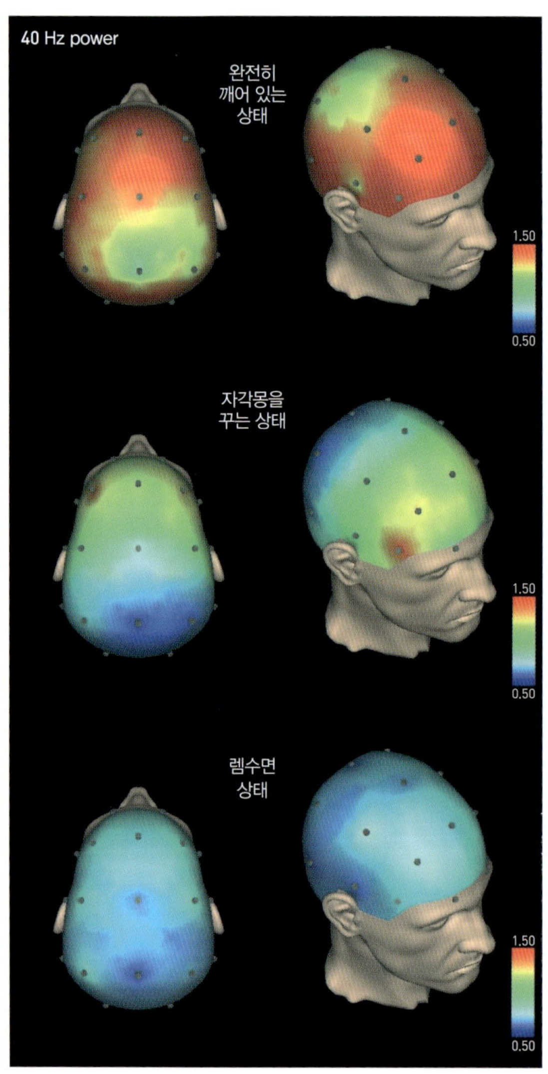

그림 10.1 깨어 있는 상태, 자각몽 상태, 자각몽을 꾸지 않는 렘수면 상태에서 동일한 참여자의 40헤르츠로 표준화한 전류원 밀도.

(자각몽 상태일 때 상위 주파수 대역에서 렘수면 시보다 높은 활동이 나타나며, 특히 전두 외측에서 40헤르츠의 감마파 대역으로 가장 높다).

허가를 받아 Voss et al. (2009)에서 인용함.

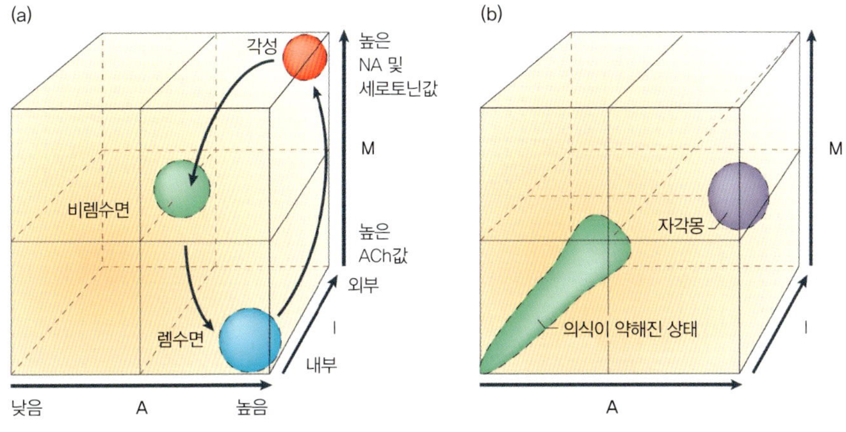

그림 11.1　뇌-마음 상태 조절에 대한 AIM 모델.

(a) 이 그림은 AIM 상태-공간 모델의 3차원 구조를 나타내며, AIM 상태-공간 내에서 각성 상태, 비렘수면 상태, 렘수면 상태로 이어지는 정상적 전이의 과정을 보여준다. x축은 활성화(activation, A)를, y축은 조절(modulation, M)을, z축은 입력-출력 차단(input-output gating, I)을 의미한다. 각성 및 렘수면 상태는 모두 활성화 수준이 높으므로 공간의 오른쪽에 위치한다. 그러나 이 두 상태는 I와 M 값에서 차이를 보인다. 비렘수면 상태는 모든 양적 특성에서 각성과 렘수면의 중간값을 나타내므로 공간의 중심에 위치한다. 수면 중 AIM 값은 공간 내에서 타원형 궤적을 그리며 이동하는 경향이 있다. 수면이 진행함에 따라 AIM 값은 점차 비렘수면 영역으로는 덜 깊이, 렘수면 영역으로는 더 깊이 이동한다. (b) 혼수상태나 최소 의식 상태를 유발하는 신경학적 질환 같은 병리적 상태는 활성화 값이 낮으므로 AIM 상태-공간의 왼쪽 영역에 위치한다. 자각몽은 각성 상태와 꿈꾸는 상태의 특성이 모두 나타나는 혼합 상태로 보이며 AIM 상태-공간의 가장 오른쪽에서 중간, 즉 각성과 렘수면 사이에 위치한다. ACh: 아세틸콜린, NA: 노르아드레날린.

허가를 받아 Hobson (2009)에서 인용함.

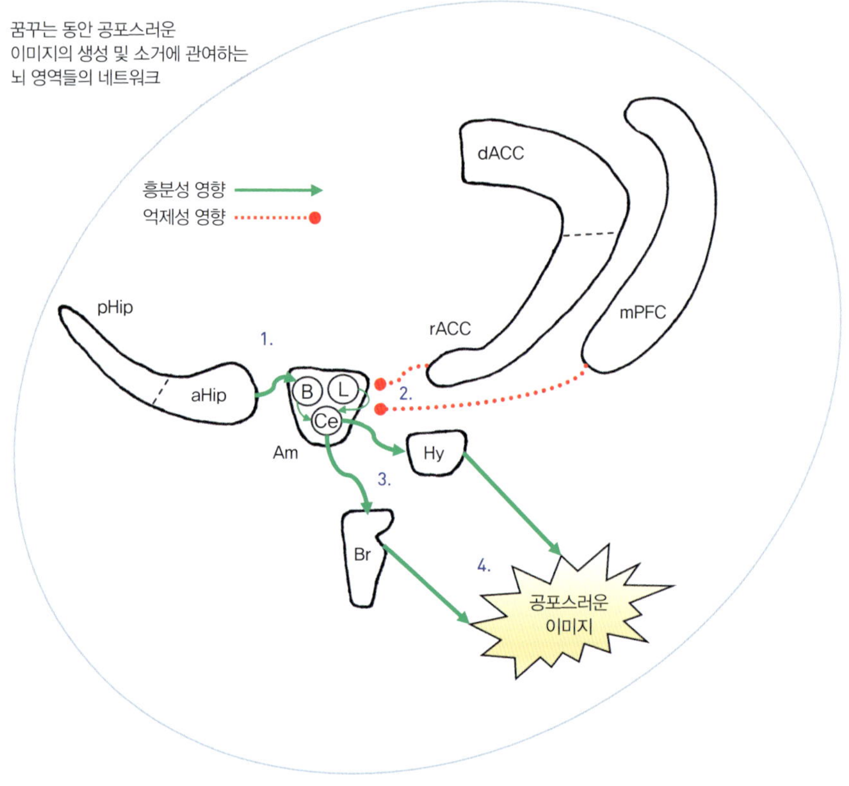

그림 11.2   AND 모델을 뒷받침하는 신경 상호 작용의 한 가지 가능성을 보여주는 도식.
(1) 해마의 맥락 정보는 현실적 (또는 가상적) 형태로 전방 해마(anterior hippocampus, aHip)를 통해 편도체(amygdala, Am)의 기저핵(basal nucleus, B)으로 전해진다. 이 정보는 이후 편도체의 중심핵(central nucleus, Ce)에서 처리한다. (2) 내측 전전두엽 피질(medial prefrontal cortex, mPFC), 배측 전방 대상 피질(dorsal anterior cingulate cortex, dACC), 문측 전방 대상 피질(rostral anterior cingulate cortex, rACC)에서 나오는 신경 신호는 편도체의 외측핵(lateral nucleus, L)과 중심핵으로 전해져 중심핵의 신경세포 활동을 조절한다. 이러한 조절은 공포의 소거를 유도하고, 스트레스를 신호하고, 공포를 적절한 수준으로 유지한다. (3) 편도체의 중심핵은 뇌간(brainstem, Br)과 시상하부(hypothalamus, Hy) 회로에 신호를 보내고, (4) 이는 꿈속에서 공포의 자율 신경 및 행동 반응을 유발한다.
허가를 받아 Nielsen & Levin (2007)에서 인용함.

결의 촉진일 것이다(Benington & Frank, 2003; Huber et al., 2004). 신경세포 간 시냅스는 세포 외 신호 조절 분자를 통해 기능적 네트워크를 형성하며, 이는 뇌와 정신의 생리학적 기초다. 시냅스는 사용에 따라 형성된다. 다시 말해 시냅스는 활동 의존적이다. 활동이 많을수록 시냅스 연결이 더 많아지고 강해진다. 시냅스를 반복적으로 사용할 경우, 활성 시냅스의 효율성이 강화되며 따라서 재사용이 증가한다. 그러나 이러한 연결성 강화는 뇌의 역학에 문제를 초래할 수 있다. 시냅스 회로 재사용의 궁극적 결과는 지나치게 연결된, 경직된 네트워크가 형성되는 것이며, 결국 가소성이 남아 있지 않고 완전히 상호 연결된 뇌가 될 가능성이 있다. 만약 가소성이 없다면 학습은 불가능하다. 그래서 경직된 네트워크를 교란하고 가소성을 지속하기 위한 부정적 피드백 메커니즘이 필요하다. 이런 연결성 이론에서 수면은 두 가지 역설적 기능을 수행한다. 하나는 서로 강하게 연결된 네트워크를 방해하는 기능이고, 다른 하나는 사용하는 시냅스를 강화하는 역할이다. 즉 수면은 일부 시냅스를 강화시키는 동시에 다른 시냅스를 약화시킨다. 수면은 어떻게 시냅스를 사용 의존적으로 강화하면서도 경직된 네트워크의 형성을 방지하는 메커니즘을 수행할 수 있을까? 이 질문에 대한 해답은 아직 밝혀지지 않았다.

6.2.5 비렘수면은 특정한 형태의 기억 처리를 촉진한다

능동적 시스템 공고화 이론(active systems consolidation theory)은 비렘수면 중 서파 활동이 다양한 형태의 기억을 처리하는 데 기여하며, 그 과정은 해마에서 들어오는 기억이 시상을 거쳐 대뇌 피질의 장기 저장소로 전해지는 것이라고 제안한다. 이 과정은 해마의 예리한 파동 리플, 시상의 수면 방추파, 대뇌 피질의 서파 진동 간 동기화로 조율된다(그림 6.1 참조). 깨어 있는 동안 해마에서 신경 발화 패턴을 통해 부호화한 기억 또는 기억 흔적(engram)은 이후 비렘수면 동안 동일한 발화 패턴으로 재활성화된다. 이러한 재활성화 과정은 기억을 안정화하고 장기 저장을 촉진한다. 이러한 "반복 재생(replay)" 현상은 해마의 예리한 파동 리플과 연관한다.

능동적 시스템 공고화 이론은 수면의 기억 통합에 대한 주요 이론으로 서파 진동, 수면 방추파, 해마의 예리한 파동 리플이 비렘수면 중 기억 공고화를 지원한다고 제안한다(Diekelmann & Born, 2010).

6.3 렘수면

렘수면의 기능적 역할에 대한 논의는 비렘수면보다 더 복잡하다. 비렘수면이 부족한 경우에는 이를 보상하려는 반동 효과가 나타나 손실된 비렘수면을 일정 부분 보충하는 것으로 보인다. 그러나 수십 년간 진행된 수백 건의 렘수면 박탈 실험(주로 쥐, 고양이, 인간을 대상으로 했다)에도 불구하고, 보상적 렘수면 반동이 반드시 보충되어야 하는 필수적 수면 형태를 반영하는지에 대한 합의는 아직 없다(Horne, 2000 참조). 인간의 경우 단기적 렘수면 박탈에서 부분적 렘수면 반동 효과가 있던 것을 제외하면 뚜렷한 심리적 또는 생물학적 영향이 나타나지 않았다. (16~

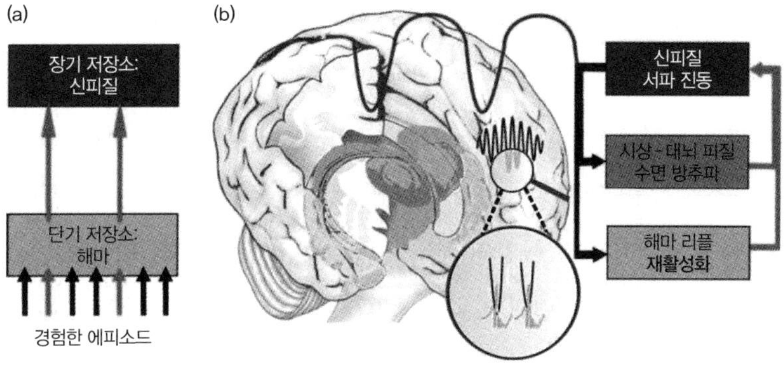

그림 6.1 능동적 시스템 공고화 이론.
허가를 받아 Born & Wilhelm (2012)에서 인용함.
＊컬러 버전은 간지의 별도 사진 참조.

54일 동안 이어진) 장기적 렘수면 박탈 연구에는 심각한 대가가 따랐다. 쥐를 대상으로 한 연구에서는 장기간의 렘수면 박탈이 쥐를 사망에 이르게 하였다(Rechtschaffen et al., 1989). 그러나 이러한 사망이 렘수면 박탈 자체로 인한 것인지에 대해서는 논란의 여지가 있다. 왜냐하면 (23~66일의) 서파 수면 박탈 역시 유사한 결과를 초래했기 때문이다. 또한 렘수면 박탈의 부정적 영향과 박탈로 인한 스트레스 또는 불쾌감의 영향을 분리하기 어렵다. 특정 유형의 수면을 장기간 선택적으로 박탈하는 것은 실험실 조건에서도 매우 힘들다. 서파 수면 또는 렘수면의 장기적 박탈로 인한 사망은 심부 체온의 감소(최대 2도)와 이에 따른 보상적 체온 상승 시도, 즉 에너지 소비 증가의 결과로 설명되기도 한다. 또 다른 가설은 렘수면 박탈 이후 쥐에게 시스템적 세균 감염(systemic bacterial infection)이 발생했다는 것이다. 그러나 렘수면 박탈을 당한 쥐에게 항생제를 투여해도 사망을 막지 못했다.

렘수면은 체내 에너지 회복 기능을 하지 않을 가능성이 크다. 렘수면은 물질대사 에너지를 보충하기보다 오히려 상당히 소모하는 것으로 보인다. 신경 영상 연구에 따르면 렘수면 중 뇌의 활성 수준과 포도당 이용률은 각성 상태보다 더 높아졌다. 만약 회복 이론이 옳다면 수면으로 얻는 에너지가 낮 동안의 단순한 휴식보다 커야 한다. 에너지 보충 또는 절약 이론과 관련된 또 다른 문제는 렘수면 중 체온 및 대사 활동이 감소하지 않는다는 것이다. 또한 대사율과 렘수면 시간 사이에서도 특별한 상관관계가 나타나지 않았다. 렘수면이 밤새 비렘수면과 교대로 나타난다는 점을 고려하면, 에너지 절약 효과는 비렘수면 동안 주로 발생해야 하고, 렘수면이 진행되는 동안 유지되어야 야간의 유의미한 물질대사율 감소로 이어질 수 있다. 만약 그렇지 않다면, 비렘수면 동안 축적된 에너지 절약 효과가 이어지는 렘수면 동안 즉시 소진되면서 결국 전체 대사율 감소로 이어지지 않게 될 것이다.

6.3.1 기억 공고화

렘수면이 다양한 유형의 기억을 공고화하는 기능을 한다고 제안한 수면 연구자가 적지 않다(Smith, 1995; Stickgold, 2005). 예를 들어 렘수면의 지속 시간은 강도 높은 학습 이후에, 특히 절차적 학습 과제를 수행한 이후에 증가했다. 쥐를 대상으로 한 모리스 수중 미로 과제(Morris water maze tasks)에서는 학습한 내용의 공고화가 특정한 시간(일반적으로 수 시간) 내에 렘수면을 박탈했을 때 방해받았다. 반면 크릭과 미치슨(Crick & Mitchison, 1983)은 렘수면이 불필요한 정보와 관련한 신경 네트워크를 제거하는 일종의 역학습 기능을 한다는 가설을 제안하였으나, 비렘수면의 역할은 고려하지 않았다. 렘수면 기반 기억 공고화에 대한, 실증적 지지를 받는 이론으로 잊기 위한 수면, 기억하기 위한 수면 가설(sleep-to-forget, sleep-to-remember hypothesis)이 있다(그림 6.2 참조; Walker & van der Helm, 2009). 이 가설은 렘수면이 정서적 기억의 재활성화를 통해 정서 처리의 창을 제공함을 시사한다. 밤 동안 반복되는 각 렘수면을 통해, 일화 기억에서 정서 또는 각성 관련 유인가가 제거되고, 의미에 대한 정보만 남아 보다 쉽게 저장된다는 것이다. 렘수면 동안 뇌 회로의 높은 콜린성 및 낮은 아민성 조절이 뇌의 가소성 과정을 촉진하며, 해마와 신피질 간 세타파 진동은 기억 공고화, 과제 관련 인지적 통제력 향상, 신념의 갱신을 촉진한다. 정서적 기억은 공고화 과정에서 편도체에 크게 의존하며, 실제로 렘수면의 혜택을 가장 많이 받는 것으로 나타났다. 감정적 기억 공고화에서 수면의 역할에 대한 대표적 연구에서는 늦은 밤 렘수면이 풍부한 3시간의 수면이 (3시간의 서파 수면이 풍부한 초저녁 수면이나 각성 상태와 달리) 강한 부정적 정서를 포함한 이야기에 대한 기억을 향상시킨다는 사실을 발견했다(Wagner et al., 2001).

그렇다면 렘수면 동안의 꿈은 기억 처리에서 어떤 역할을 할까? 꿈이 기억 공고화 과정에 전혀 영향을 미치지 않을 가능성도 있다. 즉 꿈과 기억 공고화는 서로 관련이 없는 별개의 과정일 수도 있다. 다른 가능성은 꿈이 기억 공고화 과정에 인과적으로 관여하지는 않지만 그 과정을 반영하는 부산물인 것이다(Foulkes, 1985). 이 견해에 따르면 하룻밤 잠자는 동안, 또는 개인의 삶 동안 꿈의 내용이 어떻게 변하는지 연구함으로써 기억 공고화에 대해 배울 수 있다. 세 번째 가능성은 꿈이

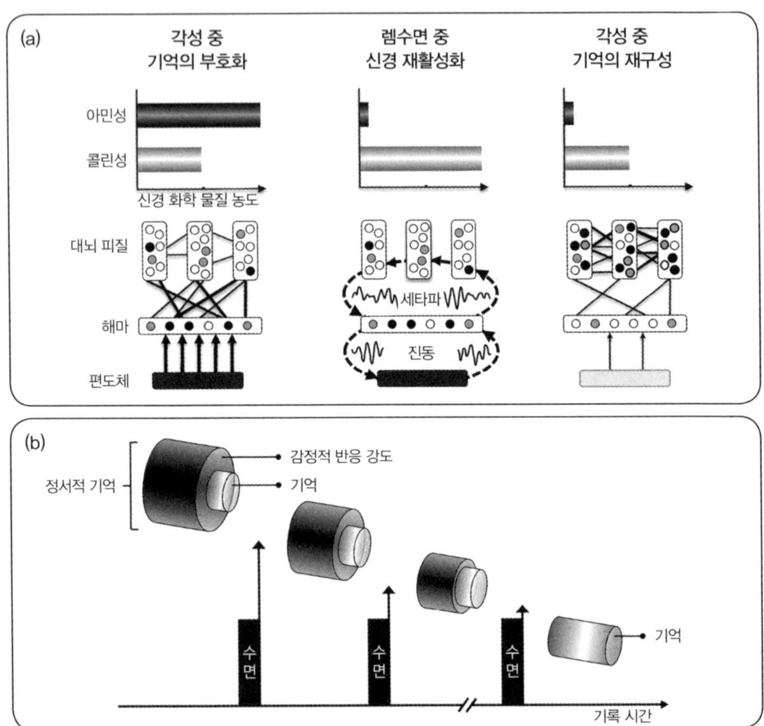

그림 6.2   렘수면과 관련한 잊기 위한 수면, 기억하기 위한 수면 가설.
(이 가설에 따르면 정서적 기억의 서술적 내용은 렘수면이 반복되면서 강화되는 반면, 감정
적 강도는 점진적으로 약화된다.)
허가를 받아 Walker & van der Helm (2009)에서 인용함.

단순히 기억 공고화 과정을 반영하는 것을 넘어 특정 유형의 기억, 특
히 정서적 기억의 공고화에 필수 역할을 할 수도 있다는 것이다. 이와
관련해 꿈 지연 효과(dream lag effect) 연구가 유의미한 시사점을 제공한
다(Nielsen et al., 2004). 꿈 지연 효과란 장기 기억으로 부호화되는 정보
가 (일반적으로) 처음에는 사건을 경험한 다음 날 밤의 꿈에서 나타났다

가 5~7일 후 재등장하는 현상을 의미한다. 만약 꿈이 단순히 기억 공고화 과정의 반영이라면 최근 기억이 매일 밤 꾸는 꿈에 나타나야 하는데, 실제로는 일정한 시간적 지연을 두고 나타난다는 점에서 꿈의 역할이 기존 예상보다 더 중요할 가능성이 있다. 정서적 경험은 최소한 일주일에 걸쳐 렘수면 동안 재활성화할 수 있다. 다른 연구에서는 참여자들(n = 20, 여성 10명, 평균 연령 21세)을 실험실에서 수면 다원 검사로 기록한 야간 수면(렘수면 및 서파 수면) 중에 깨워 자신의 꿈에 대해 보고하도록 하였다. 그 결과 렘수면 꿈에서 최근 각성 상태에서 일어난 사건을 언급하는 빈도가 렘수면 세타파 활동과 유의미한 연관이 있었다(Eichenlaub et al., 2018). 세타파 리듬은 정서적 기억 공고화와 관련하는 것으로 알려져 있다(Hutchison & Rathore, 2015). 따라서 이러한 연구 결과는 렘수면 동안 최근 경험이 재생 및 공고화될 가능성이 있음을 시사한다. 꿈이 기억 공고화 과정에서 중요한 역할을 한다는 추가적 근거는 악몽의 중심 이미지가 강렬한 정서를 장기 기억으로 부호화하는 과정을 촉진한다는 연구에서도 찾을 수 있다(Hartmann, 1998).

6.3.2 렘수면 동안 해마와 대뇌 피질 간의 대화

지난 수년 동안의 연구에서 (뇌졸중, 머리 외상, 수술 등으로 인해) 해마가 손상되면 새로운 기억을 획득하는 능력이 저하된다는 사실을 알렸다. 최근 신경 가소성 연구의 발전에 따라 해마가 새로운 신경세포를 생성할 수 있는 뇌 영역 중 하나임이 밝혀졌다. 수면 부족은 해마에서의 신경 발생을 저해할 수 있다.

　수면이 기억 과정을 촉진하는 방식에 대한 대부분의 모델은 해마, 편도체, 대뇌 피질 간의 상호 작용을 포함하는데, 이 중 대뇌 피질은 장기 기억이 저장되고 인지 과정에서 활용할 수 있도록 형식화되는 장소로 여겨진다. 이러한 모델에서 해마는 기억에서 맥락을 추출하는 임시 저장소이고, 편도체는 맥락과 감정을 분리하며, 대뇌 피질은 맥락이 제거된 기억을 장기간 저장하는 장소인 것으로 간주한다. 또한 해마와 편도체는 (복측 선조체의 중심에 위치한 도파민성 "현저성 시스템" 등 주요 피질하 영역과 함께) 특정 정보를 최종적으로 부호화해서 장기 저장소에 보관할지 아니면 폐기할지를 결정하는 선택자, 문지기, 체 역할을 한다. 수면 중에는 외부로부터의 입력이 감소하기 때문에 기억 공고화 과정은 외부 환경에서 지속적으로 유입하는 정보의 방해 없이 "오프라인" 상태에서 이뤄진다. 두 가지 주요 수면 상태는 장기 기억의 준비(예: 부호화 및 형식화) 및 저장 과정에서 각각 특수한 역할을 하며, 비렘수면은 일화적·절차적 기억에서 맥락을 제거하는 역할을, 렘수면은 정서적 기억에서 맥락을 제거하는 역할을 담당한다고 본다.

　밤새 뇌에서 비렘 서파 수면과 렘수면이 순환하면서, 피질하 영역(편도체와 해마) 및 대뇌 피질 활동 패턴 사이에서 복잡한 상호 작용이 발생한다. 해마와 대뇌 피질 간의 정보 교환은 다양한 뇌파의 조화와 관련한다. 비렘수면 동안 발생하는 서파—수면 방추파—는 시상 및 대뇌 피질 관련 회로에서 기원하며, 해마에서 짧게 발생하는 예리한 파동 리플 사건은 기억 공고화 과정의 주요 단계를 반영하는 것으로 보인다. 수면 방추파는 시상과 대뇌 피질의 활성화를, 서파 진동은 해마의 동기화된 활동을 나타낸다. 즉 해마의 활동 또한 시상/대뇌 피질의 방추파 활동과 동기화된 틀 안에서 발생한다. 그 결과 수면 방추파와 해마의 예리한 파동 리플 사건은 함께 발생하게 되며, 이는 해마와 대뇌 피질 간의 정보 교환을 반영한다고 본다. 즉 비렘수면 동안 해마와 대뇌 피질 간에는 서파, 수면 방추파, 예리한 파동 리플이 조율하는 대화가 일어난다.

서파 수면 동안 정보는 해마에서 대뇌 피질로 전해지고, 이런 정보 흐름은 수면 방추파 및 예리한 파동 리플의 활동으로 지표화한다. 반면 렘수면 동안에는 세타파 리듬이 반대 방향, 즉 대뇌 피질에서 해마로의 정보 전달을 지지하는 것으로 보인다. 세타파는 해마의 장기 강화(long-term potentiation, LTP)를 증진시키는데, 이는 기억 형성의 유력한 기제로 간주된다. 흥미롭게도 렘수면 중 세타파 활동과의 동기화는 새로운 환경에 노출되는 4~7일에 걸쳐 동상(in-phase: 세타파 활동의 최고점과 관련함)에서 이상(out-of-phase: 세타파 활동의 최저점과 관련함)으로 바뀌는 것으로 나타났다. 이러한 변화는 장기 강화 및 기억 공고화에서 장기 억제(long-term depression, LTD) 및 기억 소거로 전환하는 역할을 할 수 있다. 이러한 시간에 따른 변화는 앞서 언급한 꿈 지연 효과와 유사하며, 해마 의존적 기억이 신피질로 옮겨져 장기 저장되는 데 필요한 시간일 가능성이 있다.

한 연구에서 수면 관련 공고화 과정에 대한 모델을 제안했는데 이 모델에서는 공고화 과정이 초기 서파 수면 동안 수면 방추파 진동과, 서파 수면이 깊어짐에 따라 번갈아 나타나는 서파 복합체 및 짧은 고속 진동에 의존한다고 보았다(Sejnowski & Destexhe, 2000). 이러한 연구 결과를 종합하면 수면에 의존하는 순차적 기억 처리 모델이 도출되는데, 이

상자 6.1 수면 중 표적 기억 재활성화

표적 기억 재활성화(targeted memory reactivation, TMR)는 수면 중 기억에 접근하기 위해 사용하는 기법이다. 연구자들은 참여자가 수면 이전에 학습한 사건·정보·자료와 연합시킨 단서나 자극, 예를 들어 특정한 냄새를 제시한다. 이후 참여자가 잠든 상태에서 그 단서(예: 냄새)에 다시 노출시키고, 각성 이후 원래 학습한 자료에 대한 기억을 검사한다. 이때 수면 중 단서를 제시한 경우 기억이 더 잘 유지되는 것으로 나타났다. 예를 들어 장미 향과 함께 외국어를 학습하고 잠드는 것이다. 이때 자면서 장미 향을 맡으면 깨어났을 때 외국어 시험에서 더 나은 성과를 얻게 된다. 장미 향은 수면 중 기억의 공고화를 촉진한다. 연구에 따르면 표적 기억 재활성화를 활용한 경우 자연 수면에 비해 성과가 약 20퍼센트 향상했으며, 이는 기억력 감퇴를 겪는 사람들에게 큰 도움이 될 가능성이 있다. 표적 기억 재활성화는 특정한 감각적 단서를 이용하는 기억 체계의 활성화 또는 점화로 볼 수 있다. 그러나 사회심리학에서의 점화 효과는 일반적으로 작으며 재현하기 어렵다. 표적 기억 재활성화에 대한 연구 결과는 일관적이지 않으며, 확고하고 효과적이고 안전한 기법으로 인정받으려면 추가 연구가 필요하다 (Schouten, Pereira, Tops, & Louzada, 2017).

런 모델에서는 정서적 기억을 포함한 다양한 유형 또는 측면의 기억들이 밤새 점진적으로 처리된다. 구체적으로 최근 경험한 특정 기억이 수면 초기에 식별된 후에 후속 재처리를 거쳐 (맥락 제거를 통해) 안정화 및 강화되며, 이런 일은 비렘수면 동안 발생할 가능성이 높다. 이런 기억은 렘수면 동안 대뇌 피질 네트워크로 통합된다. 렘수면과 비렘수면이 교대로 나타나면서 이러한 안정화 및 통합 과정을 여러 차례 반복할 수 있다.

요약하면 렘수면은 기억 공고화에 핵심 역할을 하는 것이 분명하지만, 비렘수면 상태와 함께 작용한다. 그렇다면 렘수면은 비렘수면 상태에서도 나타나는 기능과 구별되는, 고유한 기능을 수행하는가? 이에 대한 대답은 "그렇다"로 보인다.

6.3.3 뇌 발달을 촉진하는 렘수면의 기능

뇌 발달은 경험과 유전적 요인 모두에 의존한다. 유전적 요소의 발달은 유전자에 암호화된 정보를 통해 조절되며, 경험은 주변의 사회적·생태적 환경으로부터 획득되어 스테로이드성 스트레스 호르몬 및 기억 시스템의 활동을 통해 해석된다. 동일 종 내 개체들의 사망률이 높은, 혼란스럽거나 가혹한 환경에서는 뇌 발달이 빠른 경로로 진행하며, 필수 시스템과 방어 메커니즘이 우선 발달한다. 기능적 신경 요소들과 시스템은 강한 신경세포 증식 및 이동이 배아기부터 출생 후까지 파동형 또는 단계형으로 일어나며 형성된다. 발달 과정 중 특정 시기는 어떤 뇌 회로, 예를 들어 공격 및 방어 회로가 외부의 사회적·생태적 자극에 특히 민감하게 반응하는 "임계기(결정적 시기)"에 해당한다. 이 시기는 신경 가소성이 극대화하는 시기로, 이때 형성된 신경 구조는 이후 비교적 안정적이고 변하지 않는다. 성년이 되기 전에는 많은 시간을 수면에 할애하며, 렘수면이 특히 많이 나타난다. 왜 뇌 발달의 임계기에 수면, 그중에서도 렘수면이 이렇게 많이 나타나는가? 이에 대한 간단한 답은 수면이 임계기 동안 발달 중인 대뇌 피질에서의 신경 가소성 및 경험 의존적인 시냅스 가지치기를 촉진하기 때문이다. 따라서 임계기의 정상적 가소성은 적절한 수면, 특히 렘수면에 달렸다.

한 연구에서는 인생 초기의 렘수면이 신경 가소성에 중요한 키나아제 단백질인 세포 외 신호 조절 키나아제(ERK)의 방출을 촉진함으로써 뇌 발달을 돕는다는 증거를 제시하였다(Dumoulin Bridi et al., 2015). 대뇌 피질의 주요 시각 영역인 V1에서 키나아제의 인산화는 렘수면이 있어야 발생하며, 수면을 박탈당한 동물에게는 이러한 과정이 일어나지 않는다. 렘수면이 유도한 세포 외 신호 조절 키나아제의 인산화는 시각 영역의 가소성 변화에 필수이다. 예를 들어 고양이 새끼에게서 단안 폐쇄(한쪽 눈을 봉합함) 이후 렘수면을 박탈하면 V1에서 세포 외 신호 조절 키나아제 인산화가 현저하게 억제된다. 단안 폐쇄 후 렘수면 부족은 안구 우세 가소성(ocular dominance plasticity), 즉 정상적 시각 발달을 저해하며, 이런 가소성에 핵심 역할을 하는 세포 외 신호 조절 키나아제의 활성 또한 억제한다.

뇌에서 새로운 신경 회로는 발달 과정 초기의 과도한 시냅스 형성을 경험 의존적·선택적으로 가지치기 및 제거함으로써 생겨난다. 그러나 렘수면이 부족하면 이러한 선택적 시냅스 가지치기 및 제거 과정이 방해받는다. 리와 동료들(Li et al, 2017)은 렘수면이 발달 및 운동 학습 과정에서 쥐의 운동 피질 내 5층 피라미드 신경세포에 새로 생긴 시냅스

후 수상 돌기 가시의 가지치기를 촉진한다고 보고하였다. 이러한 가지 치기와 신생 시냅스의 강화에 렘수면 중 발생하는 수상 돌기 내 칼슘 스파이크가 중요한 역할을 한다(Li et al., 2017). 이렇게 렘수면이 뇌 발달을 촉진한다는 증거가 있지만, 만약 렘수면의 기능이 오로지 뇌 발달을 위한 것이라면 성인기까지 지속되는 이유나 렘수면의 특성을 설명하기 어렵다. 일부 수생 포유류는 성숙하기 전 렘수면이 거의 나타나지 않지만 뇌가 정상적으로 발달한다. 한 연구자(Jouvet, 1999)는 렘수면의 뇌 발달 가설에 대한 또 다른 견해를 제시하면서 렘수면이 유전적으로 타고난 행동을 매개하는 시냅스 회로를 유지한다고 주장하였다. 예를 들어 렘수면 중 근육 이완을 유도하는 신경세포가 파괴된 고양이는 렘수면 상태에서 본능적 포식 행동을 보인다. 렘수면과 관련된 음경 발기 또한 본능적 행동의 예이다.

6.3.4 렘수면은 정서의 표현 및 균형을 조절한다

렘수면 박탈 연구들에서는 동기 상태의 강화와 정서 상태의 변화가 나타났다. 따라서 일부 연구자들은 렘수면이 정서적 흥분과 동기 추구를 억제 또는 조절하는 기능을 수행한다고 주장한다. 카트라이트는 낮의 기분이 밤 동안 수면의 양 및 질과 연관한다고 하였다(Cartwright, 2010). 한 연구에서는 우울증 환자의 렘수면 박탈이 우울한 기분 상태를 개선한다고 보고했다(Vogel, 1999). 이는 렘수면 박탈이 추동을 비롯해 동기화된 행동을 촉진(즉 렘수면이 동기 및 감정에 미치는 지속적 억제 효과를 제거)하기 때문으로 추정한다. 다른 연구에서는 렘수면의 특징과 렘수면 꿈의 내용이 개인의 스트레스 수준과 정서적 경험에 따라 다르며, 렘수면 꿈이 정서 반응을 재조정하는 기능을 한다고 주장했다(Hartmann, 1998). 신경 영상 연구 결과 렘수면이 변연계와 편도체의 높은 활성 수준과 연관 있다는 점은 이 주장을 뒷받침한다. 또 다른 연구는 렘수면이 정서적 기억의 공고화 및 정서 조절에 중요한 역할을 한다는 실험적 증거를 제시하였다(Van der Helm & Walker, 2011a). 렘수면이 풍부한 수면 기간에는 비렘수면이 풍부한 수면 기간에 비해 정서적 기억의 공고화와 회상이 더 활발했다. 렘수면은 (기억 부호화 과정에 중요한) 아세틸콜린 활동이 활발한 상태로, 부정적이거나 두려운 기억을 맥락에서 분리해 이를 장기 기억 저장소에 더 쉽게 공고화할 수 있다.

6.3.5 비렘수면-렘수면의 상호 작용과 유전적 갈등

우리는 렘수면과 비렘수면이 종종 길항적으로 상호 작용해 렘수면이 비렘수면의 기능을 무력화하고 그 역도 성립함을 살펴보았다. 이처럼 렘수면과 비렘수면은 기능적으로 상반된 특성 및 과정을 나타내며, 다양한 기능적 상태에서 그러하다(표 6.1 참조). 실제로 렘수면과 비렘수면은 서로 억제하는 균형을 이루고 있다. 즉 비렘수면이 증가하면 렘수면이 감소하고, 반대로 렘수면이 증가하면 비렘수면이 감소한다. 렘수면은 외측 및 교뇌 후방 피개핵의 콜린성 신경세포가 촉진하고, 청반과 배측 솔기핵의 노르아드레날린성 및 세로토닌성 신경세포가 억제한다. 한편 비렘수면은 렘수면이나 각성을 유도하는 신경세포들을 억제함으로써 시작한다. 예를 들어 신경 전달 물질인 GABA가 뇌간의 망상체

	렘수면	비렘수면
쥐의 계통에 따른 개별 유전적 영향	C57BL·C57BR 계통은 렘수면 증가, 짧은 서파 수면 에피소드와 연관함	BALB/c 계통은 짧은 렘수면, 긴 비렘수면 에피소드와 연관함
프래더-윌리 증후군(부계의 15번 염색체 결손/모계의 15번 염색체 과잉): 과도한 졸음	감소	증가
엔젤만 증후군(부계의 15번 염색체 과잉/모계의 15번 염색체 결손): 불면증	증가	감소
수유(쥐 실험)	수유 중 새끼는 주로 렘수면하며 그 비율은 모유 섭취량(체중의 4퍼센트까지)과 함께 증가	어미가 모유를 분비하려면 비렘 서파 수면 상태여야 함
성체의 총 수면 시간에서 비율	20~25%	75~80%
수면 단계별 분포	밤의 마지막 3분의 1에서 우세함	밤의 첫 3분의 1에서 우세함
감염에 대한 반응	감소	증가
수면 박탈 후 반동 현상(렘수면·비렘수면 모두 포함)	비렘수면 부채를 먼저 보상한 후 렘수면을 보상함	(렘수면 이전에 비렘수면 부채를 보상함)
뇌 혈류 변화	증가: 사회적 뇌 네트워크 구조를 재연결 및 활성화함	감소
각성 역치	+	+ +
안구 운동	급속 안구 운동 발생, 간헐적 군집 형태	느리게 눈을 굴리는 안구 운동
EEG	"탈동기화하는" **단속적** 사건: 렘수면 폭발, 근육 경련, 중이근 활동, 해마 세타파	동기화

	지속적 사건: 근육의 저긴장 또는 이완(특히 항중력 근육), 음경 발기	N1(입면기): 생생한 꿈 같은 이미지 N2(가벼운 수면, K-복합파 및 수면 방추파) N3(서파 수면, 델타파)
근육 긴장도	감소	유지
중립적 온도 조건에서 대사율	증가	감소
체온 조절 반사	감소 후 소실	나타남
자율 신경계	변동성 증가, 자율 신경계 폭풍, 심박수 및 혈압 상승	특별한 변화 없음
신경화학	콜린성 렘온 세포, 세로토닌 및 노르에피네프린성 렘오프 세포	GABA: 비렘수면 개시에 중요한 역할
사건 수면/수면 관련 장애	악몽, 기면증, 우울증	야경증, 몽유병(혼돈 각성)
사고 과정	서사 구조를 갖춘 생생한 꿈	N3: 반추적 사고, N2: 덜 이야기 같은 꿈, N1: 생생한 이미지
호르몬	소마토스타틴, 프로락틴	성장 호르몬, 성장 호르몬 분비 호르몬

활성계·청반·배측 솔기핵·시상의 신경세포 발화를 억제하면 시상과 대뇌 피질의 신경세포들이 발화 패턴이 동기화한다. 이 과정에서 각성과 관련된 알파파가 사라지고, 대뇌 피질의 EEG 주파수가 점차 느려진다. 그러나 아민성 신경세포가 외측 및 교뇌 후방 피개핵의 콜린성 신경세포에 가하는 억제가 제거되면 렘수면이 다시 시작된다.

왜 주요한 수면 상태는 두 가지뿐이며, 길항적 방식으로 상호 작용하는가? 이에 대한 가장 간단한 설명은 유전적 또는 진화적 이익이 서로 대립하는, 별개의 유전자 세트가 렘수면과 비렘수면을 조절한다는 것이다(McNamara, 2004). 순계 교배한 쥐의 경우, C57BL과 C57BR 계통은 렘수면 증가 및 짧은 서파 수면 에피소드와 연관하는 반면, BALB/c 계통은 짧은 렘수면 및 긴 비렘수면 에피소드와 연관해 렘수면량과 비렘수면량이 별개의 유전적 영향을 받음을 시사하였다. 또한 특정 계통(예: AKR/J 쥐)은 6시간의 수면 박탈 후에 높은 반동을 보인 반면 다른 계통(예: DBA/2J 생쥐)은 비교적 미약한 반응을 보였다. AKR/J과 DBA/2J 계통을 상호 교배하면, (수면을 실험적으로 제한한 후에) 나타나는 반동 효과가 부모의 계통이나 유전자 각인 발현 방식에 따라 달라진다.

일부 신경 발달성 수면 증후군에서는 수면과 관련한 임상적 특성이 극명하게 대조적인데, 이러한 증후군이 대조적 임상 표현형의 발현을 조절하는 유전자 집합에 기인할 수 있다. 예를 들어 클라인-레빈 증후군은 주로 젊은 남성에게 영향을 미치며, 프래더-윌리 증후군과 마찬가지로 과다 수면, 강박적 식이 행동, 인지 변화("몽환적" 상태 및 비현실감), 자율 신경계 이상을 특징으로 하지만 프래더-윌리 증후군과 달리 과도한 성욕 에피소드를 동반한다. 반면 신경성 식욕 부진증은 주로 젊은 여성에게 영향을 미치는데 불면증, 자발적 기아, 인지 변화, 성욕 감소가 특징이다.

신경성 식욕 부진증이나 클라인-레빈 증후군과 마찬가지로, 프래더-윌리 증후군과 엔젤만 증후군 역시 수면 상태 변화가 대조적인 신경 발달 증후군의 예이다. 프래더-윌리 증후군은 15번 염색체 11~13번 구

역에 모계 유전자 과잉 또는 부계 유전자 결손과 관련이 있으며, 젖을
빠는 반사 행동의 저하, 체온 조절 이상, 과도한 졸음 등의 특징을 보인
다. 특히 이 병이 있는 아동 및 청소년 환자에게서 수면 구조의 변화가
나타나는데, 예를 들어 수면 시작 시 렘수면이 나타나거나, 렘수면이
파편화하거나, 2단계 수면에 REM이 침투하거나, 렘수면 잠복기가 짧
아지는 등 렘수면 관련 이상이 두드러진다. 프래더-윌리 증후군과 반
대로, 엔젤만 증후군은 15번 염색체의 11~13번 구역에 어머니의 유전
자가 결손되고 아버지의 유전자가 추가되는 경우에 발생한다. 이 증후
군에는 긴 수유 반응(빨기), 심각한 정신 지체, 불면증 또는 수면 감소가
따른다. 이 증후군을 가진 아동들은 하루 1~5시간만 자고, 밤에 자주
그리고 장시간 깨기도 한다.

이런 증후군들은 유전체 각인 현상과 관련한 것으로 해석할 수 있다
(Haig, 2002; Isles et al., 2006; Ubeda & Gardner, 2010). 유전체 각인은 하나의
대립 유전자가 어떤 부모에게서 물려받았는지에 따라 비활성화 또는
억제되는 현상을 말한다. 따라서 특정 유전자가 아버지에게서 유래했
는지, 어머니에게서 유래했는지에 따라 그 표현이 달라진다. 진화적 갈
등 모델은 유전체 각인이 어떻게 작용하는지를 설명한다(Haig, 2002). 이
모델에 따르면, 부계 유래 대립 유전자는 어머니나 형제에게 미치는 영
향과 무관하게 태아나 아동의 성장을 최대화하려는 방향으로 작용하는
반면, 모계 유래 대립 유전자는 특정한 자녀의 성장이나 자원 독점을
억제하려는 방향으로 작용한다. 어머니는 한 자녀의 성장을 억제하면
그 아이를 다른 아이들(형제자매)과 동시에 돌보기가 쉬워진다. 어머니에
게는 가능한 한 많은 자손을 키우는 것이 유전적 이익에 부합하기 때문

에 모든 자손에게 투자를 분산해야 한다. 아이가 잠들면 어머니는 다른 형제에게 관심을 돌리거나 수면을 취할 수 있다. 이에 반해 아버지의 유전적 이득은 현재 있는 아이가 모든 가용 자원을 제한 없이 얻게 하는 데 있다. 그래서 아버지는 아이가 깨어 있고 항상 어머니에게 더 많은 자원을 요구하기를 원한다. 아버지가 현재 아이에게 제한 없이 투자하기를 바라는 이유는 미래의 아이들보다 친자 관계(자신이 진짜 생물학적 아버지라는 것)가 훨씬 확실하기 때문이다. 여러 포유류 계통과 조류종에서 "짝 외 교미"가 상당히 높은 비율로 발생한다는 독립적 연구가 여럿 있다. 아버지는 어머니의 다음 아이가 자기 자녀가 아닐 가능성을 염두에 두고, 어머니가 현재의 아이에게 모든 자원을 집중해 아버지 자신의 적합도를 극대화하기를 원한다.

한 연구(Tucci et al., 2016)에서는 부계에서 기원하는 스노드(Snord)116 유전자 발현이 손상될 경우 렘수면이 증가함을 보여주었다. 반면 모계에서 기원한 Gnas 유전자가 (각인의 상실로 인해) 이중 발현하는 경우에는 렘수면이 감소했다. 이는 (발현된 Gnas 유전자 용량이 렘수면에 미치는 추가적 효과를 가정할 때) 정상적 Gnas 유전자 발현이 렘수면을 감소시키는 역할을 할 가능성을 시사한다. Gnas는 중요한 각인 유전자로서 체온 조절과 관련한 과정에도 관여한다. 한 전장 유전체 연관 분석(GWAS) 연구에서는 11만 3000명을 대상으로 Gnas 유전자와 불면 증상의 유전적 연관성을 조사했는데, Gnas 유전자가 불면의 위험을 증가시키는 가장 강력한 후보 유전자로 나타났다(Hammerschlag et al., 2017).

유전자의 각인이 뇌의 기능과 행동을 형성할 수도 있다. 가필드와 동료들(Garfield et al., 2011)은 Grb10이라는 유전자를 연구했는데, 이 유전자는 배아 발달 중 모계의 대립 유전자에서 발현한다. Grb10은 여러 수용체 티로신 키나아제 및 하향 신호 전달 분자들과 상호 작용할 수 있는 세포 내 연결자 단백질을 부호화한다. 티로신 키나아제는 보상 및 동기 관련 행동에 중요한 도파민을 포함해, 여러 신경 조절 물질의 대사에 중요한 속도 제한 효소로 작용한다. 가필드와 동료들은 말초에서 발현되는 모계 Grb10의 소실이 태아 및 태반의 과도한 성장으로 이어지며, 부계 Grb10이 결손된 동물 성체에서 상호 그루밍과 사회적 지배 행동이 증가함을 보여주었다. 즉 Grb10은 태아의 성장과 성인의 행동 모두에 영향을 미치며, 이는 부모의 대립 유전자가 서로 다른 조직에서 서로 다른 시점에 작용하기 때문이다. 한 연구에서는 15개의 단일 세포 RNA 배열 데이터 세트를 사용해 각인된 유전자가 기관과 뇌 영역에서, 그리고 특정 세포 수준에서 얼마나 과발현하는지를 체계적으로 조사하였다(Higgs et al., 2021). 이들은 각인된 유전자가 성인의 뇌에서, 특히 신경세포에서 다른 유형의 뇌세포에 비해 과발현함을 밝혔다. 이어서 뇌의 여러 영역에 대한 데이터를 분석해 각인된 유전자가 시상하부, 복측 중뇌, 뇌교, 연수에서 특히 과발현한다는 점을 입증하였다. 마지막으로 이러한 영역의 데이터를 분석한 결과, 시상하부의 신경 내분비 세포들과 모노아민성 후뇌 신경세포들을 각인된 유전자 발현의 핵심 영역으로 특정할 수 있었다. 저자들은 각인된 유전자가 동기화한 행동, 예를 들어 수유, 양육 행동, 수면의 신경 조절에 선택적·전략적으로 관여한다고 결론지었다.

렘수면은 "사회적 뇌 네트워크"의 선택적 활성화를 포함할 수 있다. 이 사회적 뇌 네트워크에는 피질하 영역인 시상하부, 편도체, 변연계와 복내측 전두엽이 들어간다. 이러한 뇌 영역들은 부계 유전자에 의해 다르게 영향받을 수 있다. 반면 모계 유전자는 배측 선조체와 미상핵에 위치한 두정엽-전전두엽 네트워크 및 배외측 전전두엽 피질로 투사되는 신경 섬유에 영향을 미친다. 한 연구는 기능적으로 구분되는 뇌 영역들에서 모계 및 부계 유전체의 영향이 상이하게 나타날 수 있으며, 부계 유전자는 시상하부와 변연계 영역의 회로에 영향을 미치고, 모계 유전자는 신피질에서 더 자주 발현함을 보여주었다(Keverne & Curley, 2008).

만약 비렘수면이 밤새 사회적 뇌 네트워크의 주요 구조들을 점진적으로 비활성화하거나 오프라인 상태로 만든다면, 그리고 렘수면이 이러한 구조들을 서서히 재활성화하고 각인된 유전자가 이러한 비활성화와 재활성화의 과정을 각 수면 주기 동안 조절한다면, 수면을 진화적 유전자 갈등의 무대로 볼 수 있다. 즉 매일 밤 모계 유전자와 부계 유전자가 사회적 뇌 네트워크의 구조와 낮 동안의 사회적 행동(궁극적으로는 생식 관련 행동)에 대한 통제권을 두고 싸운다는 것이다.

개체 내의 유전자들이 개체가 사회적 파트너들과 상호 작용하는 방식에 항상 동의하는 것은 아니라는 점에 주목해, 수면에 대한 사회적 압력을 이해하는 이론적 틀을 만들기 위해 수학적 모델링을 사용하기도 하였다(Faria et al., 2019). 연구자들은 유전체 각인이 수면 패턴의 발현을 조절해야 한다는 결론에 도달하였다. 개인은 한쪽 부모보다 다른쪽 부모를 통해 사회적 파트너와 유전적 연관성이 더 높을 수 있기 때문에, 부모 각자로부터 물려받은 유전자들은 선호하는 사회적 행동이 서로 다를 수 있다. 밤에 깨어 있는 것이 동족을 보호하기 위한 것이라면 잠드는 것보다 이타적이다. 하지만 짝짓기할 기회를 비롯한 이기적 기회를 추구하려고 깨어 있다면 이기적일 수도 있다. 그렇다면 수면 시간 결정은 진정한 사회적(진화적) 갈등의 현장이다. 모계 유전자와 부계 유전자는 개인이 얼마나 자야 하는지에 대해 의견이 다를 수 있다. 개인이 위험으로부터 집단 구성원을 보호하기 위해 이타적으로 수면을 희생한다면, 사회적 파트너들과 유전적 연관성이 더 높은 유전자가 개체의 수면을 희생하는 것을 더 선호할 것이라고 예상할 수 있다. 여성 편향적 분산(female biased dispersal: 여성 조상들이 유전적으로 관련이 없는 다른 집단에서 생식 기회를 찾기 위해 지역 집단을 떠나는 인간의 기본 패턴)을 가정할 때, 모계 유래 유전자와 관련해 사회적 파트너 간의 유전적 연관성이 감소하고, 부계 유래 유전자는 수면 감소, 모계 유래 유전자는 수면 증가를 선호하게 된다. 하지만 개인이 이기적으로 짝짓기 성공률을 높이기 위해 잠을 잔다면, 유전적 연관성이 더 높은 유전자는 더 많은 수면을 선호할 것이다. 보다 구체적으로 말해, 수면이 이기적인 경우 친부에서 유래하는 유전자가 유전적 연관성이 더 높음을 고려하면 모계 유래 유전자는 더 많은 수면을, 친부 유래 유전자는 더 적은 수면을 선호할 것이다. 반면 수면이 이타적인 경우 모계 유래 유전자는 더 적은 수면을, 친부 유래 유전자는 더 많은 수면을 선호하게 된다. 이렇게 개인이 이타적 혹은 이기적 수면 패턴을 선택하는 이유는 무엇일까? 위의 연구자들은 이 질문의 답을 논의하지 않았지만, 한 가지 가능성은 지역의 사회적-생태학적 조건이 수면 시간을 결정하는 것이다. 위협과 사망률이 높은 사회생태학적 조건에서는 수면 선택이 더 이타적인 쪽으로 치우칠 수 있다(사람들은 밤에 깨어 있을 수 있도록 수면을 줄여야만 한다). 이러한 조건에서는 모계 유전자가 과발현할 수 있다. 반면 지역의 조건이 위협적이거나 가혹하지 않은 경우에는 수면 선택이 더 이기적이고, 부계 유전자가 과발현할 수 있다. 요컨대 수면에 대한 유전적 갈등 이론은 왜 수면이 철저하게 "사회적"인지를 설명한다.

6.3.6 결론

앞서 논의한 여러 렘수면 및 비렘수면의 기능 이론에서 우리는 수면 상태가 각성 상태에 어떤 도움이 된다고 가정하였다. 즉 깨어 있는 의식을 위해 비렘 서파 수면은 에너지를 회복시키고, 렘수면은 정서적 기억의 통합을 지원한다고 가정하였다. 그러나 렘수면과 비렘수면의 기능이 깨어 있는 의식보다 오히려 수면 상태와 더 관련이 깊을 수도 있다. 렘수면은 일반적으로 수면 주기에서 비렘수면을 뒤따르기 때문에 비렘수면이 수행한 작업을 취소할 수 있다. 또는 반대로 비렘수면이 유기체에 중요한 작업(예: 면역계 복구)을 수행하는데, 여기에 비용이 많이 들기 때문에 렘수면이 이를 완료·보완·복구·취소하는 기능을 할 수도 있다. 이런 경우 밤의 서파 수면은 면역계를 회복시키지만, 이 작업이 너무 부담스럽기 때문에 비렘수면이 다음 날 밤에 면역계를 회복시키려면 렘수면이 필요하다고 설명할 수 있다.

이런 종류의 시나리오는 렘수면과 비렘수면에 대해 근본적 질문을 제기한다. 이런 수면의 두 가지 형태는 어떤 관계가 있을까? 서로의 효과를 증가시키거나 감소시킬까? 길항적 관계인가, 아니면 상보적 관계인가? 예를 들어 렘수면이 비렘수면이 수행한 어떤 작업을 되돌리거나 복구함으로써 비렘수면의 주요 기능(면역계 회복)을 가능케 한다는 시나리오를 생각해보자. 이 시나리오에서 깨어 있는 상태는 비렘수면이 필요하게 만들고, 그 결과인 (각성 상태와 무관한) 비렘수면의 발현은 다시 렘수면을 필요하게 만든다. 즉 깨어 있는 시간이 길어질수록 비렘수면의 강도와 지속 시간이 늘어나고, 마찬가지로 비렘수면이 길어지거나 강도가 높아지면 이후의 렘수면이 더 강해진다. 델타파는 비렘 서파 수면 강도를 나타내는 지표이고, 안구 운동의 밀도는 렘수면의 강도를 나타내는 지표다. 만약 렘수면이 서파 수면 지표에 반응하거나 대립하는 지표라고 한다면, 렘수면의 필요성은 비렘 서파 수면에서 발생하는 델타파에 기인하거나 관련할 수 있다. 베닝턴과 헬러는 (24시간 주기 동안) 렘수면의 비율이 깨어 있는 시간의 비율이 아닌, 비렘수면 비율과 유의미한 상관관계가 있다고 지적하였다(Benington & Heller, 1994).

만약 비렘수면이 항상성에 따라 조절되지만 렘수면 욕구가 비렘수면 욕구에 달려 있다면, 두 수면 단계는 부분적으로 대립적이지만 완전히 그렇지는 않은 관계여야 한다. 렘수면 욕구는 비렘수면 동안에, 비렘수면 욕구는 깨어 있는 동안 누적된다. 비렘수면 중 렘수면 욕구가 누적된다면, 렘수면이 깨어 있는 상태로 침투하거나 비렘수면을 방해할 가능성이 커진다. 이때 렘수면에 들어가려는 추동, 즉 렘수면 욕구의 정도는 두 수면 상태 간 균형을 유지하려는 항상성 조절 과정의 또 다른 지표가 될 수 있다. 이런 이론적 접근에서는 비렘수면이 깨어 있는 상태에서 일어나는 일을 되돌리고, 렘수면은 비렘수면에서 일어나는 일을 되돌린다. 그러나 이런 경우 렘수면은 비렘수면에 기여하는 반면, 비렘수면은 깨어 있는 상태의 의식에 기여한다.

또 다른 이론적 가능성은 비렘수면은 깨어 있는 상태에 도움이 되지만(예: 면역계 복구), 렘수면은 비렘수면에 도움이 되지 않고 그 생리학에 반대되는 것이다. 이러한 상황은 앞에서 논의한, 수면 상태가 진화적 유전자 갈등에 영향을 받는 경우에 발생할 수 있다(McNamara, 2004 참조). 이 경우에 한 세트의 유전자는 비렘수면의 특성과 기능을 형성하고, 이해가 상반되는 또 다른 세트의 유전자는 렘수면의 특성과 기능을 형성할 수도 있다(표 6.1 참조). 이러한 시나리오는 각인된 유전자와 렘수면의 관계에 대한 한 연구(Tucci et al., 2016)가 부분적으로 지지했다.

1953년에 렘수면이 처음 발견되었고, 꿈과의 연관성도 곧 밝혀졌다. 꿈의 생산에서 렘수면의 역할은 아직 렘수면의 주요 기능으로 꼽히지 않고 있지만, 뒤에서 이 부분을 탐구할 것이다.

복습 질문

○ 렘수면과 비렘수면의 상호 작용이 갖는 이론적 중요성은 무엇인가?

○ 렘수면이 비렘수면 시 발생한 어떤 현상을 되돌린다는 가설에 대한 증거의 강점과 약점은 무엇인가?

○ 왜 주요한 수면 상태는 두 가지뿐일까?

○ 프래더-윌리 증후군과 엔젤만 증후군의 수면 및 생물행동적 특성을 비교 및 대조해 보자.

더 읽을거리

Benington, J. H., & Heller, H. C. (1994). Does the function of REM sleep concern non-REM sleep or waking? *Progress in Neurobiology, 44,* 433–449.

Haig, D. (2014). Troubled Sleep: Night waking, breastfeeding and parent-offspring conflict. *Evolution, Medicine, and Public Health,* (1), 32–39. doi: 10.1093/emph/eou005.

Halász, P., Bódizs, R., Parrino, L., & Terzano, M. (2014). Two features of sleep slow waves: Homeostatic and reactive aspects—from long term to instant sleep homeostasis. *Sleep Medicine,* (10), 1184–1195. doi: 10.1016/j.sleep.2014.06.006.

McNamara, P. (2004). *An Evolutionary Psychology of Sleep and Dreams.* Westport, CT: Praeger/Greenwood Press.

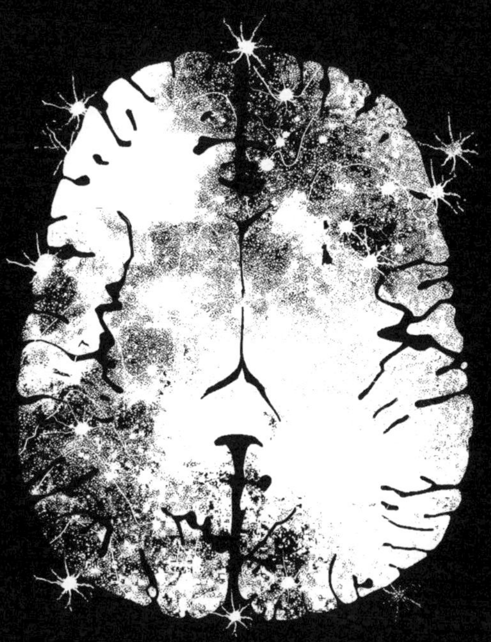

2부

꿈

꿈이란 무엇인가

학습 목표

○ 꿈을 수면 의존적 인지(sleep-dependent cognitions)로 정의하는 것의 강점과 약점을 평가할 수 있다.

○ 꿈의 현상학에서 형식적 특성을 파악하고, 이를 꿈의 내용과 구별할 수 있다.

○ 꿈의 서사 형태 및 내용 형성에서 정서의 중요성을 평가할 수 있다.

○ 꿈의 특성과 현상학을 창출할 때 이야기 또는 서사 구조의 역할을 평가할 수 있다.

7.1 서론

과학자들 사이에서 가장 일반적인 꿈의 정의는 수면 의존적 인지라는 것이다(표 7.1 참조). 꿈은 수면 중에 나타나는 생각과 정신적 이미지다.

표 7.1 홀/밴 드 캐슬의 사회적 상호 작용 비율.

공격성/우호성 백분율	꿈꾸는 사람이 개입한 공격성/(꿈꾸는 사람이 개입한 공격성+꿈꾸는 사람이 개입한 우호성)
우호적 행동 백분율	꿈꾸는 사람이 개입한 모든 우호적 상호 작용 중 꿈꾸는 사람이 다른 등장인물에게 우호적인 비율. 즉 꿈꾸는 사람이 우호적인 경우/(꿈꾸는 사람이 우호적인 경우+꿈꾸는 사람이 우호적 대우를 받는 경우)
공격적 행동 백분율	꿈꾸는 사람이 개입한 모든 공격적 행동 중 꿈꾸는 사람이 공격자인 비율. 즉 꿈꾸는 사람이 공격자인 경우/(꿈꾸는 사람이 공격자인 경우+꿈꾸는 사람이 공격의 피해자인 경우)
신체적 공격 백분율	꿈 보고에 나타난 모든 공격적 행동 중 꿈꾸는 사람이 목격 또는 개입한 신체적 공격의 비율. 즉 신체적 공격의 횟수/모든 공격적 행동의 횟수
공격성 지수	등장인물 1명당 공격적 행동의 빈도. 즉 모든 공격적 행동의 횟수/모든 등장인물의 수
우호성 지수	등장인물 1명당 우호적 상호 작용의 빈도. 즉 모든 우호적 상호 작용의 횟수/모든 등장인물의 수
성적 상호 작용 지수	등장인물 1명당 성적 만남의 빈도. 즉 모든 성적 만남의 횟수/모든 등장인물의 수

그러나 꿈이 수면에 의존하는 인지 과정이라면, 꿈이 성립하기 위해 수면이 필요하다. 만약 낮 동안 렘수면이 의식에 침입하면서 렘수면과 관련된 사고 과정이 발생할 수 있다면 우리는 깨어 있는 동안에도 꿈이나 몽환적 생각 및 이미지를 경험할 수 있을 것이다. 이것이 바로 우리가 백일몽이라고 부르는 현상이다. 꿈이 항상 수면에 의존한다고 단정할 수는 없지만, 일반적으로 수면 중 활성화하는 뇌 상태(렘수면)와 연관해 발생한다. (백일몽의 경우도 마찬가지다.)

꿈은 일반적으로 수면 중에 발생하며, 우리가 수면을 "뇌 상태에 따라 조절되고, 가역적이며 항상성을 유지하고, 일주기 및 사회적-생리적 체계에 따라 결정되고, 종 특유의 정지 자세와 일정 수준의 지각적 단절과 높은 각성 역치를 포함하는 회복 과정"으로 정의하였으므로, 꿈은 이런 생물학적 틀 안에서 발생하는 인지 작용을 의미하게 된다. 즉 꿈은 뇌 상태에 따라 조절되고, 가역적이며 항상성을 유지하고, 일주기 및 사회적-생리적 체계에 따라 결정되고, 종 특유의 정지 자세와 일정 수준의 지각적 단절과 높은 각성 역치를 포함하는 회복 과정에서 일어나는 인지를 가리킨다. 이러한 수면의 정의는 수면 중 발생하는 인지에 대한 시사점을 제공한다. 즉 이러한 인지는 항상성의 조절을 받고, 가역적이고, 일주기 및 사회적·생리학적 변수들에 제약받는 뇌 상태에서 발생하며, 일정 수준의 지각적 단절이라는 특징을 나타낸다. 요컨대 꿈은 수면 중인 뇌가 생성하는 산물이고, 사회적 요인에 민감하며, 외부의 지각적 자극 일부에는 제약받지 않는다.

꿈 자체가 항상성의 조절을 받는지는 명확하지 않지만, 그렇게 보이기는 한다. 렘수면을 억제하는 약물을 장기간 복용하는 사람들은 그 기간에 꿈을 덜 꾸고, 약물 복용을 중단하면 꿈을 많이 꾼다고 보고한다. 꿈의 반동 효과가 비렘수면 반동과 함께 발생하는지는 확실하지 않지만, 렘수면 반동과는 함께 나타난다. 마찬가지로 며칠 동안 수면 부족을 경험한 후 다시 수면을 취할 수 있게 되면 일반적으로 매우 생생하고 풍부한 꿈을 경험한다.

정리하면 꿈은 수면에 의존하며 수면 중에 발생하는, 아마 수면이 없다면 발생하지 않을 인지다. 하지만 인지란 무엇을 의미하는가? 우선 인지라는 용어는 정신적 삶을 구성하는 모든 요소, 즉 사고와 그 결과, 감정, 이미지, 정서, 시각적 시뮬레이션, 기억 등을 포함한다. 그러나 모든 형태의 정신적 활동이 다 꿈에서 규칙적으로 나타나지는 않기 때문에 이 주장은 다소 수정해야 한다. 예를 들어 꿈 연구자들은 읽기, 쓰기, 계산, 반성적 사고가 깨어 있을 때보다 꿈에서 드물게 나타난다고 했다. 반면 특정 형태의 정신적 경험은 깨어 있을 때보다 꿈에서 더 자주 나타난다. 예를 들어 지크문트 프로이트(Sigmund Freud)는 일부 꿈이 생생한 환각을 통해 소원을 충족시키는 기능을 한다고 지적하였다. 배고픈 아이는 꿈에서 맛있는 음식을 볼 것이다. 또한 여러 실험 연구에 따르면 꿈은 서로 관련이 없는 개념을 더 쉽게 연결할 수 있게 해준다. 이는 깨어 있을 때는 관련성이 보이지 않던 개념들을 연결하는 능력으로, 창의성을 촉진하는 꿈의 기능이다. 마찬가지로 꿈은 괴물과 악마부터 천사와 신까지 초자연적 존재와 상호 작용할 수 있게 해주고 혹은 그렇게 하도록 강제한다. 따라서 꿈은 영적·종교적 사상과 관련이 있는, 독특한 형태의 인지를 포함하는 것으로 보인다. 이상은 인지로서 꿈이 깨어 있는 정신과 어떻게 다른지를 보여주는 예시의 일부에 불과하다.

철학자 제니퍼 윈트(Jennifer Windt, 2015)는 꿈의 현상학적 핵심과 독특한 경험적 속성을 자신의 몰입적 시공 환각(immersive spatiotemporal hallucination) 모델을 통해 설명할 수 있다고 주장하였다. 윈트의 견해에 따르면, 꿈의 본질은 몰입적 시공 환각이다. 그가 보는 꿈은 자아의 시공간적 위치를 실재하는 지각 기반의 참조 틀에서 비실재적·환각적 참조 틀로 이동시키는 과정이다. 윈트가 사용하는 '몰입적(immersive)'이라는 용어는 자아에 대한 경험이 항상 지시적(indexical)이라는 점, 즉 자아는 동일한 준거 틀 내의 다른 자아나 사물들에 대해 특정한 시공간적 위치를 점유한다는 점을 강조한다. 꿈은 자아의 시공간적 위치성을 경험한다는 점에서 몰입적이다. 깨어 있는 경험에서 그러하듯 꿈속의 세계에도 자아가 있으며, 양자 간의 경계는 꿈속에서 당연하게 느껴지거나 받아들여진다. 윈트에 따르면 깨어 있는 경험에 위치한 자아는 실세계와 관계를 맺는 반면 꿈속의 자아는 환각의 세계와 관계를 맺는다. 몰입적 시공 환각 이론에서 몰입적 자아가 반드시 개인사, 정서, 기억으로 이뤄져야 할 필요는 없다. 그것은 단순히 다른 지점들과 상대적인, 시공간상의 한 점일 뿐이다. 심지어 윈트는 꿈속의 자아가 의식의 연장되지 않은 점이거나, 비육체적 점 혹은 존재일 가능성도 고려한다. 그는 이미지나 정서가 없는 꿈을 꿨다고 주장하는 자각몽 체험자들의 보고를 그 근거로 제시한다. 또한 자아감의 부재를 경험했다는 불교 명상가들과 꿈의 세부 사항을 기억하지 못하지만 꿈을 꾸었다는 것을 "그저 안다"고 말하는 사람들의 보고도 인용한다. 이처럼 윈트에게 최소한의 자아는 상상한 시공간 속의 한 점으로서 완전한 환각의 세계와 관계를 맺지만, 이 자아는 자신이 속한 환각의 세계에 대해 어떤 신념을 형성하지 않을 것이다. 그는 꿈속의 자아가 독자적으로 신념을 형성하는 것이 문제라고 간주한다. 그러나 윈트가 지적하는 환각의 세계를 형성하는 주체가 자아인지, 아니면 꿈속의 다른 구조인지는 명확하지 않다. 그는 꿈 혹은 꿈꾸는 뇌가 환각의 세계를 형성한다고 말한다. 즉 (자아가 아니라) 꿈이 원거리에 있는 기억의 원천과 내적으로 생겨난 이미지를 통합해 환각의 세계를 구성하며, 자아는 여기에 관계한다는 것이다. 하지만 윈트에 따르면 꿈속의 자아는 완전한 1인칭 시점을 형성하지 않으며, 따라서 자신이 속한 꿈의 세계에 대한 신념이나 의견을 구성하는 데 어려움을 겪는다. 그는 꿈속에서 사고하는 자아가 사실상 억제된다고 주장한다. 윈트는 꿈의 본질적 현상학을 포착하기 위해 이러한 설명이 필요하다고 믿는다. 꿈의 본질적 현상학이란 불안정하고 성찰하지 않고 방향 감각을 상실한 자아의 경험뿐만 아니라, 이미지·정서·사건이 없는 드문 꿈의 경험까지도 포괄하는 개념이기 때문이다.

니르와 토노니(Nir & Tononi, 2010) 또한 꿈속에서 자아 감각이 얼마나 유동적인지에 깊은 인상을 받았다. 이들에 따르면 꿈속에서의 자아는 주로 부정적 방식으로 변화한다. 이들은 꿈의 특징이 다음과 같은 자아 감이라고 설명한다. 꿈속에서의 자아는 수의적 통제력이 감소하고(우리는 꿈속에서 목표를 추구할 수 없다고 가정한다), 자기 인식이 감소하고(우리는 꿈속에서 기이한 사건을 비판 없이 받아들인다), 반성적 사고가 감소하고(우리는 일반적으로 꿈을 꾸고 있다는 사실을 인식하지 못한다), 정서가 고조되고, 꿈속에서는 기억에 대한 접근성이 변화하며(대부분 증가한다), 깨어난 후에는 꿈에 대한 기억이 상당 부분 사라지는 경향이 있다는 것이다. 그러나 니르와 토노니(Nir & Tononi, 2010)뿐만 아니라 윈트(Windt, 2015)도 꿈속에서 자아가 손상된다는 원칙에 많은 예외가 있음을 지적하였다. 우리는 꿈속에서 적극적으로 목표를 추구하고 달성하는 경험을 할 수도 있으며, 자기 인식 및 반성을 갖춘 상태에서 꿈을 꾸기도 한다(예를 들어 꿈속에서 선택지를 숙고하고 기이한 사건을 의아해하는 경우가 있다). 또한 꿈속에서 적절한 정서를 경험하거나, 깨어난 후 꿈을 비교적 명확히 기억하기도 한다.

실제로 꿈은 단순히 손상된 최소한의 자아가 존재하는 가운데 기이한 이미지들이 무질서하게 나타나는 것이 아니다. 오히려 꿈은 대부분 지각이나 주제 면에서 조직화된 내용으로 이뤄지며, 적절한 이미지와 주제와 꿈꾸는 사람의 생활 세계에 대한 시뮬레이션을 포함하는 서술적 형태다. 그렇지만 꿈은 어떤 면에서도 깨어 있는 상태의 인지와 동일하지 않다. 다음의 인지적 특성이 꿈의 현상학에서 핵심이다 (상자 7.1 참조).

상자 7.1　꿈은 수면 의존적 인지 과정이다

- 꿈에서는 생생한 이미지와 강한 감정이 나타남
- 꿈속에서 기억 접근성이 증가해 기억 과다(hypermnesia)가 발생하지만, 깨어난 후에는 꿈을 회상하는 능력이 감소함(기억 상실).
- 마음 읽기 현상이 발생할 수 있음
- 감각 중 시각이 우세함
- 미각이 감소함
- 후각이 감소함
- 고통스러운 장면이 있음에도 불구하고 통증이 감소함

서술 구조
- 주제의 비연속성
- 줄거리의 급격한 변화
- 비현실성이 가끔 나타남(물리 법칙을 위배함)
- 줄거리의 여러 요소가 들어맞지 않을 수 있음

- 등장인물은 실존할 수도 있고 환상일 수도 있음

- 자기 반성의 결여

- 고도의 창의성(정신적 시뮬레이션)

- 장면이 극도로 사실적임

- 노력 없이도 자동적으로 창조 및 결합됨

- 문제 해결이 일부 가능함

- 자동성

- 지각적 단절

- 은유

꿈 작업(프로이트)/문학적 수사(화이트)

- 압축: 2개의 표상이 하나로 합쳐짐/은유

- 이동(전위): 특정 인물을 향한 감정이 보다 중립적인 인물로 이동함/
  환유

- 상징화/은유를 사용해 의미를 표현함

- 2차적 가공/아이러니

- 제시(presentation)/제유

이러한 꿈의 현상학은 렘수면 시와 새벽 시간대의 N2 수면 시의 꿈에서 가장 두드러진다. 한편 N2 수면이 수면 주기의 초기 단계에서 발생하는 경우에는 이러한 특징이 부분적으로 나타난다. N3 수면 시의 꿈은 시간대, 일주기 관련 요인, 개인적 차이에 따라 이러한 특징 중 일부를 포함할 수 있다.

7.2 꿈에서는 정서가 고조된다

꿈에서 정서는 거의 항상 발생한다(Merritt et al., 1994). 홀/밴 드 캐슬 꿈 내용 분석의 점수 기준을 적용할 때, 남성과 여성 모두 약 80퍼센트의 꿈에서 부정적 정서가 나타난다. 한 연구(Strauch & Meier, 1996)에서는 꿈에서 나타나는 정서가 꿈속의 사건과 적절하게 이어진다고 보고하였다. 슬픔을 보고하는 경우에는 꿈에서 슬픈 사건이, 두려움을 보고하는 경우에는 두려움을 유발하는 사건이 나타났다. 거의 모든 꿈이 정서를 포함한다는 사실은 주목할 만하다. 각성 상태에서 정서가 항상 나타나는 것도 아니고, 꿈에서 일반적으로 경험하는 만큼 강렬한 정서 상태가 항상 나타나는 것은 더더욱 아니기 때문이다.

7.3 꿈속에서의 기억 과다와 꿈에 대한 기억 상실

홉슨은 우리가 꿈꾸는 동안 깨어 있는 상태에서 접근할 수 없는 기억에 접근하는 경우가 있지만, 정작 깨어난 후에는 꿈의 내용을 기억하지 못하는 경우가 많다고 지적했다(Hobson, 1988). 그런가 하면 포크스는 (개인의 오래된 과거와 관련한) 비동시적 이미지가 비렘수면 꿈보다 렘수면 꿈에서 더 자주 나타난다고 보고하였다(Foulkes, 1962). 또한 꿈에서 나타나는 기억 이미지의 시기와 수면 시간 사이의 관계를 연구한 결과, 수면 시간이 길어질수록 꿈꾸는 사람이 더 오래된 개인적 기억을 보고할 가능성이 높아졌다(Offenkrantz & Rechtschaffen, 1963; Verdone, 1965). 다시 말해 꿈꾸는 마음/뇌는 밤이 깊어질수록 점점 더 오래된 기억을 탐색하지만, 깨어난 마음/뇌는 그러한 기억 탐색 과정을 대개 잊어버린다.

7.4 꿈에서는 시각이 우세하다

꿈은 대부분 생생한 시각적 이미지로 이뤄진다. 꿈꾸는 사람은 마치 하나의 장면이나 생활 세계를 보고 있는 듯한 느낌을 받는다. 그러나 꿈 속에서 촉각, 후각, 미각을 경험하는 경우는 깨어 있을 때만큼 자주 나타나지 않는다. 청각적 경험도 꿈에서 비교적 자주 발생하지만 가장 우세한 것은 시각적 경험이다. 깨어 있는 상태에서의 지각은 비교적 안정된 세계를 선명한 색상과 3차원으로 보는 것이다. 현실에서 시각적 선명도는 개인의 주의 집중도에 따라 달라지는데 이는 꿈에서도 마찬가지다. 꿈에서는 꿈꾸는 사람이 주의를 기울이는 부분이 선명하게, 배경은 모호하게 나타난다. 또한 깨어 있는 상태의 총천연색 경험과는 달리 꿈의 20~30퍼센트는 무채색이다. 또한 꿈에서는 시각의 왜곡과 변형이 깨어 있을 때보다 더 자주 발생한다. 예를 들어 꿈속 등장인물의 얼굴에 집중하는 동안 그 특징이 여러 번 변화하는 것을 볼 수 있다.

7.5 자동성

꿈은 우리가 원하든 원하지 않든 찾아오거나 발생한다. 우리는 꿈을 멈출 수도, 원하는 때에 마음대로 불러올 수도 없다. 꿈은 우리의 의지와 무관하게 나타난다. 이후에 논의할 꿈 유도(dream incubation) 같은 특정 의식을 통해 꿈꿀 가능성을 높일 수는 있지만, 일반적으로 꿈은 우리의 바람과 상관없이 일어난다. 따라서 꿈은 수면 중에 일어나는 불수의적·인지적·상징적 사건으로 간주할 수 있으며, 지각과 기억의 단편을 활용해 새로운 서사를 구성함으로써 꿈꾸는 사람의 생활 세계를 어느 정도 반영한다.

7.6 지각적 단절

꿈에 대해 연구한, 과학자를 비롯한 학자들은 거의 모두 꿈의 핵심 특징은 외부 세계에 대한 현재의 지각적 정보에 접근할 수 없는 것이라고 주장해왔다. 이러한 이유로 철학자 제니퍼 윈트와 신경과학자 니르와 토노니 등은 꿈은 본질적으로 환각이며, 꿈속의 자아는 성찰하지 않고 최소한이고 손상된 상태라고 설명하였다. 꿈속의 자아는 감각 정보를 통해 자신의 지각을 점검 혹은 수정할 수 없기 때문에 자신이 본 것을 현실로 받아들인다. 요컨대 일반적 견해에 따르면 꿈꾸는 뇌는 주위 환경과 완전히 단절된다.

그러나 렘수면 상태의 뇌는 단순한 휴지 상태로 환경과 완전히 분리된 것이 아닐 수도 있다(Hennevin et al., 2007). 렘수면 중에는 감각 정보의 유입을 조절하는 시상-피질 차단(thalamo-cortical gating)이 완전하지 않다. 렘수면 중 시상에 있는 신경세포에서 일어나는 반응은 각성 상태에 비해 약간 감소할 뿐이다. 또한 렘수면 중에도 피질의 신경세포는 유입되는 청각 자극에 반응한다. 사건 관련 전위 연구에서 나온 증거들은 렘수면 동안에도 소리를 구별하고 본질적으로 의미 있는 자극(예: 꿈꾸는 사람 자신의 이름)을 인식할 수 있으며, 자극을 범주화하는 능력이 그대로 유지됨을 보여준다. 나아가서 행동 및 신경 영상 연구에서 수렴한 증거는 서파 수면 동안의 폭발-침묵 상태와, 이와 대비되는 각성 및 렘수면 동안의 지속적 단일 스파이크 활동이라는 시상-피질계의 신경 발화 양상이 뇌간·시상하부·기저 전뇌 등 피질하 구조뿐만 아니라 기본 모드 네트워크를 비롯한 광범위한 피질 네트워크, 특히 감각 자극의 의미적·추상적 속성을 처리하는 2차 감각 영역에 의해서도 강하게 조절됨을 시사한다.

렘수면 중에 청각 정보를 처리한다는 것과 함께, 꿈꾸는 뇌가 이를 처리하는 방식은 깨어 있는 뇌와 다르다는 것 또한 명백해졌다. 렘수면 중 청각 정보의 처리는 깨어 있는 상태보다 더 느리고 시간이 오래 걸린다. 특히 렘수면 동안 변칙적 음조에 대한 뇌의 반응은 유의미하게 더 크다.

렘수면 중에도 외부 감각 정보가 완전히 차단되는 것은 아니다. 청각 정보뿐만 아니라 냄새와 같은 화학적 감각, 체감각(촉각), 운동 감각(몸의 움직임) 또한 렘수면 동안 지속적으로 처리된다. 렘수면 중 실제로 가장 억제받는 감각은 시각이지만 이마저도 완전히 차단되지는 않는다. 예를 들어 주변의 빛 에너지는 눈을 감은 상태에서도 어느 정도 처리된다.

한 연구에서는 사람들이 렘수면 중에도 외부에서 들려오는 이야기를 듣고 인지적으로 따라갈 수 있음을 입증하였다(Fogel et al., 2022). 연구진

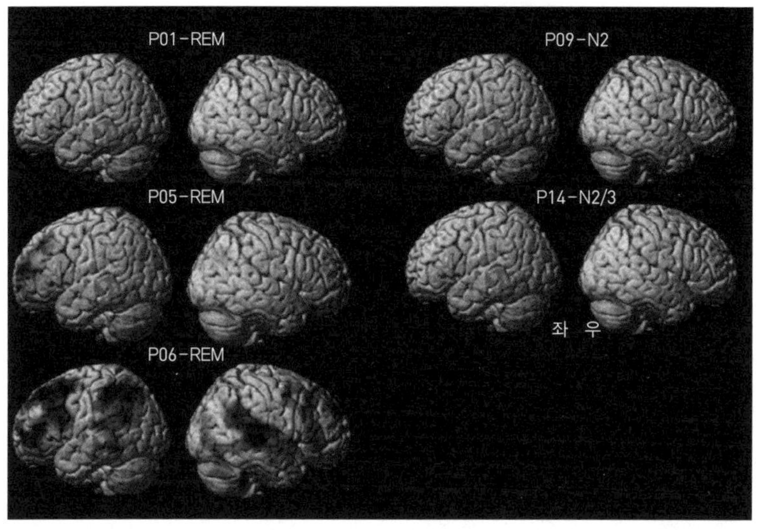

그림 7.1　수면 중 나타난 각 참여자의 서사 관련 뇌 활동.
〔이 그림은 수면 중인 참여자들에게 영화 〈테이큰〉의 청각적 내용을 들려주는 실험에서 나타난 유의미한 뇌 활동(p<0.05, 가족 오류율 보정)을 보여준다. 이때의 자극은 깨어 있는 상태의 집단에서 수집한 긴장감 평가의 평균값을 기반으로 정량화했다. 실험 결과 렘수면 상태이던 한 참여자(P06)의 청각 및 전두-두정 영역에서 이야기 전반에 걸쳐 긴장감에 유의하게 반응하는 활동을 관찰했다. 또 다른 참여자(P05)에게서도 이러한 반응이 부분적으로 나타났다.〕
허가를 받아 Fogel et al. (2022)에서 인용함.
＊컬러 버전은 간지의 별도 사진 참조.

은 참여자들에게 내용이 풍부한 이야기를 눈을 감은 상태에서 몇 분 동안 듣게 하였다. 이 실험 패러다임은 참여자에게 특별한 반응을 요구하지 않았고, 단순히 이야기를 듣기만 하면 되었으므로 수면과 깨어 있는 상태에서 인지적 처리의 차이를 연구하기에 적합하였다. 연구진은 EEG와 fMRI 기술을 동시에 사용해 모든 참여자가 렘수면 중 청각 자극의 복잡한 처리를 얼마나 하는지를 조사하였다(그림 7.1 참조).

이 연구에서 비렘수면 단계에는 어떤 참여자에게서도 이야기 자극과 관련한 뇌 활동을 전혀 관찰할 수 없었다. 그러나 주목할 점은 렘수면 상태이던 한 참여자가 이야기 속에서 긴장감을 고조시키는 사건이 발생했을 때 청각 네트워크에서 특정한 뇌 활동을 나타낸 것이다. 렘수면 동안 fMRI 데이터를 수집하는 것은 방법론적으로 매우 어려우므로 이 데이터는 가치가 상당히 크다.

7.7 고도의 창의성

꿈에서 기존 기억의 단편만 활용해 시뮬레이션과 서사를 구성한다는 것은 사실이 아니다. 꿈에 나타나는 이미지와 사건을 조사한 결과, 꿈은 대부분 꿈꾸는 사람이 전에 한 번도 접한 적 없는 이미지로 이뤄져 있었다. 즉 꿈은 창의적·생산적·생성적이고 풍부한 정신 활동의 결과물이다. 꿈은 단순히 깨어 있는 의식의 반영이 아니며, 떠다니는 기억의 단편들도 아니다. 꿈은 선택적 뇌 활성화를 통해 렘수면, 기억의 단편, 일상의 잔재, 순간적인 내부의 감각(기타 정보원은 아직 명확하지 않다)을 특화된 입력으로 활용한다. 이후 이러한 입력은 선택적 신경 과정을 통해 특수한 처리 알고리듬을 거치며, 이렇게 변형된 이미지는 꿈을 형성하는 신경 기제가 재처리한다. 그 결과로 생성된, 독창적 인지의 산물을 우리는 꿈이라 부른다.

7.8 꿈에서의 자기 성찰

대부분의 꿈 연구자들은 꿈에서 자기 성찰이 손상된다고 믿는다. 이는 꿈꾸는 사람이 기이하거나 모순적인 꿈속 사건들을 비판 없이 정상으로 받아들인다는 의미다. 꿈에서 자기 성찰이 결여된다는 관점은 렘수면 중 배측 전전두엽 피질의 하향 조절(downregulation)이 나타나는 신경 영상 연구 결과가 뒷받침한다. 반면 일부 연구자들은 같은 신경 영상 연구에서 고차원적 평가와 반성적 처리를 담당한다고 알려진 다른 구조들, 예를 들어 복내측 전전두엽 피질(특히 브로드만 영역 10)이 명확히 활성화함을 지적한다. 여기에 더해 렘수면 중에도 P300이 유발한 전위 파형이 온전히 유지된다. P300은 깨어 있는 상태에서 환경 내 예상치 못한 사건에 대한 고차원적 주의 및 평가 과정이 활성화할 때 나타나는 신경생리학적 반응이다. 따라서 꿈꿀 때도 자기 성찰의 수준이 깨어 있을 때처럼 상당히 변화할 수 있으며, 꿈이 반드시 자기 성찰의 감소를 의미하는 것은 아니다.

7.9 꿈속에서의 마음 읽기

꿈속에서의 자아는 꿈속 등장인물들의 "마음"을 읽을 수 있을까? 꿈속 등장인물들은 꿈꾸는 사람이 만들어낸 존재들이기에 그들의 마음 상태가 꿈꾸는 사람에게 투명하게 보일 것이라고 예상할 수도 있다. 그러나 실제로는 그렇지 않다. 꿈꾸는 사람은 다른 등장인물들의 마음 상태를 자주 추론하며, 이를 마음 이론(theory of mind)이라고 한다. 맥너마라 등 (McNamara et al., 2007)은 꿈꾸는 사람이 꿈속 등장인물들의 마음 상태를 추측하는 명확한 사례들을 분석하였다. 그 결과 꿈속에서의 마음 이론은 매우 흔하게 나타났으며, 이는 특히 렘수면 꿈에서 두드러졌다. 그러나 꿈꾸는 사람이 자신을 향한 꿈속 등장인물들의 의도를 모르는 듯이 행동하는 꿈도 많았다.

7.10 꿈속 세계의 기본적 존재론

꿈 내용 연구의 과학적 표준 분류 체계 혹은 존재론으로 (수십 년간) 가장 널리 사용한 것은 홀/밴 드 캐슬의 코딩 체계이다(Domhoff, 1996의 리뷰 참조). 수십 년에 걸친 연구는 이 체계의 기본 범주들이 문화와 인구통계학적 집단을 초월해 꿈의 내용을 포착하는 데 효과적임을 입증했다. 이 코딩 체계의 규칙과 구조는 수십 편의 연구에서 검증되었다. 홀/밴 드 캐슬의 기본 범주는 다음과 같다(전형적 사례와 정의를 괄호 안에 제시했다).

  등장인물(사람, 동물, 신화적 존재)

  ↓ 다음에 참여함

  사회적 상호 작용(공격성, 우호성, 성적 행동)

  ↓ 그리고 다음에 참여함

  활동(걷기, 말하기, 보기, 생각하기 등)

↓ 그리고 활동/상호 작용에서 다음을 경험함

성공과 실패(꿈꾸는 사람이 목표를 추구하면서 성공하거나 실패함)

↓ 또한 등장인물들은 다음과 같은 일을 경험함

불운 또는 행운(꿈꾸는 사람에게 좋거나 나쁜 사건이 일어남)

↓

경험과 관련한 정서(분노, 불안, 슬픔, 혼란, 기쁨 등)

↓ 이러한 사건과 상호 작용은 모두 다음과 같은 조건에서 발생함

배경(장소, 친숙성)

↓ 여기에는 등장인물이 주목하거나 다루거나 상호 작용하는 다음과 같은
　사물이 들어감

사물(건축물, 가정용품, 도구 등)

이 기본 분류를 바탕으로 홀과 밴 드 캐슬은 특정한 사회적 상호 작용 비율을 도출함.

홀/밴 드 캐슬 체계의 중대한 한계는 분석에 과도한 시간이 소요된다는 점이다. 수많은 꿈 보고를 손으로 코딩하는 데 수백 시간이 걸린다. 이러한 한계를 극복하기 위해 불클리(Bulkeley, 2014)는 단어 검색 기법을 활용해 단어 수에 기반한 분석 방법을 개발했으며, 이는 홀/밴 드 캐슬의 코딩 체계와 유사한 결과를 도출한다. 이 방법의 범주는 지각, 정서, 등장인물, 사회적 상호 작용, 움직임, 인지, 문화, 자연 관련 요소이다.

일부 수면 및 꿈 연구자들은 완전한 꿈의 존재론을 위해서는 홀/밴

드 캐슬과 불클리의 분류 체계에 두 가지 범주를 추가해야 한다고 생각한다. 인지 처리와 서사적 구조가 그것이다.

인지 처리와 관련해 맥너마라 등(McNamara et al., 2016)은 "언어 탐색 및 단어 수(Linguistic Inquiry and Word Count)" 프로그램을 사용해 인지 처리와 연관 있는 단어의 출현 빈도를 계산하였다. 이 인지 처리 범주는 통찰(insight), 인과(causation), 불일치(discrepancy), 불확실성(tentativeness), 확실성(certainty), 억제(inhibition), 포함(inclusion), 배제(exclusion) 등을 나타내는 단어들을 분류한다. 주요 인지 처리 지표를 보완하기 위해 기능어 범주를 추가했는데, "그리고" "또는" 같이 문법적 표지 기능을 하는 단어들이 여기에 들어간다. 서사에서 문법적 표지의 수가 증가할수록 인지 처리도 증가할 것으로 보았기 때문이다. 또한 동사 범주는 "걷다" "갔다" "보다" 같은 "일반" 동사들을 포함하며 과거형, 현재형, 미래형을 모두 포함하였다. 단 조동사는 제외했다. 이런 동사 분석을 통해 문법적 처리의 증거를 추가함으로써 인지 처리를 적절하게 분석하고 있음을 신뢰할 수 있다. 이러한 단어 수 기반 범주들을 활용해 꿈에서 인지 처리가 일어나고 있다는 증거를 탐색한 결과, 연구자들은 거의 모든 꿈이 풍부한 인지 처리를 포함하는 것을 알아냈다. 즉 꿈은 상당한 인지적 작업을 수행하는 것으로 보인다.

7.11 서사 구조

꿈 세계의 전형적 구조를 특징짓는 마지막 주요 범주는 서사 구조이다.

앞의 절에서 살펴봤듯 렘수면은 서사에 매우 잘 맞게 조율되어 있어, 렘수면 중인 사람은 이야기의 흐름에 선택적으로 주의를 기울이고 그 전개를 따라갈 수 있다. 꿈은 이야기의 줄거리나 서사처럼 펼쳐진다. 꿈에는 도입과 전개와 결말이 있으며, 꿈꾸는 사람은 보통 이야기의 중심에 있다. 그는 뭔가를 성취하려 하지만, 그 과정에서 장애물이나 갈등에 직면한다. 꿈속에서도 이야기는 우리에게 "누가, 무엇을, 누구에게, 어떻게 했는가"를 말해준다. 여기서 주목할 만한 점은 꿈꾸는 뇌가 이러한 서사를 별다른 노력 없이 생성한다는 점이다. 이는 꿈의 자연스러운 인지적 산물이 서사일 것이라는 주장이 과장이 아님을 시사한다.

렘수면 꿈은 비렘수면 꿈보다 서사를 구성하는 능력이 더 뛰어나다. 쿠이켄 등(Kuiken et al., 1983)은 꿈 보고에서 이야기 구조를 평가하기 위해 매우 정교한 이야기 문법을 사용한 결과, 렘수면 꿈이 비렘수면 꿈보다 더 많은 서사적 구조를 포함한다고 보고하였다. 닐슨 등(Nielsen et al., 2001)은 렘수면 단계의 꿈 보고가 N2 수면 단계의 보고보다 이야기 요소를 적어도 하나 이상 포함할 확률이 더 높았으며, 에피소드가 진행되는 사례 또한 더 많았다고 보고하였다. 단 이런 결과는 꿈을 자주 회상하는 사람들의 심야 꿈 보고에 한정되었다. 이처럼 렘수면과 비렘수면 모두 서사적 꿈을 생성하지만, 이런 작업은 렘수면에서 더 유려하다. 그럼에도 꿈에서 생성되는 서사는 주제의 불연속성, 이야기 흐름의 붕괴, 부조리한 전개 및 병치를 포함하는 경우가 많다. 누군가는 이러한 특성이 이야기를 더 흥미롭게 만든다고 느낄 수 있지만, 다른 사람은 이를 꿈의 기묘함을 초래하는 특이성으로 볼 수도 있다.

꿈꾸는 마음/뇌는 이야기를 생성한다. 이러한 이야기는 깨어난 뒤 꿈의 이미지에 부가적으로 덧씌워지는 것이 아니다. 꿈의 이야기를 구성하기 위해 꿈꾸는 마음/뇌는 프로이트의 "꿈 작업"으로 설명할 수 있는 인지적 작업 혹은 문학 연구자들이 이야기 구성의 핵심 요소로 간주하는 네 가지 주요 수사법을 사용하는 것으로 보인다. 예컨대 헤이든 화이트(Hayden White, 1999)는 인간이 세계, 특히 그 역사에 대한 인식을 구성할 때 사용하는 네 가지 주요 문학적 수사법으로 은유, 환유, 제유, 반어를 제시하였다. 수사학과 서사에 대한 그의 풍부한 철학을 단순화하면, 은유는 자료를 익숙한 것과 비교하는 것, 환유는 자료를 분할하는 것, 제유는 자료를 새로운 전체로 재조직하는 것, 반어는 이 새로운 전체를 성찰하는 것이라 할 수 있다. 화이트는 이 네 가지 수사법이 프로이트의 꿈 작업을 이루는 네 과정에 대응함을 보여주었다. 즉 환유는 전치(displacement)에, 은유는 응축(condensation)에, 제유는 제시(presentation)에, 반어는 2차 수정(secondary revision)에 각각 대응한다. "프로이트가 규정한 꿈 작업의 네 기제는 비유에서 텍스트의 문자적 의미와 비유적 의미 사이를 매개하는 문학적 수사법과 동일한 방식으로 기능한다."(White, 1999, p. 103) 화이트는 어떤 꿈 자료를 검토하더라도 이 네 가지 수사법이 풍부하게 드러나며, 이는 꿈 작업의 수행을 통해 꿈 서사의 구성과 구조를 가능케 한다고 했다.

현재로서는 꿈꾸는 동안 생성되는 서사가 사실은 꿈 자체가 순간적으로 만들어내는 작위적인 것에 불과한지 여부를 제대로 알지 못한다. 이런 관점에 따르면 꿈의 서사는 본질적 목적이나 논리를 갖지 않으며, 꿈이 강렬한 감정을 "설명"하기 위해 사후적으로 구성한, 성찰적 사고 없이 작동하고 손상된 인지 체계로 만든 무작위적 이미지들의 혼란스러운 집합일 뿐이다. 이는 셰익스피어의 표현을 빌리면 "바보가 떠드는 이야기로, 아무 의미도 없다." 그러나 만약 꿈이 단지 맥락에서 벗어난 이미지나 정서에 대한 사후 조작 또는 정당화라면, 꿈의 내용이 일관적으로 반복될 이유가 별로 없다. 하지만 수십 년에 걸쳐 세심하게 수행된 꿈 내용 연구는 꿈의 내용이 집단 간, 그리고 개인 내에서 일관적임을 명확히 입증했다. 연속적 꿈에 대한 여러 종단 분석은 꿈에 복잡하고 주제 면에서 이어지고 일관적인 줄거리, 등장인물, 사건, 감정, 서사가 나타남을 분명히 보여준다.

7.12 뇌와 꿈의 현상학

홉슨과 동료들(Hobson et al., 2000)은 꿈의 특정한 현상학적 측면을 뒷받침하는 뇌 네트워크에 대한 가설을 제시했다(그림 7.2 참조). 예를 들어 꿈에서의 가상적 움직임과 그 시작을 기저핵과 소뇌의 기능으로 설명한다. 또한 렘수면 동안 꿈에서의 통찰 부족은 전전두엽 피질의 하향 조절과 관련한다. 그리고 후두엽과 시각 연합 영역의 활성화는 꿈의 시각적 장면을 형성한다.

7.13 결론

꿈은 일반적으로 수면에 의존하는 인지 과정이다. 그러나 수면 중에 모

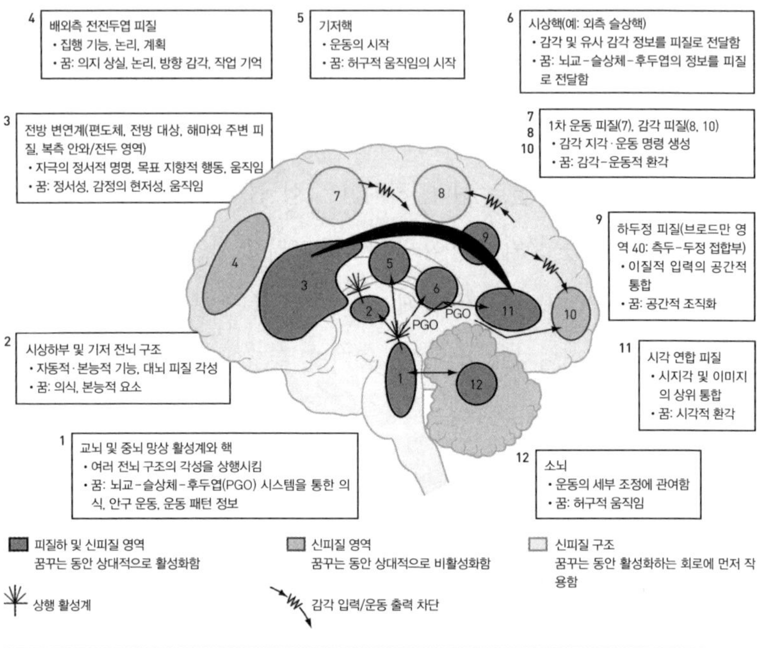

그림 7.2 꿈꾸는 동안 대뇌 피질 및 피질하 영역의 활동.
(영역 1, 2: 상행 각성 시스템, 영역 3: 피질하 및 피질 변연계와 변연계 주변 구조, 영역 4: 배외측 전전두엽 피질, 영역 5: 운동 개시 및 조절 중추, 영역 6: 시상 피질 전달 중추와 시상 피질 회로, 영역 7: 1차 운동 피질, 영역 8: 1차 감각 피질, 영역 9: 하두정엽, 영역 10: 1차 시각 피질, 영역 11: 시각 연합 피질, 영역 12: 소뇌.)
허가를 받아 Pace-Schott & Picchioni (2017)에서 인용함.
＊컬러 버전은 간지의 별도 사진 참조.

든 형태의 인지가 발생하는 것은 아니다. 자발적으로 회상한 꿈에서는 시각이 우세하며, 냄새나 맛을 기억하는 경우는 드물다. 또한 꿈에서는 읽기나 연산(숫자 계산)이 자주 나타나지 않는다. 많은 꿈이 비정상적으로 강한 정서를 포함하며, 늦은 아침의 렘수면 동안에는 오래된 기억에 더 쉽게 접근할 가능성이 있다. 꿈에서 비판적 자기 반성 능력이 저하할 수 있지만, 모든 꿈이 이러한지는 불명확하다. 꿈꾸는 마음/뇌는 서사 형태의 꿈을 자발적·자동적으로 생성하며, 프로이트의 꿈 작업 같은 인지적 조작을 활용하는 것으로 보인다.

꿈의 이론적 모델은 꿈의 형식적·인지적 속성과 일관적이어야 한다. 이러한 속성에는 서사 구조, 창의성, "마음 읽기", 꿈속에서의 기억 과다, 각성 후 꿈에 대한 부분적 기억 상실, 많은 꿈에서 나타나는 정서 수준의 상승, 시각적 인상의(어느 정도의 청각적 인상도) 강화 및 다른 감각적 인상의 감소, 불수의적 특성이 들어간다. 즉 우리는 원하든 원하지 않든 꿈을 꾸게 된다.

이러한 꿈의 형식적 속성은 꿈이 깨어 있는 상태와는 다른 유형의 인지 현상임을 시사한다. 깨어 있는 상태에서도 오프라인 시뮬레이션이 일어날 수 있지만 이는 필수 과정이 아니고, 강한 정서를 수반하지 않고, 서사 구조를 갖추지도 않는다. 대신 이런 백일몽은 소망·목표·계획에 초점을 맞추며, 조직적 이야기 구조보다는 단편적·순간적 인상으로 나타난다. 따라서 꿈은 수면하는 뇌의 고유한 산물일 가능성이 있다. 꿈은 사회적 세계의 서사적 시뮬레이션으로 생생하고 시각에 기반한다. 또한 꿈속에서의 자아는 갈등과 해결이 있는 이야기 속에서 다른 등장인물들과 상호 작용한다.

복습 질문

○ 꿈꾸는 사람은 자아감을 일반적으로 어떻게 경험하는가?

○ 꿈꾸는 사람은 한 명인데, 어떻게 마음 읽기(꿈속의 한 등장인물이 다른 등장인물의 생각과 의도를 파악하는 것)가 가능할까?

○ 윈트의 몰입적 시공 환각 모델의 강점과 약점은 무엇인가?

○ 꿈의 현상학에서 "지각적 단절"이라는 꿈의 속성이 가지는 의미는 무엇인가?

더 읽을거리

Hobson, J. A. (1988). *The Dreaming Mind.* New York: Basic Books.

Hobson, J. A., Pace-Schott, E. F., & Stickgold, R. (2000). Dreaming and the brain: Toward a cognitive neuroscience of conscious states. *Behavioral Brain Sciences,* 23, 793–842.

McNamara, P., Mclaren, D., Kowalczyk, S., & Pace-Schott, E. (2007). "Theory of Mind" in REM and NREM dreams. In D. Barrett & P. McNamara (eds.), *The New Science of Dreaming, Volume I: Biological Aspects* (pp. 201–220). Westport, CT: Praeger Perspectives.

Windt, J. M. (2015). *Dreaming: A Conceptual Framework for Philosophy of Mind and Empirical Research.* Cambridge, MA: MIT Press.

인간의 생애 주기에 걸친 꿈의 변화

8.1 서론

꿈은 우리 생애의 단계를 반영하는 동시에 그 단계의 특성에도 영향을 미친다. 예를 들어 만약 혼란스럽고 극적이고 열정적이고 소용돌이치는 서사시적 꿈이 없다면, 청소년기는 청소년기답지 않을 것이다. 이런 꿈은 "나는 누구인가?" "나는 왜 여기에 있는가?" 같은 실존적 질문을 중심으로 한다. 이 장에서는 꿈이 깨어 있는 동안 꿈꾸는 사람의 사회적 상호 작용을 반영하며 촉진할 수도 있음을 살펴볼 것이다. 이러한 현상은 유아기부터 죽음에 이르기까지 전 생애에 걸쳐 나타난다. 물론 이것이 꿈의 전부는 아니다. 생애 전반에 걸친 꿈의 내용은 단순한 사회적 상호 작용을 뛰어넘지만, 사회적 상호 작용을 시뮬레이션하는 것이 그 특징임은 인상적이며 일관적인 사실이다. 따라서 인간의 일반적 생애에서 꿈과 그 내용이 어떻게 발달하는지를 이해하려면, 먼저 요람에서 무덤까지 생애 주기의 주요 이정표 또는 단계를 요약해야 한다. 표 8.1은 인간의 주요 생애 단계별 핵심 특징과 이에 대응하는 꿈 연구 결과를 보여준다.

8.2 꿈과 사회적 뇌

꿈은 어린 시절부터 사회적 내용으로 가득한데 그 이유는 무엇일까? 영아는 출생 시 신경학적으로 미성숙한 상태이며, 생후 최소 몇 년은 양육자에게 절대적으로 의존해야 한다. 따라서 아동에게 양육자와의 "애착"을 형성하는 것은 매우 중요한 목표이다. 나는 앞에서 렘수면이 애착 형성에 미치는 역할에 대해 논의한 바 있다. 영아기에 신체와 뇌가 급격히 성장하며, 이후 아동기에는 성장률이 안정적으로 유지되다가

표 8.1 꿈에서 나타나는 생애 주기별 특징.

단계	기간	주요 특징	꿈에서의 삶
태아기	약 9개월	신경 발생, 태아의 성장, 태아–태반 갈등	임신 2분기부터 활동 수면의 징후가 나타나며, 태반의 변화나 모체의 활동에 따라 반응이 달라짐. 나머지 임신 기간에 활동 수면이 우세함
신생아기와 유아기	출생부터 젖을 뗄 때(2~3세)까지	신체, 뇌, 행동의 성장률이 가장 빠름, 언어 습득, 애착 유형이 정해짐	유아기에 처음 꿈을 보고함, 가족 구성원이나 동물이 등장하는 정적 장면, 아동은 꿈이 자기 외부에서 온다고 믿음
유년기	3~7세	중간 정도의 성장률, 2차 "마음 이론" 및 기타 사회인지 기술 발달	꿈을 자주 꿈, 꿈속에서 자신이 친숙한 사람들과 상호 작용하는 모습이 명확히 나타남. 가끔 악몽을 꿈
아동기	7~12세	중간 정도의 성장률, 사회인지 능력이 더 발달함, 또래 집단과의 사회적 상호 작용이 중요해짐	꿈이 더 정교해짐, 가족 구성원에 더해 친구와 낯선 인물들도 등장함. 가끔 악몽을 꿈
사춘기	12~16세	빠른 성장률, 성호르몬의 활성화 및 2차 성징 발현, 사회인지 기술이 계속 발달함	꿈의 내용이 더 생생하고 정교해짐, 꿈에서 동물이 등장하는 빈도가 감소함, 몽정(꿈속에서의 오르가슴), 애착 대상이나 낭만적 대상이 등장함
청소년기	14~19세	빠른 성장률, 키와 몸무게의 급격한 증가, 사회적·성적 성숙, 사회인지 기술이 자기에게 집중됨("나는 누구인가?")	꿈이 더 정교해짐, 자기, 가족, 친구, 낯선 사람, 낭만적 대상 등 등장인물이 다양함. 남성의 꿈에서는 신체적 공격성이, 여성의 꿈에서는 언어적 공격성이 증가함

성인기	여성의 경우 청소년기 이후부터 폐경까지, 남성의 경우 청소년기 이후부터 노년까지	성장률이 안정됨. 성 및 생식 활동, 자녀 양육	현재의 관심사와 함께 일상의 사회적 상호 작용에 대한 사후 가정적 시뮬레이션이 나타남. 남성과 여성의 꿈 내용에 차이가 있음
노년기	생식 및 자녀 양육이 끝난 이후	신체적·정신적 기능이 점진적으로 저하함, 사회적 기여 활동, 조부모로서 역할 수행	생성감과 관련하거나 성찰적인 꿈, 살아 있거나 세상을 떠난 사랑하는 사람들이 나타남
죽음	노년기의 끝	신체적·정신적 활동의 소멸	영적·서사적·성찰적 꿈, 세상을 떠난 사랑하는 사람과 상호 작용함

청소년기에 다시 극적으로 상승한다. 성장 과정에서 가장 큰 비중을 차지하는 것은 뇌 기능의 발달과 유지다. 영아의 기초 대사율에서는 뇌와 관련한 과정 및 발달을 지원하는 부분이 85퍼센트 이상이며, 5세 아동의 경우 50퍼센트, 성인의 경우 20퍼센트이다. 그렇다면 인간은 왜 이처럼 많은 에너지를 뇌 발달에 투입하는 것일까? 인간의 문화와 기술이 뇌 발달에 더 많은 자원이 필요하게 만든 것은 분명하지만, 복잡한 사회에서 성공적으로 살아가려면 큰 뇌와 장기간의 발달 과정이 필수라는 점도 중요하다.

던바는 "사회적 뇌 가설"을 제시하며, 영장류의 신피질 용적이 (신체 크기를 고려할 때) 예상보다 더 큰 이유는 집단 내의 복잡한 사회관계를 처리해야 하기 때문이라고 하였다(Dunbar, 1998, 2012). 그는 인간의 사회적 네트워크 평균은 약 150명이어야 한다는 이론을 펼쳤다. 민족지학적·사회적 증거가 이를 뒷받침한다. 예를 들면 150명은 전형적 수렵·

채집 집단, 군대의 중대, 개인적 네트워크(개인이 직접 아는 사람들), 한 교회의 신도, 소규모 기업 등의 규모다. 이러한 대규모의 개인적 네트워크 내에는 위계적으로 조직된 하위 집단, 즉 동맹, 연합, 파벌 등이 있다. 이러한 집단의 구분은 네트워크 중심에 있는 개인과의 친밀도에 따른 것이며, 동맹의 구성원들은 이러한 관계를 계속해서 유지·갱신·재조정해야 한다. 이는 상당한 인지적 자원을 필요로 한다.

이처럼 복잡하고 끊임없이 변하는 위계적 사회 구조가 개인에게 주는 인지적 부담을 한번 생각해보자. 인간 사회가 성공적으로 유지되려면 협력적 문제 해결이 필수다. 협력은 신뢰에 기반하며, 신뢰는 시간이 지나면서 관련자들의 많은 사회적 상호 작용으로 형성된다. 이러한 사회적 상호 작용은 기억에 남아 축적되며, 사람들은 잠재적 협력자의 신뢰도를 평가할 때 이를 반복해 회상한다. 관계를 안정적으로 유지하려면 협력적 합의의 조건을 지속적으로 재협상해야 한다. 하지만 인간은 기만할 수 있는 존재이기 때문에 타인의 신뢰성을 평가할 때 이런 가능성도 고려해야 한다. 이를 위해 개인은 집단 내 다른 사람들의 의도를 파악하고, 갈등을 조율하고, 타인의 전략적 행동을 예측하고, 손상된 관계를 회복하는 등의 일도 하게 된다.

다른 사람도 자신과 마찬가지로 협력할 수도, 기만할 수도 있는 마음이 있음을 이해하는 능력을 "마음 이론"이라고 한다. 던바는 이 능력에 여러 겹의 인지적 복잡성이 있다고 설명한다. 1차 마음 이론은 자신의 마음 상태에 대한 이해를("나는 ~라고 생각한다"), 2차 마음 이론 또는 의도성은 타인의 마음 상태에 대한 이해를 포함한다("나는 당신이 ~라고 이해하고 있다고 생각한다"). 3차 마음 이론은 A라는 개인이 B가 A 자신의 생각을 어떻게 인식하는지를 생각하는 과정으로 확장한다("나는 당신이 내가 ~ 라고 생각할 것으로 본다고 믿는다"). 사회인지를 연구하는 대부분의 학자들은 인간이 최대 5차 수준의 의도성까지는 처리할 수 있지만, 그 이상은 불가능하다고 본다. 이와 같은 사회인지를 이해하기 위해 연산하려면 두 뇌의 요구가 매우 클 것이다.

8.3 사회적 뇌와 렘수면 시 꿈꾸는 뇌의 중첩

사회인지와 관련한 연산 요구를 처리하는 뇌 영역을 앞에서 "사회적 뇌 네트워크"로 정의했다. 이런 네트워크를 구성하는 핵심 영역을 표 8.2에 정리했다. 편도체는 자신과 타인의 정서를 평가하는 데 중요한 역할을 한다. 더불어 편도체는 사회적 상호 작용에서 중요한, 옥시토신과 바소프레신 같은 호르몬 수치를 조절하는 데에도 관여한다. 옥시토신은 흔히 '신뢰의 분자(trust molecule)'라고 하는데, 그것은 이 호르몬이 사람들 간의 신뢰감과 정서적 친밀감을 증진시키기 때문이다. 바소프레신은 특히 남성의 사회적 기억에 핵심 역할을 하며, 그 활성 수준은 테스토스테론 활동과 관련해 변동한다. 방추형회는 얼굴을 빠르게 인식하고 처리하는 데 도움이 되는 영역이다. 물론 얼굴은 사회적 상호 작용에서 가장 핵심적인 요소로, 개인의 의도와 감정을 나타내는 다양한 신호를 표출한다. 복내측 및 배내측 전전두엽 피질은 자기 관련 정보의 처리와 타인의 정신적 상태에 대한 이해(즉 마음 이론 관련 과제)를 담당한다. 인간의 전두극 영역(브로드만 영역 10)은 구조가 특히 복잡하며, 진화

표 8.2 사회적 뇌와 기본 모드 네트워크의 중첩.

두 네트워크의 공통 핵심 영역	각성 시 기능
편도체	정서, 현저성 평가
방추형회	얼굴 인식 및 처리
복내측 및 배내측 전전두엽 피질	자기 및 타인 관련 정보 처리, 마음 이론
전두극 영역(브로드만 영역 10)	다중 과제
상측두구	거울 뉴런
측두–두정 접합부	마음 이론
섬엽	공감, 도덕적 판단
후방 대상, 설전부	자기 인식, 정신적 시뮬레이션, 시간 여행
해마	기억 처리

적으로도 영장류에서 가장 최근에 발달한 영역이다. 이 영역은 다중 작업(multitasking), 작업 기억, 인지 분기(cognitive branching) 등에 관여하므로 3·4차 등 고차원의 의도성 처리에 기여할 가능성이 있다. 상측두구에는 사회적 모방 행동과 함께 정서적 공감도 지지하는 것으로 보이는 거울 뉴런이 있다. 측두–두정 접합부는 마음 이론 과제와 언어 처리에 관여하며, 섬엽은 공감 반응과 도덕적 정서를 담당한다. 또한 설전부는 정신적 시뮬레이션부터 자기 인식까지 다양한 활동에 관계한다. 마지막으로 해마는 기억 기능을 담당한다.

여러 신경과학자들(예: Mars et al., 2012)은 사회적 뇌라고 부르는 이 신경 네트워크의 기능이 기본 모드 네트워크와 상당 부분 중첩함을 지적한다. 기본 모드 네트워크는 일시적으로 하향 조절되다가 렘수면 중 기능적으로 재연결되는 것으로 보인다. 꿈 연구자들(Pace-Schott & Picchioni, 2017의 리뷰 참조)은 렘수면 동안 뇌가 꿈꿀 때 기본 모드 네트워크의 핵심 영역이 모두 재활성화한다고 했다. 따라서 꿈꾸는 뇌는 곧 사회적 뇌로 간주할 수 있다. 기본 모드 네트워크는 마음이 자유롭게 떠돌 수 있는 휴식 상태에서 활성화하는데, 이때 대부분의 사람들은 사회적 상호 작용에 대한 공상을 한다. 그러므로 생애 전반에 걸쳐 밤에 꾸는 꿈이 대부분 사회적 상호 작용 중심이라는 것은 놀랍지 않다.

사회적 관심사는 유아기 때 꿈이 시작되는 시점부터 꿈속에 나타난다. 앞 장에서 논의한 바와 같이, 인간의 발달 일정은 다른 유인원들에 비해 길어졌으며 이는 뇌 발달을 촉진하려는 목적이었다. 이러한 발달 일정의 연장 및 뇌 성장의 필요성은 사회생활이 복잡해지면서 더 커졌다. 어린아이가 아동기라는 긴 발달 단계에 걸쳐 생존하고 건강하게 성장하려면 양육자와 안정적 애착 관계를 형성해야 한다. 아동기의 꿈은 이러한 애착 형성 과정을 다양한 방식으로 촉진한다. 현재 애착 형성 과정에 대한 인지적 모델은 자기(아동)와 애착 대상(예: 어머니)에 대한 "내적 작동 모델"이 애착의 형성과 유지에 핵심적 조절 요인이라고 간주한다. 이러한 내적 작동 모델은 무의식적으로, 그리고 꿈속에서도 구성된다. 또한 아이들은 가족이나 가까운 친구 같이 자신에게 가장 중요한 사람들에 대한 꿈을 자주 꾸며, 이들과의 다양한 상호 작용 시나리오를 시도한다.

한 연구(Sandor et al., 2014)에서 아동의 꿈에 관한 연구 방법론을 검토한 결과에 따르면, 아동에게 익숙한 가정 또는 학교 환경에서 수행한 연구 결과에서는 수면 실험실에서 EEG 장비를 활용해 측정한 결과보 아동이 실제로 꾼 꿈을 이야기하는 것인지, 아니면 잠에서 깰 때의 환상을 즉석에서 꾸며내는 것인지 어떻게 구분할 수 있을까? 꿈 연구자들은 다음과 같은 기준을 제시했다(Colace, 2010; Sandor et al., 2014).

1. 아동이 주저 없이 꿈 이야기를 시작한다.
2. 아동이 꿈 내용을 한 번에 빠르게 이야기한다. (다만 단편적이거나 기이한 꿈 내용을 회상할 때는 이것이 성인에게도 적용하기 어려운 기준임을 감안할 필요가 있다.)
3. 아동이 이야기를 '꿈'으로 규정한다.
4. 경험 자체를 수면 중 발생한 것이라고 한다.
5. 꿈의 내용에 대한 보고와 낮 동안 아동이 한, 꿈과 관련한 특정 경험 사이에 일관성이 있다.
6. 아동이 자신의 꿈 경험을 잘 이해한다.
7. 꿈에 대한 구체적 진술이 꿈에 대한 일반적 개념과 일치한다.
8. 일정한 시간이 지난 후에도 그림을 통한 새로운 이야기 방식이 언어적 진술과 일관성을 유지한다.

다 아동과 중요한 타인 간의 사회적 상호 작용이 더 풍부하게 나타났다. 이는 아동에게 실험실이 낯설고 불편할 것을 고려하면 당연한 결과로 보인다. 따라서 가정이나 학교처럼 익숙한 환경에서 수집한 꿈을 중심으로 아동의 꿈을 고찰하고자 한다. 아이들이 꿈을 솔직히 이야기하며, 부모를 기쁘게 하려고 꾸며내는 등의 경우는 드물다고 볼 근거가 있다. 3세 정도의 유아도 꿈이 무엇인지 알고, 깨어 있을 때의 환상·사건·이야기와 구분할 수 있다. 아동을 대상으로 꿈을 연구할 때 아이가 제공하는 꿈의 서사가 신뢰할 만한 것임을 판단할 수 있는 기준이 있다 (상자 8.1 참조). 즉 우리는 성인과 마찬가지로 아동들에게도 믿을 만한 꿈 보고를 얻을 수 있다.

8.4 아동의 꿈과 악몽

잘 통제한 아동의 꿈 연구는 놀라울 정도로 드물다. 아동의 꿈에 대한 간헐적 보고에 따르면, 아동은 말하기 시작하면 꿈을 보고할 수 있다. 수면 실험실에서 연구한 바에 따르면, 대부분의 아동은 유년기 중기까지 비교적 정적이고, 줄거리가 간단하고, 가족 구성원들과 상호 작용하고, 동물이 많이 등장하는 꿈을 꾼다. 그러나 부모가 자녀의 꿈을 수집하는 경우 상황이 달라진다. 아동의 꿈은 성인의 꿈만큼이나 역동적이고 풍부한 것으로 나타난다. (다만 아동의 꿈에는 동물 캐릭터가 확실히 더 많이 등장한다).

　1970년대에 아동의 꿈에 대한 종단 연구를 시작한 포크스는 대부분의 꿈 데이터를 수면 실험실에서 수집하였다(Foulkes, 1982). 따라서 이 꿈들의 내용에 대한 그의 결과와 분석은 실험실 환경의 영향을 받았다. 포크스는 어린 아동이 꿈을 거의 회상하지 못하고, 회상한다고 해도 그 내용은 정적이며, 자아의 표상이 나타나지 않고, 별다른 사건이 일어나지 않음을 발견하였다. 반면 가정에서 수집된 꿈들은 전혀 다른 이야기를 들려준다. 레스닉과 동료들(Resnick et al., 1994)은 4~5세와 8~10세 아동 집단 간 꿈 회상 빈도에 차이가 별로 없음을 발견하였다(각각 56퍼센트와 57퍼센트). 또한 능동적 자아 표상에 대해서도 두 연령 집단 간 유의미한 차이를 발견하지 못하였다(89퍼센트). 아동은 자신의 꿈 중 최대 85퍼센트에서 능동적인 존재로 나타났으며, 자기 캐릭터는 거의 항상 다른 사람들과의 상호 작용 속에서 묘사했다. 한 연구(Oberst, 2005)에 따르면 남자아이의 꿈에는 남성 캐릭터(또래의 남자아이)가 더 자주 등장하는 반면 여자아이의 꿈에는 남자아이와 여자아이가 동일한 빈도로 등장한다. 남자아이의 꿈은 더 높은 수준의 신체적 공격성 및 다른 인물과의 공격적 상호 작용을 포함했으며(공격성/등장인물 지수: 남아 61퍼센트, 여아 24퍼센트), 연령이 낮은 아동일수록 꿈에서 (공격성의) 피해자로 묘사되는 비율이 더 높았다고 한다.

한 연구에서는 유년기 후기에 접어들면서 꿈속에서 능동적 자아가 점진적으로 출현하고, 사회적 상호 작용이 급격히 증가한다고 보고하였다(Strauch, 2005). 전체 공격성/우호성 백분율은 남아의 경우 감소(9~11세의 경우 70퍼센트)한 데 반해, 여아의 경우에는 증가하였다(같은 연령대에서 36퍼센트). 이 비율은 청소년기에 접어들면서 남녀 모두 약 50퍼센트 수준으로 평형을 이루었다. 3~7세 아동의 꿈에서 능동적 자아가 나타나는 비율이 가정 및 학교에서 수집한 꿈 전체의 68퍼센트에 달한다는 보고도 있다(Colace, 2010). 또한 어린 아동의 꿈에서 가장 빈번하게 등장하는 인물은 가족 구성원(전체 등장인물의 29퍼센트)과 아는 아이들(28퍼센트)로 **나타났다**(Resnick et al., 1994).

아동의 꿈은 실험실에서 수집되었든 가정에서 수집되었든 많은 부정적 감정을 포함하며, 아이들은 종종 꿈을 무서운 것으로 묘사한다. 아동은 성인보다 악몽을 더 자주 경험하는 경향이 있다. 3~6세 아동의 최대 50퍼센트, 6~12세 아동의 20퍼센트가 "빈번하게" 악몽을 꾼다. 유아기 및 아동기(2.5~9세)에 악몽의 지속은 12세의 정신병적 경험과 관련이 있다. 이러한 연관성은 가족 문제, 정서적 또는 행동적 문제, IQ, 신경학적 문제의 가능성과 무관하게 유지된다. 설문에 기반한 악몽 연구에 따르면, 보통 악몽의 빈도는 5~10세에 가장 높았으며 이는 다른 수면 장애, 특성 불안, 정서적 문제, 행동 문제와 관련이 있었다.

8.5 성인기: 남성과 여성의 꿈 비교

성인의 꿈 역시 내용 면에서 사회적 특성이 강하다. 성인 남성과 여성 모두 가족 구성원과 가까운 친구들에 관한 꿈을 꾸며, 이들과의 다양한 사회적 상호 작용을 꿈속에서 경험한다. 아동이나 성인의 꿈에 낯선 인물이 등장할 경우, 대개 꿈꾸는 사람 자신이나 가까운 가족에게 위협적 존재로 간주된다. 꿈에서 나타나는 위협과 공격성의 수준은 성별에 따라 다른데, 남성은 더 높은 수준의 공격성을, 여성은 (낯선 이가 가하는) 위협에 대한 감정을 더 두드러지게 보인다. 여러 횡단 연구가 성인의 꿈 내용에서 나타나는 성별의 차이를 기록하였다. 1960년대에 홀과 밴드 캐슬은 1948~1952년에 수집된, 남녀 대학생 각 100명의 꿈 5편씩 총 1000편의 꿈을 분석하였다(Domhoff, 1996의 리뷰 참조). 그 결과 남성의 꿈에는 여성의 꿈에 비해 낯선 야외 배경이 더 자주 나타났으며 남성 등장인물, 낯선 등장인물, 신체적 공격성, 무기, 성적 내용이 더 높은 비율로 나타났다(표 8.3 참조). 이러한 성별에 따른 꿈 내용의 기본적 차이를 이후의 여러 횡단 연구에서도 확인하였다.

반면 성인의 꿈 내용 변화에 대한 종단 연구는 드물다. 맥너마라 등은 37명의 남성과 46명의 여성에게 수집한 연속적 꿈을 분석해, 인지적 처리 변수가 다른 꿈 내용 변수들에 미치는 영향을 월별로 검토하였다(McNamara et al., 2016). 그 결과 인지적 처리는 문법적 복잡성(동사와 기능어 사용), 인칭 대명사 '나(I)'의 사용, 사회적·지각적 과정, 건강 및 정서(긍정적·부정적 모두)와 유의미하게 연관되었다. 이는 성인이 꿈을 통해 사회적 상호 작용 관련 정보를 인지적으로 처리함을 시사한다. 인지적 처리의 월별 변화율은 남성과 여성 간에 유의미한 차이가 있었다. 남성의 월별 인지적 처리량 변화율은 유의미했지만, 여성은 시간이 지나도 변화율이 유의미하지 않았다. 인지 처리 관련 단어의 사용 빈도 변화율 역시 남성이 여성보다 유의미하게 높았다. 이러한 결과는 사람들이 꿈을 통해 특정한 유형의 사회적·정서적 정보를 "해결"하거나 인지적으로 처리했으며, 특히 남성의 경우 그 처리 속도가 시간이 지남에 따라 증가했음을 시사한다. 꿈을 통해 인지적으로 처리하는 주제는 건강이나 지각적 과정보다는 주로 사회적 과정과 관련한다. 시간이 지나면서 남성은 사회적 정보에 대한 인지적 처리 비율이 증가하는데, 여성은 상대적으로 일정한 수준을 유지하는 이유는 무엇일까? 이는 내용 변수에서 기저선이 되는 빈도의 차이에 기인하는 것이 아니다. 우리가 분석에서

	남성 규준(%)	여성 규준(%)	효과 크기	P값
등장인물				
남성/여성 백분율	67	48	+.39	.000**
친숙성 백분율	45	58	−.26	.000**
친구 백분율	31	37	−.12	.004**
가족 백분율	12	19	−.21	.000**
동물 백분율	6	4	+.08	.037*
사회적 상호 작용 백분율				
공격성/우호성 백분율	59	51	+.15	.014*
우호적 행동 백분율	40	47	+.06	.517
공격적 행동 백분율	40	33	+.14	.129
피해 백분율	60	67	−.14	.129
신체적 공격 백분율	50	34	+.33	.000**
사회적 상호 작용 비율				
공격성/등장인물 지수	.34	.24	+.24	.000**
우호성/등장인물 지수	.21	.22	−.01	.852
성적 상호 작용/등장인물 지수	.06	.01	+.11	.000**
자아 개념 백분율				
자기 부정성 백분율	65	66	−.02	.617
신체적 불행 백분율	29	35	−.12	.217
부정적 정서 백분율	80	80	+.00	.995
꿈꾸는 사람의 성공 백분율	51	42	+.18	.213
상반신/해부학 관련 백분율	31	20	+.26	.002**

기타 지표

신체 활동 백분율	60	52	−.38	.000**
실내 환경 백분율	48	26	−.26	.000**
친숙한 환경 백분율	62	79	−.38	.000**

다음 중 적어도 하나 이상이 포함된 꿈의 비율

공격성	47	44	+.05	.409
우호성	38	42	−.08	.197
성적 상호 작용	12	4	+.31	.000**
불행	36	33	+.06	.353
행운	6	6	+.02	.787
성공	15	8	+.24	.000**
실패	15	10	+.17	.007**
노력	27	15	+.31	.000**

주: p값은 두 비율 간 차이의 유의성을 평가하는 공식에 기반함. 효과 크기는 코헨스 h(Cohen's h)에서 도출되었다. h 통계치는 다음의 공식으로 결정된다. $h = \cos^{-1}(1-2P_1) - \cos^{-1}(1-2P_2)$ P_1 and P_2. 여기에서 P_1과 P_2는 비율을 나타내는 0과 1 사이의 값이며 $\cos^{-1}$ 연산은 라디안 단위의 값을 반환한다. *: .05 수준에서 유의함, **: .01 수준에서 유의함. 이 표는 원래 Domhoff, G. W. *The Scientific Study of Dreams*, p. 73의 표 3.2로 출판됨.
허가를 받아 Domhoff (2003)에서 인용함.

인지적 과정을 나타내는 단어 빈도의 기저선을 사전에 조정했기 때문이다. 그리고 남성과 여성 간 연령 차이로 설명할 수 있는 현상도 아닌데, 이는 분석에서 연령의 영향도 미리 조정했기 때문이다.

꿈 내용의 연속성 가설은 꿈의 내용이 일상생활을 반영한다는 입장을 취하며, 이를 실증적 연구 결과가 폭넓게 지지한다. 여성은 깨어 있는 상태에서 정서적 내용을 더 쉽게 처리하는 반면, 남성은 사회적·정서적 정보를 꿈이라는 "오프라인" 상태에서 처리하는 것을 선호할 수 있다.

우리의 꿈 분석 연구 결과는 꿈 내용의 연속성 가설을 부분적으로 지지하는 동시에, 남성과 여성이 정서적 문제를 처리하는 데 꿈을 활용하는 방식에 대한 중요한 주제를 제시하였다. 남성들은 시간이 흐름에 따라 꿈속에서 여성들보다 더 많은 사회적·정서적 정보를 인지적으로 처리하는 것으로 나타났다.

8.6 애착 관련 꿈

꿈의 회상 및 내용은 아동과 성인 모두에게서 애착의 안정성/불안정성에 따라 현저히 달라진다(예: McNamara et al., 2014의 리뷰 참조). 스스로 불안정 애착 성향이라고 보고한 사람들은 그 성향을 반영하는 꿈을 주로 회상하는데, 이는 보상적 방식(불안형 애착인 사람들은 낭만적 대상에 초점을 맞춘 꿈을 더 많이 회상한다)이나 반응적 방식(회피형 애착인 사람들은 꿈을 회상하지 않거나, 감정적·낭만적 내용을 보고하지 않는다)으로 나타난다. 한 연구에서는 의미 있는 타인이 등장하는 꿈속에서 파트너에 특화된 애착 표상이나 인지적 작동 모형이 어떻게 나타나는지 조사하였다(Selterman, Apetroaia, & Waters, 2012). 이들은 "안전 기지 스크립트 이야기 평가(Secure Base Script Narrative Assessment)"라는 방법을 사용해 애착 성향을 측정하였다. 이 평가 방식은 참여자들에게 단어 단서에 대한 응답과 자유로운 서사 형태의 응답을 수집한 뒤, 여기에서 낭만적 대상이나 안전 기지 역할을 하는 인물이 참여자의 탐색을 지지하거나, 도와주러 오거나, 위로하는 요소/장면을 부호화한다. 연구진은 이 방법으로 참여자들의 안전 기지 스크립트를 분석한 뒤, 그들의 꿈속에서 나타난 안전 기지 스크립트 관련 요소를 코딩하였다. 연구에는 61명의 학부생이 참여했고, 이들은 모두 최소 6개월 이상 독점적 데이트 관계를 지속하고 있었다. 연구진은 이들로부터 2주간의 꿈 자료를 수집했고, 그중 낭만적 파트너가 등장하는 꿈을 선별해 안전 기지 스크립트 요소를 부호화하였다.

연구 결과, 관계 특수적 애착의 안정성과 낭만적 파트너가 등장하는 꿈이 안전 기지 스크립트를 따르는 정도 간에는 유의미한 관련이 있었다. 현재의 낭만적 파트너가 등장하는 꿈 중 상당수에서 안전 기지 관련 내용을 확인했으며, (객관적인 안전 기지 스크립트 이야기 과제를 통해 측정한) 낮 동안의 애착 안정성은 꿈이 얼마나 "스크립트화"되었는지, 즉 꿈이 안전 기지 스크립트를 얼마나 반영하고 있는지와도 유의미한 관련성을 보였다.

이런 꿈과 애착 유형에 대한 연구들은 꿈이 인지적 애착 작동 모델의 구성·유지·조정을 지지함을 시사한다. 앞서 논의한 것처럼 이러한 작동 모델은 자기와 애착 대상의 관계에 대한 심리적 표상을 포함한다. 예를 들어 자기와 타인(애착 대상) 모두를 긍정적으로 평가 및 표상하는 경우 안정 애착이 형성된다. 반면 타인을 자기보다 더 가치 있게 평가하고, 자신은 타인에게 지나치게 의존하는 존재로 인식하는 경우에는 불안정-몰입형 애착이 나타난다. 반대로 자기의 가치를 타인보다 과도하게 평가하는 경우에는 불안정-거부형 애착이 된다. 맥너마라와 동료들에 따르면 이러한 애착 유형에 따라 꿈 회상 빈도가 유의미하게 달라진다(McNamara et al., 2001). 또한 이들은 애착 유형, 꿈 회상 빈도, 꿈 속 이미지의 강도 간에 유의한 관련성이 있음을 발견하였다. 다른 연구에서는 불안형 애착으로 분류된 사람들이 렘수면의 지속 시간이 더 짧았고, 다른 애착 유형보다 공격성이나 자기 비하 같은 주제를 담은 꿈을 더 많이 꾼다는 것을 밝혀냈다(McNamara, Pace-Schott, Johnson, Harris, & Auerbach, 2011). 다른 연구자들도 유사한 결과를 보고했는데, 불안정 애착 유형은 꿈에서의 부정적 자기 개념과 관련이 있었다(Mikulincer, Shaver, & Avihou-Kanza, 2011). 애착과 관련한 회피와 불안이 꿈속에서 안정 애착을 나타내는 내용, 예컨대 지지 요청, 지지받을 수 있는 가능성, 고통의 완화가 적게 나타나는 것과 상관관계가 있다고 밝힌 연구도 있다(Mikulincer, Shaver, Sapir-Lavid, & Avihou-Kanza, 2009). 앞서 언급한 바와 같이 불안정 애착 유형(회피 및 불안)은 낭만적 파트너가 등장하는 꿈에서 갈등과 관련이 있었다(Selterman & Drigotas, 2009). 이후에는 현재의 관계에서 안정 애착을 보인 참여자들이 '안전 기지' 관련 내용의 꿈을 더 많이 보고한다는 점을 밝혔다(Selterman et al., 2012). 나아가서 꿈속의 애착 관련 내용이 실제 낮 시간대의 애착 행동에 영향을 미치는 것도 실증하였다(Selterman, Apetroaia, Riela, & Aron, 2014). 구체적으로 보면, 참여자들이 연인에 대한 꿈을 꾸는 빈도가 파트너와 상호 작용하거나 꿈꾼 후 더 많은 사랑/친밀감을 느끼는 정도와 양의 상관관계가 있었다. 회피 애착 성향이 높은 사람들은 파트너가 나오는 꿈에서 부정적 감정이 더 강할수록 그 후 며칠 동안 파트너와 상호 작용을 덜 한다고 보고하였다. 그런가 하면 상호 의존성이 높은 사람들은 파트너와 성적 행동을 하는 꿈을 꾸는 것이 그 후 며칠 동안 사랑/친밀감의 증가와 관련이 있었다. 밤새 꿈의 내용을 조사한, 드문 뇌파 연구에서는 편안함과 실제 "정서적 친밀감" 내용을 측정하는 변수가 밤에 렘수면 시간이 증가함에 따라 함께 증가함을 발견하였다(McNamara et al., 2014). 렘수면 시 친밀감 관련 꿈 내용은 세 가지 애착 유형 모두에서 증가했지만, 증가율(경사도)은 안정 애착 유형(0.52) 또는 불안정-몰입형(0.44) 집단보다 불안정-회피형 집단(0.31)에서 더 낮게 나타났다.

8.7 연령에 따른 꿈 내용의 변화

노년기에 꾸는 꿈은 아동기나 청년기의 꿈에 비해 학문적 주목을 덜 받아왔지만, 과학적 꿈 연구에서의 중요성은 같다. 이는 인간이 노화함에 따라 수면 주기에서 서파 수면이 감소하고, 결국 N2 단계의 얕은 수면과 일부 렘수면만이 남기 때문이다. 따라서 노년기의 렘수면 꿈은 더 이상 서파 수면과 균형을 맞추거나 그것의 제약을 받지 않아도 되며, 꿈의 시뮬레이션은 더 길고 자유롭고 주제의 폭이 넓어질 수 있다. 실제로 노인의 꿈은 주제가 젊은 사람들보다 더 다양한 것처럼 보인다. 다만 중심 주제로서 사회적 상호 작용은 노년기의 꿈에서도 중요하다.

데일 등은 12~85세의 남성 231명을 대상으로 한 연구에서 꿈속의 공격적인 사회적 상호 작용은 연령이 증가함에 따라 감소한 반면 우호적 상호 작용의 빈도, 등장인물의 수와 성별은 전 생애에 걸쳐 비교적 안정적으로 유지되었다고 보고하였다(Dale et al., 2017). 그러나 여기서 주목해야 할 점은, 40~64세와 65~85세 두 연령 집단의 꿈에서 성적 내용이 전혀 나타나지 않은 것이다. 같은 연구팀이 여성의 전 생애에 걸친 꿈 내용에 대해서도 유사한 결과를 보고한 바 있다(Dale et al., 2015). 여성의 꿈에서는 등장인물의 총수나 남성 인물 수의 연령대별 유의미한 경향은 보이지 않았지만, 꿈속에 등장한 여성 인물과 친숙한 인물의 비율은 연령의 증가에 따라 감소하였다. 또한 전체 공격적 상호 작용과 꿈꾸는 사람이 피해자가 되는 상호 작용은 연령이 증가하면서 소폭 감소하는 선형으로 나타났으며, 사춘기에서 노년기로 갈수록 우호적 상호 작용 및 우호성 지수는 전반적으로 하락하였다.

돔호프에게 어느 50대 후반 여성의 꿈 일기를 분석할 기회가 있었다(Domhoff, 2003). 바브 샌더스(Barb Sanders)라는 이 여성은 1970년대부터 1990년대 후반까지 자신의 꿈을 꾸준히 기록했는데, 이 연구자는 샌더스뿐만 아니라 그와 오랜 시간 알고 지낸 여성 친구들 4명과의 면담을 통해 샌더스의 꿈 내용에 점수를 매기고 시간에 따라 그 내용이 어떻게 변화했는지, 샌더스의 삶에서 나타난 주제를 얼마나 반영하는지 분석하였다. 분석 결과 샌더스의 꿈은 그의 현재 및 과거의 사회적 상호 작용과 함께 바라던 사회적 관계까지 비교적 충실히 재현하고 있었다. 여기에는 전 남편과의 관계, 어머니에 대한 양가감정, 가장 좋아한 남동생과 친구들과 자녀들에 대한 강한 사랑, 젊은 남성에게 느낀 잠깐의 설레임 등이 들어갔다. 샌더스의 꿈에서 사회적 상호 작용의 공격성과 우호성 수준은 수십 년 동안 안정적으로 유지되었지만, 그의 인생에 중요한 인물들과의 상호 작용은 시간이 흐르며 질적으로 변화하였다. 일부 인간관계는 더 우호적으로 그려졌지만, 다른 관계는 더 소원해졌다. 사랑하는 사람들과의 관계는 노년기의 꿈에서도 중요한 주제로 등장한다.

8.8 죽음과 꿈

죽음을 앞둔 사람들의 꿈 내용을 수집한 사례도 있다. 초기 연구에서는 임종이 임박한 이들의 꿈에 초자연적 존재, 영적 세계를 배경으로 한 장면, 죽음이 다가옴을 "알리는" 듯한 이미지가 자주 나타났다. 이러한 이미지에는 불가사의한 터널, 시들어가는 식물, 자연재해 등이 있다. 일부 꿈은 이승에서 죽음 이후의 세계로 넘어가는 과정을 돕는 것처럼 보인다. 또한 자신이 죽어감을 자각하는 사람들의 꿈에서는 임신, 아기, 어린이의 이미지가 자주 등장하였다. 열매를 맺는 나무, 빛으로 가득한 길로 통하는 문, 천사 같거나 자애로운 존재들과의 만남 등도 임종을 앞둔 사람들의 꿈에서 나타났다. 세상을 떠난 사랑하는 사람과 재회하는 꿈은 전 세계에서 공통이었다.

8.9 결론

대부분의 꿈은 꿈꾸는 사람과 그 사람에게 친숙한 인물들의 사회적 상호 작용으로 가득하다. 꿈의 내용은 꿈꾸는 사람의 생애 단계에 따라 상당히 변화하지만, 사회적 상호 작용은 전 생애를 통틀어 꿈 내용의 핵심 요소로 남는다. 꿈에서 나타나는 많은 사회적 상호 작용은 애착 상호 작용으로 분류할 수 있는데, 이는 꿈꾸는 사람의 애착 유형을 반영하거나 낮 동안의 애착 유형(낭만적 애착, 가족적 애착 등)을 형성하는 상호 작용이다. 노년기나 죽음을 앞둔 시기에도 꿈은 여전히 사회적 상호 작용을 시뮬레이션하는 기능을 하지만 낯선 인물들이 새롭게 등장한다. 이러한 인물들은 초자연적 존재인 경우도 있고, 생전에 사랑한 고인인 경우도 있다. 이처럼 어린 시절에 아이를 양육자의 사회적 세계로 이끌던 꿈은 죽음을 맞이하는 이를 사랑하는 이들의 품으로 부드럽게 인도한다. 꿈은 우리가 사랑하는 이들과 함께, 말 그대로 요람에서 무덤까지 동행한다.

복습 질문

○ 아동과 성인 모두의 애착 유형과 수면/꿈 지표 간 연관성에 대한 연구 결과의 의미는 무엇인가?

○ 아동이 꿈 이야기를 지어내는 것이 아니라 실제로 하고 있음을 신뢰하려면 어떤 증거가 필요한가?

○ 여성의 꿈에는 여성과 남성이 동등한 빈도로 등장하는 반면, 남성의 꿈에는 다른 남성이 더 자주 등장하는 이유는 무엇일까?

○ 낮의 사건이 꿈의 내용에 영향을 미치기보다 꿈의 내용이 주간의 행동에 영향을 미친다는 것을 입증하려면 어떠한 종류의 실증적 증거가 필요할까?

더 읽을거리

Colace, C. (2010). *Children's Dreams: From Freud's Observations to Modern Dream Research* (1st ed.). London: Karnac Books Ltd.

Domhoff, G. W. (2003). *The Scientific Study of Dreams: Neural Networks, Cog-*

nitive Development, and Content Analysis. Washington, DC: American Psychological Association.

Pace-Schott, E. F., & Picchioni, D. (2017). Neurobiology of dreaming. In M. Kryger, T. Roth, & W. C. Dement (eds.), *Principles and Practice of Sleep Medicine* (6th ed. pp. 529–538). Philadelphia: Elsevier.

Sándor, P., Szakadát, S., & Bódizs, R. (2014). Ontogeny of dreaming: A review of empirical studies. *Sleep Medicine Review*, 18(5), 435–449. doi: 10.1016/j.smrv.2014.02.001.

Selterman, D. F., Apetroaia, A. I., Riela, S., & Aron, A. (2014). Dreaming of you: Behavior and emotion in dreams of significant others predict subsequent relational behavior. *Social Psychological and Personality Science*, 5(1), 111–118. doi: 10.1177/1948550613486678.

Simard, V., Chevalier, V., & Bédard, M. M. (2017). Sleep and attachment in early childhood: A series of meta-analyses. *Attachment & Human Development*, 19(3), 298–321. doi: 10.1080/14616734.2017.1293703.

렘수면과 비렘수면 꿈의 특징

학습 목표

○ 비렘수면에서 깨어날 때 전형적인 꿈의 내용을 설명할 수 있다.

○ 렘수면에서 깨어날 때 전형적인 꿈의 내용을 설명할 수 있다.

○ 하룻밤의 수면 주기 동안 렘수면과 비렘수면에서 꿈의 상호 작용을 설명할 수 있다.

○ 정서 조절에서 꿈 내용의 역할을 설명할 수 있다.

9.1 서론

렘수면이 꿈을 가장 안정적으로 유도하는 수면 단계라고 하지만, 꿈은 수면을 시작하는 시점이나 N3 단계의 서파 수면을 포함한 다른 수면 단계에서도 나타날 수 있다. 비렘수면 단계에서 깨어난 후 보고하는 꿈은 렘수면 이후 보고하는 꿈보다 짧고, 정서가 덜 나타나며, 시각적으로 그리 생생하지 않지만 비렘수면 단계에서도 "꿈"이 나타난다. 사실 항우울제를 복용시켜 렘수면을 화학적으로 억제하는 경우에도 꿈에 대한 보고가 나타난다. 마치 렘수면 없이도 꿈꿀 수 있는 것처럼 렘수면 시 꿈을 보고하지 않기도 한다. 실제로 렘수면 후 깨어날 때 약 20퍼센트는 꿈을 꿨다고 보고하지 않는다. 즉 렘수면의 활성화가 반드시 꿈이나 꿈 보고로 이어지지는 않는다. 또한 렘수면의 비율이 높은 아동들도 시공간적 인지 기능이 시각적 서사를 보고하기에 충분할 만큼 발달하기 전까지는 꿈을 일관적으로 보고하지 않는다(Foulkes, 1982). 유사한 맥락에서 솜즈는 안와 전두 피질, 기저 전뇌, 후두-측두-두정 접합부 부근에 병변이 있는 환자들은 꿈을 전혀 꾸지 않는다고 보고했다(Solms, 1997). 그는 중뇌-변연계-피질 도파민성 경로가 복내측 전두엽의 종결 지점에서 분리되는 경우에도 꿈이 사라질 수 있다고 강조한다. 이 경로는 본능적 추동 및 동기 상태와 관련이 있으므로 도파민 시스템이 일부 꿈의 생성에 관여한다는 합리적 결론을 내릴 수 있다. 이런 환자들은 기본적 기억력과 회상 능력이 보존되기 때문에 꿈 상실은 단순한 기억의 실패가 아니다. 수면 EEG로 측정한 렘수면의 생리학이 정상적으로 기능하므로 렘수면은 여전히 나타난다고 할 수 있다.

따라서 우리는 렘수면이 활성화했는데 꿈꾸지 않을 수도 있고, 렘수면이 활성화하지 않았는데 (비렘수면 꿈의 경우처럼) 꿈을 꿀 수도 있다. 그럼에도 렘수면은 인간이 전통적으로 꿈이라 부르는 경험을 가장 안정적으로 유도하는 뇌 상태이다. 렘수면에서의 "꿈"은 비렘수면 상태에서 깨어났을 때 보고하는 꿈과는 다소 다르다.

만약 당신이 수면 주기의 어떤 시점에 있는 누군가를 깨워 "방금 전 자는 동안 어떤 경험을 했나요?"라고 묻는다면 (항상은 아니지만) 대개 모종의 정신적 활동을 했다고 보고할 것이다. N1 수면 단계로 진입하는 단계, 즉 각성 상태에 있다가 막 잠에 빠져드는 전이 시점에서는 60~90퍼센트의 사람들이 생생하고 기묘한 이미지, 정서, 실제 같은 등장인물들을 보고하지만, 이들이 나타나는 극적 장면이나 줄거리에 대해서는 별로 말하지 않는다. 밤 초반 N2 단계에서는 (이때 잠을 깬 사람들 중 약 40퍼센트가) 다른 등장인물이나 꿈꾸는 사람과 상호 작용하는 생생한 인물, 감정, 일부 꿈 줄거리를 보고하기도 하지만 감정의 강도와 이야기 구조는 렘수면에서 깨어난 사람들의 보고보다 미약하다. 아침 시간대에 이르면 렘수면이 우세해지면서 N2 단계 각성에서도 더 긴 정신적 활동, 더 강한 감정, 보다 명확한 이야기 구조가 나타난다. N3 또는 서파 수면 단계에서 잠을 깨는 사람들은 종종 정신적 활동을 보고하지 않지만, 그래도 20~50퍼센트의 사람들은 정적인 장면, 기억의 단편, 사고 형태의 활동을 보고하기도 한다. 반대로 렘수면에서 깰 때는 80퍼센트 이상이 생생한 "꿈"을 꿨다고 보고하며 이들의 꿈은 강렬한 감정, 생생한 시각적 이미지, 길고 잘 구성된 줄거리, 극적인 사회적 상호 작용, 때로 기이한 이미지를 포함한다. 요약하면 이른 밤 비렘수면 단계에서의 정신적 활동 보고는 렘수면 시에 비교해 짧고, 덜 생생하고, 기이하지 않고, 이야기성이 약하며, 사회적 상호 작용의 성격도 다르다. 반면 (대부분 렘수면 상태이고 일부는 N2 단계인) 늦은 밤의 수면 상태에서는 이러한 특성이 더 뚜렷이 나타난다.

수면 주기 전반에서 나타나는, 이러한 정신적 활동의 질적 차이는 무엇에 기인할까? 일부 학자들은 각기 다른 두 가지 뇌 영역이 두 가지 유형의 정신 활동을 생성한다고 주장하는데, 이를 이중 생성기 모델(two-generator model)이라 부른다(Hobson et al., 2000). 그 대안으로 어떤 연구자(예: Antrobus, 1991)는 하나의 뇌 네트워크가 밤새 지속적으로 정신 활동을 생성한다는 단일 생성기 모델을 주장하며, 수면 주기 시점마다의 생리적 수준과 뇌 활성화 수준의 차이가 그 시점에서 보고할 수 있는 정신 활동의 양을 결정한다고 믿는다. 세 번째 모델은 "은폐된 렘수면(covert REM sleep)" 모델로 수면 중 정신 활동이 렘수면과 밀접하게 이어지지만, 비렘수면 중에도 렘수면의 뇌 네트워크를 차용함으로써 "꿈"이나 정신 활동을 생성할 수 있다고 제안한다. 닐슨에 따르면 수면 시작 시점(N1) 및 이른 아침 시간대에 렘수면 에피소드와 가깝게 발생하는 비렘수면 동안의 은폐된 렘수면 과정이 이러한 수면 단계와 관련한 정신 활동을 유발한다. 렘수면과 비렘수면 각성 연구들을 검토한 닐슨은 비렘수면 각성이 아침 시간대(렘수면이 우세한 시점)에 발생할 경우, 해당 비렘수면 보고가 렘수면 보고와 구분하기 어려움을 보여주었다(Nielsen, 2000). 또 하나의 꿈 생성 모델은 솜즈의 동기적 보상 이론(motivational reward theory)으로, 이 이론에 따르면 꿈의 생성은 중뇌-변연계-전전두엽 피질 도파민 활동과 연결된다. 이는 보상 회로이기 때문에 솜즈는 이런 도파민 활성화가 (후방 피질 영역을 통해 매개되는) 소망 충족의 환각을 시뮬레이션하는 꿈으로 이어진다고 했다.

따라서 단일 생성기 이론이나 닐슨의 은폐된 렘수면 이론에서는 렘수면의 활성화 수준을 꿈 생성의 핵심으로 간주한다. 단일 생성기 이론에 따르면 꿈꾸기는 렘수면에 의존한다. 그렇다면 렘수면을 제거할 경우 꿈은 어떻게 될까? 항우울제를 복용하는 사람들은 꿈의 빈도가 줄었다고 보고하지만, 그래도 꿈이 완전히 사라지는 것은 아니다. 어떤 연구자들은 부분적으로든 전체적으로든 렘수면을 약물로 억제한 경우에도 길고 복잡하며 기이한 꿈이 지속된다고 보고하였다(Oudiette et al., 2012). 비렘수면 꿈은 렘수면 꿈보다 덜 기이하고 덜 복잡하고 이야기성이 약하기는 하지만 여전히 풍부한 사회적 상호 작용, 극적 장면, 강렬한 감정을 포함한다.

맥너마라 등은 8명의 남성과 7명의 여성을 대상으로 가정에서 "나이트캡" 수면/각성 정신 활동 모니터링 시스템("nightcap" sleep/wake mentation monitoring system: 수면 중 정신적 활동을 모니터링하는 휴대용 장치. 자각몽을 비롯한 꿈도 기록하고 분석할 수 있다―옮긴이)을 사용해 수집한, 렘수면·비렘수면·각성 상태의 보고 각각 100개씩을 분석하였다(McNamara et al., 2005). 이 시스템을 통해 렘수면과 N2 비렘수면 에피소드를 식별함으로써 신뢰도를 확보할 수 있다. 우리는 이 자료에 나타난 사회적 상호 작용의 횟수와 다양성에 점수를 매겨 다음과 같은 결과를 얻었다. (1) 계측기가 기록한 꿈 보고에는 환자가 각성 상태에서 작성한 꿈 보고에서보다 사회적 상호 작용이 더 자주 나타났으며, (2) 공격적인 사회적 상호 작용은 비렘수면이나 각성 시보다 렘수면 시의 꿈에서 더 자주 나타났고, (3) 꿈꾸는 사람이 먼저 친절을 베푸는 상호 작용은 렘수면 시보다 비렘수면 시의 꿈에서 더 많이 나타났다. 특히 비렘수면 시의 꿈에서는 꿈꾸는 사람이 먼저 공격적 행동을 하는 경우가 전혀 없었으며, 친절한 행동은 렘수면 시보다 2배 자주 나타났다(90퍼센트 대 54퍼센트, p<.05). 이는 비렘수면 시 꿈에서의 사회적 상호 작용이 렘수면 시보다 적었기 때

문이 아니라, 불쾌한 공격적 충동을 억제하면서 협조적·긍정적 충동이
드러나게 하는 과정이 작동했음을 시사한다. 반면 렘수면 시의 꿈은 불
쾌한 공격적 충동의 발현을 촉진하는 것 같다. 우리는 같은 결과를 렘
수면 또는 비렘수면 시의 각성에 대한 EEG 기반의 연구에서도 거듭
확인했다(McNamara et al., 2010).

9.1.1 비렘수면과 렘수면 꿈 내용의 차이: 꿈 실행 연구에서 얻은 증거

잠든 상태에서 실제로 행동으로 표현하는 꿈에 대한, 얻기 어렵고 독특
한 데이터를 보고한 연구가 있다(Uguccioni et al., 2013). 환자는 마치 누
군가와 대화하는 듯 수면 중에 목소리를 높이거나, 어떤 적과 싸우는
듯 몸부림친다. 때로는 침대에서 일어나 방 안을 뛰어다니며 어떤 위협
으로부터 도망치는 듯한 행동을 하기도 한다. 이러한 꿈은 일반적으로
렘수면 행동 장애와 관련한 증후군의 일환으로 나타나거나, 몽유병 또
는 야경증과 함께 나타난다. 꿈의 실행은 과학적으로 매우 특별한 가치
가 있는데, 이는 환자가 수면 중 꿈을 행동으로 나타냄으로써 무대 위
에 꿈이 펼쳐지는 듯한 장면을 관찰할 수 있게 해주기 때문이다. 따라
서 환자가 깨어난 후 말로 하는 꿈 보고에만 의존할 필요가 없게 된다.
　꿈의 실행 연구자들은 렘수면 시의 꿈 내용이 비렘수면 시와 어떤 차
이를 보이는지에 특히 주목하였다. 렘수면 중 실행한 꿈은 렘수면 행동
장애 환자들의 보고를 통해, 비렘수면 중 실행한 꿈은 주로 비렘수면
꿈을 실행하는 것으로 알려진 몽유병/야경증 환자들의 보고를 통해 분
석했다. 연구진은 몽유병/야경증 환자 32명과 렘수면 행동 장애 환자

24명을 모집해 이들과 꿈의 실행에 대해 면담했다. 이들은 밤새 수면 비디오 다원 검사(sleep videosomnography) 중 꾼 꿈뿐만 아니라 최근과 과거에 경험한 사건 수면과 관련된 꿈, 실행한 꿈에 대해서도 이야기했다. 두 집단이 꾼 총 121편의 꿈을 분석했는데, 몽유병 집단에서 74편, 렘수면 행동 장애 집단에서 47편을 보고하였다. 꿈의 내용은 주로 표준화한 홀/밴 드 캐슬 꿈 내용 분석과 레본수오 위협성 척도(Revonsuo's threats scale)를 바탕으로 평가했다. 분석 결과 렘수면 행동 장애 환자군은 몽유병/야경증 환자군보다 유의미하게 더 높은 공격성 수준을 보였으나, 이는 깨어 있는 동안의 행동과는 관련이 없었다. 몽유병 환자들은 실행하는 꿈에서 불운을 경험할 확률이 렘수면 행동 장애 환자들보다 더 높았으며(28퍼센트 대 8퍼센트, p =0.01), 공격적 행동의 빈도는 더 낮았다(17퍼센트 대 33퍼센트, p =0.06). 공격성이 나타난 꿈에서는 렘수면 행동 장애와 몽유병/야경증 환자 모두 공격자보다는 피해자인 경우가 많았다. 불운이 나타난 꿈에서는 몽유병 환자들이 주로 위협이나 재난으로부터 도망치는 행동을 보인 반면, 렘수면 행동 장애 환자들은 공격받으면 반격하는 행동을 보였다. 몽유병/야경증 환자들이 꿈을 실행한 배경은 주로 익숙한 곳이나 집이었지만, 렘수면 행동 장애 환자들의 경우 덜 익숙한 장소가 많았다. 요약하면 공격적 반응(예: 반격)은 몽유병/야경증 환자가 꿈을 실행할 때는 드물게(8퍼센트) 나타난 반면 렘수면 행동 장애 환자의 꿈에서는 일반적이었다(최소 33퍼센트 이상). 몽유병/야경증 사건 수면은 N3 수면과 각성 사이의 해리 상태와, 렘수면 행동 장애는 렘수면과 관련한다는 점을 고려할 때 꿈의 실행이 이 두 수면 상태 간 뇌 상태의 차이를 반영하는 것으로 보는 것이 타당하다. 연구자들이 논의에서 언급했듯 건강한 참여자들의 꿈 수천 편을 분석한 연구 결과에서도 렘수면과 N2/N3 수면 시 꿈 내용 차이는 매우 유사했다. 렘수면 꿈이 공격적 상호 작용을 시뮬레이션하는 데, N2/N3 꿈은 비공격적·우호적 상호 작용을 시뮬레이션하는 데 특화되었다는 것은 주목할 만하며 이제는 상당히 확립된 사실이다.

연구자들은 이런 연구 결과가 레본수오의 위협 시뮬레이션 이론(threat-simulation theory: Revonsuo, 2000)에 적어도 부분적으로 부합한다고 주장하였다. 이 이론에 따르면 꿈은 주간의 위협적 상황을 시뮬레이션함으로써 실제 상황에 더 잘 대처할 수 있도록 한다. 렘수면 행동 장애 환자와 몽유병/야경증 환자들 모두의 꿈에서 꿈꾸는 사람에 대한 위협이 시뮬레이션되며, 렘수면 행동 장애 환자는 공격적으로, 몽유병/야경증 환자는 도피 또는 각성으로 반응하는 듯하다. 그러나 이 가설은 왜 꿈꾸는 사람이 렘수면 시에는 공격적으로, 비렘수면 시에는 회피적으로 반응하는지 하는 중요한 질문에 적절히 답하지 못한다. 렘수면 중 변연계에 대한 전두엽의 억제 기능이 어느 정도 감소한다는 생리학적 사실로 렘수면 꿈에서 공격적 반응이 나타나는 원리를 설명할 수 있지만, 그러한 반응이 왜 수면 중에 일어나는지는 설명할 수 없다. 다시 말해 렘수면 시 변연계 회로가 탈억제되는 근본적 이유는 여전히 불분명하다. 꿈의 내용 데이터는 수면 중 공격적 행동을 시뮬레이션하는 것이 생물학적으로 자연의 선택일 수도 있음을 시사한다. 그러면 다시 의문이 제기된다. 왜 이러한 현상은 렘수면에만 국한하는가? 만약 수면 중 공격성 회로를 활성화하는 것이 적응적이라면, 왜 비렘수면 상태에서는 그러지 않는 것일까?

9.1.2 렘수면 꿈과 비렘수면 꿈의 상호 작용

하룻밤의 수면에서 비렘수면 꿈이 렘수면 꿈과 상호 작용할 가능성이 높다. 렘수면이 발견된 이후 여러 연구자들(예: Trosman, Rechtschaffen, Offenkrantz, & Wolpert, 1960; French & Fromme, 1964)은 대체로 밤이 시작될 때 꾸는 꿈은 꿈꾸는 사람의 정서적 소망 또는 갈등을 예고하고, 이후에 나타나는 꿈은 그러한 갈등을 다루거나 해결하려는 시도임을 시사하였다. 한 연구에서 연구자들은 정신과 치료를 받는 한 참여자의 수면 패턴과 꿈을 15일 연속으로 분석하였다(Offenkrantz & Rechtschaffen, 1963). 이들은 아동기 기억과 관련한 장면이 밤의 초반부에 꾸는 꿈에서는 전혀 나타나지 않았지만, 새벽 4시 30분 이후 꾸는 꿈에서는 15일 중 8일 동안 나타났다고 보고하였다. 또한 하룻밤에 꾸는 모든 꿈이 동일하거나 소수인 정서적 갈등에 집중된다고 서술하였다. 이들은 특정한 꿈의 구성 방식이 앞선 꿈 작업 결과에 의존한다는 증거를 발견했다고 주장하였다. 꿈에서의 소망이 시간이 지날수록 점점 덜 위장된 형태로 나타났다는 것이다. 어떤 연구자들은 이전에 비렘수면 꿈을 잘 회상한 3명의 참여자를 대상으로 한밤중 연속적 비렘수면-렘수면 꿈을 연구하였다(Rechtschaffen et al., 1963). 그들은 밤새 특정한 꿈의 요소들이 반복해 재현되는 사례들을 발견하였다. 예를 들어 어떤 거리 모퉁이의 이미지가 밤의 첫 번째 비렘수면 꿈에 나왔는데, 이후 꿈속에서 참여자가 여성을 만나는 장소로 다시 나타났다. 다른 연구자(Cartwright, 1999, 2010)도 이후 연구에서 꿈의 정서적 내용이 하룻밤 동안 지속적으로 이어지는 유사한 양상을 논의하였다.

9.2 렘수면 꿈의 특징

9.2.1 서론

렘수면에서 깨어난 후의 꿈 회상은 각성 직전 나타나는 세타파 진동
과 관련이 있다. (반면 비렘수면 꿈의 회상은 알파파 진동과 관련이 있다.) 해마에
서의 세타파 활동이 기억의 부호화와 연관한다는 점을 고려하면 비렘
수면에서 깨어났을 때보다 렘수면에서 깨어났을 때 꿈을 더 잘, 더 구
체적으로 회상할 수 있는 것은 자연스러운 일이다. 대부분의 렘수면 꿈
은 익숙한 환경 속의 일상적인 사회적 상호 작용으로 구성되며, 꿈꾸는
사람과 등장인물들이 꿈꾸는 사람에게 개인적으로 중요한 뭔가에 대해
대화하는 내용이 들어간다. 그러나 렘수면에서 깨어난 참여자들에게서
수집한 꿈은 등장인물들과의 대화에서 말하는 단어 수가 더 많고, 등장
인물의 밀도가 더 높고, 사회적 상호 작용이 더 많고, 그 상호 작용에서
나타나는 공격성의 수준이 더 높다. 또한 더 많은 정서, 더 높은 정서적
강도, 정서적 기억의 공고화가 나타나며 서사 구조가 더 크고 응집력이
있다. (다만 이러한 서사는 상당한 주제적 비연속성과 기이한 요소를 동반한다.) 아울
러 다른 어떤 수면 상태에서 꾸는 꿈보다 자기 성찰의 수준은 낮다. 앞
에서 렘수면 꿈이 기본 모드 네트워크의 핵심 연결점들이 활성화 및 재
연결되는 과정을 수반함을 논의하였다. 기본 모드 네트워크는 낮에 마
음이 떠도는(mind wandering) 중 활성화하는 사회적 뇌 구조들과 상당
부분 겹친다. 이처럼 중첩되는 뇌 영역들, 즉 기본 모드 네트워크와 사
회적 뇌는 렘수면 꿈에서 가장 일관적으로 활성화한다.

9.2.2 렘수면 꿈은 자기 성찰의 감소와 관련한다

모든 렘수면 꿈은 사실상 꿈꾸는 사람, 즉 자아가 다른 등장인물들과 상호 작용하는 내용을 담고 있으며, 이 자아는 보통 꿈의 중심에 위치한다. 꿈속에서 자아에 온전한 주체성이 있다고 간주할 수 있는지는 논쟁의 여지가 있지만, 꿈꾸는 사람은 꿈속에서 특정한 행동을 의도할 뿐만 아니라 많은 경우에 그런 의도 또는 목표를 실제로 달성하기 위해 노력하며, 이러한 노력은 꿈의 일반적 서사 구조를 형성한다. 꿈속의 자아는 나름의 목표와 이를 달성할 계획을 세우려는 의도가 있다는 점에서 행위의 주체로 간주할 수 있다. 그럼에도 꿈꾸는 사람은 자신이 꿈속에서 겪는 행동과 상호 작용을 비판적으로 성찰할 수 없다. 이때 가장 "결정적인 것"은 꿈꾸는 사람이 자신이 꿈꾸고 있음을 알지 못하며, 꿈속에서 벌어지는 기괴한 사건들을 비판 없이 "정상적인 것"으로 받아들인다는 점이다. 이러한 자기 성찰의 저하는 렘수면 동안 배외측 전전두엽 피질의 활동 수준이 감소하는 현상과 관련한 것으로 보인다.

9.2.3 렘수면 꿈에는 친숙하거나 낯선 인물 모두가 유난히 많이 등장한다

렘수면 꿈에서는 꿈꾸는 사람의 성별에 따라 남성과 여성이 등장하는 빈도가 다르다. 남성은 꿈에서 여성보다 다른 남성을 더 자주 보며, 이 남성 등장인물들은 대체로 꿈꾸는 사람과 공격적인 신체적 상호 작용을 한다. 이 성차(여성의 꿈에는 남성과 여성이 나오는 빈도가 비슷한 반면 남성의 꿈에는 다른 남성과의 공격적 상호 작용이 나온다)는 인간의 성 선택 및 짝짓기 전략 이론과 일치하는데, 이런 이론에 따르면 남성은 여성에게 접근할 기회를 두고서 서로 경쟁한다.

칸과 동료들은 성인 33명의 꿈 보고 320건을 분석한 연구에서 꿈에 등장하는 인물 중 48퍼센트가 꿈꾸는 사람이 실제로 아는 사람이라고 보고하였다(Kahn et al., 2000). 각 꿈 보고의 평균 길이는 237단어였으며, 평균적으로 3.7명의 인물이 등장하였다. 홀/밴 드 캐슬의 꿈 내용 분석에 따르면, 일반적으로 꿈속 인물의 절반 정도만이 꿈꾸는 사람에게 친숙한 인물이다. 대부분의 렘수면 꿈에서는 꿈꾸는 사람이 정확히 식별하지 못하는 정체불명의 인물들이 배경으로 등장한다. 그럼에도 꿈꾸는 사람은 이 정체불명의 인물들이 남성이라는 느낌을 자주 받는다. 일부 연속적 꿈에서는 등장인물이 80퍼센트까지 낯선 남성이었는데, 이들은 꿈꾸는 사람에게 모호하게 위협적인 존재였다. 1000개 이상의 꿈을 분석한 초기 연구에서 홀은 다음과 같은 세 가지 주요 결과를 보고하였다(Hall, 1963). (1) 꿈에 등장하는 낯선 인물은 대부분 남성이었다. (2) 신체적 공격성이 수반되는 만남은 낯선 남성과의 상호 작용에서 가장 많이 발생했으며, 이 빈도는 낯선 여성이나 친숙한 남녀와 상호 작용하는 경우보다 높았다. (3) 낯선 남성은 여성보다 남성의 꿈에 더 자주 등장하였다. 이후 돔호프는 낯선 남성이 꿈에 등장하는 경우 신체적 공격이 발생할 확률이 우연적 확률을 훨씬 초과한다는 점을 보여주었다(Domhoff, 2003). 한 연구에서는 약 3분의 1의 꿈에서 등장인물이 전부 낯선 사람들이라는 결과가 나왔다(Strauch & Meir, 1996).

9.2.4 렘수면 꿈에서는 사회적 상호 작용 빈도와 공격성 수준이 높다

위와 같이 렘수면 꿈에 낯선 등장인물이 많고 이들 중 대부분이 남성이
라는 결과는 이러한 낯선 남성 인물의 등장이 꿈꾸는 사람에 대한 신체
적 공격성과 통계적으로 연관함을 의미한다. 이는 렘수면 꿈에서의 공
격성 수준이 비렘수면 꿈보다 더 높을 것이라는 예측으로 이어진다. 전
체적 공격성 수준은 렘수면 꿈과 비렘수면 꿈 사이에 별 차이가 없지
만, 꿈꾸는 사람이 공격적 행동을 주도하는 경우는 렘수면 꿈에서 비
렘수면 꿈보다 훨씬 더 일반적이다. 이는 꿈의 길이를 통제한 경우에도
마찬가지였다. 맥너마라와 동료들은 렘수면과 비렘수면 꿈의 공격성 수
준 차이를 반복 연구하였다(McNamara et al., 2010). 연구 대상은 64명의
건강한 참여자(남성 28명, 여성 36명, 평균 연령 = 20.89세, 표준 편차 = 2.56년)였
으며, 수면 실험실에서 수면 중 EEG를 측정하고 렘수면과 비렘수면 중
각기 다른 시점에 참여자를 깨우는 방식으로 진행했다. 주요 결과는 그
림 9.1에 제시했다.

꿈꾸는 사람이 사회적 상호 작용에 직접 관여한(예를 들어 그런 상호 작
용을 시작한) 꿈만 분석했을 때 렘수면 꿈과 비렘수면 꿈의 차이가 명확
히 드러났다. 표준 EEG 방법을 사용하여 분석한 결과에서도 앞서 나
이트캡 기술을 사용한 연구와 비슷한 패턴이 나타났다. 즉 꿈꾸는 사
람이 우호적 상호 작용을 한 경우, 먼저 우호적 행동을 한 비율이 렘수
면 꿈에서는 42퍼센트(N = 24), 비렘수면 꿈에서는 71퍼센트였다(n = 14,
p = .070). 공격적 상호 작용의 경우, 꿈꾸는 사람이 공격자인 비율은 렘
수면 꿈에서 58퍼센트(N = 12), 비렘수면 꿈에서 29퍼센트(N = 17)였다.

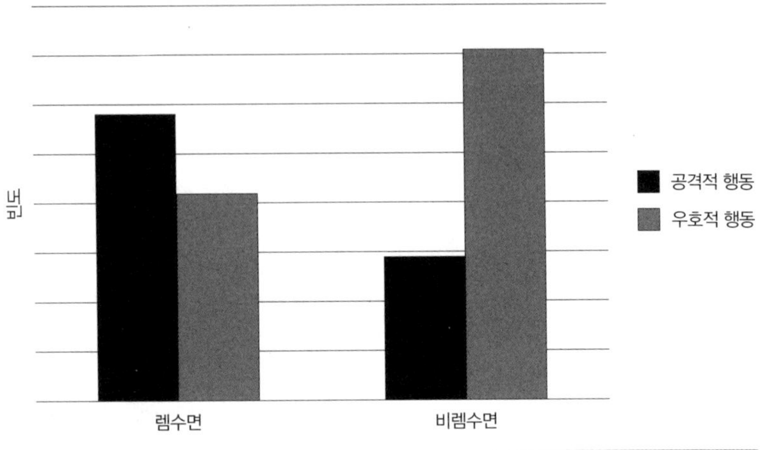

그림 9.1 렘수면 및 비렘수면 꿈속의 사회적 상호 작용에서 꿈꾸는 사람의 역할 빈도.
(이 그래프는 꿈꾸는 사람이 직접 관여한 모든 사회적 상호 작용에서 그의 역할 분포를 나
타낸다. 사회적 상호 작용이 있는 렘수면 꿈은 38건, 비렘수면 꿈은 37건이었다. 분석 결과
비렘수면 꿈에서는 꿈꾸는 사람이 먼저 우호적 행동을 한 비율이 71퍼센트였다.)
허가를 받아 McNamara et al. (2010)에서 인용함.

이러한 렘수면 꿈과 비렘수면 꿈의 차이가 꿈꾸는 사람이 사회적 상
호 작용에 직접 관여한 경우에만 나타난 것이 중요하다. 꿈의 내용을
이해하려면 꿈속 자아의 관점에서 해석해야 하는 것으로 보인다. 전체
렘수면/비렘수면 꿈을 홀/밴 드 캐슬 꿈 내용 분석의 기준을 적용해
분석했을 때는 다른 결과가 나타났다. 사회적 상호 작용 척도에서 렘수
면 꿈은 비렘수면 꿈보다 덜 공격적이고 더 우호적이었다. 렘수면 꿈에
서 나타난 사회적 상호 작용 중 공격적 상호 작용은 37퍼센트(N = 38)인
반면 비렘수면 꿈에서는 57퍼센트에 달했다(N = 37, p = .082). 또한 공격
적 상호 작용 중 (언어적 또는 기타 유형이 아닌) 신체적 공격이 차지하는 비
율은 렘수면 꿈에서 50퍼센트(N = 24), 비렘수면 꿈에서 43퍼센트였다

(N = 23, p = .654). 연구자들은 비렘수면 N2 단계 꿈에서의 공격성이 대부분 여성 참여자들의 언어적 공격일 가능성이 높다고 보았다. 그러나 꿈꾸는 사람이 사회적 상호 작용에 관여한 사례만 보면, 렘수면 꿈에서는 공격자로, 비렘수면 꿈에서는 우호적 상호 작용을 하는 사람으로 나타났다.

9.2.5 렘수면 꿈은 더 많은 정서적 처리에 관여한다

한 연구에서는 연구자들이 자신들의 연속적 꿈 연구에 대해 논의하면서, 꿈속 자아가 꿈의 상황과 정서적으로 관련하는 경우가 비렘수면 꿈은 절반 정도인 반면 렘수면 꿈에서는 5번 중 4번이었다고 언급하였다(Strauch & Meier, 1996, p. 138). 스미스와 동료들은 25명의 참여자로부터 수집한 렘수면 및 비렘수면 꿈 보고를 정서적 내용에 따라 평가하였다(Smith et al., 2004). 이들은 여덟 가지 정서를 식별했으며, 이 중 대부분이 비렘수면 꿈보다 렘수면 꿈에서 더 강하게 나타났다. 이후 이 8개의 정서를 긍정적 정서와 부정적 정서로 분류했다. 긍정적 감정 범주는 기쁨/희열과 사랑, 부정적 감정 범주는 분노, 불안/공포, 슬픔, 수치심 등으로 구성했다. 그 결과 부정적 정서는 렘수면 꿈에서 비렘수면 꿈보다 유의미하게 강력했지만, 긍정적 정서는 두 수면 단계 간에 유의미한 차이가 없었다.

다른 연구에서는 렘수면이 정서 조절을 부분적으로 촉진한다는 주장에 부합하는 근거를 제시하였다(Van der Helm et al., 2011b). 이들은 렘수면 동안 편도체를 포함한 전뇌 영역에서 노르아드레날린 긴장도가 현저히 감소한다는 데 주목하였다. (편도체는 특히 공포 같은 부정적 감정의 처리에 깊이 관여하는 것으로 알려져 있다.) 아울러 렘수면 중에는 편도체와 해마의 상호 작용을 통해 정서적 기억을 처리한다. 즉 렘수면 동안 주간의 정서 조절에 핵심인 두 가지 사건이 발생한다. (1) 중심성 노르아드레날린 긴장의 억제로 편도체의 반응성이 하향 조절되고, (2) 정서적 기억이 편도체-해마 네트워크에서 재활성화한다. 후자의 과정은 기억이 노르에피네프린이 없는 상태에서 처리됨을 의미하며, 이로 인해 기억은 스트레스로 인한 각성이라는 속성을 제거당한 채 장기 기억 네트워크에 저장된다. 요약하면 렘수면은 편도체의 반응성을 약화시키고, 노르아드레날린 활동이 억제된 상태에서 정서적 기억을 재처리함으로써 부정적 정서 관련 기억의 전반적 강도를 낮춘다는 가설을 세울 수 있다.

이 연구에서는 34명의 자원자를 대상으로 두 번의 fMRI 검사를 반복 실시하였다. 이런 검사(검사 1과 2)는 EEG로 기록한 야간의 수면 혹은 깨어 있는 주간 전체를 사이에 두고 시행했다. 각 검사에서 참여자들은 150개의 표준화한 정서적 자극의 사진을 보고 주관적 정서의 강도를 평가하였다. 두 검사에서 동일한 자극을 사용했기 때문에 수면 혹은 각성 이전과 이후에 경험한, 같은 정서적 자극에 대해 정서적 반응성의 변화를 측정할 수 있었다.

연구 결과, 이미지 제시 사이에 수면을 취한 참여자들의 경우 이미지의 정서적 강도 평가와 편도체 반응성이 유의하게 감소하였다. 반면 그 사이 수면을 취하지 않은 참여자들은 평가와 편도체 반응성이 증가하였다. 흥미롭게도 밤새 편도체 반응성과 이미지의 정서적 강도 평가가 감소한 정도는 렘수면 동안 EEG에서 나타난 전전두엽 피질에서의 감마파 활성(이는 각성의 생체 지표이며 중심성 노르아드레날린 활동에 대해서도 마찬가지일 가능성이 있다)이 감소한 정도와 유의한 상관관계가 있었다. 렘수면에서 감마파 활동이 가장 낮은 참여자들의 정서적 반응성이 가장 크게 감소한 것이다. 이는 렘수면 동안 편도체의 활동이 감소하며, 이는 정서적 이미지의 강도에 대한 행동적 평가 감소 및 전전두엽 피질의 EEG에서 나타나는 감마파 활성 감소와 연관함을 시사한다.

수면과 관련한 정서적 반응성의 감소는 렘수면 중 발생하는 다른 과정의 부산물일 수도 있다. 예를 들어 집단(수면 집단, 각성 집단)과 검사 시점(검사 1, 검사 2) 간의 상호 작용 효과가 유의미했으며, 이는 편도체와 복내측 전전두엽 피질 간 기능적 연결성의 변화와 관련이 있었다. 기능적 연결성은 수면 집단에서 밤새 증가한 반면 각성 집단에서는 낮 동안 감소하였다. 이러한 결과는 밤새 편도체 활동의 감소가 복내측 전전두엽 피질과의 연결성 증가에 기인하거나 이와 관련이 있음을 시사한다. 전전두엽 피질 기능은 다양한 고차원 인지 기능에 결정적 역할을 하며, 꿈의 생성에도 필수다. 그렇다면 렘수면 중 정서적 기억의 공고화에 렘수면의 인지적 산물, 즉 렘수면 꿈을 포함한 뇌 활동이 필요할 가능성이 크다. 렘수면 동안 기억은 재활성화해 맥락으로부터 분리된 뒤 장기 기억으로 통합된다. 이러한 발견은 꿈이 본래 공포스러운 기억을 소멸시키는 기능을 한다는 제안(Nielsen & Levin, 2007)과도 일치한다.

9.2.6 렘수면 꿈은 비렘수면 꿈보다 더 이야기 같다

한 연구에서는 렘수면 꿈이 비렘수면 꿈보다 서사적 복잡성이 높고, 에피소드의 진행에 대한 증거도 더 뚜렷하다고 하였다(Nielsen et al., 2001). 그러나 최근의 다른 연구에서는 N2 수면과 렘수면 단계에서 유도한 14개의 꿈을 기록한 보고서 중 어디에서도 정형화한 이야기 구조가 나타나지 않았다고 보고하였다(Montangero & Cavallero, 2015). 또한 연구자들은 렘수면 및 비렘수면 꿈 보고서에 나타난 사건의 순차적 배열에서 유의미한 차이를 발견하지 못했다.

그렇다면 어떤 주장이 옳은 것일까? 렘수면 꿈은 정말 비렘수면 꿈보다 더 서사적인 걸까? 표면적으로 볼 때는 렘수면 중에 깨어난 사람이 누가, 누구에게, 무엇을, 왜 했는지에 대해 비렘수면 중 깨어난 사람보다 그럴듯한 이야기를 들려줄 가능성이 훨씬 높다. 하지만 렘수면 꿈의 서사적 구조를 포착하려는 연구는 여전히 불충분하다. 닐슨과 동료들은 이야기 내용을 에피소드 진행이라는 개념을 중심으로 분석하려고 시도했다(Nielsen et al., 2001). 이 개념은 3단계의 인과적 연쇄 구조다. 즉 하나의 사건이 인물의 반응을 유발하고, 이 반응이 또 다른 사건을 초래한다. 그러나 이야기의 구조는 단순한 인과적 연쇄보다 훨씬 복합적이다. 이야기는 절정을 향해 나아가며, 종종 극적인 긴장과 해소를 포함한다. 에피소드의 진행은 목적 없이 이어지는 것이 아니라 방향성과 목적성이 있다. 다른 연구(Montangero & Cavallero, 2015)에서 지적했듯, 닐슨과 동료들의 연구에서 표본에 포함시킨 꿈 중 약 절반에는 명확한 에피소드가 하나도 나타나지 않았다. 이 연구자들도 비슷하게 꿈 보고의 서사적 특성을 분석하고자 시도하면서, 연속적 시간 단위 간의 언어적 연결성을 미시적으로 분석하는 데 초점을 맞추었다(Montangero & Cavallero, 2015). 하지만 이야기는 요소들의 시간적 배열 이상이다. 더불어 이런 연구에서는 렘수면과 비렘수면 꿈 중 7개씩만을 분석 대상으로 삼았다. 또 다른 연구(Cipolli & Poli, 1992)에서는 이야기 구조의 측정에 보다 정교한 도구를 사용했으나, 이 연구자들 또한 분석을 에피소드와 위계적 사건 구조에 국한하였다. 다시 한번 말하지만, 이야기는 에피소드의 모음 이상이며, 하나의 에피소드가 다른 에피소드에 포함되어 있다고 해서 반드시 극적 긴장과 진행이 있는 진짜 이야기가 되는 것도 아니다.

요약하면 현상학적 관점에서 볼 때 렘수면 꿈이 잘 구성한 이야기처럼 보이는 것은 명백하지만, 연구자들은 아직 렘수면 꿈을 이야기처럼 만드는 요소를 적절히 측정하는 데는 성공하지 못했다.

한 연구에서는 렘수면 꿈에서 나타나는 서사적 특성이 전두엽이 손상된 환자에게서 나타나는 작화증(말짓기증)과 유사하다고 하였다(Pace-Schott, 2013). 전전두엽이 손상된 환자들에게 나타나는 이 병은 환자가 어떤 행동을 설명할 때 주변의 단서나 암시를 즉흥적으로 조작해 그럴듯한 이야기를 지어내는 것이다. 환자는 자기나 타인에 대해 이러한 설명을 자연스럽고 자동적으로 하며, 이것이 대부분 허구임을 인식하지 못한다. 렘수면 꿈 역시 꿈꾸는 사람이 현실이 아님을 자각하지 못한 채 아무런 노력 없이 창조하는 허구적 서사라는 점에서 이와 유사하다고 할 수 있다. 이 연구에서는 렘수면 꿈에 관여하는 뇌 영역이 작화증에 관여하는 뇌 영역과 일부 겹친다는 점도 지적하였다. 예를 들어 자발적 작화는 전방 변연계 시스템, 특히 후방 내측 안와 전두 피질(복내측 전전두엽 피질의 일부)과 그 피질하 연결망의 병변으로 발생한다. 연구자는 이에 근거해 렘수면 꿈은 "상상 속의 사건을 단순히 창조하고 믿는 것뿐 아니라 여러 감각에 걸친 조직적 환각으로 생생하게 경험하는, 강력한 자연 발생적 작화증일 수 있다"고 결론지었다(Pace-Schott, 2013, p. 2).

9.2.7 결론

렘수면 꿈과 비렘수면 꿈은 내용과 현상학 측면에서 차이를 보인다는 점이 이제는 분명해졌다. 그러나 이 두 가지 유형만으로 꿈의 현상학 전체를 설명할 수는 없다. 일반적으로 비렘수면 꿈은 렘수면 꿈에 비해 덜 이야기 같고, 덜 기이하고, 공격적 사회적 상호 작용이 상대적으로 적고, 우호적 상호 작용, 특히 꿈꾸는 사람이 주도하는 상호 작용이 더 많이 나타난다. 다음 장에서는 이와 다른 유형의 이례적인 꿈들을 소개하면서 사람들이 매일 밤 경험하는 꿈의 놀라운 다양성을 살펴보고자 한다.

복습 문제

○ 일부 항우울제는 렘수면의 특정 측면을 억제한다. 렘수면을 화학적으로 억제하는 경우 꿈과 정서 조절에서 그 역할에 어떤 변화가 일어날까?

○ 렘수면 꿈은 비렘수면 꿈보다 공격성 수준이 더 높다는 증거가 있다. 이러한 증거의 의미를 논의하고, 강점과 약점을 평가해보자.

○ 꿈은 기억 공고화 과정에서 어떤 역할을 하는가?

○ 꿈 지연 효과란 무엇이며, 꿈의 기능 이론에서 이 현상의 의미는 무엇일까?

더 읽을거리

Nielsen, T. A. (2000). A review of mentation in REM and NREM sleep: "Covert" REM sleep as a possible reconciliation of two opposing models. *Behavioral and Brain Sciences*, 23(6), 851–866.

Nielsen, T. A., Kuiken, D., Alain, G., Stenstrom, P., & Powell, R. A. (2004). Immediate and delayed incorporations of events into dreams: Further replication and implications for dream function. *Journal of Sleep Research*, 13(4), 327–336.

Stickgold, R. (2013). Parsing the role of sleep in memory processing. *Current Opinion in Neurobiology*, 23(5), 847–853.

Van der Helm, E., & Walker, M. P. (2011). Sleep and emotional memory processing. *Sleep Medicine Clinics*, 6(1), 31–43.

Wichniak, A, Wierzbicka, A., Walęcka, M., & Jernajczyk, W. (2017). Effects of antidepressants on sleep. *Current Psychiatry Reports*, 19(9), 63. doi: 10.1007/s11920-017-0816-4.

다양한 꿈

학습 목표

○ 사람들이 보고하는 다양한 꿈 경험의 중요성을 평가할 수 있다.

○ 꿈의 현상학에서 꿈 회상의 메커니즘과 중요성을 평가할 수 있다.

○ 자각몽, 수면 마비 상태에서의 꿈, 악몽 같은 비일상적 꿈 유형의 특성과 내용을 구별할 수 있다.

○ 빅데이터 혁명이 꿈의 다양성과 경험을 문서화하는 데 미친 영향을 파악한다.

10.1 서론

꿈을 제대로 이해하려면 꿈의 전체 지형에 익숙해질 필요가 있다. 앞장에서 렘수면 및 비렘수면 상태에서 나타나는 일상적이고 흔한 유형의 꿈에 대해 논의하였다. 그러나 사람들이 보고한 꿈의 유형은 매우 다양하다. 꿈을 이해하고 검증 가능한 이론을 구축하기 위해서는 꿈과 관련한 핵심적 사실을 체계적으로 수집해야 하며, 이때 각양각색의 꿈 유형에서 나타나는 특성도 살펴봐야 한다. 꿈을 연구하는 과학자들은 사람들이 꾸는 꿈의 내용과 형식적·현상학적 특성에 차이가 상당하다는 데 동의한다. 예를 들어 아동의 꿈은 성인의 꿈과 매우 다르며, 남성의 꿈과 여성의 꿈 사이에도 큰 차이가 있다. 꿈의 유형은 악몽, "대몽" 혹은 정서적으로 중요한 꿈, 자각몽, 공유하는 또는 상호 관련하는 꿈, 쌍둥이 꿈(쌍둥이들이 보고하는 유사한 꿈), "영적" 꿈, 예지몽, 방문 꿈 (visitation dreams: 세상을 떠난 사랑하는 이가 등장하는 꿈) 외에도 매우 다양하다. 역사적으로 보더라도 꿈은 시기에 따라서 달라졌다. 고대 그리스와 로마인들의 꿈은 르네상스 시기의 유럽인들이 꾸는 꿈과 달랐다. 문화적 차이에 따라서도 꿈은 바뀐다. 전통 사회 사람들의 꿈은 현대 사회 사람들의 꿈과 매우 다르다. 마찬가지로 이슬람 문화권에 사는 사람들의 꿈은 다른 종교가 우세한 문화권에서의 꿈과 차이가 있다. 이러한 사실은 어쩌면 자명해 보일 수도 있다. 하지만 꿈의 다양성은 수면 및 꿈 분야에서 충분히 연구하지 않은 주제이다. 꿈의 내용과 유형의 다양성에 대해서는 문서화가 어느 정도 되어 있지만, 그러한 다양성의 이론적 중요성에 대한 논의는 거의 이뤄지지 않았다. 꿈의 다양성에 있는 근본적·이론적 의미는 꿈의 기능이 단일하지 않다는 것이다. 즉 꿈은 하나의 기능만 하지 않으며, 단일한 이론으로는 꿈 내용의 엄청난 다양성을 모두 설명할 수 없다. 꿈의 유형이 다양하다는 사실은 꿈이 사회적 뇌의 산물이며 적어도 부분적으로 사회관계를 형성하고 변화시키고 영향을 미치고 조작한다는 관점과도 일치한다. 물론 이것이 꿈의 전부는 아니다. 꿈은 일상적 사회 기능을 초월하는 방식으로 작용할 가능성이 있는데, 우리는 이러한 초이성적 기능에 대해 아직 충분한 지식이 없어 지적으로 논평할 수준에 이르지 못했다. 나는 소위 말하는 이상 현상과 꿈에 관한 연구가 더 필요하다고 보지만, 이 장에서는 현재까지 확보한 경험적 자료를 중심으로 논의를 전개할 것이다.

이 장에서 나는 꿈 현상의 광범위한 지형을 이해할 수 있도록 독자들에게 꿈의 다양한 유형을 소개할 것이다. 또한 앞에서 남성, 여성, 아동의 전형적 꿈에 대해 논의했으므로 이제는 비전형적 꿈 현상도 살펴보고자 한다. 드문 사례들도 연구 대상으로서 현상의 기본적·기능적 특성을 통찰하는 데 도움이 되기 때문이다. 그러나 이에 앞서 꿈의 다양성에 영향을 미치는 가장 기초적인 생물학적 제약인 꿈 회상을 먼저 고려해야 한다.

10.2 꿈의 회상

왜 어떤 사람들은 꿈을 자주 기억하는 반면 다른 사람들은 아예 꿈을 꾸지 않는다고 할까? 자발적으로 또는 실험에서 유도되어서 렘수면 중 깨어나는 경우 80~90퍼센트의 확률로 꿈을 회상할 수 있다는 점을 고려하면, 사람은 누구나 렘수면 중에 꿈을 꾼다고 할 수 있다. 그럼에도 꿈을 꾸지 않는다고 말하는 이들이 존재한다. 설문 연구에 따르면 대부분의 사람들은 집에서 자는 경우 일주일에 한두 개의 꿈을 기억했다

(Stepansky, Holzinger, Schmeiser-Rieder, Saletu, Kunze, & Zeitlnofer, 1998). 한 달에 전체 인구 중 약 31퍼센트는 10회 이상, 37퍼센트는 1~9회 꿈을 꾸었다고 보고했다. 그리고 32퍼센트는 한 달에 한 번도 꿈을 꾸지 않는다고 응답했다. 이러한 꿈 회상률의 분포는 전체 인구에서 꿈 회상이 정상 분포를 따름을 시사하며, 약 3분의 1은 꿈을 자주 기억하는 고빈도 꿈 회상자, 다른 3분의 1은 상대적인 저빈도 꿈 회상자로 분류한다. 꿈 회상률 분포의 하위 구간에 속하는 소수는 꿈을 아예 꾸지 않는다고 말한다. 이들에게는 어떤 일이 벌어지는 것일까? 실제로 꿈을 꾸지만 기억하지 못하는 것일까, 아니면 정말 꿈을 꾸지 않는 것일까?

한 정교한 연구(Herlin et al., 2015)에서 연구자들은 꿈을 꾸지 않는다고 주장하는 사람들도 꿈을 꾼다는 사실을 입증하였다. 그 근거는 꿈을 꾸지 않는다고 한 사람들이 자신의 꿈을 실제 행동으로 옮기는 장면을 연구자들이 목격한 것이었다! 연구자들은 파킨슨병이 (항상은 아니지만) 렘수면 행동 장애를 자주 동반한다는 점에 착안하였다. 이 장애가 있는 환자들은 렘수면 꿈을 꾸면 그것을 실제 행동으로 표현한다. 이는 일반적으로 렘수면 중 운동을 억제하는 세포들이 파킨슨병의 진행 과정에서 대부분 손상되기 때문이다. 연구자들은 적어도 10년 이상 꿈을 회상한 적이 없다고 보고한 환자들과, "단 한 번도 꿈을 기억한 적이 없다"고 주장하는 환자들을 대상으로 연구를 진행하였다. 이들을 일반적 꿈 회상자들과 비교하였는데, 세 집단 모두 렘수면 행동 장애가 있었다. 총 289명의 렘수면 행동 장애 환자 중 8명(2.8퍼센트)은 꿈을 회상하지 못했으며, 이 중 4명(1.4퍼센트)은 단 한 번도 꿈을 기억한 적이 없다고 주장하였다. 나머지 4명은 최소 10년에서 최대 56년 동안 꿈을 기억하지 못했다고 보고하였다.

　연구자들은 다른 연구에서 꿈을 꾸지 않는 사람으로 분류할 법한 참여자들을 실제로 확인하였다. 이들은 사실상 꿈을 꾸지 않는 것으로 보인 사람들이었다. 그러나 연구자들은 이들을 밤새 관찰하고 비디오 수면 다원 검사 등을 활용해 렘수면 상태를 확인하였다. 그 결과 "꿈을 회상하지 않은 모든 사람들이 거의 매일 밤마다 복잡하고 꿈과 유사한 행동 및 언어 표현(논쟁, 싸움, 말하기 등)을 했고, 이는 비디오 수면 다원 검사에서 렘수면 동안에도 나타났다". 요컨대 렘수면 행동 장애가 있는 다른 사람들과 마찬가지로 이들 또한 렘수면 중 전형적인 꿈 재현 행동을 했다. 일반적으로 꿈 재현 행동을 한 렘수면 행동 장애 환자에게 해당 꿈에 대해 질문하면 수면 중 보인 행동과 다양한 수준에서 일치하는 진술을 하는 경우가 많다. 그러나 이 연구자들이 조사한, 꿈을 회상하지 못한 사람들은 수면 중 전형적 꿈 재현 행동을 보였음에도, 아침에 꿈에 대한 질문을 받으면 전혀 기억하지 못한다고 응답하였다! 또한 갑자기 렘수면에서 깨어났을 때도 꿈을 조금도 회상하지 못했다. 왜 이들은 자신이 밤새 꾼 것으로 보이는 꿈을 기억하지 못할까? 연구자들이 조사한 8명의 렘수면 행동 장애 환자 중 꿈을 회상하지 못한 이들은 인지 능력, 임상적 상태, 치료 내용, 수면 지표에서 17명의 "동세 집단"과 유의미한 차이가 없었다. 이는 꿈 비회상자들이 단순히 기억력이 나쁘거나 병세가 더 심각해서 등의 이유로 꿈을 망각하는 것이 아니라는 의미다.

　그렇다면 이러한 꿈 회상의 실패가 나타나는 원인은 무엇일까? 이 연구를 비롯한 여러 연구가 보여주듯 전체 인구 중 소수(약 3퍼센트 이내)

는 자신이 절대 꿈을 꾸지 않는다고 확신한다. 하지만 이 연구에 따르면 그들은 꿈을 회상하지 못할 뿐이다. 왜일까?

10.3 꿈 회상과 신경 네트워크의 상관

위의 질문에 대한 한 가지 대답은 꿈을 잘 회상하지 못하는 사람들의 뇌는 일반적 꿈 회상자들의 뇌와 약간 다르다는 것이다. 꿈 회상의 신경 상관성은 정량적 두피 뇌파 측정법, 즉 EEG로 연구했다. N2 단계 수면에서의 꿈 회상은 우측 측두엽 영역에서 알파파 진동의 수준이 낮은 것과, 렘수면에서 깨어날 때의 꿈 회상은 전두엽에서 세타파 활동 수준과 관련이 깊었다. 세타파와 알파파는 꿈 회상의 성공, 측두 두정 영역 및 복내측 전전두엽 피질과 연관성이 있었다. 여기서 흥미로운 점은 복내측 전전두엽 피질로 이어지는 백질 신경로에 병변이 생기거나, 측두-두정 접합부와 사회적 뇌 회로를 구성하는 다른 영역들 간의 연결이 끊어지면 꿈 회상이 중단된다는 것이다. 측두-두정 영역과 복내측 전전두엽 피질로 가는 국소 뇌혈류의 강도는 고빈도 꿈 회상자들이 저빈도 꿈 회상자들보다 높았다. 따라서 절대 꿈을 꾸지 않는다고 주장하는 사람들은 (다른 사람들에 비해) 측두 두정 영역과 복내측 전전두엽 피질의 활동 수준이 낮을 것이다.

꿈 경험과 회상의 신경 상관성에 대한 매우 흥미로운 결과를 보고한 연구도 있다(Siclari et al., 2017). 1950년대에 우리는 렘수면 중인 사람을 깨우면 신뢰도가 높은 꿈 보고를 들을 수 있다는 사실을 알았다. 또한 가벼운 수면 단계인 N2 수면 중에 깨우는 경우에도 약 70퍼센트의 확률로 꿈 보고에 성공했으며, 깊은 서파 수면 단계인 N3에서는 꿈 보고가 가능했지만 렘수면이나 N2 수면 때만큼 확실치는 않았다. 이는 EEG에서 나타나는 렘수면, N2 수면, N3 수면의 뇌파 특징이 매우 다름에도 모든 수면 상태에서 꿈 보고가 가능하다는 의미다. 이는 표준 EEG 수면 측정법이 꿈 보고와 가장 신뢰성 있게 연관된 뇌 상태를 알아내는 데에는 불충분한 도구임을 시사한다.

시클라리와 동료 연구자들은 표준 수면 단계와 관계없이 꿈 경험의 신경 상관성을 분리하고자 고밀도 EEG를 사용하였다(Siclari et al., 2017). 이들은 렘수면 및 비렘수면 꿈을 꿀 때와 꾸지 않을 때를 비교했는데, 뇌 후방의 "핫존(hot zone)"에서 저주파 EEG 활동이 감소할 때, 즉 전통적으로 "EEG 활성화"라고 하는 상태일 때 깨어난 참여자들은 꿈을 꿨다고 보고하였다. 반대로 동일한 영역에서 저주파 활동이 증가한 경우에는 참여자들이 꿈을 꾸지 않았다. 다시 말해 참여자들이 꿈을 꾸었다고 보고할 때마다 활성화하고 꿈꾸지 않았다고 보고할 때마다 일관적으로 비활성화한 영역은—표준적 수면 상태와 관계없이—후방 "핫존" 내의 영역, 즉 후두 피질, 설전부, 후방 대상회였다. 연구자들은 이 영역의 신경 활동을 모니터링함으로써 참여자가 꿈을 회상할 가능성을 예측할 수 있었다.

수면 중 고밀도 EEG를 적용하는 것은 기술적으로 매우 까다롭기 때문에 수면 연구에서 이 방법은 거의 이용하지 않는다. 다양한 잡음의 영향을 받기 쉬우며, 이러한 영향을 최소화하기 위해서는 깊은 주의(예: 특별히 설계된 방음실을 사용해야 함)가 필요하기 때문이다. 그럼에도 이 연구자들은 고밀도 EEG를 수면 중에도 사용했을 뿐만 아니라, 참여자들을 반복적으로 깨워 꿈 보고를 유도하면서도 오염 없이 데이터를 수집하는 데 성공하였다. 이는 그 자체로 상당한 성과다.

이 연구에서는 꿈 경험과 관계있는 신경 네트워크를 대뇌 피질 후방의 "핫존"으로 한정하였다. 해당 영역에는 시각 중추인 후두 피질, 설전부, 후방 대상회가 있다. 나는 이러한 영역을 꿈 영역의 핫존으로 간주하는 것이 타당하다고 본다. 예를 들어 설전부의 활성화는 자기 인식과 연관하며 사회적 뇌 회로의 일부다. 한편 측두-후두-두정 접합부에 손상이 있는 경우 꿈 회상이 중단된다는 점도 오래전부터 알려져 있었는데, 이 책에서 말하는 "핫존"이 이 영역과 어느 정도 중첩되는 것으로 보인다.

연구자들이 렘수면 중 핫존을 분석한 결과, 대뇌 피질의 활성화 패턴은 후방 영역을 넘어 전두엽까지 확장했다. 복내측 전두엽 손상 또한 꿈 회상의 중단을 초래했다. 정리하면 이러한 결과는 꿈 회상에서의 신경 상관성에 대한 선행 연구와 일치한다. 특히 이 연구에서는 설전부를 새로운 핵심 연결점으로 추가하였다. 따라서 꿈 생성 및 회상에 관여하는 핵심 연결점은 설전부, 측두-후두-두정 접합부, 복내측 전전두엽 피질로 구성되며, 이는 모두 사회적 뇌 회로의 핵심 연결점이기도 하다.

10.4 자각몽을 꾸는 사람들은 꿈 회상률이 특히 높다

자각몽을 자주 꾼다고 보고하는 사람들은 꿈 회상률 또한 가장 높다.

자각몽을 꾸려면 꿈을 자주 꾸고, 또 그 꿈을 자주 회상해야 한다는 점을 고려하면 이는 놀랍지 않다. 그렇다면 꿈 회상을 잘하는 사람들은 무엇이 특별하고 왜 꿈 회상의 세계 챔피언이라고 할 수 있을 정도로 탁월할까? 연구에 따르면 이들은 퍼즐을 푸는 능력, 퍼즐 해결 과정에서의 돌발적인 통찰력, 주의의 기술에 대한 통제력에서 일반적 꿈 회상자들과 차이가 있다. 아울러 사회적 뇌 회로 내의 활동 수준 또한 상대적으로 높을 가능성이 있다.

10.5 꿈 회상률을 높이기 위해서 할 수 있는 일

사회적 뇌 회로 내의 활동 수준을 직접 높이는 방법이 개발되기 전까지, 우리가 꿈 회상률을 높이기 위해 가장 쉽게 할 수 있는 일은 꿈을 회상하겠다는 의도를 분명히 설정하는 것이다. 그리고 기억해낸 꿈을 꾸준히 기록하는 기법이 효과적이다. 스마트폰에서 사용할 수 있는 최신 앱을 활용하는 것도 도움이 된다.

수면과 꿈을 기록하는 앱은 단 몇 분 안에 수백만 대의 스마트폰에 다운로드할 수 있다. 예를 들어 (가속도계를 통해) 사용자가 렘수면에 진입하면 감지할 수 있는 앱을 생각해보자. 이 앱은 사용자의 수면 중 움직임을 데이터에 기반해 분석하는데, 렘수면 특유의 활동 프로파일을 탐지하면 자동으로 알람을 울려 사용자를 잠에서 깨우는 동시에 녹음 기능을 실행한다. 그러면 사용자는 꿈의 내용을 잊기 전에 곧바로 스마트폰에 녹음할 수 있다. 이는 연구소의 녹음 장치로 자동 발신될 수도 있고, 사용자의 스마트폰 녹음 장치나 오디오 파일 녹음 앱에 저장될 수도 있다. 사용자가 녹음한 꿈은 분석을 위해 연구소로 전송된다. 대부분의 꿈 관련 앱은 이러한 오디오 파일을 웹사이트로 전송하는데, 이런 사이트에서는 꿈의 내용을 자동으로 분석하고 전 세계에서 수집한 다른 꿈 데이터와 함께 방대한 데이터베이스에 통합할 수 있다!

10.6 전통 사회에서의 꿈

꿈의 사회적 기능을 이해하는 방법으로 소규모 전통 사회에서 꿈이 수행하는 역할을 살펴보는 것 이상이 없을 것이다. 여기서 말하는 전통 사회란 지금으로부터 2만 년 전 수렵·채집 혹은 농업으로 생계를 유지한 우리 조상들의 방식대로 살아가는, 수백에서 수천 명 규모의 부족 기반 공동체를 의미한다. 지금의 전통 사회와 초기 인류 집단을 일대일 대응시키는 것은 물론 아니다. 전통 사회는 초기 인류 집단의 단순한 복제물이 아니며, "원시적"이거나 후진적인 공동체도 아니다. 오히려 이들은 초기 인류 집단이 살았을 방식 그대로 현재를 사는 사람들이라고 할 수 있으며, 이들의 삶을 연구함으로써 우리는 조상들에 대해 많은 것을 배울 수 있다. 소규모 전통 사회는 과거 우리 조상들이 살던 사회의 모습을 가장 가까이에서 보여주는 사례이기 때문에 이런 사회들을 관찰함으로써 조상들이 꿈을 어떻게 인식하고 활용했는지도 유추할 수 있다.

여러 민족지학자 및 인류학자들의 연구를 통해 우리는 전통 사회에서 꿈의 역할과 지위에 대해 비교적 잘 알게 되었다. 예를 들어 스튜어드 링컨(Steward Lincoln, 1935), 이건(Eggan, 1949), 데버뢰(Devereux, 1951), 크라케(Kracke, 1979), 킬본(Kilborne, 1981), 어윈(Irwin, 1994) 등이 이러한 연구에 크게 기여했다. 그런가 하면 꿈이 사회적 관계와 문화적 산물— 의식, 하위 공동체, 종교적 신화, 집단적 연대, 의료적 처치 등—의 형성에 미치는 영향을 다룬 연구는 인류학 문헌에서 여러 차례 논의되었다(예: D'Andrade, 1961; Eggan, 1961; Barnouw, 1963; Grunebaum & Callois, 1966; Bourguignon, 1972; Tedlock, 1987, 1992; Irwin, 1994; Lohmann, 2003; Laughlin, 2011). 이렇게 인류학자와 민족지학자들이 세심하게 기록한 민족지 연구는 전 세계의 원주민 공동체가 꿈을 사회관계를 규율하는 원천이자 여러 문화적 혁신, 특히 종교적 혁신의 원천으로 간주함을 보여준다. 예를 들어 북아메리카 평원의 원주민 문화 연구에서 리 어윈(Lee Irwin)은 다음과 같이 서술하고 있다. "꿈은 미국 원주민들에게 고차원적 지식을 창조하는 기반이 되었다. ……꿈과 환상은 끊임없이 새로운 응용 방법을 드러냈다. 예를 들어 새로운 기술, 사냥 방식, 전술과 전략, 치유법, 약초 조제법 등 다양한 문화적 혁신이 여기에 들어간다. 라코타(Lakota)족이 불을 피우는 기술은 환상적 체험에서 비롯했다."(Irwin, 1994, p. 191)

여러 전통 사회에는 꿈을 공유 및 해석하는 전문가가 되기 위해 일부 구성원이 통과해야 하는 의례가 존재한다. 예를 들어 과테말라의 키체 마야족 중에는 "날 지킴이(daykeeper)"라는 사람들이 있다. 이들은 꿈을 해석할 뿐만 아니라 부족의 아이들이 자신의 꿈속 활동을 기억하고 그것을 깨어 있을 때의 활동만큼 중요하게 여기도록 적극적으로 독려한다. 수많은 전통 사회〔예: 멕시코의 위촐족, 자이르(Zaire)의 얀시족, 중앙아프리카 요루바족의 여러 집단, 칠레의 마푸체족, 북아메리카의 오지브웨이 부족, 노스다코타의 라코타족 등)에서 매일 아침 꿈을 나누는 의식을 치르며, 종종 그 꿈을 실제로 재현하기도 한다. 꿈이 개인적 삶의 소명이나 부족의 안녕과 관련해 중요한 의미가 있는 경우 꿈속의 장면을 춤과 의식의 형태로 공연하는 것이다. 이들은 이러한 꿈의 장면·인물·드라마를 재현하려고 의복, 가면, 장신구 등 문화적 소품을 제작하는 데 시간과 자원을 아낌없이 투자하기도 한다.

꿈이 전통 사회에서 개인에게 매우 중요한 사회적 지위를 부여할 수 있음에도 불구하고, 내가 검토한 모든 민족지 자료에는 중요한 꿈을 일부러 꾸미려고 한 시도에 대한 기록이 전혀 존재하지 않았다. 사회적 지위를 부여하는 꿈에 대한, 가장 유명한 사례는 전통 사회의 주술사인 샤먼이다. 샤먼은 전통적 세계에서 영적·마법적 기술의 전문가로, 말하자면 일종의 약사이자 마술사다. 샤먼은 스스로의 선택이 아닌 꿈의 계시를 통해 지목받는 경우가 많다. 이들은 꿈에서 받은 계시를 공동체와 공유한 뒤 기존 샤먼의 문하에서 도제식 수련을 받으며 부족의 의술과 종교적 지식을 익히고, 치료 활동, 의식의 주재, 신화 낭송, 사냥 지도 등의 역할을 수행하며, 때로는 사냥꾼 무리를 최적의 사냥터로 인도한다. 시베리아 샤먼의 입문 꿈에는 거의 항상 신체 절단과 장기 재생, 하늘로의 승천, 신 혹은 영혼과의 대화, 지하 세계로의 하강, 죽은 샤먼들의 영혼과 만남 등이 나온다. 이러한 강렬하고 직접적인 체험은 꿈속에서의 계시로 이어진다.

알곤퀸(Algonguin)어를 쓰는 캐나다의 오지브웨이족은 꿈속에서 본 인물과 사건을 일상의 사건만큼 중요하게 보지만 그렇다고 꿈과 현실을 혼동하지는 않는다. "꿈속의 방문자들(pawaganak)"은 (우리가 초자연적 존재라고 하는) 비인간적 존재로, 꿈꾸는 오지브웨이족에게 정보·능력·과제를 전한다. 이런 방문자와의 교류는 방문자와 꿈꾸는 사람 사이에 상호 관계를 구축한다. 이들과의 교류는 꿈을 공유하면서 공적 관계로 바뀌며, 그 교환의 의무는 반드시 다해야 한다. 이를 지키지 않으면 부족은 부정한 행위로 간주해 그 사람을 비난하며, 이러한 평판은 의무나 다른 의식을 완수하기 전까지 그를 따라다닌다. 오지브웨이족 문화에서는 이 방문자와의 관계가 매우 중요한데, 개인의 사회적 지위를 높일 수 있을 뿐만 아니라 미래를 예견하고, 병을 고치고, 최상의 사냥감이나 자원을 획득할 수 있는 특별한 능력을 부여하기 때문이다. 그를 만난 사람은 마법의 능력을 부여받아 꿈속에서 배운 의식이나 주문을 수행함으로써 적에게 해를 끼칠 수도 있다. 죽음의 노래, 치료의 노래, 사냥의 노래 등 강력한 노래도 꿈속의 방문자들로부터 전해지며, 이런 노래들은 평생 그 사람과 함께한다.

시베리아 샤먼들이 입문 꿈을 통해 샤먼의 삶을 시작하는 것처럼 오지브웨이족 소년들도 특별한 능력을 얻기 위해 꿈 의식을 치른다. 이들은 성인이 되기 직전 꿈 단식(dream fast)이라는 의례를 시작하며, 이때 'kigusamo'라는 명칭을 부여받는다. 이들은 단식, 정화 의식, 이성에 대한 회피 등을 통해 정화(오지브웨이족의 언어로 'pekize')되어야 한다. 이후 남성 친척들이 이들을 야생으로 데려가 잠잘 수 있는 장소를 마련해주는데, 때로는 아무 보호 없이 자연에 노출된다. 입문 꿈이 찾아올 때까지 소년은 음식을 먹지 못하며, 친척들이 꿈에서 받은 노래를 부르며 그를 격려하기도 하지만 대부분은 혼자 남겨진다. 이후 꿈이 찾아오고 초자연적 존재들이 등장한다. 소년은 처음 나타나는 사악하거나 장난기 많은 영에게 능력을 받지 않고 회피하면서 진정한 꿈속 방문자가 올 때까지 기다려야 한다. 소년은 꿈속의 영에게 자신이 관계를 맺을 가치가 있음을 증명해야 하며, 이런 과정을 통과하면 방문자는 그에게 주문, 노래, 춤, 치료법 같은 형태의 능력(pimadaziwin)을 부여한다. 소년은 자신이 그 영적 존재의 형상으로 변화하고 있음을 자각한 후에 마을로 돌아가 꿈을 공유한다. 부족은 그 꿈을 전통 의식으로 구현하며, 이를 통해 소년은 부족을 위해 봉사할 수 있는 특별한 능력이 있는 성인으로 거듭난다.

전통 사회에서 꿈의 역할과 영향력에 대한 이런 간략한 개요는 꿈이 개인의 사회적 관계를 의미 있게 변화시킬 수 있는 매개체임을 잘 보여준다. 따라서 꿈이 앞에서 논의한 사회적 뇌 회로와 관련이 있다는 것은 놀라운 일이 아니다.

10.7 신체적 증상을 나타내는 꿈

사람들은 시각적 입력이 감소한 상태에서 잠들면 뇌가 신체 내부의 감각 신호를 더 민감하게 포착해 꿈속의 이미지로 전환한다고 생각한다. 그러나 외부에서 입력되는 감각의 감소와는 무관하게, 뇌와 마음이 체감각 신호를 약하든 강하든 포착할 가능성도 충분하다. 다만 이러한 신체 내 신호에 대한 평가 기준은 깨어 있는 상태의 마음이 먼저 평가하는지, 꿈꾸는 상태의 마음이 먼저 평가하는지에 따라 달라진다. 때로는 꿈꾸는 마음이 신체적 통증이나 진행 중인 감염을 먼저 평가하는 것이 유익할 수도 있다. 어떤 경우에는 이미지가 말이나 담론보다 더 많은 정보를 포착하기도 한다. 게다가 꿈은 감각을 증폭시키는 경향이 있어, 실제로는 거의 들리지 않는 침실의 작은 소리가 꿈속에서는 울려 퍼지는 사이렌 소리가 될 수도 있다. 다음의 사례를 보자.

> "나는 독감 예방주사를 맞은 직후 열감과 어지러움을 느꼈다. 사지에 몰려드는 피로감과 통제할 수 없는 오한에 나도 모르게 바닥에 누운 채 잠이 들었다. 꿈속에서 나는 서재에 있었는데 눈앞에 방울뱀이 나타났다. 뱀은 머리를 들어 올린 채 빠르게 흔들고 있었다. (나는 깨어난 후 내 다리 근육이 같은 속도와 느낌으로 떨리고 있었음을 깨달았다.) 꿈속에서 나는 극도의 공포감에 사로잡혀 바닥에 주저앉았고, 뱀이 조금씩 다가오는 동안 뒤로 물러났다. 결국 나는 의자를 밀어서 뱀을 막았는데 놀랍게도 뱀은 다가오기를 멈췄다. 그 순간 나는 잠에서 깨어났고 열은 어느덧 내려 있었다."(Hunt, 1989, p. 80)

문헌에는 위와 같이 신체적 이상이나 질환의 신호를 꿈이 포착하는 사례가 수없이 있는데, 그중 다수는 일반적 수단을 통해 질환으로 진단하기도 전의 기록이다. 이러한 영역에서 꿈 연구는 임상적으로 중대한 의미가 있을 수 있으므로 앞으로 보다 엄밀한 연구가 필요하다.

10.8 다중 인격 장애/해리성 정체성 장애 환자들의 꿈

아직 연구가 충분하지 않지만, 다중 인격 장애가 있는 사람들의 꿈은 매우 흥미로운 현상들과 관련이 있다. 다중 인격 장애/해리성 정체성 장애 환자의 치료자들에 따르면, 환자들의 꿈속에서 '대체 인격'이 등장인물로 나타나는 경우가 많다. 종종 꿈에 처음 등장한 대체 인격이 현실에서도 행동을 통제하면서 주간의 대체 인격으로 자리 잡는 경우도 있다. 꿈을 꾸는 동안 자신의 주 인격이 대체 인격으로 전환되는 경험을 하기도 한다. 깨어 있는 동안 대체 인격이 하는 행동을 주 인격은 잘 기억하지 못하기 때문에, 때때로 대체 인격이 한 낮의 경험을 주 인격이 꿈으로 착각하기도 한다. 배럿(Barrett)은 한 여성 다중 인격 장애/해리성 정체성 장애 환자의 사례를 소개했는데, 그는 자꾸 사악한 고양이들을 잡아 쓰레기봉투에 넣는 악몽을 꾸었고, 꿈에서 깨면 온몸이 고양이 털로 뒤덮여 있었다. 그는 대체 인격이 실제로 고양이들을 잡아 쓰레기봉투에 넣었을지도 모른다는 불안감을 느꼈다. 때로는 여러 대체 인격이 같은 꿈에 동시에 나오기도 한다. 이런 경우 보통 꿈속의 장면을 1번 대체 인격은 관찰자 시점에서, 2번 대체 인격은 그 장면을 경험한 자기 시점에서 설명한다. 때로는 깨어 있는 동안 어떤 사건을 경험한 대체 인격의 꿈속에서 주 인격이 기억을 간접적으로 획득하기도 한다.

10.9 성적인 꿈

프로이트는 꿈은 결국 성에 관한 것이라고 주장했지만, 꿈의 내용을 정량적으로 분석한 연구들에 따르면 보고된 꿈 중 성적 내용을 명시적으로 포함하는 경우는 12퍼센트에 불과하다. 대부분의 꿈은 익숙한 사람들 그리고 몇몇 낯선 사람들과의 평범한 사회적 상호 작용에 관한 것이다. 하지만 사람들은 보통 당황스러운 내용을 공유하길 꺼리기 때문에, 성적 내용이 포함된 꿈의 실제 비율은 더 높을 가능성이 있다. 몽정 또는 꿈에서 유발되는 오르가슴은 주로 남성의 경우 20대, 여성의 경우 40대에 절정에 이른다. 많은 사람들이 꿈에서 오르가슴을 처음 경험할 수 있다는 가능성이 제기되었지만 나는 아직 이를 입증하는 구체적 자료를 확인하지 못했다. 위협 시뮬레이션 이론에서 주장하는 바와 달리, 대다수의 사람들에게 꿈속에서의 성적 경험은 즐거운 것이다. 앞에서 논의한 것처럼 남성과 여성 모두 렘수면이 생식기의 흥분과 관련 있지만, 이러한 흥분이 항상 성적인 꿈과 직결되는 것은 아니다. 또한 성적인 꿈이 언제나 개인의 성적 환상을 반영하는 것도 아니다. 즉 우리가 항상 자신의 성적 환상을 꿈에서 보는 것은 아니다. 물론 일부 꿈은 꿈꾸는 사람의 성적 환상을 포함하기도 한다. 어떤 성적인 꿈은 전형적인 소원 충족으로, 예를 들어 실제로는 관계가 없지만 욕망하는 사람과 사랑을 나누는 꿈을 꾸는 경우가 있다. 성적인 꿈에서는 거의 모든 형태의 성행위가 나타나는데, 여기에는 실제로 행한 적이 없는 것도 포함될 수 있다. 성과 꿈에 관련한 많은 질문에는 아직 해답이 없다. 게이, 레즈비언, 트랜스젠더들의 꿈 연구는 충분치 않다. 낮 동안의 성적 활동과 밤에 꾸는 꿈의 상관관계에 대해서도 마찬가지다. 만약 꿈의 보상 이론이 옳다면 두 활동 사이에 역상관관계가 있을 것으로 예상하지만, 현재로서는 이를 입증할 자료가 없다.

10.10 유도되는 꿈

고대 세계에서는 치유나 의학적 목적을 위해 의도적으로 꿈을 유도하는 의식을 수천 년간 행했다. 가장 잘 알려지고 연구된 사례는 고대 그리스 아스클레피오스 신전의 의식이다. 질병이 있는 사람은 아스클레피오스 신전에 찾아가 자신의 질병과 관련한 꿈을 꿀 때까지 그곳에서 잠을 잤다. 꿈 유도 의식을 통해 꿈속에서 치유를 경험한 환자들은 감사의 표시로 돌에 그 경험을 새겼는데, 이것이 의식의 효과를 입증하는 물리적 증거가 되었다. 때로는 신전의 사제들이 꿈의 내용을 해석하고 여기에 기반해 치료하기도 했다. 따라서 실제로 환자를 치유한 것은 꿈 자체보다 꿈의 해석을 바탕으로 한 치료일 수도 있다. 그러나 당시 사제들이 사용한 치료 방식에 약물, 사혈, 독물 투여, 절개 등 병세를 악화시킬 것이 거의 틀림없는 행위가 포함되었기에 그러한 치료를 회복의 결정적 요인으로 보기는 어렵다. 아스클레피오스 신전의 의식에 참여하려는 사람은 먼저 신으로부터 초대받는 꿈, 즉 신이 직접 나타나 병을 고쳐주겠다고 부르는 내용의 꿈을 꿨다고 보고해야 했다. 그다음으로 금식, 찬물에 몸을 담그는 의식, 동물을 제물로 바치는 제의 등을 거친 뒤에야 신전의 의식 구역에 입장할 수 있었다. 신전에 들어간 후에는 'abaton' 혹은 'adytum'이라고 부른 잠자리로 안내받았고, 그곳에서 적절한 꿈이 찾아올 때까지 잠을 청했다. 가장 큰 길조로 여긴 꿈은 신이 환자 앞에 직접 나타나 병든 부위를 만지거나, 환자가 고통을 덜 수 있도록 특정한 정보나 이미지나 선물을 내리는 것이었다.

현대에도 다양한 목적을 위해 꿈을 유도하려고 시도하는데, 그 성공률은 천차만별이다. 꿈을 의도적으로 유도할 수 있다는 데는 의심의 여지가 없다. 그러나 아스클레피오스 의식처럼 꿈을 효과적으로 유도하는 방법에 대해서는 아직 합의된 바가 없다. 고대 사회에서는 이러한 의식이 종교적 맥락에서 이뤄졌는데 우리는 그 맥락을 재현할 수 없기 때문이다.

10.11 자각몽

자각몽은 꿈 연구에서 오랫동안 관심의 대상이었다. 1911년 프레데릭 판 에이텐(Frederick van Eeden)이 이 용어를 처음 사용하면서 악몽의 자각 등 여러 자각 현상을 보고하였다. 자각몽으로 악몽을 꿀 때에는 꿈꾸는 사람이 자기가 꿈을 꾸고 있으며 그 꿈이 악몽이라는 것을 인식한다. 악몽에는 종종 꿈꾸는 사람에게 극심한 해를 입히려 하는 악마적 인물들이 나타나며, 꿈꾸는 사람은 꿈에서 깨어나려고 애쓰지만 그러기가 어렵다. 반면 보다 일반적인 자각몽을 꾸는 사람은 꿈꾸는 중임을 인식하면서도 깨어나고 싶은 강한 욕구가 없고 꿈도 평범하다.

꿈꾸는 사람은 꿈속에서도 명확한 의식과 자기 인식을 유지하며, 현실과 비현실을 구분할 수 있다는 점에 유의하자. 자각몽을 꾸는 당사자는 꿈속에서 무엇이 현실이고 무엇이 그렇지 않은지를 구분할 수 있다. 그렇다면 자각몽에서의 현실 감각은 어떠할까? 바로 여기에 역설이 존재한다. 한편에서 자각몽을 꾸는 사람은 자신이 꿈꾸고 있음을 안다. 하지만 다른 한편에서는 그 꿈의 경험이 실재한다고 믿는다. 전통 사회의 사람들은 자각몽을 수련했으며, 그들 또한 꿈속에서 현실과 비현실을 구분할 수 있었지만, 그럼에도 영적 존재를 믿었다. 이 경우 꿈꾸는 사람의 이성이 온전히 작동함에도 경험하고 있는 바의 실제성을 믿는 것이다. 꿈꾸는 사람의 자서전적 기억에 대한 접근 역시 온전하다. 자각몽에서는 논리적 사고와 제3자의 관점에서 타인의 생각 또는 감정을 상상하거나 고려하는 능력이 그대로 유지된다. 실제로 꿈꾸는 사람과 꿈속 등장인물 간의 상호 작용이 진행되며 서로 간의 대화 역시 깨어 있는 상태처럼 이뤄질 수 있다. 꿈속 인물들은 단순히 자각몽을 꾸는 사람의 창조물에 머무르지 않고 정신 능력과 자율성이 있는 것처럼 행동하며, 자각몽인 악몽에서는 꿈꾸는 사람의 의지와 반대로 행동하는 경우도 분명히 있다. 요컨대 깨어 있는 상태에서 당연하게 여기는 모든 정신적 구성 요소가 자각몽 상태에서도 꿈꾸는 사람과 그 꿈속 인물 모두에게 존재하는 것이다.

자각몽에서는 꿈꾸는 사람과 꿈속의 인물에게 정신적 요소가 있는 것에 더해, 이들이 특별한 정신 능력을 발휘할 수도 있다. 자각몽을 꾸는 사람은 만약 각성 상태에서 했다면 기적이라고 부를만한 일들을 종종 한다. 꿈속에서 자신에게 초자연적 능력이 있다고 확신할 수도 있다. 그뿐만 아니라 자각몽을 꾸는 사람이 꿈의 전개를 어느 정도 통제할 수 있어, 마치 소설가가 자신의 창작한 허구의 인물과 관계를 맺듯 꿈을 마음대로 구성할 수도 있다. 그럼에도 꿈속 인물들은 실존하거나 심지어 초현실적인 존재로서 꿈꾸는 사람과 대립하기도 한다. 꿈속 인물들이 주도하는 행동은 꿈꾸는 사람에게 오르가슴이나 거의 죽음에 이르는 경험으로 이어지기도 한다. 예를 들어 한 기록에 따르면 꿈꾸던 사람이 꿈속 인물의 총알에 심장을 맞아 잠에서 깨어나며 심장 마비를 겪었다. 이는 꿈꾸는 사람이 심장에 총을 맞는 듯한 고통을 설명하려고 꾸며낸 이야기일까? 우리는 절대 알 수 없을 것이다. 꿈속 인물이 꿈꾸는 사람에게 죽음을 실제로 "경험하게 한 경우"도 있을 것으로 추정하지만, 그러한 사건을 문서화하기란 불가능하다.

물론 가장 흥미로운 사실은 자각몽을 꾸는 사람은 본질적으로 완전히 깨어 있으며, 실제와 비실제를 구분할 수 있기 때문에 환각 상태가 아니라는 점이다. 그럼에도 그는 완전하게 구현된 시각적 세계를 본다. 이 세계는 장면, 환경, 등장인물, 초자연적 존재, 기이한 움직임과 행동, 줄거리, 구성, 분위기, 일상적 행동을 모두 갖추고 있으며 이러한 요소들은 깨어 있는 상태의 세계와 다르지 않다. 실제로 이 꿈의 세계와 등장인물들은 현실감이 너무나 강해 꿈꾸는 이의 생리적 반응에 큰 영향을 줄 수 있으며, 심지어 죽음에 이를 수도 있다.

자각몽은 렘수면 상태에서 자주 발생하지만(따라서 꿈이라고 부르는 것이 지극히 당연하지만), 일부 증거는 자각몽이 일종의 초현실적 상태에서 기능함을 시사한다. 자각몽 중의 뇌 활동이 깨어 있을 때보다 더 높은 대역의 감마파를 보이기 때문이다. 그렇다면 자각몽은 렘수면과 각성 상태가 혼재하는 상태일까? 혹은 렘수면 상태에 의해 가능하지만 렘수면을 뛰어넘는 어떤 놀라운 방식으로 작동하는, 완전히 새로운 뇌 상태일까(Baird et al., 2022 참조)?

하지만 자각몽은 각성 상태 역시 아니다. 눈을 감고 이완된 상태에서 깨어 있을 때 나타나는 안정적 알파파 활동이 자각몽에서는 전혀 나타나지 않는다. 대신 수면과 관련한 저주파인 세타파와 델타파 활동이 나타나고, 이따금 고주파 대역으로의 폭발이 발생하고, 특히 전두엽에서 최고조인 40헤르츠 대역에 이른다(그림 10.1 참조).

드레슬러와 동료들은 연구에 참여한 자각몽 경험자 4명 중 1명의 기능적 뇌 영상 데이터를 수집하는 데 성공하였다(Dresler et al., 2012). 이 참여자가 자각몽 상태에 있을 때, 양측의 설전부, 설부, 두정 소엽, 전전두엽 및 후두 측두 피질에서 일반적인 비자각 렘수면 상태에 비해 유의미하게 높은 활성화가 나타났다. 연구자들이 언급했듯 이 활성화한 뇌 영역들(예: 두정엽, 복측을 제외한 배측 전전두엽)은 렘수면 중 일반적으로 비활성화하는 것으로 알려진 영역들과 상당 부분 겹친다. 이러한 뇌 영상 결과는 자각몽이 렘수면 시 시작하지만 렘수면에 국한하는 현상이 아님을 뒷받침하는 것처럼 보인다. 자각몽을 꿀 때도 렘수면의 일부 특징(예: 근육 마비)은 지속되지만, 일반적으로 렘수면 중 억제되는 전전두엽 및 두정엽 네트워크가 활성화된다. 이러한 사실은 자각몽 상태에서 논리적 사고와 자각이 가능한 이유를 설명하는 데 도움을 준다. 그러나 자각몽의 가장 매혹적인 신비는 여전히 미지의 영역으로 남아 있다.

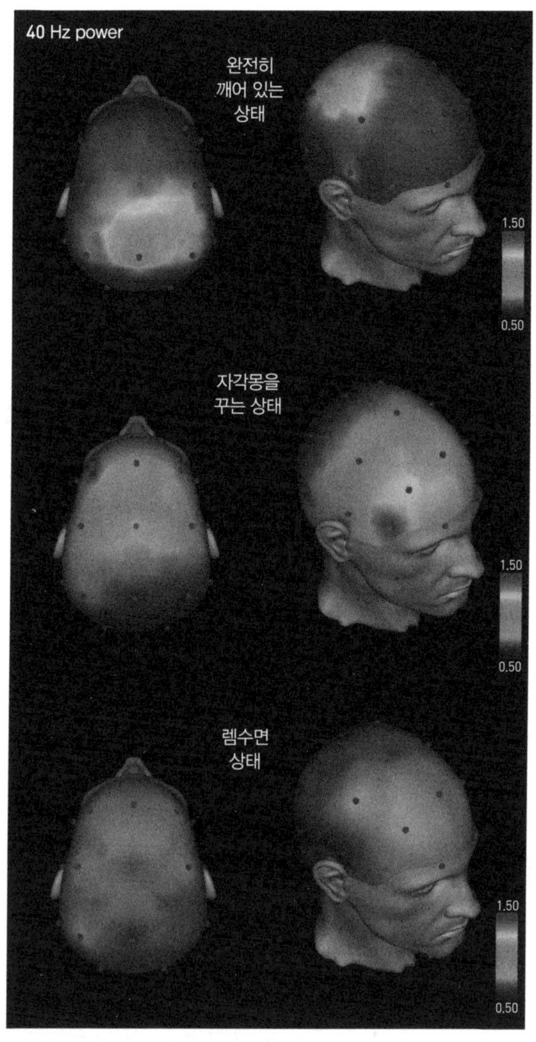

그림 10.1 깨어 있는 상태, 자각몽 상태, 자각몽을 꾸지 않는 렘수면 상태에서 동일한 참여자의 40헤르츠로 표준화한 전류원 밀도.

(자각몽 상태일 때 상위 주파수 대역에서 렘수면 시보다 높은 활동이 나타나며, 특히 전두 외측에서 40헤르츠의 감마파 대역으로 가장 높다).

허가를 받아 Voss et al. (2009)에서 인용함.

＊컬러 버전은 간지의 별도 사진 참조.

10.12 쌍둥이의 꿈

쌍둥이들이 꾸는 꿈과 관련해 동일한 꿈을 꾸었거나 서로에 대한 예지몽을 꾸었다고 보고한 여러 사례가 있다. 일란성 쌍둥이는 유전적으로 매우 닮았기 때문에 뇌 구조 또한 유사할 가능성이 높다. 따라서 그들의 렘수면 특성도 유사할 것이며, 꿈의 내용 또한 그럴 수 있다. 그렇다고 해서 꿈의 내용이 동일하다는 것은 아니다. 그럼에도 두 사람이 완전히 동일한 꿈을 꿨다고 주장하는 경우가 가끔 있는데, 이는 서로 다른 두 사람이 하나의 꿈을 공유했다고 독립적으로 증언한 것이기에 진지하게 받아들여야 한다. 실제로 쌍둥이들은 종종 똑같은 꿈을 꿨다고 보고한다. 만약 그들이 자신의 경험에 대해 거짓말을 하지 않았다고 가정하면, 우리는 다음의 두 가능성을 고려해야 한다. (1) 쌍둥이들이 아직 밝혀지지 않은, 은밀하고 무의식적인 방식으로 꿈의 내용을 공유했다. (2) 그들의 두뇌 구조와 기능이 매우 유사하기 때문에 거의 또는 완전히 동일한 꿈을 꿨다.

어쩌면 이들이 같은 꿈을 꾼 이유가 뇌 구조의 유사성일 수 있다. 하지만 왜 같은 밤에 같은 꿈을 꾸는 것일까? 뇌 구조의 유사성이 동일한 꿈 내용을 유도한다고 할지라도 그 꿈을 반드시 동일한 시점에 꿔야 할 이유는 없다. 이렇게 본다면 구조적 유사성을 지지하는 관점은 지나치게 결정론적인 것으로 웃음거리가 될 수 있다. 게다가 쌍둥이들의 뇌가 구조적으로 완전히 동일하지 않다는 것은 이미 잘 알려져 있다. 뇌의 가소성으로 인해 완전한 동일성은 불가능하다. 한 연구자는 쌍둥이들의 여러 꿈 공유 사례를 다음과 같이 보고하였다(Runyan, 2010).

한 쌍둥이가 최근 꿈에서 공통으로 위협적 요소인 토네이도에 대한 악몽을 꿨다고 보고하였다. 다른 쌍둥이는 나란히 잠든 상태에서 같은 사건을 다른 시점에 경험하는 꿈을 꾸었다. 또 다른 쌍둥이 중 한 명은 자신이 결혼하지 않을 것임을 상대 쌍둥이에게 말하러 가는 꿈을 꾸었고, 그 상대 쌍둥이는 자신의 쌍둥이가 결혼하지 않을 것이라고 말하러 오는 꿈을 꾸었다. (p. 141)

이렇게 공유한 꿈 외에도 이 연구자는 쌍둥이 중 한 명이 다른 쌍둥이에게 닥칠 재난을 꿈에서 예지한 듯한 사례를 보고하였다.

나는 몇 주 동안 반복되는 악몽을 꾸었다. 밤에 운전을 하고 있는데 차량이 전복되면서 내 죽음으로 이어지는 사고였다. 이 꿈을 계속 꾸면서 나는 밤에 운전하는 것을 거의 포기할 정도가 되었다. 그런데 내 일란성 쌍둥이가 차량을 운전하다 전복 사고를 당했고, 실제로 차가 뒤집히면서 뇌에 심각한 손상을 입어 사망했다(Runyan, 2010, p. 140).

러니언은 홀/밴 드 캐슬 꿈 내용 분석의 표준화한 척도를 이용해 쌍둥이들의 꿈과 쌍둥이가 아닌 사람들의 꿈을 정량적으로 비교하였다. 이 분석에 따르면, 쌍둥이들의 꿈 중 약 44퍼센트에 다른 쌍둥이가 꿈 속 인물로 등장했다. 반면 쌍둥이가 아닌 사람들의 꿈에 가족 구성원(부모, 형제 등)이 등장하는 비율은 19퍼센트에 불과했다. 쌍둥이들의 꿈에 종종 다른 쌍둥이가 등장한다는 점을 고려할 때, 쌍둥이의 꿈에서 사회적 상호 작용이 일반인의 꿈보다 더 친밀하게 나타나는 것은 놀랍지 않다. 실제로 친밀한 상호 작용은 쌍둥이의 꿈 중 66퍼센트에서 나타났으며, 이는 쌍둥이가 아닌 사람들의 꿈에서 관찰되는 42퍼센트보다 높은 수치였다. 주목할 만한 점은 쌍둥이의 꿈 중 76퍼센트에서 낯선 환경이 나타났는데, 이는 일반인들의 꿈에서 나타나는 비율인 38퍼센트에 비해 월등히 높은 수치라는 것이다. 왜 그런 차이가 나타날까? 우리는 알지 못한다. 쌍둥이들의 꿈은 인간의 마음과 꿈에서 우리가 아직 모르는 영역이라고 할 수 있다. 이는 과학적으로 매우 중요한 탐구의 대상이며, 꿈의 본질뿐만 아니라 뇌와 정신의 관계를 이해하는 데 중요한 단서를 제공할 것이다.

10.13 대몽

"대몽(big dreams)"은 꿈꾸는 사람이 초자연적 존재와 직접 마주하는 경험을 포함하는데, 보통 삶의 전환점이 되는 강력하고 변혁적인 꿈이다. 이러한 꿈은 종교의 역사에서 매우 중요한 역할을 해왔으며, 이 꿈을 경험한 개인뿐만 아니라 종교적·영적 차원에서도 중요한 의미가 있다.

지난 수십 년 동안 학계에서도 대몽에 대한 관심이 점차 증가했다. 예를 들어 쿠이켄과 시코라(Kuiken & Sikora, 1993)는 일반인 지원자들을 대상으로 영향력이 크고 영적 변화를 유도하는 꿈을 연구하였다. 이들은 이러한 꿈들을 크게 세 가지 유형, 즉 존재론적 꿈, 초월적 꿈, 악몽으로 분류하였다. 이 세 유형의 꿈은 모두 매우 강렬하고 인상적이며, 실제로 겪는 것처럼 실감이 난다. 그러나 꿈꾼 이후의 효과는 꿈의 유형에 따라 각각 다르다. 존재론적 꿈은 꿈꾸는 사람이 이전까지 받아들이기를 꺼리던 감정에 대해 더 깊이 성찰하게 만든다. 악몽은 위협에 대한 경계심과 민감성을 높이며, 초월적 꿈은 꿈꾸는 사람으로 하여금 전에 무시하거나 고려하지 않던 영적 가능성에 관심을 갖게 한다.

10.14 악몽

DSM-5는 악몽 장애를 사건 수면의 일종으로 분류하는데 이는 다른 정신 질환과 무관한, 극도로 공포스러운 꿈으로 인해 한밤중에 반복적으로 깨어나는 증상이 특징이다(DSM-5 코드: F51.5). 악몽에서 깨어난 사람은 자신이 어떤 상태인지 분명히 알고 있으며, 의식이 명확해서 꿈의 내용을 또렷이 기억한다. 이러한 악몽은 일상생활에서, 그리고 임상적으로도 꿈꾼 사람에게 유의미한 수준의 고통과 기능 저하를 일으킨다. 질병의 역학 연구에 따르면, 미국 성인 인구의 약 2~6퍼센트에 해당하는 약 640만 명에서 1500만 명 정도가 일주일에 한 번 이상 악몽을 경험한다. 아동의 경우에는 더욱 빈번해 전체 아동의 약 절반에서 최대 3분의 2까지가 악몽을 반복적으로 꾼다. 악몽은 단순히 불쾌히거나 무서운 꿈과는 다르며, 괴물 같은 존재가 등장한다는 특징이 있다. 이들은 꿈꾸는 사람에게 공포, 전율, 경외, 불가사의한 두려움을 불러일으킨다.

10.15 꿈과 악몽 속에서 또 다른 자아를 만나는 경험

꿈에서 자신의 분신, 즉 도플갱어를 만나는 경험은 인류의 역사 전반에 걸쳐 드러난다. 이러한 경험은 대체로 자신과 그 영혼의 깊고 위험한 조우로 묘사되며, 이를 직접 경험한 사람들의 진술이나 문학에서 유사하게 나타난다. 도플갱어에 대한 꿈은 흔하지는 않지만 한 번 꾸면 매우 인상 깊게 기억에 남는다. 많은 사람들이 평생에 한 번은 이런 꿈을 꾼 적이 있다고 보고한다. 꿈에서 도플갱어를 만나는 사람은 대개 자기 자신을 마주하는데, 이 분신은 별다른 행동을 하지 않고 단지 존재하기만 한다. 이는 마치 거울 속 자신의 모습을 바라보는 것과 비슷하다. 대부분의 경우 도플갱어가 등장하는 꿈은 두려움과 동시에 영적 의미를 동반하는 특별한 체험으로 인식된다. 인지적 관점에서 도플갱어의 등장은 거울 속 자신의 모습을 본 기억이 꿈속에서 재현된 것이거나, 자서전적 기억의 이중화 같은 심리적 과정을 반영하는 것으로 해석한다.

10.16 망자가 방문하는 꿈

망자가 방문하는 꿈은 세상을 떠난 사랑하는 사람이나 지인이 꿈속에서 살아 있는 모습으로 등장하는 꿈을 말하는데, 일반적으로 꿈꾸는 사람에게 어떤 메시지를 전달하는 형태다. 이런 꿈에서 고인은 병들거나 죽기 직전의 모습이 아니라 건강하고 생기 있는 모습으로 나타나는 경우가 대부분이다. 실제로 사망 시보다 훨씬 젊고 건강한 모습으로 나타나는 사례도 흔하다. 방문 꿈의 공통 주제는 고인이 꿈꾸는 사람에게 희망적 메시지를 전달한다는 것이다. 예컨대 "나는 괜찮고 여전히 너와 함께 있다"라는 식이다. 이런 메시지는 말로 표현되기보다 텔레파시를 비롯한 정신적 방식으로 전해진다. 이러한 꿈은 혼란스럽거나 비논리적인 꿈과는 다르다. 오히려 꿈의 구조가 명료하고 생생하며, 더 강렬한 경험을 남긴다. 방문 꿈을 꾼 사람은 대개 그 경험을 통해 변화한다. 특히 이런 꿈은 슬픔이 해소되거나 보다 폭넓은 영적 관점을 갖는 계기가 되기도 한다. 이런 꿈들은 감정적 울림이 큰 경우가 많다. 다양한 방문 꿈에 대한 경험담은 필자가 운영하는 〈사이콜로지 투데이〉의 블로그에서 확인할 수 있다(www.psychologytoday.com/blog/dream-catcher).

10.17 거짓 각성과 수면 마비 꿈

거짓 각성은 꿈꾸는 상태임에도 불구하고 깨어났다고 느끼는 경험을 하는 꿈이다. 꿈꾸는 사람은 실제로 잠에서 깼다고 느끼며, 옷을 입거나 이를 닦는 등 일상 활동을 시작한다. 그리고 이러한 활동을 하는 도중에 비로소 깨어난다! 일부 거짓 각성 꿈은 꿈꾼 사람의 현실과 전혀 연관성이 없는, 환상적·비현실적 요소를 포함한다. 꿈꾸는 사람은 거짓 각성 이전에 경험한 꿈의 환경에서 깨어났다고 느끼기도 한다. 혹은 영화 〈인셉션〉에서와 같이, 여러 차례의 거짓 각성을 겪은 후에야 실제로 깨어날 때도 있다. 때때로 꿈꾸는 사람은 자신의 과거와 관련한 요소가 있는 꿈속에서 거짓 각성한다. 예를 들어 자신이 어린 시절을 보낸 방에서 깨어날 수도 있다.

20세기 초, 프랑스의 동물학자 이브 들뤼즈(Yves Deluge)는 다음과 같은 꿈을 묘사하였다. 그는 한 친구가 문을 두드리며 도움을 청하는 소리에 깨어났다. 당황한 채 옷을 입고 세수를 하던 그는 자신이 꿈을 꾸고 있음을 인식했다. 그러나 곧 다시 잠든 자신을 발견했는데, 다시 문을 두드리는 소리를 듣고 친구를 돕기 위해 서둘러 옷을 입었고, 또다시 자신이 꿈꾸고 있음을 알아차리는 경험을 반복하였다. 이러한 경험은 그가 실제로 완전히 깨어날 때까지 여러 차례 되풀이되었다.

때때로 거짓 각성이 신체를 움직일 수 없는 상태, 즉 수면 마비를 동반하기도 한다. 이러한 경험은 (이전 장에서 논의했고 다음 절에서도 다룰) 단독 수면 마비와 관련한, 꿈의 변형된 형태일 수 있다. 거짓 각성과 수면 마비는 모두 수면과 각성 사이의 전이 상태에서 발생하며 두 상태의 특성을 비정상적으로 결합한다. 거짓 각성에 대한 설명은 유체 이탈 경험, 유령 목격, 외계인의 납치에 관한 보고와 상당한 유사점이 있다.

10.18 수면 마비 꿈

단독 수면 마비는 비교적 흔한 경험으로, 일반적으로 잠에서 깨어난 직후 움직이거나 말할 수 없는 상태와 함께, 방 안에 악의적이고 위협적인 누군가 혹은 무언가가 존재한다는 섬뜩한 느낌이 특징이다(Cheyne & Girard, 2007). 이런 경험은 꿈으로 정당하게 분류될 수 있다. 그 이유는 이런 경험에서 개인이 렘수면에서 일반적으로 나타나는 근육 이완 또는 마비 상태와 함께 청각적·시각적 환각을 종종 겪기 때문이다. 이와 관련해 작가 루이스 프라우드(Louis Proud, 2009)는 다음과 같은 예를 제시하였다.

"나는 깨어났지만 완전히 깬 것은 아니었다. 무언가가 내 이마를 건드리고 있다고 느꼈는데 그 감각이 나로 하여금 발길질하고 비명을 지르면서 반의식 상태가 되도록 이끌었다. 하지만 실제로는 비명을 지를 수도 없었고, 몸을 움직일 수조차 없었다. 내 정신은 깨어 있지만, 내 몸은 단 하나의 근육조차 움직이지 못한다. 나는 눈도 뜰 수 없었다. 내가 할 수 있는 일이라고는 그저 누운 채로 부드럽고 사랑스럽게 내 이마를 어루만지는 그 존재를 감내하는 것뿐이었다. 그것이 무엇이든 그 냄새를 맡을 수 있었고, 그것의 정신을 감지할 수 있었으며, 그것도 나의 정신을 감지하는 것 같았다. 그러나 그 존재의 사랑, 아이 같은 애정은 나를 구역질 나게 만들었고, 나는 그저 그것이 나를 내버려두기만을 바랐다. 나는 어둠 속에 잠식된 채 그저 누워 있었고, 그림자는 계속해서 내 이마를 쓰다듬었다. 그러고 나서 그것은 내 몸의 왼편으로 움직여 내 옆에 눕는다. 그것은 귀찮게도 몸을 뒤척이며 편안한 자세를 찾는다. 그런 다음에 내 몸을 끌어안았다. 그 존재의 팔이 너무 꽉 조여서 내 가슴이 아파왔다. 나는 공포와 혐오에 휩싸여 비명을 지르고 싶었지만, 할 수 있는 일은 아무것도 없었다." (Proud, 2009, pp. 26-27)

프라우드는 이 경험을 17세에 했고, 그의 저서에서는 이런 경험이 자주 반복된다. 때때로 더 위협적인 악마적 형상들이 등장하기도 했다.

하지만 그 경험들은 거의 항상 최초의 경험에서 일어난 사건의 일부 또는 대부분을 포함하고 있었다. 그의 정신은 깨어 있으나 몸은 마비되어 있으며, 근처에 사악한 악마적 존재가 있다고 느꼈다. 이 존재는 그와 어떤 식으로든 상호 작용을 시도하며, 대부분의 경우 그 존재의 의도는 프라우드를 지배하거나 파괴하려는 것이었다. 그는 자주 하나 이상의 존재들을 느끼거나 목소리들을 듣곤 하였다. 이 존재들은 극도로 악한 것으로 평가되며, 프라우드를 파괴하려는 의지를 가진 것으로 여겨졌다. 프라우드가 경험하는 주된 감정은 공포 혹은 극심한 두려움이었다. 이런 경험은 주로 렘수면과 각성 상태 사이의 전이에서 발생하는 뇌 상태의 파편화에 기인한다. 즉 사람이 렘수면에서 완전히 벗어나지 못한 채 각성 상태로 전환될 때 이러한 수면 마비 경험이 나타난다.

10.19 음악 꿈

음악이 나오는 꿈을 정기적으로 꾸고 기억하는 사람은 드물겠지만 우리 중 대부분은 음악이 주요소인 꿈을 적어도 한두 번 경험했을 것이다. 그렇다면 왜 우리는 음악 꿈을 더 많이 꾸지 않는 것일까? 음악은 많은 사람들에게 일상생활의 중요한 부분이다. 만약 일반적 꿈의 내용이 일상 활동을 반영한다면 낮에 들은 음악을 꿈에서 "다시 듣는 것"이 자연스럽다. 하지만 실제로는 그렇지 않다. 한 연구에서 낮에 음악을 들은 시간과 꿈에서 음악과 관련한 시간 사이에 일정한 연관성이 있다고 보고하기도 했지만, 음악의 구절이 꿈에 등장하는 빈도는 매우 낮았다(Kern et al., 2014). 꿈속에서는 왜 이렇게 음악이 귀할까?

한 가지 가설은 꿈이 음악의 구절을 비롯한 비자발적 생각들을 "낯선 것"으로 간주해 우리를 그런 "기생적"인 것으로부터 보호하려 한다는 것이다. 이런 제안은 크릭과 미치슨이 발전시킨, 꿈의 기능에 관한 기발한 생각에서 비롯하였다(Crick & Mitchison, 1986). 이들에 따르면 렘수면/꿈 시스템이 일종의 '역학습' 메커니즘으로 작용해, 비본질적 혹은 부차적 정보를 우리의 뇌/마음으로부터 분리 및 제거한다. 대부분의 사람이 꿈꾸는 동안 마음은 음악의 구절을 비본질적·부차적인 것으로 간주하고, 뇌에 고착되거나 장기 기억으로 진입하는 것을 막는다. 하지만 이런 현상은 음악가들에게는 일어나지 않는 것 같다. 이들에게는 음악이 필수이며 "기생적"인 것이 아니기에 이들의 꿈 시스템은 음악의 처리를 허용하는 것이다.

10.20 감각적 제약이 있는 사람들의 꿈

시각 장애가 있는 사람들도 시력이 정상인 사람들처럼 많은 꿈을 꾸지만, 시각적 심상의 생생함은 차이가 있다. 선천적으로 시각을 잃은 사람들은 일반적으로 꿈에서 시각적 이미지를 보고하지 않는다. 대신 이들은 언어적 상호 작용 및 사건, 촉각적·청각적 이미지를 보고한다. 반면 7세 전후에 시력을 상실한 사람들은 시각적 이미지가 나타나는 꿈을 꾸는데, 이 이미지들은 시간이 지나면서 점점 생동감이 떨어진다.

신체 일부가 절단된 사람들은 자신이 온전한 모습으로 등장하는 꿈을 꾼다. 사지가 절단된 이후 수년이 지났거나 장애가 선천성인 경우에도 꿈속에서는 신체 일부의 상실을 경험하지 않는 것이 보통이다.

이와 유사하게, 선천성 청각 장애나 하반신 마비가 있는 사람들의 꿈은 형태와 내용 대부분이 비장애인의 꿈과 다르지 않다. 청각 장애인의 꿈 보고에서는 이들이 정상적으로 말하고 듣는 모습이 나타나며, 다양한 하반신 마비를 겪는 사람들 또한 꿈속에서 자신이 날고 달리고 걷고 수영하는 장면을 보고한다.

10.21 꿈의 반복

반복적인 꿈은 일정한 시간이 흐른 뒤에도 동일한 내용이 계속 나타나는 꿈을 의미한다. 이러한 꿈은 비교적 흔한 현상으로, 전체 성인의 약 60~75퍼센트가 일생에 적어도 한 번은 반복 꿈을 꾼 경험이 있다고 보고했다. 이는 주목할 만한 점이다. 어떻게 인간의 뇌 구조 및 활동이 지속적으로 변하는데도 동일한 꿈 내용을 반복적으로 생성할 수 있는지 의문이 생기는 것이다. 반복 꿈을 경험한 대부분의 사람들은 그 꿈이 반복되었음에도 내용은 동일하다고 주장한다. 이는 단순히 이미지가 반복되는 수준을 넘어 장면의 구성이나 극적 전개, 예컨대 괴물에게 쫓기거나 동물에게 위협받는 등의 사건까지도 똑같이 되풀이됨을 의미한다. 모든 반복 꿈이 부정적이거나 무서운 내용은 아니라는 점도 염두에 둘 필요가 있다. 어떤 반복 꿈에는 단순한 장면·장소·사건이 계속해서 나타난다. 그럼에도 반복 꿈을 연구하는 학자들은 이러한 꿈이 꿈꾸는 사람의 삶에서 해결하지 못한 정서적 갈등과 관련이 있다고 주장한다. 어린 시절에 경험한 반복 꿈의 회고에 따르면 거의 90퍼센트의 꿈이 불쾌하거나 위협적이었다. 그러나 나이가 들수록 위협적 내용을 포함한 반복 꿈의 빈도는 줄어드는 경향이 있다. 성인의 반복 꿈 중 최대 40퍼센트는 장소에 대한 묘사, 일상 활동, 지인의 등장 같은 비위협적 내용이다. 이러한 비위협적 내용이 아동기의 반복 꿈에서는 10~15퍼센트에 불과하다.

10.22 결론

이제까지 논의한 모든 비전형적 꿈은 꿈에 대한 완전한 설명을 구축하고자 할 때 반드시 고려되어야 한다. 꿈에 대한 이론이라고 하려면 상호 공유하는 꿈, 예지몽, 사랑하는 이가 사후에 방문하는 꿈을 왜 꾸는지를 마땅히 설명할 수 있어야 한다. 이런 꿈을 꾸는 사람들을 단순히 잘 속는 사람들로 치부하는 식의 설명은 충분치 않다. 이례적 꿈들이 공통적으로 보여주는 현상학적·내용적 특성을 설명하지 못하기 때문이다. 시청각 장애인이나 하반신 마비 같은 감각적 제약이 있는 사람들이 실제로는 자신에게 없는 기능을 꿈속에서는 수행하는 현상 또한 신뢰할 만한 꿈 이론이라면 설명할 수 있어야 한다. 프로이트라면 이러한 꿈들이 '꿈은 소원 충족이다'라는 자신의 이론을 입증한다고 주장할 수 있겠지만, 그런 이론만으로는 이러한 꿈의 내용을 다 설명할 수 없다. 이런 꿈들은 꿈꾸는 사람들이 현실에서 원하는 바를 이루는 내용이 아니다. 오히려 일상 활동을 묘사하는 경우가 대부분이다. 꿈의 연속성 이론도 감각적 제약을 받는 사람들의 꿈을 설명하지 못한다. 왜냐하면 이들의 꿈 내용은 명백히 일상생활과 연속적이지 않기 때문이다. 이들은 꿈속에서 걷기, 듣기, 보기 등의 활동을 하지만 일상에서는 그럴 수 없다. 예측 오류 이론 또한 이러한 유형의 꿈을 제대로 설명하지 못한다. 예측 오류 이론은 지각이 세계에 대한 베이지안 모델을 구성하고 이를 감각적 인상으로 수정하는 과정이라고 본다. 세계에 대한 모델은 세상이 어떻게 움직일 것인가에 대한 예측 또는 기대이다. 꿈은 정상적 감각 입력이 차단된 상태, 특히 렘수면 동안 시각 경로가 부분적으로 차단된 상태에서 만들어지는 세계의 모델 또는 예측 모델이다. 이 모델에는 항상 오류가 있으며, 감각적 인상은 이러한 예측 오차를 줄이기 위해 사용된다. 시간이 지나면서 오류의 분산이 줄어들고 모델은 현실을 비교적 정확히 예측하게 된다. 마찬가지로 꿈에서도 수면 중 시각적 수정을 받지 못한 채 모델이 형성된다. 하지만 감각적 제약이 있는 사람들은 낮이든 밤이든 감각적 인상을 통해 꿈을 포함한 예측 모델을 형성 또는 수정할 수 없음에도 여전히 꿈을 꾼다.

다음 장에서는 주요 꿈 이론들을 살펴보고, 이런 이론들이 꿈에 관한 다양한 사실을 어디까지 설명할 수 있는지를 평가할 것이다.

복습 질문

○ 전통 사회에 사는 사람들의 꿈은 현대 사회 사람들의 꿈과 어떻게 다를까?

○ 임박한 신체적 질병의 지표나 경고 신호가 꿈에 나타나는 이유는 무엇일까?

○ 방문 꿈이나 수면 마비 꿈은 고대 문화에서 초자연적 영역이라는 개념이 형성되는
데 어떤 영향을 주었을까?

○ 거짓 각성 꿈은 의식에 대한 이론에서 어떤 의미가 있을까?

더 읽어보기

Grunebaum, G., & Callois, R. (1966). *The Dream and Human Societies.* Berkeley:
University of California Press.

Hobson, J. A., Pace-Schott, E. F., & Stickgold, R. (2000b). Dreaming and the
brain: Toward a cognitive neuroscience of conscious states. *Behavioral and
Brain Sciences, 23,* 793–842.

Hunt, H. T. *The Multiplicity of Dreams: Memory, Imagination and Consciousness.*
New Haven, CT: Yale University Press.

McNamara, P., Pae, V., Teed, B., Tripodis, Y., & Sebastian, A. (2016). Longitudinal
studies of gender differences in cognitional process in dream content. *Journal
of Dream Research, 9*(1). doi.org/10.11.588/ijord.2016.

꿈 이론

학습 목표

○ 현재의 근거 기반 꿈 이론을 이해한다.

○ 꿈의 사회적 시뮬레이션 이론에서 강점과 약점을 평가할 수 있다.

○ 꿈 이론을 구성하는 데 있어 신경과학적 증거의 강점과 약점을 평가할 수 있다.

○ 악몽과 꿈에 관한 공포 소거와 감정적 네트워크 기능 장애 모델의 중요성을 평가할 수 있다.

11.1 서론

20세기 초, 프로이트는 기념비적 저서 《꿈의 해석》에서 꿈에 대한 이론을 제시하였다. 프로이트의 기본 주장은 꿈이 환각적 형태의 소원 충족이라는 것이다. 최근의 기억과 주간의 잔재라고 불리는 이미지의 조각들이 꿈의 이미지에 원재료를 제공하면 이것이 동기화된 내용, 정서, 소원을 활성화한다. 이런 소원은 각성 상태의 자아와 충돌하므로 꿈 검열의 메커니즘에 따라 위장될 필요가 있다. 압축, 상징화, 전위 등 꿈 작업 메커니즘은 욕망이나 동기적 소원을 담고 있는 기본 내용을 복잡하게 위장하면서 (2차 수정 과정을 통해) 계속 환각적 소원 충족을 시도한다. 1953년 렘수면이 발견되기 전까지 대부분의 꿈 연구자와 과학자들은 프로이트의 이론을 토대로 작업하였다. 카를 융(Carl Jung)이 그 틀을 벗어나 꿈에 대한 자신의 새로운 이론을 제시하였다. 융은 꿈을 개인의 성격 혹은 정신 구조의 어떤 측면을 보완하는 시뮬레이션(모의 상황)으로 간주하였다. 또한 융은 자신의 꿈속에 신화적 원형이 나타난다고 주장했는데, 이는 꿈속의 오이디푸스적 비극과 금기의 재현을 언급하는 프로이트의 주장과도 일맥상통한다.

제2차 세계대전 직후 캘빈 홀(Calvin Hall)은 꿈의 기본 내용을 신뢰성 있게 계량화하는 기법을 개발하기 시작하였다. 그는 프로이트와 융의 꿈 이론을 검증하려면 꿈 내용의 기본 지표, 즉 꿈에서 나타나는 등장인물의 수와 정체, 배경, 사회적 상호 작용, 사물, 정서에 대해 신뢰할 수 있는 수치를 확보해야 한다고 주장하였다. 그는 수천 건의 꿈 보고를 수집해 각각의 꿈에서 위와 같은 범주를 일일이 산정하였다. 20여 년에 걸친 그의 연구 성과는 《꿈의 의미(The Meaning of Dreams)》라는 저서(Hall, 1966)로 정리되었다. 홀은 이 연구 결과가 프로이트의 이론―꿈이 충족되지 못한 욕망에서 비롯한 정신적 갈등을 암호화·상징화하는 텍스트 혹은 이야기라는 주장―을 기본적으로 뒷받침한다고 결론지었다. 이후 로버트 밴 드 캐슬(Robert Van de Castle)은 홀이 고안한 척도를 정립하였는데, 오늘날 홀/밴 드 캐슬 꿈 분석 시스템이라고 부르는 이 척도는 꿈 내용 분석의 표준이다.

1953년 렘수면이 발견된 이후 꿈 이론은 렘수면을 생물학적으로 설명하는 가설들을 통합하기 시작하였다. 초기 연구자들은 렘수면이 야간에 잠시 깨어 있기 위한 일종의 각성 또는 그 준비 단계이며, 수면 중 포식당하기 쉬운 동물을 위한 감시 혹은 경계 기능을 한다고 제안하였다. 수면 중 위협에 대한 환각적 시뮬레이션은 동물이 실제로 공격받았을 때 방어 행동을 준비하는 데 도움이 된다. 주베(Jouvet, 1980, 1999)는 렘수면이 후성유전학적 행동 전략을 지원하는 시냅스 회로를 재구성 또는 재프로그래밍하는 데 필요한 내인적 자극을 제공한다고 주장하였다. 그는 고양이의 뇌간에 병변을 유도해 렘수면 중에 나타나는 근육 이완 상태를 제거했으며, 이로 인해 고양이의 운동 체계가 억제되지 않자 렘수면의 뇌파 징후가 나타날 때 실제로 "꿈을 연기하는" 듯한 행동을 보였다. 이는 주로 공포, 분노 자세, 주의 반사와 같은 본능적 행동이었다.

11.2 AIM 이론과 홉슨

1960~1970년대에 앨런 홉슨(Allan Hobson)과 동료들은 렘수면의 시작과 종료를 조절하는 신경망을 체계적으로 지도화하기 시작했다. 이들은 렘수면의 신경학적 기제를 통해 렘수면 꿈의 형식적 특성을 도출할 수 있

다고 주장하였다. 홉슨과 동료들(Hobson et al., 2000b)은 기존의 활성화-합성 이론(activation-synthesis theory)을 수정·보완하여, 이를 활성화-입력원-신경 조절(Activation-Input Source-Neuromodulation, AIM) 모델로 발전시켰다. 이 모델은 렘수면과 꿈에 관한 지난 수십 년 동안의 신경과학적 연구를 종합한 이론이다. 활성화-합성 이론과 AIM 모델은 모두 렘수면이란 뇌간과 기저 전뇌에서 콜린성 활동이 폭발적·무작위적으로 발생하는 상태이며, 이때 노르아드레날린성 및 세로토닌성 조절은 사실상 중단된다는 사실에서 출발한다. 콜린성 활동이 증가하는 반면 모노아민성 조절은 억제되는 이 상태가 생생하고 기이한 환각적 활동, 즉 꿈을 유발하는 것으로 가정되었다. 활성화-합성이라는 명칭은 변연계와 감각 운동 관련 전뇌 부위들이 뇌간의 활성화와 뇌교-슬상체-후두엽 파동에서 기인하는 무질서한 자극을 받아들이고, 이를 일관적 경험으로 합성하려는 반응적 시도를 하는 데에서 유래하였다. 전뇌의 렘온 네트워크가 이 자극들을 하나의 이야기로 합성하려 하는데 이 과정에서 꿈 시나리오가 만들어진다. 활성화-합성 모델과 마찬가지로 AIM 모델 역시 활성화 요소를 기반으로 하지만 기존의 뇌간 중심이 아니라 시상과 전뇌 영역도 포함한다. 뇌간의 외측 후방 피개핵/교뇌 후방 피개핵 영역에서의 아민성·콜린성 상호 작용은 여전히 렘수면의 표현을 조절하는 주요인으로 간주된다. 그러나 AIM 모델에서는 기존 모델과 달리 GABA성·아데노신성·히스타민성 효과도 렘수면을 시작하고 끝내는 네트워크들에 영향을 미칠 수 있다고 본다. 또한 뇌간의 활성화에 더해 피질 활성화(activation: A)를 포함시키며, 이 피질 활성화는 꿈 합성 중 저장된 정보에 더 효율적으로 접근할 수 있도록 한다. "I(internal)"

는 내부 정보원으로의 접근을 의미하며, 꿈의 구성은 이러한 내부적 정보에 대한 접근에 의존한다. 이전의 활성화-합성 모델에서와 마찬가지로 "M(Neuromodulation)"은 아민성 조절에서 콜린성 조절로의 전환을 뜻하며, 이로 인해 피질 회로의 안정성이 감소하고 그 결과로 꿈이 기이해질 가능성이 높아진다. AIM 모델에서 세 가지 뇌 상태는 위의 세 축이 정의하는 3차원 정육면체 공간의 점들로 이해될 수 있다. 렘수면은 활성화 축의 높은 끝, 입력원 축의 낮은(내부적) 끝, 조절 축에서 콜린성 조절의 높은 끝(아민성 조절의 낮은 끝)에 위치한다(그림 11.1 참조). 반면 각성 상태는 높은 활성화 수준을 유지하면서 외부 입력원과 높은 아민성 조절로 전환된다. AIM 모델은 자각몽이 렘수면과 각성 상태가 혼합된 상태라고 예측한다. 마지막으로 비렘수면은 세 축의 중간값에 해당하는 중간 영역에 위치한다.

AIM 모델의 단점은 이 모델의 활성화 구성 요소가 뇌 전반의 활성화 수준이 아니라 전뇌 및 피질에서 선택적 활성화 패턴을 생성해야 한다는 점이다. 렘수면은 변연계·편도체·두정엽 네트워크의 선택적 활성화와 함께 배외측 전전두엽 피질의 상대적 비활성화를 포함한다. 그러나 AIM 모델은 뇌 상태 변화에 대한 설명에서 오직 전반적 활성화 수준만을 다룬다. 또한 어떻게 전뇌의 전반적 활성화가 렘수면 동안 배측 전전두엽 피질의 활성화 감소로 이어질 수 있는지도 불분명하다. 홉슨과 동료들은 아민성 입력의 감소와 콜린성 입력의 증가라는 신경 조절적 영향을 통해 배외측 전전두엽 피질의 선택적 비활성화를 설명할 수 있다고 보는 듯하다. 자각몽에 대한 AIM 모델의 설명과 관련해서는, 자각몽이 단순한 혼합 수면 상태라기보다는 AIM 모델을 비롯해 어떤 이

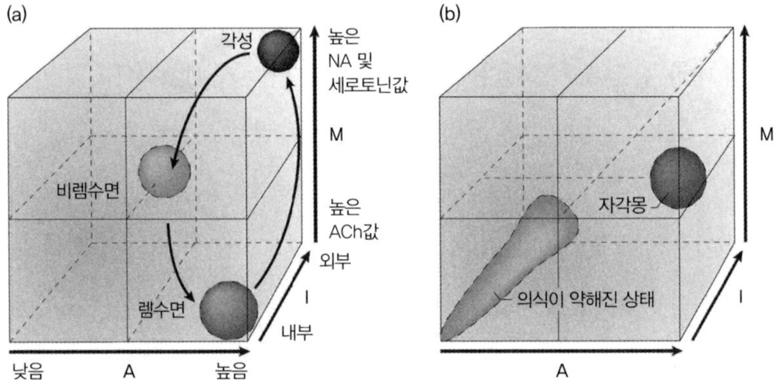

그림 11.1　뇌-마음 상태 조절에 대한 AIM 모델.

(a) 이 그림은 AIM 상태-공간 모델의 3차원 구조를 나타내며, AIM 상태-공간 내에서 각성 상태, 비렘수면 상태, 렘수면 상태로 이어지는 정상적 전이의 과정을 보여준다. x축은 활성화(activation, A)를, y축은 조절(modulation, M)을, z축은 입력-출력 차단(input-output gating, I)을 의미한다. 각성 및 렘수면 상태는 모두 활성화 수준이 높으므로 공간의 오른쪽에 위치한다. 그러나 이 두 상태는 I와 M 값에서 차이를 보인다. 비렘수면 상태는 모든 양적 특성에서 각성과 렘수면의 중간값을 나타내므로 공간의 중심에 위치한다. 수면 중 AIM 값은 공간 내에서 타원형 궤적을 그리며 이동하는 경향이 있다. 수면이 진행함에 따라 AIM 값은 점차 비렘수면 영역으로는 덜 깊이, 렘수면 영역으로는 더 깊이 이동한다. (b) 혼수상태나 최소 의식 상태를 유발하는 신경학적 질환 같은 병리적 상태는 활성화 값이 낮으므로 AIM 상태-공간의 왼쪽 영역에 위치한다. 자각몽은 각성 상태와 꿈꾸는 상태의 특성이 모두 나타나는 혼합 상태로 보이며 AIM 상태-공간의 가장 오른쪽에서 중간, 즉 각성과 렘수면 사이에 위치한다. ACh: 아세틸콜린, NA: 노르아드레날린.

허가를 받아 Hobson (2009)에서 인용함.

＊컬러 버전은 간지의 별도 사진 참조.

론으로도 아직 설명할 수 없는 새롭고 독자적인 뇌 상태라고 믿을 만한 근거가 있다.

11.3 꿈은 현실의 가상 시뮬레이션으로 현실을 예측한다

최근에 홉슨은 칼 프리스턴(Karl Friston)과 협력하여, 그의 뇌 기능에 대한 예측 처리 프레임워크(predictive processing framework, PPF)의 요소를 자신의 기존 연구와 결합한 새로운 꿈 이론을 제안하였다(Hobson & Friston, 2012). 프리스턴의 PPF는 생물학적 시스템에 대한 "자유 에너지" 해석에 근거를 두고 있다(Friston, 2010). 자유 에너지 원리는 생명체가 열역학 제2법칙에 따른 엔트로피 붕괴에 저항할 수밖에 없으며, 이를 위해 환경에서 놀람을 최소화하려 한다는 내용이다. 뇌는 놀람을 최소화하고 자유 에너지를 더 많이 결속시키기 위해 한 번의 또는 일련의 연산 과정을 수행해야 한다. 이에 따라 지각은 단순한 수동적 과정이 아니라, 유기체가 생존에 유리한 상태를 유지하기 위해 특정 행동 양식을 취하려는 능동적 추론으로 재개념화된다. 이런 개념을 뇌에 적용하면, 예측 처리 이론은 뇌를 감각 신호를 수동적으로 수용하는 장치로 설명하는 기존 모델에 대한 대안을 제공한다. 즉 뇌의 작용은 인지가 위계적으로 중첩된 베이지안 모델 네트워크 속에서 능동적으로 이어지는 과정이 된다. 이 네트워크들은 지속적으로 가설을 생성하고, 여러 하위 단계에서 오는 입력을 비교 및 검증한다. 이 과정에는 감각 입력의 수준까지 포함된다(Hohwy, 2013; Clark, 2015). 요컨대 뇌는 끊임없이 세상에 대한 예측 모델을 만들고, 그 예측과 실제 감각 입력 사이의 오류를 탐지하고 수정하면서 모델을 개선해나간다. 인지 처리는 이러한 오류를 감지하고 설명하고 제거함으로써 더 나은 세계 모델을 구성하는 데 초점을 둔다. 홉슨과 프리스턴은 렘수면 중 외부 세계로부터의 감각 정보

입력이 어느 정도 차단되기 때문에 새로운 오류 탐지에 간섭받지 않고 모델을 업데이트할 수 있다고 설명한다.

홉슨과 프리스턴의 꿈 이론은 꿈꾸는 뇌를 일종의 시뮬레이션 기계, 또는 가상 현실 생성 장치로 개념화한 것이다. 이 이론에 따르면, 꿈꾸는 뇌는 각성 상태에서의 환경을 최적으로 모델링하고 예측하기 위해 작동하며, 이를 위해서는 렘수면의 과정, 특히 뇌교-슬상체-후두엽 파동이 필수다. 이 이론의 핵심은 뇌가 깨어 있을 때의 세계에 대응하는 가상 현실을 렘수면 중 생성할 수 있는 신경 체계를 유전적으로 갖추고 있으며, 이러한 렘수면 과정이 생성적 모델을 최적화하는 데 결정적 역할을 한다는 것이다. 오늘날 마음 혹은 뇌를 가상 현실 기계, 예측 오차 장치, "헬름홀츠 기계(Helmholtz machine)"로 이해하려는 시도는 인지 과학과 신경과학에서 광범위하게 나타난다. 이러한 개념들은 서로 매우 유사하며, 꿈을 이런 관점에서 이해하는 것은 매우 타당하다. 실제로 꿈은 외부의 실시간 감각 자극 없이 내부적으로 생성된, 완전한 "세계"로 경험된다(렘수면 중에는 시각 입력이 차단되기 때문에 이러한 특성이 더 뚜렷이 나타난다). 홉슨과 프리스턴은 뇌가 깨어 있는 동안 감각 데이터를 수집해 세상을 다양하게 모델링하고, 그 모델을 통해 행동을 조절하며 예측의 오차와 놀람을 줄여나간다고 본다. 이후 수면 중에는 이 모델이 일시적 오프라인 상태가 되어 최적화 과정을 거친다. 이 과정에서 중복되는 정보를 제거하고 모델의 복잡성을 줄이며, 결과적으로 모델은 현실 세계와 더 잘 부합하게 된다.

깨어 있는 동안 뇌의 내부 모델에서 파라미터의 주관적 변화는 지각으로 경험되며, 이는 예측하지 못한 시각 자극을 설명하려는 필요성이 유도한다. 그러나 꿈꾸는 동안에는 시각적 감각 입력이 없기 때문에, 꿈속의 지각은 예측하지 못한 눈의 운동을 설명하려는 필요성에 따라 작동한다. 따라서 꿈의 내용은 (급속 안구 운동과 뇌교-슬상체-후두엽 파동을 통해 유도되는) 허구적 시각 탐색에 대해, 뇌가 그럴듯한 설명을 만들어내려는 시도라고 할 수 있다. 또한 꿈의 내용은 시냅스 연결을 가지치기하는 과정, 즉 모델의 복잡성을 줄이려는 최적화 과정의 일부에서도 비롯한다. 연구자들은 이 이론이 렘수면에서 나타나는, 체온 조절 반사의 일시적 소실 현상을 설명할 수 있다고 말한다. 렘수면 중 변온 상태로의 전환은 뇌의 엔트로피를 최소화하는 데 일정한 역할을 하는 것으로 보인다.

이들이 주장하는 바에 따르면, 이러한 오프라인 최적화 과정은 뇌 기능에 필수다. 만약 주기적 가지치기와 복원 과정이 없다면, 모델은 지나치게 복잡해지고 제 기능을 하지 못하게 된다. 이는 프랜시스 크릭(Francis Crick)이 제안한 고전적 가설, 즉 렘수면 꿈이 인지 체계 내의 불필요한 연결이나 복잡성을 제거하는 정화 과정이라는 생각을 다시 떠올리게 한다. 요컨대 꿈은 뇌가 자기 모델을 갱신하는 과정을 반영한다는 것이다. 예측 처리 이론에 기반한 꿈 이론은 매우 유망하다. 이 이론을 적극적으로 받아들인 인지신경과학의 더 넓은 영역과 렘수면 꿈 연구를 연결시켜주기 때문이다. 꿈은 고도로 구조화된 내러티브로, 다양한 인구 집단에서 그 내용이 일정하게 반복되는 경향이 있다. 만약 꿈이 단순히 개인 내부 모델의 갱신만을 반영한다면, 그 내용은 훨씬 더 개인적이고 특이해야 할 것이다. 이와 관련해 예측 처리 이론은 자아감, 성격, 장기 기억 같이 오랫동안 형성된 '사전 확률'은 일반적으로 업데이트되지 않으므로 꿈의 공통성을 설명할 수 있다고 본다. 그럼에도 개별적 모델 갱신 과정에는 매우 개인적인 일화 기억이 관여하므로, 꿈은 이러한 인지 요소들을 반영할 가능성이 높다. 결국 꿈은 단순한 신경생물학적 부산물이 아니라, 그 생물학적 과정 자체를 형성한다고 할 수 있다.

11.4 솜즈

신경정신분석가 마크 솜즈(Mark Solms)는 렘수면이 꿈의 생성에 있어 필수이지도 충분하지도 않다고 지적하였다(Solms, 1997). 따라서 꿈의 생성 및 현상학적 특성에 관여하는 별도의 뇌 회로들을 확인할 필요성이 제기되었다. 솜즈는 고전적인 신경학적 병변-상관 분석법을 사용해 꿈의 생성, 현상학적 특성, 회상과 관련한 뇌 손상 부위를 규명하였다. 그는 렘수면 상태를 생성하는 뇌간과 기저 전뇌의 콜린성 메커니즘을 중뇌 변연계의 도파민성 메커니즘으로 보완할 필요가 있다고 생각하였다. 또한 꿈의 발생에 중요하다고 밝혀진 전뇌 구조에 고차 연합 피질, 예컨대 측두-두정-후두 접합부의 피질 영역(브로드만 영역 40), 내측 측두-후두 피질, 전두엽의 깊은 백질 구조 등이 포함되는 것으로 나타났다.

솜즈는 다양한 대뇌 병변이 있는 환자 332명과 병변이 없는 대조군 29명에게 꿈 회상에 관한 설문지를 배포하였다(Solms, 1997). 꿈이 전반적으로 소실되었다는 보고는 양측 하두정엽 영역이나, 전두엽에서 피질 및 피질하 부위와 연결되는 백질 신경로 내의 복측 전두 영역 깊은 부위에 병변이 있는 경우에 나타났다. 이런 병변은 전방 전두엽 피질과 피질하 및 변연계 영역을 단절시켜 꿈 생성을 방해하는 것처럼 보였다. 보상과 관련된 기대 관련 유인을 예측하는 도파민성 경로는 꿈 내용의 동기적 및 소원 충족적 측면을 전달한다.

솜즈가 제안하는 꿈 이론은 욕구·기대·호기심 회로라 부르는 시스템, 즉 중뇌-변연계-피질을 따라 상승하는 도파민성 회로의 핵심 역할을 전제로 한다. 이러한 도파민성 회로는 기저핵과 변연계 부위에서 시작되어 내측 기저 및 전전두엽 피질로 투사한다. 여러 연구에서 중피질성 카테콜아민 회로가 보상 예측에 결정적 역할을 하며, 따라서 동기 유발 행동에도 관여함을 시사한다. 솜즈는 이 도파민성 회로의 활성화가 꿈 형성 과정을 촉발한다고 주장한다. 솜즈는 프로이트와 마찬가지로 꿈의 기능 중 하나가 수면 보호라고 보았기 때문에, 이에 따라 전방에서 후방 영역으로 활성화 수준이 전파 및 감퇴하는 과정의 체계를 제시하였다. 렘수면과 연관된 전방 변연계 영역의 활성화는 운동 피질의 활성화를 억제하는 동시에 솜즈가 역방향 전파(back-propagation)라 부르는 과정을 용이하게 하는 것으로 가정된다. 이 역방향 전파 과정에서는 노파민성 회로의 활성 수준이 전전두·운동 보조·전운동 영역과 차단되고, 대신 하두정엽과 후두-측두 시각 연합 영역으로 후방 전환된다. 그 결과 수면자는 의식적으로 각성하거나 운동하지 않으면서 욕구를 충족시키는 시각적 시뮬레이션(환각)을 안전하게 경험할 수 있다.

솜즈의 모델은 잘 문서화한 임상적 데이터에 기반하지만, 역방향 전파 과정은 정의가 불분명하고 꿈꾸는 동안 실제로 발생하는지를 식별하기 어렵다. 만일 역방향 전파가 수면을 보호하는 기능을 한다면 꿈의 상실은 각성, 또는 최소한 질 낮은 수면으로 이어질 것으로 예상할 수 있다. 솜즈는 자신의 일부 환자들이 낮은 수면의 질을 보고한다고 주장하지만, 이것이 꿈의 상실 때문인지 아니면 그들의 의학적 상태 때문인지는 불분명하다. 전두엽 백질 절제술을 받았거나 양측 두정엽에 병변이 있는 환자들이 영구적 각성 상태가 되었다는 증거는 존재하지 않는다. 한 연구자는 백질 절제술을 받은 환자에게서 렘수면이 나타났으며, 이들은 거의 꿈을 보고하지 않았다고 하였다(Jus et al., 1973).

포크스(Foulkes, 1985)는 꿈을 "믿을 만한 세계의 유사물" 혹은 현실적 삶의 상상적 시뮬레이션이라 간주하며, 꿈은 깨어 있는 인지의 기본 규칙을 따르지만 성찰적 사고는 대체로 부족하다고 주장하였다. 그는 꿈이 의식 발달에 기여한다고 하면서도 적응적 기능은 하지 않을 수도 있다고 보았다. 포크스는 우리가 꿈의 내용 자체보다는 그 형식적·인지적 특성에 더 집중해야 한다고 하였다. 그는 꿈이 기억 재료의 확산적 활성화에 기반하며, 이 때문에 적응적 기능을 수행할 수 없다고 말했다. 그럼에도 포크스 자신이 지적했듯 꿈의 내용은 무작위적이지 않다. 꿈꾸는 사람은 대개 꿈속의 이야기에서 중심 역할을 하며, 이는 대체로 *꿈꾸는* 사람에게 개인적으로 특화된 과거 경험의 요약이다. 이런 과거의 경험은 꿈속의 사건에 영향을 미치며, 꿈은 단순한 경험의 반복이 아니라 창의적 인지 과정을 통해 형성된다.

하트만은 꿈이 의미 네트워크 내 연결점들 사이에서 흥분이 확산하는 결과로, 이때의 활성화 양상은 현재의 정서적 관심을 따라가며, 깨어 있는 상태에서의 인지보다 더 넓고 포괄적인 개념 간 연결을 형성한다고 보았다(Hartmann, 1998). 하트만은 특정한 꿈 이미지들이 강한 정서를 맥락화하는 기능을 한다고 제안하였다. 이러한 기능은 꿈이 외상적이거나 압도적인 정서를 통합할 수 있도록 한다.

11.4.1 꿈의 정서 처리 기능

하트만의 입장은 꿈의 기능에 대한 현대의 관점과 유사한데, 이런 관점은 꿈이 할 수 있는 정서적 기능에 주목한다. 이런 입장의 연구자들은 모두 꿈이 정서 관련 문제를 해결 및 처리하는 적응적 과정에 기여한다는 근거를 충분히 제시했다. 쿠이켄과 시코라(Kuiken & Sikora, 1993)는 영향력 있는 꿈이 고전적 정향 반응의 구성 요소가 활성화한 결과라고 주장하며, 이러한 감정적으로 강렬하고 영향력 있는 꿈은 깨어 있는 경험에서의 기분 상태에 지속적 영향을 미친다고 하였다(Kuiken & Sikora, 1993).

11.5 공포 소거와 감정적 네트워크 기능 장애 모델

토어 닐슨(Tore Nielsen)과 로스 레빈(Ross Levin)은 악몽에 대한 새로운 신경 인지적 모델을 제안했는데, 이 모델은 꿈에 대한 기본 이론도 암묵적으로 포함하였다(Nielsen & Levin, 2007). 이를 감정적 네트워크 기능 장애(affective network dysfunction, AND) 모델이라고 하며(그림 11.2 참조), 정상적 렘수면 꿈은 공포스러운 이미지에서 맥락적 정보를 제거하는 과정을 포함한다고 설명한다. 이러한 과정을 통해 공포스러운 이미지를

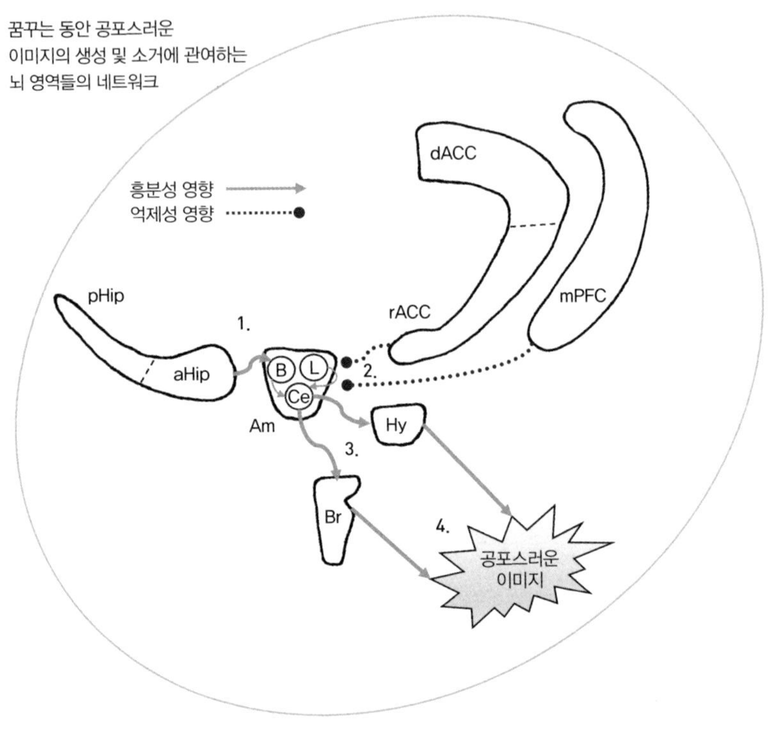

그림 11.2　AND 모델을 뒷받침하는 신경 상호 작용의 한 가지 가능성을 보여주는 도식.
(1) 해마의 맥락 정보는 현실적 (또는 가상적) 형태로 전방 해마(anterior hippocampus, aHip)를 통해 편도체(amygdala, Am)의 기저핵(basal nucleus, B)으로 전해진다. 이 정보는 이후 편도체의 중심핵(central nucleus, Ce)에서 처리한다. (2) 내측 전전두엽 피질(medial prefrontal cortex, mPFC), 배측 전방 대상 피질(dorsal anterior cingulate cortex, dACC), 문측 전방 대상 피질(rostral anterior cingulate cortex, rACC)에서 나오는 신경 신호는 편도체의 외측핵(lateral nucleus, L)과 중심핵으로 전해져 중심핵의 신경세포 활동을 조절한다. 이러한 조절은 공포의 소거를 유도하고, 스트레스를 신호하고, 공포를 적절한 수준으로 유지한다. (3) 편도체의 중심핵은 뇌간(brainstem, Br)과 시상하부(hypothalamus, Hy) 회로에 신호를 보내고, (4) 이는 꿈속에서 공포의 자율 신경 및 행동 반응을 유발한다. 허가를 받아 Nielsen & Levin (2007)에서 인용함.

*컬러 버전은 간지의 별도 사진 참조.

장기 기억에 보다 효과적으로 통합할 수 있다는 것이다. 이런 관점에서 렘수면이 지원하는 정서적 기억 공고화는 본질적으로 감정이 가득한 이미지로부터 위협적 요소를 제거해 장기 기억에 저장할 수 있게 하는 과정이다. 이 과정을 통해 감정이 부착된 기억의 조각에서 맥락적 정보를 제거한 후 장기 기억에 저장할 수 있는 상태로 만든다. 이미지와 관련한 맥락 정보는 해마 형성체(hippocampal formation)의 활성화가 매개한다. 공포의 소거는 감정이 부착된 이미지나 기억의 조각에서 맥락적 정보를 제거한 이후에 일어난다. 악몽이나 반복 꿈은 이러한 맥락 제거 또는 탈맥락화 과정이 실패할 때 발생하며, 그 결과 감정이 부착된 이미지 조각이 단기 기억 저장소에 남아 의미가 연관되는 단서가 활성화할 때마다 다시 떠오르게 된다.

11.6 꿈의 연속성 가설

슈레들과 호프만(Schredl & Hoffman, 2003), 돔호프(Domhoff, 1996)는 꿈이 우리가 일상생활에서 수행하거나 경험하는 일들을 시뮬레이션한다는 견해의 대표적 옹호자들이다. 꿈의 연속성 가설은 꿈의 내용이 꿈꾸는 사람이 깨어 있는 상태에서 갖고 있는 개념이나 관심사와 대부분 연속적임을 제안한다. 앞서 언급한 캘빈 홀은 꿈의 내용 중 일부는 프로이트나 융과 같은 정신 역동 이론가들이 주장한, 숨겨진 성적 욕망이나 보상적 정서 전략이 아니라 꿈꾸는 사람의 일상적 관심사 및 사고를 반영한다고 주장한 최초의 꿈 연구자였다. 홀은 〔메리 캘킨스(Mary Calkins)

등의 연구를 바탕으로〕 표준화한 꿈 내용 채점 도구를 개발해, 꿈에서 가장 자주 나타나는 항목의 내용이 기괴한 이미지가 아니라 꿈꾸는 사람과 일상적으로 교류하는 인물들 간의 평범한 사회적 상호 작용임을 보여주었다. 꿈속에서 잠재적 리비도나 공격적 욕망을 위장하려고 복잡한 꿈 작업을 동원할 필요는 없다는 것이다.

그는 꿈의 등장인물, 상호 작용, 사물, 행동, 사건을 단순히 수치화하는 것만으로도 꿈의 내용을 꽤 정확히 파악할 수 있으며, 이렇게 파악한 꿈 내용은 꿈꾸는 사람의 일상생활과 크게 다르지 않다고 말한다. 홀 이후에도 많은 꿈 연구자들이 꿈의 핵심 요소는 사람들이 일상적으로 경험하는 사회적 상호 작용 및 관심사임을 확인하였다. 돔호프(Domhoff, 2003)가 수행한, 인상적인 내용 분석 연구에서는 중년 여성 바브 샌더스의 꿈 자료를 수년간 수집해 종단 분석함으로써, 그가 꿈에서 특정 인물들과 맺는 우호적 또는 공격적 상호 작용의 양상이 현실에서 나타나는 관계의 변화 양상과 일치함을 설득력 있게 보여주었다.

따라서 꿈의 내용과 깨어 있는 삶 사이에 일정 수준 이상의 연속성이 있다는 경험적 근거는 강력하다. 이 이론을 뒷받침하는 데이터베이스는 1950~1970년대에 이루어진 홀의 선구적 노력 이래 수많은 꿈 연구자들이 지속적으로 강화해왔다. 그러므로 꿈에 대해서 완결적 이론을 정립하려면 반드시 꿈의 내용과 깨어 있는 상태의 삶에서 나타나는 개념 및 관심사 사이의 상당한 연속성을 입증하는 데이터를 반영해야 한다.

그러나 연속성 이론의 지지자들도 인정하듯, 꿈의 내용과 깨어 있는 상태의 개념 및 관심사 사이에 유의미한 불연속성이 있는 경우도 있다. 예를 들어 대부분의 사람들은 영화나 장편 모험담 같은 꿈을 꾼 경험이 있다. 이러한 "서사 중심" 꿈은 일상적 꿈보다 덜 평범하고, 보다 기이한 요소나 이미지를 포함하며, 꿈꾸는 사람은 평소의 사고나 행동이나 관심사와는 확연히 다른 사건이나 활동에 참여한다. 또한 익숙한 인물이나 배경, 활동이 거의 또는 전혀 없는 꿈 보고도 적지 않다. 이러한 유형의 꿈을 연속성 이론의 관점에서 어떻게 설명할 수 있을까? 이를 시도할 경우 특수한 상황을 끌어오는 변명, 순환논리, 임의적 이론 추가를 어떻게 피할 수 있을까?

돔호프(Domhoff, 2003)는 솜즈의 자료, 최근 신경 영상 연구에서 수집한 결과, 자신의 광범위한 꿈 내용 분석 자료를 토대로 정교한 신경 인지적 꿈 이론을 제안하였다. 돔호프는 꿈이 특정한 뇌 활성화 패턴에 의존하지만, 그 내용은 인지 체계 내에 저장된 도식과 개념 체계에 접근함으로써 생성된다고 제안하였다. 이러한 자료들을 종합하면 꿈을 담당하는 신경망이 광범위하지만 선택적으로 작동한다는 점을 시사하며 여기에는 뇌간의 발생기(brainstem generator), 시상하부 및 시상의 여러 구조, 편도체, 변연계, 전방 대상, 대뇌 피질 영역이 포함된다. 이후 돔호프와 폭스(Fox et al., 2013)는 꿈을 담당하는 신경망이 상당 부분 기본 모드 네트워크에 해당한다고 보고하였다(그림 11.3 참고). 돔호프는 꿈의 내용에 대해 "연속성 원리"와 "반복성 원리"를 제안하며, 깨어 있는 삶과의 연속성뿐만 아니라 일정한 주제가 반복되는 경향 또한 있음을 지적하였다. 그는 반복적 악몽, 아동기 및 청소년기의 반복 꿈, 한 개인으로부터 수집한 꿈 자료에서 되풀이해 나타나는 주제 등을 예로 들었다. 돔호프는 이러한 경향이 편도체의 공포-경계 시스템(fear-vigilance system)의 활성화와 관련한다고 말한다. 그는 닐슨과 레빈이 제안한, 꿈

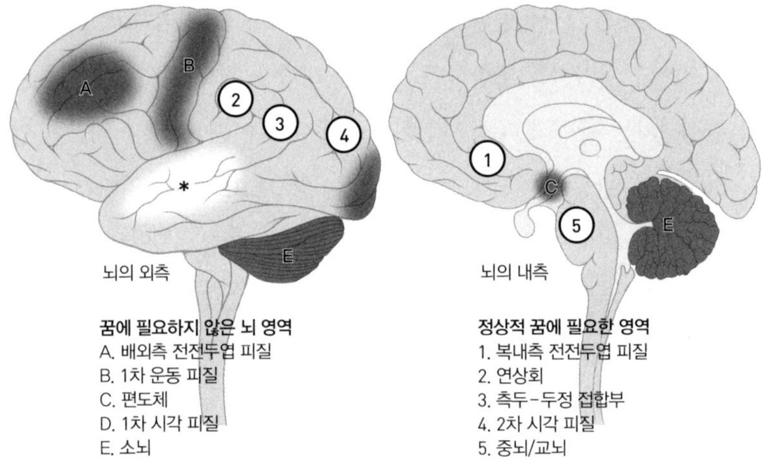

＊간질 환자에게서 각성 상태에 나타나는, 꿈과 유사한 이미지는 해마와 내후각 피질(entorhinal cortex)을 포함한 측두 피질의 다양한 영역에서 발생한다.

그림 11.3　주간의 몽상과 꿈 모두에 중요한 뇌 영역.

〔주: (원문 그림 1에서) 왼쪽 열은 신경학적 질환자들의 CT 스캔을 기반으로 중첩하는 병변을 통해 밝힌, 꿈 형성에 중요한 뇌 영역을 나타낸다. 가운데 열은 깨어 있는 상태에서의 몽상/심적 방황(mind wandering)과 관련한 메타분석적 뇌 활성화를 나타낸다.〕

오른쪽 열은 꿈을 거의 항상 수반하는, 렘수면과 관련한 메타분석적 뇌 활성화를 보여준다. 이 세 접근법은 모두 꿈에 중심적인 세 가지 영역으로 수렴한다. 즉 내측 전전두엽 피질(패널 a~c), 측두–두정 접합부/전방 하두정 소엽(패널 d~f), 꿈의 시각적 측면과 특히 관련이 있는 내측 후두엽/설회(패널 g~i)이다. 패널 a와 d는 Solms (2000)의 연구에서, 패널 g는 Solms (1997)의 연구에서 허가를 받아 수정했다. 패널 b, e, h는 Fox et al. (2015)의 데이터에, 패널 c, f, i는 Fox et al. (2013)의 데이터에 기반했다. X값과 Z값은 각각 좌우 및 수직 좌표를 의미하며, 이는 표준화한 입체 좌표상의 위치를 나타낸다.

허가를 받아 Domhoff & Fox (2015)에서 인용함.

의 공포 소거 기능에 대한 정서적 네트워크 기능 장애 장애 모델과 대체로 입장을 같이한다. 그의 이론에 따르면 꿈은 기억의 도식, 일반적 지식, 일화 기억 등을 바탕으로 현실 세계를 사실적으로 시뮬레이션한다. 다만 돔호프는 꿈 자체가 적응적 기능을 한다고 보지는 않는데, 이런 점에서는 다음에 소개할, 진화론적 관점에서 꿈을 바라보는 이론가 안티 레본수오(Antti Revonsuo)와 견해가 일치한다.

11.7 꿈은 초연합적이다

꿈을 연구하는 많은 학자들은 꿈이 사물, 개념, 이미지, 아이디어, 의미적 요소 등을 지나치게 자유롭게 연결한다는 점에 주목해왔다. 이러한 연결은 종종 의미가 멀리 떨어진 항목들 사이에서도 일어난다. 하트만은 이렇게 틀 밖에서 사고하는 능력이 일종의 정서적 치유로 기능해, 개인이 문제를 더 잘 해결하도록 돕는다고 주장하였다. 일반적 문제 해결 이론들은 모두 이러한 꿈의 초연합적 능력에 의존한다. 최근 들어 꿈의 초연합적 능력을 가장 강조하는 모델은 스틱골드와 자드라의 "가능성 이해를 위한 네트워크 탐색(Network Exploration to Understand Possibilities, NEXTUP)" 모델이다(Zadra & Stickgold, 2021). 이 모델은 (내가 이해한 바로는) 꿈이 뇌의 신경망 연결을 탐색함으로써 드물고 비일상적인 가능성을 이해할 수 있도록 돕는다고 제안한다. 마찬가지로 맥너마라(McNamara, 2000) 또한 대부분의 꿈은 놀라운 사건이나 문제 요소를 중심으로 계속 변주되는 반사실적 시나리오로 구성되어 있다고 주장하였다. 각 반사실적 시나리오는 아직 탐색하지 않은 새로운 가능성을 탐구한다. NEXTUP 모델에 따르면 꿈은 수면에 의존하는 기억 처리의 한 형태로 기존 정보에서 새로운 지식을 추출하며, 그 과정에서 이전에는 탐색하지 않던 연관성을 발견 및 강화한다. 꿈은 여러 기억을 결합해

평상시에는 고려하지 않을 연관성을 탐색하는 하나의 서사로 구성되며, 이로 인해 무한한 창조성을 지니게 된다.

루엘린 또한 꿈의 초연합성에 기반한 이론을 제시한다(Llewellyn, 2021). 그는 렘수면 꿈에 이러한 과잉 연합 능력이 있다는 과학적 증거를 폭넓게 검토하고, 이 능력의 중대한 함의를 독자에게 설명한다. 그에 따르면 초연합성은 기억, 통찰, 창의성, 예측력, 정신적 안녕에 필수이다.

11.8 꿈 공유의 공감 이론

우리 중 대부분이 때때로 꿈을 타인과 공유하며, 일부 사람들은 비교적 자주 그렇게 한다는 사실은 주목할 만하다. 전통 수렵 및 채집 사회에 대한 고전적·현대적 기록에 따르면, 구석기 시대의 조상들 역시 꿈을 자주 공유했을 가능성이 높다. 블라그로브와 동료들은 저서 《꿈의 공감 이론(Empathy Theory of Dreaming)》의 서두에서 꿈 공유 행위를 언급하였다(Blagrove et al., 2020, 2021). 이들은 꿈이 부분적으로는 듣는 사람들의 공감을 유도함으로써 사회적 협동을 촉진하는 기능을 수행한다고 보았다. 현재는 이 이론을 뒷받침하는 실증적 근거가 미약한 수준이지만, 향후 꿈 공유의 동기와 효과에 대한 연구가 활발히 이루어진다면 빠르게 늘어날 가능성이 있다. 또한 이 공감 이론은 꿈이 사회적 상호 작용을 시뮬레이션한다는 기존의 사회적 시뮬레이션 이론과도 잘 조응한다는 점에서 정당성이 더 강화될 수 있다.

11.9 위협 시뮬레이션 이론

레본수오는 꿈의 기능이 위협적 사건을 시뮬레이션하는 데 있다고 제안하였다(Revonsuo, 2000). 위협 시뮬레이션은 위협을 인지하는 과정을 반복적으로 연습시킴으로써 위협을 회피하는 능력을 높이는 것으로 보인다. 레본수오는 꿈의 내용이 무작위적이지 않고, 불쾌하거나 위협적인 사건의 시뮬레이션을 지속적으로 과대 표현한다는 점에 주목하였다. 경우에 따라 이러한 시뮬레이션은 과거의 불쾌한 꿈을 반복하는 형태로 나타나는데(돔호프의 반복성 원리), 예를 들면 야생 동물에게 쫓기는 악몽이 있다. 선사 시대 어떤 개인의 꿈속에서 이러한 위협적 사건이 반복적으로 시뮬레이션되었다면, 그는 그런 꿈을 경험하지 않는 개인에 비해 선택적 이점을 어느 정도 확보했을 것이다. 이런 이점은 위협에 직면했을 때 반응 시간이 약간 더 짧아진다거나, 공격이 시작되기 전 이를 감지하는 능력이 약간 더 향상되는 식으로 나타날 수 있다. 특히 아동은 이러한 위협 시뮬레이션으로부터 큰 이득을 얻을 수 있으며, 현대 아동의 꿈을 분석한 연구에서도 꿈에 위협적인 야생 동물이 과도하게 나타났다. 악몽이나 외상 후 반복되는 꿈은 위협 시뮬레이션 장치의 억제가 해제된 현상으로 보인다. 위협 시뮬레이션 이론을 통해 일부 꿈의 내용은 잘 설명할 수 있지만, 대부분의 꿈은 위협과 무관하고 심지어 불쾌하지도 않기 때문에 완전히 포섭할 수 없다. 선사 시대 인간에게 또 다른 절실한 필요는 집단 내 다른 구성원들과의 상호 작용이었을 것이다. 배우자를 찾는 법, 갈등을 피하는 법, 협력 관계를 형성하는 법 등이 여기에 포함된다. 이러한 맥락에서 등장한 "사회적 시뮬레이션 이

론(social simulation theory)"은 꿈이 사회적 상호 작용을 시뮬레이션한다
는 가설을 제시한다. 만일 이러한 사회적 상호 작용을 꿈속에서 시뮬레
이션함으로써 꿈을 꾸는 개인의 적응도가 높아졌다면 자연 선택은 이
러한 꿈의 발달을 "지지했을" 것이며, 그러한 양상이 실제로 관찰되기
도 했다.

11.10 사회적 시뮬레이션 이론

그동안 많은 학자들이 꿈의 사회적 기능이 무엇인지에 대한 논의를 거
듭해왔다. 인류학자들은 오랫동안 꿈을 전략적인 사회적 행위로 보았다.
그들은 전통 사회에서는 꿈이 사회적 동맹 관계를 조율하거나 꿈꾼 사
람의 사회적 지위를 변화시켰다고 간주했다. 꿈은 저절로 발생하는 경
험이기 때문에 의도적으로 조작하거나 꾸미기 어렵다. 그래서 꿈은 꿈
꾼 사람의 능력이나 의도를 드러내는 정직한 신호로 받아들여졌다. 프
로이트(Freud, 1900, 1950)를 비롯한 정신분석학자들도 사실상 사회적 시
뮬레이션 이론을 지지했다고 볼 수 있다. 이들은 종종 꿈을 가족이나 성
적 파트너나 연애 대상과의 정서적 갈등을 반영하는 것으로 해석했기
때문이다. 레본수오, 투오미넨, 발리는 사회적 시뮬레이션 이론을 지지
하는 다양한 자료와 논거를 제시했다(Revonsuo, Tuominen, & Valli, 2015).
투오미넨에 따르면 사회적 시뮬레이션 이론은 꿈이 개인에게 사회적으
로 중요한 상호 작용을 시뮬레이션하며 이는 인간의 사회적 현실 전체,
즉 사회적 기술, 유대감, 상호 작용, 네트워크 등을 포함함을 전제한다

(Tuominen, 2022). 이러한 주장과 관련한 구체적 가설은 다음과 같다.

1. **사회성 편향:** 꿈에서는 사회적 상호 작용이 현실에서 경험하는 것보다 더 자주 나타날 것이다.

2. **과장 가설:** 꿈에서는 낯설거나 익숙하지 않은 인물들이 현실보다 더 자주 등장한다. 이는 친숙함과 낯섦을 분류하는 능력을 연습하기 위한 것이다. (비판적 논평: 이 가설은 충분히 타당하지 않을 수도 있다. 기존 문헌에서는 꿈에 등장하는 낯선 인물이 종종 변화를 유도하는 인물로 묘사되거나 신체적 공격을 가하는 역할로 나타난다고 보기 때문이다.)

3. **강화 가설:** 꿈에서의 사회적 시뮬레이션은 꿈꾸는 사람의 현실에서 가장 중요한 사회적 유대 관계를 유지하고 강화하는 역할을 한다.

4. **연습 및 준비 가설:** 꿈은 사회적 유대감 형성에 필요한 기술, 예를 들어 타인에게 정서적 지지를 제공하는 방법을 연습하게 만든다.

5. **마음 읽기 가설:** 꿈은 타인의 마음이나 의도를 추론하는 능력을 시뮬레이션한다.

6. **보상 가설:** 현실에서 사회적 상호 작용이 극단적으로 줄어드는 경우, 꿈은 사회적 시뮬레이션을 증가시켜 집단 소속감을 유지하려 한다.

투오미넨(Tuominen, 2022)은 각기 다른 데이터 세트를 활용한 기록들을 찾아 이 가설들을 검증하였다. 그중에서 연구 II는 1990년대에 하버드 의과대학 정신의학과에서 수집한 데이터 세트를 활용했다. 이 데이터는 꿈꿀 때와 깨어 있을 때의 보고를 포함했으며, 꿈은 렘수면과 비렘수면 단계 모두에서 수집되었다. 전체 데이터는 2주간 16명의 학부생(여

성 8명, 19~26세)에게서 수집한 수백 건의 꿈 보고로 이루어졌다(Stickgold
et al., 2001). 투오미넨은 이 데이터를 분석해 꿈의 내용이 사회적 시뮬레
이션 이론의 가설과 일치하는지를 평가했다. 연구 III에는 18명의 참여
자가 5일간 외딴섬으로 휴가를 가서 참여했으며, 이 중 3일은 자발적인
사회적 고립 상태를 경험하였다. 이때는 타인과의 상호 작용뿐만 아니
라 전화, TV, 인터넷 등 외부 자극도 차단되었다. 참여자들은 매일 꿈
을 기록하고 설문지를 작성하였다.

연구 II에서는 꿈이 깨어 있을 때의 삶보다 더 사회적이라는 결과가
나왔다. 사회적 상호 작용의 양상을 조절하기 위해 일부 참여자들을 사
회적 격리 또는 고립 조건에 할당했으며, 이러한 조건의 효과를 분석했
다. 사회적 상호 작용의 양적 측면에서는 격리 조건과 기저선 간 차이
가 나타나지 않았지만, 꿈 보고의 내용은 격리 이전의 기저선 보고와
격리가 끝난 이후의 보고 모두에 비해 더 사회적이었다. 특히 격리 이
후 친숙한 사람과 낯선 사람이 등장하는 양상이 기저선에 비해 변화하
였다. 이러한 사회적 고립 설계에서의 핵심 발견은 연구 III에서 격리
조치에 따라 렘수면 지표가 증가했다는 점이다.

연구 II에서는 스틱골드가 구축하고 이후 맥너마라 등(McNamara et al.,
2005, 2010)이 사용한 데이터 세트를 활용해 렘수면과 비렘수면에서의 꿈
보고에 나타난 사회적 상호 작용을 분석하였다. 맥너마라의 연구에서는
렘수면 꿈의 경우 꿈꾸는 사람이 시작한 공격적 상호 작용이 더 많이
나타난 반면, 비렘수면 꿈의 경우 우호적 상호 작용이 더 많이 나타났
다. 그러나 투오미넨은 이러한 결과를 재현하지 못했다. 즉 꿈속의 자
아가 친밀한 타인이나 낯선 이들과 긍정적이거나 부정적인 사회적 상

호 작용을 더 많이 했다는 증거를 발견하지 못했다. 다만 공격성은 "부정적 상호 작용"과 동일한 개념이 아니었다. 또한 맥너마라는 검증된 홀/밴 드 캐슬 점수 체계를 사용했지만, 투미닌은 최근 고안된 사회적 상호 작용 척도(social interaction scale)를 사용하였다.

요약하면 투오미넨(Tuominen, 2022)은 사회적 시뮬레이션 이론의 여섯 가지 가설 모두를 일정 부분 지지할 수 있는 근거를 발견하였다. 이는 사회적 시뮬레이션 이론에 대한 실증적 지지가 상당함을 보여준다.

다른 여러 저자들도 사회적 시뮬레이션 이론에 대해 유사한 관점을 취했다. 브레레턴은 "사회적 지도화 가설(Social Mapping Hypothesis)"을 제안했는데, 이 가설에 따르면 꿈은 정서적으로 중요한 타인 및 사회 집단과의 관계 형성에 필요한 정서적·지각적 능력을 연습하는 기능을 한다(Brereton, 2000; Franklin & Zyphur, 2005도 참조). 이러한 사회적 지도화 가설은 이 책에서 내가 주장한 수면과 꿈의 사회적 기능에 대한 논의와 마찬가지로, 사회적 시뮬레이션 이론과 일치한다. 실제로 나는 사회적 시뮬레이션 이론이 현존하는 꿈 이론 가운데 가장 강력한 지지를 받는다고 믿는다. 레본수오와 동료들도 (사회적 시뮬레이션 이론을 지지하는 입장에서) 전체 꿈의 95퍼센트 이상에 꿈꾸는 사람 자신이 등장하며, 이들이 2~4명 정도의 다른 등장인물과 상호 작용한다고 지적했다. 이들 중 대부분은 꿈꾸는 이의 일상적인 사회적 네트워크에 속하는 친숙한 인물이었다. 꿈의 약 40퍼센트에서는 일반적으로 언어적 대화를 포함하는 우호적 상호 작용이, 약 45퍼센트에서는 공격적 상호 작용이 나타났다. 또한 80퍼센트 이상의 꿈속에서 꿈꾸는 사람이 등장인물, 특히 상호 작용하는 인물의 마음을 읽거나 정신 상태를 추론하는 장면이 나타났다.

끝으로 꿈꾸는 사람의 깨어 있는 삶에서 중요한 인물들은 꿈에 반복해서 나왔다. 이처럼 기존 꿈 내용 연구에서 도출한 데이터는 사회적 시뮬레이션 이론과 부합했으며, 나는 이 책에서 논의한 진화론적 이론과 신경생물학적 자료들도 이 이론과 일관적이라는 점을 보여주고자 했다.

11.11 결론

앞에서 논의한 꿈 이론은 모두 꿈 관련 연구 문헌에서 얻은 상당한 증거가 뒷받침하고 있지만, 그럼에도 모든 이론이 그대로 옳다고 하기는 어렵다. 각각의 이론에는 궁극적 꿈 이론을 구성하는 핵심 요소가 포함되어 있을 가능성이 높다. 그런 궁극적 꿈 이론은 앞 장에서 요약한 꿈의 다양성뿐만 아니라, 생애 주기에 따라 변화하는 꿈의 내용도 설명할 수 있어야 한다. 나아가 꿈의 기능에 대한 어떤 이론이든 꿈 회상과 관련한 신경해부학적 자료는 물론, 렘수면과 비렘수면 상태의 신경생리학적 특성과도 일관성이 있어야 한다. 수면과 꿈에 대한 신경과학은 지난 수십 년 동안 괄목할 만한 진전을 이뤘지만, 이 분야의 연구는 아직 이론이 주도할 만큼 성숙하지는 못했다. 그러나 이 책에서 소개한 사회적 가설은 진화론적 기반을 갖추었으며, 향후 수년간 실험실에서 검증 및 반증할 수 있는, 렘수면과 꿈에 대한 휴리스틱적 이론의 틀을 제공할 것이다. 미래에 실험을 통해 이 휴리스틱적 틀이 사실이 아닌 것으로 판명된다면, 이를 넘어 다른 이론적 가능성을 탐색할 수 있다. 반대로 이 가설이 지지받는다면 앞으로의 연구는 무작위적 자료 수집에 의존하는 방식을 벗어나 이론이 주도하는 방향으로 전환할 수 있다.

복습 질문

○ 꿈의 연속성 가설에는 어떤 강점과 약점이 있는가?

○ 현존하는 꿈 관련 가설 중 앞 장에서 논의한 다양한 꿈을 설명할 수 있는 이론이 있을까?

○ 렘수면 중 뇌 활성화 패턴 및 꿈 회상과 관련해, 신경과학적 데이터에 가장 부합하는 꿈 이론은 무엇인가?

○ 현재의 꿈 이론들은 모두 꿈이 낮 동안의 의식에 어떤 기능을 한다고 가정한다. 그렇다면 꿈이 깨어 있는 의식이 아닌, 수면과 꿈에 어떤 기능을 한다고 주장할 수 있는 근거는 무엇일까?

더 읽을거리

Maquet, P. et al. (2005). Human cognition during REM sleep and the activity profile within frontal and parietal cortices: A reappraisal of functional neuro-imaging data. *Progress in Brain Research*, 150, 219–227.

Nir, Y., & Tononi, G. (2010). Dreaming and the brain: From phenomenology to neurophysiology. *Trends in Cognitive Sciences*, 14(2), 88–100. doi: 10.1016/j.tics.2009.12.001.

Schredl, M., & Hofmann, F. (2003). Continuity between waking activities and dream activities. *Consciousness and Cognition*, 12(2), 298–308. doi: 10.1016/

S1053-8100(02)00072-7.

Solms, M. (1997). *The Neuropsychology of Dreams*. Mahwah, NJ: Lawrence
Erlbaum.

참고문헌

Achermann, P., Finelli, L. A., & Borbély, A. (2001). Unihemispheric enhancement of delta power in human frontal sleep EEG by prolonged wakefulness. *Brain Research, 913*(2), 220-223.

Affani, J. M., Cervino, C. O., & Marcos, H. J. A. (2001). Absence of penile erections during paradoxical sleep: Peculiar penile events during wakefulness and slow wave sleep in the armadillo. *Journal of Sleep Research, 10,* 219-228.

Ainsworth, M. S., Blehar, M. C., Waters, E., & Wall, S. (1978). *Patterns of Attachment: A Psychological Study of the Strange Situation.* Hillsdale, NJ: Erlbaum.

Alloy, L. B., Ng, T. H., Titone, M. K., & Boland, E. M. (2017). Circadian rhythm dysregulation in bipolar spectrum disorders. *Current Psychiatry Reports, 19*(4), 21. https://doi.org/10.1007/s11920-017-0772-z.

Anderson, J. R. (1998) Sleep, sleeping sites, and sleep-related activities: Awakening to their significance. *American Journal of Primatology, 46*(1), 63-75.

Anderson, C., & Horne, J. A. (2003). Prefrontal cortex: Links between low frequency delta EEG in sleep and neuropsychological performance in healthy, older people. *Psychophysiology, 40*(3), 349-357.

Antony, J., Gobel, E. W., O'Hare, J. K., Reber, P. J., & Paller, K. A. (2012). Cued memory reactivation during sleep influences skill learning. *Nature Neuroscience, 15,* 1114-1116.

Antrobus, J. S. (1991). Dreaming: Cognitive processes during cortical activation and high afferent thresholds. *Psychological Review, 98*, 96-121.

Argiolas, A., & Gessa, G. L. (1991). Central functions of oxytocin. *Neuroscience and Biobehavioral Reviews, 15*(2), 217-231.

Arnulf, I., Zeitzer, J. M., File, J., Farber, N., & Mignot, E. (2005). Kleine-Levin syndrome: A systematic review of 186 cases in the literature. *Brain*, 128(Pt. 12), 2763-2776.

Aviv, A., & Susser, E. (2013). Leukocyte telomere length and the father's age enigma: Implications for population health and for life course. *International Journal of Epidemiology.* https://doi.org/10.1093/ije/dys236.

Baird, B., Tononi, G., & LaBerge, S. (2022). Lucid dreaming occurs in activated rapid eye movement sleep, not a mixture of sleep and wakefulness. *Sleep, 45*(4), zsab294. https://doi.org/10.1093/sleep/zsab294.

Barnouw, V. (1963). *Culture and Personality.* Homewood, IL: Dorsey Press.

Beattie, L., Kyle, S. D., Espie, C. A., & Biello, S. M. (2015). Social interactions, emotion and sleep: A systematic review and research agenda. *Sleep Medicine Reviews, 24*, 83-100. https://doi.org/10.1016/j.smrv.2014.12.005.

Beebe, D.W. (2016). WEIRD considerations when studying adolescent sleep need. *Sleep, 39*(8), 1491-1492.

Beijers, R., Jansen, J., Riksen-Walraven, M., & de Weerth, C. (2011). Attachment and infant night waking: A longitudinal study from birth through the first year of life. *Journal of the American Academy of Child and Adolescent Psychiatry, 32*(9), 635-643.

Belsky, J., Steinberg, L., & Draper, P. (1991). Childhood experience, interpersonal development, and reproductive strategy: An evolutionary theory of socialization. *Child Development, 62*, 647-670.

Benington, J. H., & Frank, M. G. (2003). Cellular and molecular connections between sleep and synaptic plasticity. *Progress in Neurobiology, 69*(2), 71-101.

Benington, J. H., & Heller, H. C. (1994). Does the function of REM sleep concern non-REM sleep or waking? *Progress in Neurobiology, 44*, 433-449.

____ (1995). Restoration of brain energy metabolism as the function of sleep. *Progress in Neurobiology, 45*, 347-360.

Benoit, D., Zeanah, C. H., Boucher, C., & Minde, K. K. (1992). Sleep disorders in early childhood: Association with insecure maternal attachment. *Journal of the American Academy of Child and Adolescent Psychiatry, 31*(1), 86-93.

Blanco-Centurion, C., Xu, M., Murillo-Rodriguez, E., Gerashchenko, D., Shiromani, A. M., Salin-Pascual, R. J., et al. (2006). Adenosine and sleep homeostasis in the basal forebrain. *Journal of Neuroscience, 26*(31), 8092-8100.

Bliwise, D. L. (2000). Normal aging. In M. H. Kryger, T. Roth, & W. C. Dement (eds.), *Principles and Practice of Sleep Medicine* (pp. 26-42). Philadelphia: Saunders.

Blumberg, M. S., Lesku, J. A., Libourel, P. A., Schmidt, M. H., & Rattenborg, N. C. (2020). What is REM sleep? *Current Biology, 30*(1), R38-R49. https://doi. org/10.1016/j.cub.2019.11.045.

Blurton Jones, N. G., & da Costa, E. (1987). A suggested adaptive value of toddler night waking: Delaying the birth of the next sibling. *Ethology and Sociobiology, 8*, 135-142.

Booker, C. (2006). *The Seven Basic Plots: Why We Tell Stories.* New York: Bloomsbury Academic Press.

Borbély, A. A. (1980). Sleep: Circadian rhythm versus recovery process. In M. Koukkou, D. Lehmann, & J. Angst (eds.), *Functional States of the Brain: Their Determinants* (pp. 151-161). Amsterdam: Elsevier.

____ (1982). A two process model of sleep regulation. *Human Neurobiology, 1*, 195-204.

Borbély, A. A., Daan, S., Wirz-Justice, A., & Deboer, T. (2016). The two-process model of sleep regulation: A reappraisal. *Journal of Sleep Research, 25*(2), 131-143. https://doi.org/10.1111/jsr.12371.

Borbély, A. A., Tobler, I., & Hanagasioglu, M. (1984). Effect of sleep deprivation on sleep and EEG power spectra in the rat. *Behavioral Brain Research,* 14, 171-182.

Born, J., & Wilhelm, I. (2012). System consolidation of memory during sleep. *Psychological Research,* 76(2), 192-203. https://doi.org/10.1007/s00426-011-0335-6.

Bourguignon, E. (1972). Dreams and altered states of consciousness in anthropological research. In F. L. K. Hsu (ed.), *Psychological Anthropology* (pp. 403-434). Cambridge, MA: Schenkman Publications.

Bowlby, J. (1969). *Attachment and Loss* (Vol. 1). New York: Basic Books.

Braun, A. R., Balkin, T. J., Wesensten, N. J., Carson, R. E., Varga, M., Baldwin, P., Selbie, S., Belenky, G., & Herscovitch, P. (1997). Regional cerebral blood flow throughout the sleep-wake cycle. *Brain,* 120, 1173-1197.

Braun, A. R., Balkin, T. J., Wesensten, N. J., Gwadry, F., Carson, R. E., Varga, M., Baldwin, P., Belenky, G., & Herscovitch, P. (1998). Dissociated pattern of activity in visual cortices and their projections during human rapid eyemovement sleep. *Science,* 279, 91-95.

Brereton, D. (2000). Dreaming, adaptation, and consciousness: The social mapping hypothesis. *Ethos,* 28(3), 379-409. https://doi.org/10.1525/eth.2000.28.3.379.

Brubaker, L. L. (1998). Note on the relevance of dreams for evolutionary psychology. *Psychology Reports,* 82(3), 1006.

Bulkeley, K. (2014). Digital dream analysis: A revised method. *Conscious and Cognition,* 29, 159-170. https://doi.org/10.1016/j.concog.2014.08.015.

Burnham, M. M., Goodlin-Jones, B. L., Gaylor, E. E., & Anders, T. F. (2002). Nighttime sleep-wake patterns and self-soothing from birth to one year of age: A longitudinal intervention study. *Journal of Child Psychology and Psychiatry,* 43(6), 713-725.

Burns, J. (2007). *The Descent of Madness: Evolutionary Origins of Psychosis and the Social Brain.* New York: Routledge.

Buxton, J. L., Suderman, M., Pappas, J. J., Borghol, N., McArdle, W., Blakemore,

A. I., Hertzman, C., Power, C., Szyf, M., & Pembrey, M. (2014). Human leukocyte telomere length is associated with DNA methylation levels in multiple subtelomeric and imprinted loci. *Scientific Reports,* 4, 4954. https://doi.org/10.1038/srep04954.

Buysse, D. (2011). Insomnia: Recent developments and future directions. In M. Kryger, T. Roth, & W. C. Dement (eds.), *Principles and Practice of Sleep Medicine* (5th ed.). Philadelphia: W. B. Saunders Co.

Buzsaki, G. (1996). The hippocampo-neocortical dialogue. *Cerebral Cortex,* 6(2), 81-92.

Cajochen, C., Foy, R., & Dijk, D. J. (1992). Frontal predominance of a relative increase in sleep delta and theta EEG activity after sleep loss in humans. *Sleep Research Online,* 1992(3), 65-69.

Capellini, I., McNamara, P., Preston, B. T., Nunn, C. L., & Barton, R. A. (2009). Does sleep play a role in memory consolidation? A comparative test. *PLoS ONE,* 4(2).

Capellini, I., Barton, R. A., Preston, B., McNamara, P., & Nunn, C. L. (2008). Phylogenetic analysis of the ecology and evolution of mammalian sleep. *Evolution,* 62(7), 1764-1776. PMID: 18384657.

Capellini, I., Nunn, C. L., McNamara, P., Preston, B. T., & Barton, R. A. (2008). Energetic constraints, not predation, influence the evolution of sleep patterning in mammals. *Functional Ecology,* 22(5), 847-853.

Carskadon, M. A., Acebo, C., & Jenni, O. (2004). Regulation of adolescent sleep: Implications for behavior. *Annals of the New York Academy of Sciences,* 1021, 276-291.

Carskadon, M., & Dement, W. C. (2000). Normal human sleep: An overview. In M. H. Kryger, T. Roth, & W. C. Dement (eds.), *Principles and Practice of Sleep Medicine* (3rd ed. pp. 15-25). Philadelphia: Saunders.

Cartwright, R. (2010). *The Twenty-Four Hour Mind.* Cambridge: Cambridge University Press.

Cartwright, R. D. (1999). Dreaming in sleep disordered patients. In S. Chokroverty (ed.), *Sleep Disorders Medicine: Basic Science, Technical Considerations, and Clinical Aspects* (pp. 127-134). Boston: Butterworth-Heinemann.

Chauvet, J., Deschamps, E. B., & Hillaire, C. (1995). *Chauvet Cave: The Discovery of the World's Oldest Paintings.* London: Thames and Hudson.

Chemelli, R. M., Willie, J. T., Sinton, C. M., Elmquist, J. Scammell, T., Lee, C., Richardson, J. A., Williams, S. C., Xiong,Y., Kisanuki, Y., Fitch, T. E., Nakazato, M., Hammer, R. E., Saper,C. B., & Yanagisawa, M. (1990). Narcolepsy in orexin knockout mice: Molecular genetics of sleep regulation. *Cell,* 98(4), 437-451.

Chen, Q., Yang, H., Zhou, N., Sun, L., Bao, H., Tan, L., Chen, H., Ling, X., Zhang, G., Huang, L., Li, L., Ma, M., Yang, H.,Wang, X., Zou, P., Peng, K., Liu, T., Cui, Z., Ao, L., Roenneberg, T., Zhou, Z., & Cao, J. (2016). Inverse u-shaped association between sleep duration and semen quality: Longitudinal observational study (MARHCS) in Chongqing, China. *SLEEP,* 39(1), 79-86.

Cheyne, J. A. (2002). Situational factors affecting sleep paralysis and associated hallucinations: Position and timing effects. *Journal of Sleep Research,* 11(2), 169-77.

Cheyne, J. A., & Girard, T. A. (2007). Paranoid delusions and threatening hallucinations: A prospective study of sleep paralysis experiences. *Consciousness and Cognition,* 16(4), 959-749.

Chisholm, J. S. (ed.). (1999). *Death, Hope and Sex: Steps to an Evolutionary Ecology of Mind and Morality.* Cambridge: Cambridge University Press.

Cipolli, C., & Poli, D. (1992). Story structure in verbal reports of mental sleep experience after awakening in REM sleep. *Sleep,* 15, 133-142.

Clawson, B. C., Durkin, J., & Aton, S. J. (2016). Form and function of sleep spindles across the lifespan. *Neural Plasticity.* https://doi.org/10.1155/2016/6936381.

Clayton-Smith, J., & Laan, L. (2003). Angelman syndrome: A review of the clinical and genetic aspects. *Journal of Medical Genetics, 40*(2), 87-95.

Colace, C. (2010). *Children's Dreams: From Freud's Observations to Modern Dream Research* (1st ed.). London: Karnac Books Ltd.

Corsi-Cabrera, M., Miro, E., del-Rio-Portilla, Y., Perez-Garci, E., Villanueva, Y., & Guevara, M. A. (2003). Rapid eye movement sleep dreaming is characterized by uncoupled EEG activity between frontal and perceptual cortical regions. *Brain and Cognition, 51*(3), 337-345.

Crick, F., & Mitchison, G. (1983). The function of dream sleep. *Nature, 304*, 111-114.

____ (1986). REM sleep and neural nets. *Journal of Mind and Behavior, 7*, 229-250.

Cross, Z. R., Kohler, M. J., Schlesewsky, M., Gaskell, M. G., & Bornkessel-Schlesewsky, I. (2018). Sleep-dependent memory consolidation and incremental sentence comprehension: Computational dependencies during language learning as revealed by neuronal oscillations. *Frontiers in Human Neuroscience, 12*, 18. https://doi.org/10.3389/fnhum.2018.00018.

Czeisler, C. (2006). Impact of extended-duration shifts on medical errors, adverse events, and attentional failures. *PLoS Medicine, 3*, 12.

Czeisler, C. A., & Gooley, J. J. (2007). Sleep and circadian rhythms in humans. *Cold Spring Harbor Symposia on Quantitative Biology, 72*, 579-597.

Czisch, M., Wehrle, R., Kaufmann, C., Wetter, T. C., Holsboer, F., Pollmacher, T., & Auer, D. P (2004). Functional MRI during sleep: BOLD signal decreases and their electrophysiological correlates. *European Journal of Neuroscience, 20*(2), 566-574.

Czisch, M., Wetter, T. C., Kaufmann, C., Pollmacher, T., Holsboer, F., & Auer, D. P. (2002). Altered processing of acoustic stimuli during sleep: Reduced auditory activation and visual deactivation detected by a combined fMRI/EEG study. *Neuroimage, 16*(1), 251-258.

Dale, A., Lafrenière, A., & De Koninck, J. (2017). Dream content of Canadian males from adolescence to old age: An exploration of ontogenetic patterns. *Consciousness and Cognition, 49*, 145-156. https://doi.org/10.1016/j.concog. 2017.01.008.

Dale, A., Lortie-Lussier, M., & De Koninck, J. (2015). Ontogenetic patterns in the dreams of women across the lifespan. *Consciousness and Cognition, 37*, 214-224.

Dang-Vu, T. T, Desseilles, M., Laureys, S., Degueldre, C., Perrin, F., Phillips, C., Maquet, P., & Peigneux, P. (2005). Cerebral correlates of delta waves during non-REM sleep revisited. *Neuroimage, 28*(1), 14-21.

Dang-Vu, T. T., Desseilles, M., Petit, D., Mazza, S., Montplaisir, J., & Maquet, P. (2007). Neuroimaging in sleep medicine. *Sleep Medicine, 8*, 349-372.

Dang-Vu, T. T., Schabus, M., Desseilles, M., Sterpenich, V., Bonjean, M., & Maquet, P. (2010). Functional neuroimaging insights into the physiology of human sleep. *Sleep, 33*(12), 1589-1603.

D'Andrade, R. G. (1961). Anthropological studies of dreams. In F. L. K. Hsu (ed.), *Psychological Anthropology: Approaches to Culture and Personality* (pp. 296-332). Homewood, IL: Dorsey Press.

Daoyun, J., & Wilson, M. A. (2007). Coordinated memory replay in the visual cortex and hippocampus during sleep. *Nature Neuroscience, 10*(1), 100-107.

De Gennaro, L., Vecchio, F., Ferrara, M., Curcio, G., Rossini, P. M., & Babiloni, C. (2004). Changes in fronto-posterior functional coupling at sleep onset in humans. *Journal of Sleep Research, 13*(3), 209-217.

Dement, W. C. (1965). Recent studies on the biological role of rapid eye movement sleep. *American Journal of Psychiatry, 122*, 404-408.

Dement, W. C., & Vaughn, C. (2000). *The Promise of Sleep.* New York: Dell Publishing.

Devereux, G. (1951). *Reality and Dream: Psychotherapy of a Plains Indian.* New York: International Universities Press.

Dew, M. A., Hoch, C. C., Buysse, D. J., Monk, T. H., Begley, A. E., Houck, P.

R., et al. (2003). Healthy older adults' sleep predicts all-cause mortality at 4 to 19 years of follow-up. *Psychosomatic Medicine,* 65(1), 63-73.

Dewald, J. F., Meijer, A. M., Oort, F. J., Kerkhof, G. A., & Bögels, S. M. (2010). The influence of sleep quality, sleep duration and sleepiness on school performance in children and adolescents: A meta-analytic review. *Sleep Medicine Review,* 14(3), 179-189. https://doi.org/10.1016/j.smrv.2009.10.004.

Dishakjian, V., Fessler, D., & Sparks, A. M. (2020). Live fast, die young and sleep later: Life history strategy and human sleep behavior. *Evolution, Medicine, and Public Health,* 9(1), 36-52. https://doi.org/10.1093/emph/eoaa048.

Dixon, B. R. (1908). Notes on the Achomawi and Atsugewi Indians of Northern California. *American Anthropologist,* 10, 208-220.

Domhoff, G. W. (1996). *Finding Meaning in Dreams: A Quantitative Approach.* New York: Plenum.

_____ (2003). *The Scientific Study of Dreams: Neural Networks, Cognitive Development, and Content Analysis.* Washington, DC: American Psychological Association.

_____ (2011). The neural substrate for dreaming: Is it a subsystem of the default network? *Consciousness and Cognition,* 20(4), 1163-1174. https://doi.org/10.1016/j.concog.2011.03.001.

Domhoff, G. W., & Fox, K. C. (2015). Dreaming and the default network: A review, synthesis, and counterintuitive research proposal. *Consciousness and Cognition,* 33, 342-353. https://doi.org/10.1016/j.concog.2015.01.019.

Domhoff, G. W., & Kamiya, J. (1964). Problems in dream content study with objective indicators: A comparison of home and laboratory dream reports. *Archives of General Psychiatry,* 11, 519-524.

Dresler, M., Wehrle, R., Spoormaker, V. I., Koch, S. P., Holsboer, F., Steiger, A., Obrig, H., Sämann, P. G., & Czisch, M. (2012). Neural correlates of dream lucidity obtained from contrasting lucid versus non-lucid REM sleep: A combined EEG/fMRI case study. *Sleep,* 35(7), 1017-1020. doi: 10.5665/

sleep.1974.PMID: 22754049.

Dumoulin Bridi, M. C., Aton, S. J., Seibt, J., Renouard, L., Coleman, T., & Frank, M. G. (2015). Rapid eye movement sleep promotes cortical plasticity in the developing brain. *Science Advances,* 1(6), doi: 10.1126/sciadv.1500105.

Dunbar, R. (1998). The social brain hypothesis. *Evolutionary Anthropology,* 6, 178-190.

Dunbar, R. I. (2012). The social brain meets neuroimaging. *Trends in Cognitive Science,* 16(2), 101-102. doi: 10.1016/j.tics.2011.11.013.

Durrence, H. H., & Lichstein, K. L. (2006). The sleep of African Americans: A comparative review. *Behavioral Sleep Medicine,* 4(1), 29-44.

Eggan, D. (1949). The significance of dreams for anthropological research. *American Anthropology,* 51(2), 177-198.

____ (1961). Dream analysis. In B. Kaplan (ed.), *Studying Personality Cross-Culturally* (pp. 551-577). New York: Harper and Row.

Eisenberg, D. T. A. (2011). An evolutionary review of human telomere biology: The thrifty telomere hypothesis and notes on potential adaptive paternal effects. *American Journal of Human Biology,* 23, 149-167.

Eisenberg, D. T., Hayes, M. G., & Kuzawa, C. W. (2012). Delayed paternal age of reproduction in humans is associated with longer telomeres across two generations of descendants. *Proceedings of the National Academy of Sciences of the United States of America,* 109, 10251-1056.

Eisenberg, D., & Kuzawa, C. (2013) Commentary: The evolutionary biology of the paternal age effect on telomere length. *International Journal of Epidemiology,* 1-3. doi: 10.1093/ije/dyt027.

Ekirch, A. (2005). *At Day's Close: Night in Times Past.* New York: W. W. Norton.

Everson, C. A., & Szabo, A. Repeated exposure to severely limited sleep results in distinctive and persistent physiological imbalances in rats. *PLoS ONE,* 6(8), e22987.

Fantini, M. L., Corona, A., Clerici, S., & Ferini-Strambi, L. (2005). Aggressive dream content without daytime aggressiveness in REM sleep behavior disorder. *Neurology, 65*(7), 1010-1015.

Faria, G. S., Varela, S. A. M., & Gardner, A. (2019). The social evolution of sleep: Sex differences, intragenomic conflicts and clinical pathologies. *Proceedings of the Royal Society: Biological Sciences, 286*: 2188. http://dx.doi.org/10.1098/rspb.2018.2188.

Finelli, L. A., Borbély, A. A., & Achermann, P. (2001) Functional topography of the human non-REM sleep electroencephalogram. *European Journal of Neuroscience, 13*, 2282-2290.

Fogel, S. M., Nader, R., Cote, K. A., & Smith, C. T. (2007). Sleep spindles and learning potential. *Behavioral Neuroscience, 121*(1), 1-10.

Fogel, S., Ray, L., Fang, Z., Silverbrook, M., Naci, L., & Owen, A. M. (2022). While you were sleeping: Evidence for high-level executive processing of an auditory narrative during sleep. *Consciousness and Cognition, 100*(103), 306. https://doi.org/10.1016/j.concog.2022.103306.

Fosse, M. J., Fosse, R., Hobson, J. A., & Stickgold, R. (2003). Dreaming and episodic memory: A functional dissociation? *Journal of Cognitive Neuroscience, 15*, 1-9.

Foulkes, D. (1962). Dream reports from different stages of sleep. *Journal of Abnormal and Social Psychology, 65*, 14-25.

____ (1978). *A Grammar of Dreams.* New York: Basic Books.

____ (1982). *Children's Dreams: Longitudinal Studies.* New York: John Wiley.

____ (1985). *Dreaming: A Cognitive-Psychological Analysis.* Hillsdale, NJ: Lawrence Erlbaum.

Foulkes, D., & Schmidt, M. (1983). Temporal sequence and unit composition in dream reports from different stages of sleep. *Sleep, 6*(3), 265-280.

Frank, M. G. (1999). Phylogeny and evolution of rapid eye movement (REM) sleep. In B. N. Mallick & S. Inoue (eds.), *Rapid Eye Movement Sleep* (pp. 15-38). New Delhi: Narosa.

Frank, M. G., & Benington, J. H. (2006). The role of sleep in memory consolidation and brain plasticity: Dream or reality? *The Neuroscientist,* 12(6), 477-488.

Frank, M. G., & Heller, H. C. (1997). Development of REM and slow wave sleep in the rat. *American Journal of Physiology,* 272, R1792-R1799.

Frank, M. G., Issa, N. P., & Stryker, M. P. (2001). Sleep enhances plasticity in the developing visual cortex. *Neuron,* 30, 275-287.

Frank, R. H. (1988). *Passions within Reason: The Strategic Role of Emotions.* New York: Norton.

Franken, P., Chollet, D., & Tafti, M. (2001). The homeostatic regulation of sleep need is under general control. *Journal of Neuroscience,* 21, 2610-2621.

Franklin, M. S. & Zyphur, M. J. (2005). The role of dreams in the evolution of the human mind. *Evolutionary Psychology,* 3, 59-78.

Freud, S. (1900). *Die Traumdeutung.* Vienna.

_____ (1950). *The Interpretation of Dreams.* New York: Random House.

French, T., & Fromme, E. (1964). *Dream Interpretation: A New Approach.* New York: Basic Books.

Fruth, B., & Hohmann, G. (1993). Ecological and behavioral aspects of nest building in wild bonobos. *Ethology,* 94, 113-126.

Fruth, B., & McGrew, W. C. (1998). Resting and nesting in primates: Behavioral ecology of inactivity. *American Journal of Primatology,* 46(1), 3-5.

Garfield, A. S., Cowley, M., Smith, F. M., Moorwood, K., et al. (2011). Distinct physiological and behavioral functions for parental alleles of imprinted Grb10. *Nature,* 469, 534-538.

Gemignani, A., Piarulli, A., Menicucci, D., Laurino, M., Rota, G., Mastorci, F., Gushin, V., Shevchenko, O., Garbella, E., Pingitore, A., Sebastiani, L., Bergamasco, M., L'Abbate, A., Allegrini, P., & Bedini, R. (2014). How stressful are 105 days of isolation? Sleep EEG patterns and tonic cortisol in healthy volunteers simulating manned flight to Mars. *International Journal of Psychophysiology,* 93(2), 211-219. doi: 10.1016/j.ijpsycho.2014.04.008.

Giuditta, A., Ambrosini, M. V., Montagnese, P., Mandile, P., Cotugno, M., Grassi, Z. G., et al. (1995). The sequential hypothesis of the function of sleep. *Behavioural Brain Research, 69*, 157-166.

Godbout, R., Bergeron, C., Stip, E., & Mottron, L. (1998). A laboratory study of sleep and dreaming in a case of Asperger's syndrome. *Dreaming, 8(2)*, 75-88.

Goodenough, D. R. (1991). Dream recall: History and current status of the field. In S. J. Ellman & J. S. Antrobus (eds.), *The Mind in Sleep: Psychology and Psychophysiology* (2nd ed., pp. 143-171). New York: John Wiley.

Grandin, L. D., Alloy, L. B., & Abramson, L. Y. (2006). The social zeitgeber theory, circadian rhythms, and mood disorders: Review and evaluation. *Clinical Psychology Review, 26(6)*, 679-694. https://doi.org/10.1016/j.cpr.2006.07.001.

Grandner, M. A. (2017). Sleep, health, and society. *Sleep Medicine Clinics, 12(1)*, 1-22. https://doi.org/10.1016/j.jsmc.2016.10.012.

Grunebaum, G., & Callois, R. (1966). *The Dream and Human Societies.* Berkeley: University of California Press.

Guevara, M. A., Lorenzo, I., Arce, C., Ramos, J., & Corsi-Cabrera, M. (1995). Inter- and intrahemispheric EEG correlation during sleep and wakefulness. *Sleep, 18(4)*, 257-265.

Hafner, M., Stepanek, M., Taylor, J., Troxel, W. M., & van Stolk, C. (2017). Why sleep matters-the economic costs of insufficient sleep: A cross-country comparative analysis. *RAND Health Quarterly, 6(4)*, 11.

Haig, D. (1993). Genetic conflicts in human pregnancy. *Quarterly Review of Biology, 68(4)*, 495-532.

＿＿ (2000). Genomic imprinting, sex-biased dispersal, and social behavior. *Annals of the New York Academy of Sciences, 907*, 149-163.

＿＿ (2002). *Genomic Imprinting and Kinship.* New Brunswick, NJ: Rutgers University Press.

＿＿ (2014). Troubled sleep: Night waking, breastfeeding and parent-offspring conflict. *Evolution, Medicine, and Public Health,* (1), 32-39. doi: 10.1093/emph/eou005.

Haig, D., & Westoby, M. (1988). Inclusive fitness, seed resources and maternal care. In L. L. Doust (ed.), *Plant Reproductive Ecology* (pp. 60-79). New York: Oxford University Press.

Halász, P., Bódizs, R., Parrino, L., & Terzano, M. (2014). Two features of sleep slow waves: Homeostatic and reactive aspects—from long term to instant sleep homeostasis. *Sleep Medicine,* 15(10), 1184-1195. doi: 10.1016/j.sleep.2014.06.006.

Hale et al. (2021). Sleep health: An opportunity for public health to address health equity. *Review of Public Health,* 2(41), 81-99. doi: 10.1146/annurev-publhealth-040119-094412. Published in final edited form as: *Annual Review of Public Health.* (2020) 2(41), 81-99. doi: 10.1146/annurev-publhealth-040119-094412.

Hall, C. (1963). Strangers in dreams: An empirical confirmation of the Oedipus complex. *Journal of Personality,* 31, 336-345.

Hall, C., & Van de Castle, R. (1966). *The Content Analysis of Dreams.* New York: Appleton-Century-Crofts.

Harrison, Y., Horne, J. A., & Rothwell, A.. (2000). Prefrontal neuropsychological effects of sleep deprivation in young adults-a model for healthy aging? *Sleep,* 23(8), 1067-1073.

Hartmann, E. (1984). *The Nightmare.* New York: Basic Books.

_____ (1996). Outline for a theory on the nature and function of dreaming. *Dreaming,* 6, 147-169.

_____ (1998). *Dreams and Nightmares: The New Theory on the Origin and Meaning of Dreams.* New York: Plenum.

Hartmann, E., Russ, D., van der Kolk, B., Falke, R., & Oldfield, M. (1981). A preliminary study of the personality of the nightmare sufferer: Relationship to schizophrenia and creativity? *American Journal of Psychiatry,* 138, 784-797.

Hartse, K. M. (1994). Sleep in insects and nonmammalian vertebrates. In M. H. Kryger, T. Roth, & W. C. Dement (eds.), *Principles and Practice of Sleep Medicine* (2nd ed., pp. 95-104). Philadelphia: Saunders.

Hennevin, E., Huetz, C., & Edeline, J. M. (2007). Neural representations during sleep: From sensory processing to memory traces. *Neurobiology of Learning and Memory, 87*(3), 416-440. https://doi.org/10.1016/j.nlm.2006.10.006.

Herlin, B., Leu-Semenescu, S., Chaumereuil, C., & Arnulf, I. (2015). Evidence that non-dreamers do dream: A REM sleep behaviour disorder model. *Journal of Sleep Research.* doi: 10.1111/jsr.12323.

Hertz, G., Cataletto, M., Feinsilver, S. H., & Angulo, M. (1993). Sleep and breathing patterns in patients with Prader Willi syndrome (PWS): Effects of age and gender. *Sleep, 16*(4), 366-371.

Hobson, J. A. (1988). *The Dreaming Mind.* New York: Basic Books.

Hobson J. A. (2009). REM sleep and dreaming: towards a theory of protoconsciousness. *Nature Reviews Neuroscience, 10*(11), 803-813. https://doi.org/10.1038/nrn2716

Hobson, J. A., & Friston, K. J. (2012). Waking and dreaming consciousness: Neurobiological and functional considerations. *Progress in Neurobiology, 98*(1), 82-98. doi: 10.1016/j.pneurobio.2012.05.003.

Hobson, J. A., & McCarley, R. (1977). The brain as a dream state generator: An activation-synthesis hypothesis of the dream process. *American Journal of Psychiatry, 134*, 1335-1348.

Hobson, J. A., & Pace-Schott, E. F. (2002). The cognitive neuroscience of sleep: Neuronal systems, consciousness and learning. *Nature Reviews Neuroscience, 3*, 679-693.

Hobson, J. A., Pace-Schott, E. F., & Stickgold, R. (2000). Dreaming and the brain: Toward a cognitive neuroscience of conscious states. *Behavioral Brain Sciences, 23*, 793-842.

Hobson, J. A., Pace-Schott, E. F, & Stickgold, R. (2000a). Consciousness: Its vicissitudes in waking and sleep. In M. Gazzaniga (ed.), *The New Cognitive Neurosciences* (2nd ed., pp. 1341-1354). Cambridge, MA: MIT Press.

Hobson, J. A., Stickgold, R., & Pace-Schott, E. F. (1998). The neuropsychology of REM sleep dreaming. *Neuroreport, 9*(3), R1-R14.

Hofle, N., Paus, T., Reutens, D., Fiset, P., Gotman, J., Evans, A. C., & Jones, B. E. (1997). Regional cerebral blood flow changes as a function of delta and spindle activity during slow wave sleep in humans. *The Journal of Neuroscience, 17,* 4800-4808.

Hofle, N., Paus, T., Reutens, D., Fiset, P., Gotman, J., Evans, A. C., et al. (1997). Regional cerebral blood flow changes as a function of delta and spindle activity during slow wave sleep in humans. *Journal of Neuroscience, 17,* 4800-4808.

Hofer, M. A., & Shair, H. (1982). Control of sleep-wake states in the infant rat by features of the mother-infant relationship. *Developmental Psychobiology, 15*(3), 229-243.

Hollan, D. (2003). The cultural and intersubjective context of dream remembrance and reporting: Dreams, aging, and the anthropological encounter in Toraja, Indonesia. In R. I. Lohmann (ed.), *Dream Travelers: Sleep Experiences and Culture in theWestern Pacific* (pp. 169-187). New York: Palgrave Macmillan.

Hong, C. C. H., Gillin, J. C., Dow, B. M., Wu, J., & Buchsbaum, M. S. (1995). Localized and lateralized cerebral glucose metabolism associated with eye movements during REM sleep and wakefulness: A positron emission tomography (PET) study. *Sleep, 18,* 570-80.

Horne, J. A. (1993). Human sleep, sleep loss and behaviour: Implications for the prefrontal cortex and psychiatric disorder. *British Journal of Psychiatry, 162,* 413-419.

_____ (2000). REM sleep-by default? *Neuroscience and Biobehavioral Reviews, 24,* 777-797.

Hrdy, S. B. (1999). *Mother Nature.* New York: Pantheon.

Huber, R., Ghilardi, M. F., Massimini, M., & Tononi, G. (2004). Local sleep and learning. *Nature, 430*(6995), 78-81.

Hultkrantz, A. (1970). Attitudes to animals in Shoshoni Indian Religion. *Studies in Comparative Religion, 4,* 70-79.

_____ (1987). *Native Religions of North America: The Power of Visions and Fertility.* New York: Harper and Row.

Hunt, H. T. (1989). *The Multiplicity of Dreams: Memory, Imagination and Consciousness.* New Haven, CT: Yale University Press.

Irwin, L. (1994). *The Dream Seekers: Native American Visionary Traditions of the Great Plains.* Norman: University of Oklahoma Press.

Isles, A. R., Davies, W., & Wilkinson, L. S. (2006). Genomic imprinting and the social brain. *Philosophical Transactions of the Royal Society B: Biological Sciences, 361,* 2229-2237.

Jackowska, M., Hamer, M., Carvalho, L. A., Erusalimsky, J. D., Butcher, L., Steptoe, A. (2012). Short sleep duration is associated with shorter telomere length in healthy men: Findings from the Whitehall II Cohort Study. *PLoS ONE, 7*(10), e47292. doi: 10.1371/journal.pone.0047292.

Janecka, M., Rijsdijk, F., Rai, D. Modabbernia, A., & Reichenberg, A. (2017). Advantageous developmental outcomes of advancing paternal age. *Translational Psychiatry, 7,* e1156. doi: 10.1038/tp.2017.125.

Jedrej, M. C., & Shaw, R. (eds.). (1992). *Dreaming, Religion, and Society in Africa.* Leiden: E. J. Brill.

Jonasdottir, S. S., Minor, K., & Lehmann, S. (2021). Gender differences in night-time sleep patterns and variability across the adult lifespan: A global-scale wearables study. *Sleep, 44*(2). doi: 10.1093/sleep/zsaa169.PMID:32886772.

Jouvet, M. (1999). *The Paradox of Sleep: The Story of Dreaming.* Cambridge, MA: MIT Press.

Jouvet, D., Vimont, P., Delorme, F., & Jouvet, M. (1964). Study of selective deprivation of the paradoxal sleep phase in the cat. *Comptes Rendus des*

Seances de la Societe de Biology et de ses Filiales, 158, 756-759.

Kahawage, P., Crowe, M., Gottlieb, J., Swartz, H. A., Yatham, L. N., Bullock, B., Inder, M., Porter, R., Nierenberg, A. A., Meesters, Y., Gordjin, M., Haarman, B., & Murray, G. (2022). Adrift in time: The subjective experience of circadian challenge during COVID-19 amongst people with mood disorders. *Chronobiology International,* 39(1), 57-67. https://doi.org/10.1080/07420528.2021.1967971.

Kahn, D., Stickgold, R., Pace-Schott, E. F., & Hobson, J. A. (2000). Dreaming and waking consciousness: A character recognition study. *Journal of Sleep Research,* 9(4), 317-325.

Karmanova, I. G. (1982). *Evolution of Sleep: Stages of the Formation of the Wakefulness-Sleep Cycle in Vertebrates.* Basel: Karger.

Kaufmann, C., Wehrle, R., Wetter, T. C., Holsboer, F., Auer, D. P., Pollmacher, T., & Czisch, M. (2006). Brain activation and hypothalamic functional connectivity during human non-rapid eye movement sleep: An EEG/fMRI study. *Brain,* 129(3), 655-667.

Keller, P. S. (2011). Sleep and attachment. In M. El-Sheikh (ed.). *Sleep and Development* (pp. 49-77). New York: Oxford University Press.

Kennedy, D. P., & Adolphs, R. (2012). The social brain in psychiatric and neurological disorders. *Trends in Cognitive Science,* 16(11), 559-572. doi: 10.1016/j.tics.2012.09.006.

Kern, S., Auer, A., Gutsche, M., Otto, A., Preuß, K., & Schredl, M. (2014). Relationship between political, musical and sports activities in waking life and the frequency of these dream types in politics and psychology students. *International Journal of Dream Research,* 7(1), 80-84.

Keverne, E. B., & Curley, J. P. (2008). Epigenetics, brain evolution and behavior. *Front Neuroendocrinol,* 29, 398-412.

Keverne, E. B., Martel, F. L., & Nevison, C. M. (1996). Primate brain evolution: Genetic and functional considerations. *Proceedings of the Royal Society of*

London (B: Biological Sciences), 263, 689-696.

Kilborne, B. J. (1981). Moroccan dream interpretation and culturally constituted defense mechanisms. *Ethos, 9*(4), 294-312.

Kilduff, T. S., Krilowicz, B., Milsom, W. K., Trachsel, L., & Wang, L. C. (1993). Sleep and mammalian hibernation: Homologous adaptations and homologous processes? *Sleep, 16*(4), 372-386.

Kirkwood, T. B. L., & Holliday, R. (1979). The evolution of ageing and longevity. *Proceedings of the Royal Society of London (B: Biological Sciences), 205,* 531-546.

Kocevska, D., Lysen, T. S., Dotinga, A., Koopman-Verhoeff, M. E., Luijk, M., Antypa, N., Biermasz, N. R., Blokstra, A., Brug, J., Burk, W. J., Comijs, H. C., Corpeleijn, E., Dashti, H. S., de Bruin, E. J., de Graaf, R., Derks, I., Dewald-Kaufmann, J. F., Elders, P., Gemke, R., Grievink, L., & Tiemeier, H. (2021). Sleep characteristics across the lifespan in 1.1 million people from the Netherlands, United Kingdom and United States: A systematic review and meta-analysis. *Nature Human Behaviour, 5*(1), 113-122. https://doi.org/10.1038/s41562-020-00965-x.

Kochanek, K. D., Murphy, S. L., Xu, J., & Arias, E. (2014). *Mortality in the United States, 178,* 1-8. NCHS Data Brief.

Kracke, W. (1979). Dreaming in Kagwahiv: Dream beliefs and their psychic uses in Amazonian culture. *Psychoanalytical Study of Society, 8,* 119-171.

Krakow, B., & Zadra, A. (2010) Imagery rehearsal therapy: Principles and practice. *Sleep Medicine Clinics, 4*(2), 289-298.

Kramer, M. (1993). The selective mood regulatory function of dreaming: An update and revision. In A. Moffit, M. Kramer, & R. Hoffman (eds.), *The Functions of Dreaming.* Albany: State University of New York Press.

Kripke, D. F., Langer, R. D., Elliott, J. A., Klauber, M. R., & Rex, K. M. Mortality related to actigraphic long and short sleep. *Sleep Medicine, 12,*(1), 28-33.

Krueger, J. M., Obal, F., & Fang, J. (1999). Why we sleep: A theoretical view of sleep function. *Sleep Medicine Reviews, 3*(2), 119-129.

Kuiken, D. L., Nielsen, T. A., Thomas, S., & McTaggart, D. (1983). Comparisons of the story structure of archetypal dreams, mundane dreams, and myths. *Sleep Research, 12,* 196.

Kuiken, D., & Sikora, S. (1993). The impact of dreams on waking thoughts and feelings. In A. Moffitt, M. Kramer, & R. Hoffman (eds.), *The Functions of Dreaming.* Albany: State University of New York Press.

Kushida, C. A., Bergmann, B. M., & Rechtschaffen, A. (1989). Sleep deprivation in the rat: IV. *Paradoxical sleep deprivation.* Sleep, 12, 22-30.

LaBerge, S. P., Kahan, T. L., & Levitan, L. (1995). Cognition in dreaming and waking. *Sleep Research, 24A,* 239.

Lai, Y.-Y., & Siegel, J. (1999). Muscle atonia in REM sleep. In S. Inoue (ed.), *Rapid Eye Movement Sleep* (pp. 69-90). New York: Dekker.

Lakoff, G. (2001). How metaphor structures dreams. The theory of conceptual metaphor applied to dream analysis. In K. Bulkeley (ed.), *Dreams: A Reader on Religious, Cultural and Psychological Dimensions of Dreaming* (pp. 265-284). New York: Palgrave.

Laughlin, C. D. (2011). *Communing with the Gods: Consciousness, Culture, and the Dreaming Brain.* Brisbane: Daily Grail.

Ledoux, J. (ed.). (1996). *The Emotional Brain.* New York: Simon and Schuster.

Li, W., Ma, L., Yang, G., & Gan, W. B. (2017). REM sleep selectively prunes and maintains new synapses in development and learning. *Nature Neuroscience, 20*(3), 427-437. doi: 10.1038/nn.4479.

Lieberman, M. (2014) *Social: Why Our Brains Are Wired to Connect.* New York: Broadway Books Inc.

Lincoln, J. S. (1935). *The Dream in Primitive Cultures.* Oxford: Cresset Press.

Lohmann, R. (2003) *Dream Travelers: Sleep Experiences and Culture in the Western Pacific.* New York: MacMillan Palgrave.

Lugaresi, E., Medori, R., Montagna, P., Baruzzi, A., Cortelli, P., Lugaresi, A., et al. (1986). Fatal familial insomnia and dysautonomia with selective degeneration of thalamic nuclei. *New England Journal of Medicine,* 315, 997-1003.

Lyamin, O. I., Manger, P. R., Ridgeway, S. H., Mukhametov, L. M., & Siegel, J. M. (2008). Cetacean sleep: An unusual form of mammalian sleep. *Neuroscience and Biobehavioral Reviews,* 32, 1451-1484.

Lyamin, O. I. et al. (2016). Monoamine release during unihemispheric sleep and unihemispheric waking in the fur seal. *Sleep,* 39(3), 625-636.

Madsen, P. C., Holm, S., Vorstup, S., Friberg, L., Lassen, N. A., & Wildschiodtz, L. F. (1991). Human regional cerebral blood flow during rapid eye movement sleep. *Journal of Cerebral Blood Flow and Metabolism,* 11, 502-507.

Mahowald, M. W., & Cramer Bornemann, M. A. (2011). Non-REM arousal parasomnias. In M. Kryger, T. Roth, & W. C. Dement (eds.), *Principles and Practice of Sleep Medicine* (5th ed.). Philadelphia: W. B. Saunders Co.

Mahowald, M. W., & Schenck, C. H. (2011). REM sleep parasomnias. In M. Kryger, T. Roth, & W. C. Dement (eds.), *Principles and Practice of Sleep Medicine* (5th ed.). Philadelphia: W. B. Saunders Co.

Manford, M., & Andermann, F. (1998) Complex visual hallucinations: Clinical and neurobiological insights. *Brain,* 121, 1819-1840.

Margoliash, D. (2005). Song learning and sleep. *Nature Neuroscience,* 8, 546-548. doi: 10.1038/nn0505-546.

Maquet, P. (2000). Functional neuroimaging of normal human sleep by positron emission tomography. *Journal of Sleep Research,* 9, 207-231.

Maquet, P., Degueldre, C., Delfiore, G., Aerts, J., Peters, J. M., Luxen, A., & Franck, G.(1997). Functional neuroanatomy of human slow wave sleep. *The Journal of Neuroscience,* 17, 2807-2812.

Maquet, P., & Franck, G. (1997). REM sleep and amygdala. *Molecular Psychiatry,* 2(3), 195-196.

Maquet, P., Peters, J. M., Aerts, J., Delfiore, G., Degueldre, C., Luxen, A., & Franck, G. (1996). Functional neuroanatomy of human rapid-eye-movement sleep and dreaming. *Nature, 383*, 163-166.

Maquet, P., Ruby, P., Maudoux, A., Albouy, G., Sterpenich, V., Dang-Vu, T., Desseilles, M., Boly, M., Perrin, F., Peigneux, P., & Laureys, S. (2005). Human cognition during REM sleep and the activity profile within frontal and parietal cortices: A reappraisal of functional neuroimaging data. *Progress in Brain Research, 150*, 219-227.

Maquet, P., Ruby, P., Schwartz, S., Laureys, S., Albouy, G., Dang-Vu, T., Desseilles, M., Boly, M., & Peigneux, P. (2004). Regional organisation of brain activity during paradoxical sleep (PS). *Archives Italiennes de Biologie, 142*(4), 413-419.

Maquet, P., Smith, C., & Stickgold, R. (eds.) (2003). *Sleep and Brain Plasticity.* Oxford: Oxford University Press.

Marks, G. A., Shaffrey, J. P., Oksenberg, A., Speciale, S. G., & Roffwarg, H. (1995). A functional role for REM sleep in brain maturation. *Behavioural Brain Research, 69*, 1-11.

Mars, R. B., Neubert, F. X., Noonan, M. P., Sallet, J., Toni, I., & Rushworth, M. F. (2012). On the relationship between the "default mode network" and the "social brain." *Frontiers in Human Neuroscience, 6*, 189. doi: 10.3389/fnhum. 2012.00189.

Matheson, E., & Hainer, B. L. (2017). Insomnia: Pharmacologic therapy. *American Family Physician, 96*(1), 29-35.

McKenna, J. J., & Mosko, S. S. (1994). Sleep and arousal, synchrony and independence, among mothers and infants sleeping apart and together (same bed): An experiment in evolutionary medicine. *Acta Paediatrica, 397*, 94-102.

McKenna, J. J., Mosko, S., Dungy, C., & McAninch, J. (1990). Sleep and arousal patterns of co-sleeping human mother/infant pairs: A preliminary physiological study with implications for the study of sudden infant death syndrome (SIDS). *American Journal of Physical Anthropology, 83*, 331-347.

McKenna, J. J., Thoman, E. B., Anders, T. F., Sadeh, A., Schechtman, V. L., & Glotzbach, S. F. (1993). Infant-parent co-sleeping in an evolutionary perspective: Implications for understanding infant sleep development and the Sudden Infant Death Syndrome. *Sleep, 16,* 263-282.

McNamara, K. (1997). *Shapes of Time: The Evolution of Growth and Development.* Baltimore: John Hopkins University Press.

McNamara, P. (2000). Counterfactual thought in dreams. *Dreaming, 10*(4), 237-246.

____ (2004). *An Evolutionary Psychology of Sleep and Dreams.* Westport, CT: Praeger/Greenwood Press.

____ (2008). *Nightmares: The Science and Solution of Those Frightening Visions during Sleep.* Westport, CT: Praeger Perspectives.

McNamara, P., Anderson, J., Clark, C., Zborowski, M., & Duffy, C. A. (2001). Impact of attachment styles on dream recall and dream content: A test of the attachment hypothesis of REM sleep. *Journal of Sleep Research, 10,* 117-127.

McNamara, P., Ayala, R., & Minsky, A. (2014). REM sleep, dreams, and attachment themes across a single night of sleep: A pilot study. *Dreaming, 24*(4), 290.

McNamara, P., Belsky, J., & Fearon, P. (2003). Infant sleep disorders and attachment: Sleep problems in infants with insecure-resistant versus insecure-avoidant attachments to mother. *Sleep and Hypnosis, 5*(1), 7-16.

McNamara, P., Dowdall, J., & Auerbach, S. (2002). REM sleep, early experience, and the development of reproductive strategies. *Human Nature, 13,* 405-435.

McNamara, P., Johnson, P., McLaren, D., Harris, E., Beauharnais, C., & Auerbach, S. (2010). REM and NREM sleep mentation. *International Review of Neurobiology, 92,* 69-86.

McNamara, P., McLaren, D., Kowalczyk, S., & Pace-Schott, E. (2007). "Theory of Mind" in REM and NREM dreams. In D. Barrett & P. McNamara (eds.), *The New Science of Dreaming: Volume I: Biological Aspects* (pp. 201-220). Westport, CT: Praeger Perspectives.

McNamara, P., McLaren, D., Smith, D., Brown, A., & Stickgold, R. (2005). A "Jekyll and Hyde" within: Aggressive versus friendly social interactions in REM and NREM dreams. *Psychological Science, 16*(2), 130-136. PMID: 15686579.

McNamara, P., Minsky, A., Pae, V., Harris, E., Pace-Schott, E., & Aurbach, S. (2015). Aggression in nightmares and unpleasant dreams and in people reporting recurrent nightmares. *Dreaming, 25*(3), 190-205.

McNamara, P., Pace-Schott, E. F., Johnson, P., Harris, E., & Auerbach, S. (2011). Sleep architecture and sleep-related mentation in securely and insecurely attached young people. *Attachment and Human Development, 13*(2), 141-154.

McNamara, P., Pae, V., Teed, B., Tripodis, Y., & Sebastian, A. (2016) Longitudinal studies of gender differences in cognitional process in dream content. *Journal of Dream Research, 9*(1). doi: hhtp://dx.doi.org/10.11.588/ijord.2016.

Merritt, J. M., Stickgold, R., Pace-Schott, E. F., Williams, J., & Hobson, J. A. (1994). Emotion profiles in the dreams of men and women. *Consciousness and Cognition, 3*, 46-60.

Mikulincer, M., Shaver, P. R., & Avihou-Kanza, N. (2011). Individual differences in adult attachment are systematically related to dream narratives. *Attachment & Human Development, 13*(2), 105-123. doi: 10.1080/14616734.2011.553918.

Mikulincer, M., Shaver, P. R., Sapir-Lavid, Y., & Avihou-Kanza, N. (2009). What's inside the minds of securely and insecurely attached people? The secure base script and its associations with attachment-style dimensions. *Journal of Personality and Social Psychology, 97*(4), 615. doi: 10.1037/a0015649.

Mirmiran, M. (1995). The function of fetal/neonatal rapid eye movement sleep. *Behavioural Brain Research, 69*(1-2), 13-22.

Mirmiran, M., Scholtens, J., van de Poll, N. E., Uylings, H. B., van der Gugten, J., & Boer, G. J. (1983). Effects of experimental suppression of active (REM) sleep during early development upon adult brain and behavior in the rat. *Brain Research, 283*, 277-286.

Montangero, J., & Cavallero, C. (2015). What renders dreams more or less narrative? A microstructural study of REM and stage 2 dreams reported upon morning awakening. *International Journal of Dream Research, 8*(2), 105-119.

Morrell, J., & Steele, H. (2003). The role of attachment security, temperament, maternal perception, and care-giving behavior in persistent infant sleeping problems. *Infant Mental Health Journal,* 24(5), 447-468.

Muzur, A., Pace-Schott, E. F., & Hobson, J. A. (2002). The prefrontal cortex in sleep. *Trends in Cognitive Sciences,* 16, 475-481.

Nathanielsz, P. W. (1996). *Life before Birth: The Challenges of Fetal Development.* New York: W. H. Freeman.

National Sleep Foundation. (2017). https://sleepfoundation.org/media-center/ pressrelease/lack-sleep-affecting-americans-finds-the-national-sleep-foundation (downloaded November 16).

Nielsen, T. A. (2000). A review of mentation in REM and NREM sleep: "Covert" REM sleep as a possible reconciliation of two opposing models. *Behavioral and Brain Sciences,* 23(6), 851-866.

Nielsen, T. A., Deslauriers, D., & Baylor, G. W. (1991). Emotions in dream and waking event reports. *Dreaming,* 1, 287-300.

Nielsen, T. A., Kuiken, D., Alain, G., Stenstrom, P., & Powell, R. A. (2004). Immediate and delayed incorporations of events into dreams: Further replication and implications for dream function. *Journal of Sleep Research,* 13(4), 327-336.

Nielsen, T. A., Kuiken, D., Hoffman, R., & Moffitt, A. (2001). REM and NREM sleep mentation differences: A question of story structure? *Sleep and Hypnosis,* 3(1), 9-17.

Nielsen, T., & Levin, R. (2007). Nightmares: A new neurocognitive model. *Sleep Medicine Reviews,* 11(4), 295-310. https://doi.org/10.1016/j.smrv.2007.03.004.

Nir, Y., & Tononi, G. (2010). Dreaming and the brain: From phenomenology to neurophysiology. *Trends in Cognitive Science,* 14(2), 88-100. doi: 10.1016/ j.tics.2009.12.001.

Nofzinger, E. A., Buysse, D. J., Miewald, J. M., Meltzer, C. C., Price, J. C., Sembrat, R. C., Ombao, H., Reynolds, C. F., Monk, T. H., Hall, M., Kupfer, D. J., & Moore, R. Y. (2002) Human regional cerebral glucose metabolism during non-rapid eye movement sleep in relation to waking. *Brain,* 125,

1105-1115.

Nunn, C. L., McNamara, P., Capellini, I., Preston, B. T., & Barton, R. A. (2010). Primate sleep in phylogenetic perspective. In P. McNamara, R. A. Barton, & C. L. Nunn (eds.), *Evolution of Sleep: Phylogenetic and Functional Perspectives* (pp. 123-144). New York: Cambridge University Press.

Nunn, C. L., Samson, D. R., & Krystal, A. D. (2016). Shining evolutionary light on human sleep and sleep disorders. *Evolution, Medicine, and Public Health,* (1), 227-243. doi: 10.1093/emph/eow018.

Oberst, U., Charles, C., & Chamarro, A. (2005). Influence of gender and age in aggressive dream content of Spanish children and adolescents. *Dreaming,* (15), 170-177.

Offenkrantz, W., & Rechtschaffen, A. (1963). Clinical studies of sequential dreams: A patient in psychotherapy. *Archives of General Psychiatry,* 8, 497-508.

Ohayon, M. M., Carskadon, M. A., Guilleminault, C., & Vitiello, M. V. (2004). Meta-analysis of quantitative sleep parameters from childhood to old age in healthy individuals: Developing normative sleep values across the human life-span. *Sleep,* 27(7), 1255-1273. https://doi.org/10.1093/sleep/27.7.1255Ohayon.

Ohayon, M. M., Morselli, P. L., & Guilleminault, C. (1997). Prevalence of night-mares and their relationship to psychopathology and daytime functioning in insomnia subjects. *Sleep,* 20, 340-348.

Oksenberg, A., Shaffery, J. P., Marks, G. A., Speciale, S. G., Mihailoff, G., & Roffwarg, H. P. (1996). Rapid eye movement sleep deprivation in kittens amplifies LGN cell-size disparity induced by monocular deprivation. *Brain Research: Developmental Brain Research,* 97, 51-61.

Opp, M. R., & Krueger, J. M. (2015). Sleep and immunity: A growing field with clinical impact. *Brain, Behavior, and Immunity,* 47, 1-3. doi: 10.1016/j.bbi. 2015.03.011.

Oudiette, D., Dealberto, M. J., Uguccioni, G., Golmard, J. L., Merino-Andreu, M., Tafti, M., Garma, L., Schwartz, S., & Arnulf, I. (2012). Dreaming without

REM sleep. *Consciousness and Cognition, 21*(3), 1129-1140. doi: 10.1016/j.concog.2012.04.010.

Pace-Schott, E. F. (2013). Dreaming as a story-telling instinct. *Frontiers in Psychology, 4,* 159. doi: 10.3389/fpsyg.2013.00159.

Pace-Schott, E. F., & Hobson, J. A. The neurobiology of sleep: Genetics, cellular physiology and subcortical networks. *Nature Reviews Neuroscience, 3,* 591-605.

Pace-Schott, E. F., & Picchioni, D. (2017). Neurobiology of dreaming. In M. Kryger, T. Roth, & W. C. Dement (eds.), *Principles and Practice of Sleep Medicine* (6th ed., pp. 529-538). Philadelphia: Elsevier.

Pack, A. I. (1995). The prevalence of work-related sleep problems. *Journal of General Internal Medicine, 10*(1), 57.

Parker, J. D., & Blackmore, S. (2002). Comparing the contents of sleep paralysis and dream reports. *Dreaming, 12*(1), 45-59.

Paulekiene, G., Pajarskiene, M., Pajediene, E., & Radziunas, A. (2022). Sleep dysfunction and grey matter volume. *Current Neurology and Neuroscience Reports, 22*(4), 275-283. https://doi.org/10.1007/s11910-022-01190-x.

Peluso, D. M. (2004). "That which I dream is true": Dream narratives in an Amazonian community. *Dreaming, 14*(2-3), 107-119.

Peña, M. M., Rifas-Shiman, S. L., Gillman, M. W., Redline, S., & Taveras, E. M. (2016). Racial/ethnic and socio-contextual correlates of chronic sleep curtailment in childhood. *Sleep, 39*(9), 1653-1661.

Perogamvrosa, L., & Schwartz, S. (2012). The roles of the reward system in sleep and dreaming. *Neuroscience and Biobehavioral Reviews, 36,* 1934-1951.

Plihal, W., & Born, J. (1997). Effects of early and late nocturnal sleep on declarative and procedural memory. *Journal of Cognitive Neuroscience, 9,* 534-547.

Pradesh, U. (eleventh century). *Vishnu in His Cosmic Sleep.* [sandstone sculpture]. Los Angeles: Los Angeles County Museum of Art. LACMA.org.

Preston, B. T., Capellini, I., McNamara, P., Barton, R. A., & Nunn, C. L. (2009).

Parasite resistance and the adaptive significance of sleep. *BMC Evolutionary Biology, 9*(7). doi: 10.1186/1471-2148-9-7.

Proud, L. (2009). *Dark Intrusions.* San Antonio, TX: Anomalist Books.

Ramar, K., Malhotra, R. K., Carden, K. A., et al. (2021). Sleep is essential to health: An American Academy of Sleep Medicine position statement. *Journal of Clinical Sleep Medicine, 17*(10): 2115-2119.

Rattenborg, N. C., Amlaner, C. J., & Lima, S. L. (2000). Behavioral, neurophysiological and evolutionary perspectives on unihemispheric sleep. *Neuroscience and Biobehavioral Reviews, 24,* 817-842.

Rattenborg, N. C., Martinez-Gonzalez, D., & Lesku, J. A. Avian sleep homeostasis: Convergent evolution of complex brains, cognition and sleep functions in mammals and birds. *Neuroscience and Biobehavioral Reviews, 33,* 253-270.

Rechtschaffen, A., Bergmann, B. M., Everson, C. A., Kushida, C. A., & Gilliland, M. A. Sleep deprivation in the rat. *Sleep, 12*(1), 68-87.

Reite, M., & Short, R. (1978). Nocturnal sleep in separated monkey infants. Archives of General Psychiatry, 35, 1247-1253.

Reite, M., Stynes, A. J., Vaughn, L., Pauley, J. D., & Short, R. A. (1976). Sleep in infant monkeys: Normal values and behavioral correlates. *Physiology and Behavior, 16*(3), 245-251.

Resnick, J., Stickgold, R., Rittenhouse, C. D., & Hobson, J. A. (1994) Self-representation and bizarreness in children's dream reports collected in the home setting. *Consciousness and Cognition, 3,* 30-45.

Revonsuo, A. (2000). The reinterpretation of dreams: An evolutionary hypothesis of the function of dreaming. *Behavioral and Brain Sciences, 23,* 877-901.

Revonsuo, A., Tuominen, J., & Valli, K. (2015). The avatars in the machine: Dreaming as a simulation of social reality. In T. Metzinger & J. M. Windt (eds.), Open MIND: 32(T) (pp. 1-28). Frankfurt am Main: MIND Group. doi: 10.15502/9783958570375.

Runyan, M. (2010). *Do Twins Dream Twin Dreams? A Quantitative Comparison with Singles' Dreams.* Ann Arbor, MI.

Sagi, A., van Ijzendoorn, M. H., Aviezer, O., Donnell, F., & Mayseless, O. (1994). Sleeping out of home in a Kibbutz communal arrangement: It makes a difference for infant-mother attachment. *Child Development, 65*(4), 992-1004.

Salzarulo, P., & Ficca, G. (eds.). (2002). *Awakening and Sleep Cycle across Development.* Amsterdam: John Benjamins.

Samson, D. R., Crittenden, A. N., Mabulla, I. A., Mabulla, A. Z., & Nunn, C. L. (2017). Hadza sleep biology: Evidence for flexible sleep-wake patterns in hunter-gatherers. *American Journal of Physical Anthropology, 162*(3), 573-582. doi: 10.1002/ajpa.23160.

Samson, D. R., & Nunn, C. L. (2015). Sleep intensity and the evolution of human cognition. *Evolutionary Anthropology, 24*(6), 225-237. doi: 10.1002/evan.21464.

Sándor, P., Szakadát, S., & Bódizs, R. (2014). Ontogeny of dreaming: A review of empirical studies. *Sleep Medicine Reviews, 18*(5), 435-449. doi: 10.1016/j.smrv.2014.02.001.

Saper, C. B., Scammell, T. E., & Lu, J. (2005). Hypothalamic regulation of sleep and circadian rhythms. *Nature, 437*(7063), 1257-1263.

Šćepanović, S., Aiello, L. M., Barrett, D., & Quercia, D. (2022). Epidemic dreams: Dreaming about health during the COVID-19 pandemic. *Royal Society Open Science, 9*(1), 211080. https://doi.org/10.1098/rsos.211080.

Scher, A. (2001). Attachment and sleep: A study of night waking in 12-month-old infants. *Development Psychobiology, 38*(4), 274-285.

Schouten, D. I., Pereira, S. I., Tops, M., & Louzada, F. M. (2017). State of the art on targeted memory reactivation: Sleep your way to enhanced cognition. *Sleep Medicine Reviews, 32*, 123-131. doi: 10.1016/j.smrv.2016.04.002.

Schredl, M., & Hofmann, F. (2003). Continuity between waking activities and dream activities. *Consciousness and Cognition, 12*(2), 298-308. 10.1016/S1053-8100(02)00072-7.

Schwartz, S., & Maquet, P. (2002). Sleep imaging and the neuro-psychological assessment of dreams. *Trends in Cognitive Science, 6*(1), 23-30.

Schweickert, R. (2007). Social networks of characters in dreams. In D. Barrett & P. McNamara (eds.), *The New Science of Dreaming.* Westport, CT: Praeger.

Sejnowski, T. J., & Destexhe, A. (2000). Why do we sleep? *Brain Research, 886* (1-2), 208-223.

Selterman, D. F., Apetroaia, A. I., Riela, S., & Aron, A. (2014). Dreaming of you: Behavior and emotion in dreams of significant others predict subsequent relational behavior. *Social Psychological and Personality Science, 5*(1), 111-118. doi: 10.1177/1948550613486678.

Selterman, D., Apetroaia, A., & Waters, E. (2012). Script-like attachment repre-sentations in dreams containing current romantic partners. *Attachment and Human Development, 14*, 501-515. doi: 10.1080/14616734.2012.706395.

Selterman D., & Drigotas S. (2009). Attachment styles and emotional content, stress, and conflict in dreams of romantic partners. *Dreaming, 19*, 135-151. doi: 10.1037/a0017087.

Sgro, M., Kodila, Z. N., Brady, R. D., Reichelt, A. C., Mychaisuk, R., & Yamakawa, G. R. (2022). Synchronizing our clocks as we age: The influence of the brain-gut-immune axis on the sleep-wake cycle across the lifespan. *Sleep, 45*(3), zsab268. https://doi.org/10.1093/sleep/zsab268.

Shein-Idelson, M., Ondracek, J., Liaw, H.-P., Reiter, S., & Laurent, G. (2016). Slow waves, sharp-waves, ripples and REM in sleeping dragons. *Science, 352* (6285), 590-595. doi: 10.1126/science.aaf3621. PMID: 27126045.

Siclari, F., Baird, B., Perogamvros, L., Bernardi, G., LaRocque, J., Riedner, B., Boly, M., Postle, B., & Tononi, G. (2017). The neural correlates of dreaming. *Nature Neuroscience.* doi: 10.1038/nn.4545.

Siclari, F., Khatami, R., Urbaniok, F., Nobili, L., Mahowald, M. W., Schenck, C. H., Cramer Bornemann, M. A., & Bassetti, C. L. (2010). Violence in sleep. *Brain, 133*(12), 3494-3509. doi: 10.1093/brain/awq296.

Siegel, J. M. (2005). Clues to the functions of mammalian sleep. *Nature, 437*,

1264-1271.

_____ (2008). Do all animals sleep? *Trends in Neuroscience, 31*(4), 208-213.

Simard, V., Chevalier, V., & Bédard, M. M. (2017). Sleep and attachment in early childhood: A series of meta-analyses. *Attachment and Human Development, 19*(3), 298-321. doi: 10.1080/14616734.2017.1293703.

Smith, C. (1995). Sleep states and memory processes. *Behavioural Brain Research, 69*(1-2), 137-145.

_____ (1996). Sleep states, memory processes and synaptic plasticity. *Behavioural Brain Research, 78*, 49-56.

Smith, M. R., Antrobus, J. S., Gordon, E., Tucker, M. A., Hirota, Y., Wamsley, E. J., Ross, L., Doan, T., Chaklader, A., & Emery, R. N. (2004). Motivation and affect in REM sleep and the mentation reporting process. *Conscious and Cognition, 13*(3), 501-511.

Solms, M. (1997). *The Neuropsychology of Dreams*. Mahwah, NJ: Lawrence Erlbaum.

_____ (2000). Dreaming and REM sleep are controlled by different brain mechanisms. *Behavioral and Brain Sciences, 23*, 843-850.

Spoormaker, V. (2008). A cognitive model of recurrent nightmares. *International Journal of Dream Research, 1*(1), 15-22.

Spoormaker, V. I., Schredl, M., & van den Bout, J. (2006). Nightmares: From anxiety symptom to sleep disorder. *Sleep Medicine Reviews, 10*(1), 19-31.

Stepansky, R., Holzinger, B., Schmeiser-Rieder, A., Saletu, B., Kunze, M., & Zeitlhofer, J. (1998). Austrian dream behavior: Results of a representative population survey. *Dreaming, 8*, 23-30.

Stickgold, R. (2005). Sleep-dependent memory consolidation. *Nature, 437*, 1272-1278.

_____ (2013). Parsing the role of sleep in memory processing. *Current Opinion in Neurobiology, 23*(5), 847-853.

Stickgold, R., Scott, L., Fosse, R., & Hobson, J. A. (2001). Brain-mind states:

Longitudinal field study of wake-sleep factors influencing mentation report length. *Sleep, 24*(2), 171-179.

Stickgold, R., Scott, L., Rittenhouse, C., & Hobson, J. A. (1998). Sleep induced changes in associative memory. *Journal of Cognitive Neuroscience, 11*, 182-193.

Stickgold, R., & Walker, M. P. (2005). Memory consolidation and reconsolidation: What is the role of sleep? *Trends in Neuroscience, 28*(8), 408-145.

Stickgold, R., & Walker, M. P. (2013). Sleep-dependent memory triage: Evolving generalization through selective processing. *Nature Neuroscience, 16*(2), 139-145. doi: 10.1038/nn.3303.

Stranges, S., Tigbe, W., Gómez-Olivé, F. X., Thorogood, M., & Kandala, N. B. (2012). Sleep problems: An emerging global epidemic? *Sleep, 35*(8), 1173-1181. doi: 10.5665/sleep.2012.

Strauch, I. (2005) REM dreaming in the transition from late childhood to adolescence: A longitudinal study. *Dreaming, 15*, 155-169.

Strauch, I., & Meier, B. (1996). *In Search of Dreams: Results of Experimental Dream Research.* Albany: State University of New York Press.

Stearns, S. (1992). *The Evolution of Life Histories.* New York: Oxford University Press.

Steiger, A. (2003). Sleep and endocrinology. *Journal of Internal Medicine, 254*, 13-22.

Strecker, R. E., Basheer, R., McKenna, J. T, & McCarley, R. W. (2006). Another chapter in the adenosine story. *Sleep, 29*(4), 426-428.

Tafti, M., & Franken, P. (2002). Invited review: Genetic dissection of sleep. *Journal of Applied Physiology, 92*, 1339-1347.

Tedlock, B. (1987). Dreaming and dream research. In B. Tedlock (ed.), *Dreaming: Anthropological and Psychological Interpretations* (pp. 1-30). Cambridge: Cambridge University Press.

_____ (1992). *Dreaming: Anthropological and Psychological Interpretations.* Sante

Fe, NM: School of America Research Press.

Terzano, M. G., Mancia, D., Salati, M. R., Costani, G., Decembrino, A., & Parrino, L. (1985). The cyclic alternating pattern as a physiologic component of normal NREM sleep. Sleep, 8(2), 137-145.

Tononi, G., & Cirelli, C. (2006). Sleep function and synaptic homeostasis. *Sleep Medicine Reviews,* 10(2006), 49-62.

Trivers, R. L. (1974). Parent offspring conflict. *American Zoologist,* 14, 249-264.

Trosman, H., Rechtschaffen, A., Offenkrantz, W., & Wolpert, E. (1960). Studies in psychophysiology of dreams: Relations among dreams in sequence. *Archives of General Psychiatry,* 3, 602-607.

Troxel, W. M. (2010). It's more than sex: Exploring the dyadic nature of sleep and implications for health. *Psychosomatic Medicine,* 72(6), 578-586. doi: 10.1097/PSY.0b013e3181de7ff8.

Troxel, W. M., Trentacosta, C. J., Forbes, E. E., & Campbell, S. B. (2013). Negative emotionality moderates associations among attachment, toddler sleep, and later problem behaviors. *Journal of Family Psychology,* 27(1), 127-136.

Tucci, V. (2016) Genomic imprinting: A new epigenetic perspective of sleep regulation. *PLoS Genetics,* 12(5), e1006004. https://doi.org/10.1371/journal.pgen.1006004.

Ubeda, F., & Gardner, A. (2010). A model for genomic imprinting in the social brain: Juveniles. *Evolution,* 64, 2587-2600.

_____ (2011). A model for genomic imprinting in the social brain: Adults. *Evolution,* 65, 462-475.

Uguccioni, G., Golmard, J.-L., de Fontréaux, A. N., Leu-Semenescu, S., Brion, A., & Arnulf, I. (2013). Fight or flight? Dream content during sleepwalking/ sleep terrors vs. rapid eye movement sleep behavior disorder. *Sleep Medicine,* 14(5), 391-398.

Van de Castle, R. (1970). Temporal patterns of dreams. In E. Hartmann (ed.), *Sleep and Dreaming* (pp. 171-181). Boston: Little, Brown.

____ (1994). *Our Dreaming Mind.* New York: Ballantine.

van der Helm, E., & Walker, M. P. (2011a). Sleep and emotional memory processing. *Sleep Medicine Clinics,* 6(1), 31-43.

van der Helm, E., Yao, J., Dutt, S., Rao, V., Saletin, J. M., & Walker, M. P. (2011b) REM sleep de-potentiates amygdala activity to previous emotional experiences. *Current Biology,* 21(23), 2029-2032.

van Someren, E., & Cluydts, R. (2013). Sleep regulation and insomnia. In Pfaff, D. W. (ed.), *Neuroscience in the 21st Century* (pp. 1889-1916). New York: Springer. https://doi.org/10.1007/978-1-4614-1997-6_67.

Vela-Bueno, A., Kales, A., Soldatos, C. R., Dobladez-Blanco, B., Campos-Castello, J., Espino-Hurtado, P., et al. (1984). Sleep in the Prader-Willi syndrome: Clinical and polygraphic findings. *Archives of Neurology,* 41(3), 294-296.

Velasquez-Moctezuma, J., Salazar, E. D., & Retana-Marquez, S. (1996). Effects of short- and long-term sleep deprivation on sexual behavior in male rats. *Physiology and Behavior,* 59, 277-281.

Verdone, P. (1965). Temporal reference of manifest dream content. *Perceptual and Motor Skills,* 20, 1253-1268.

Verrier, R. L., Muller, J. E., & Hobson, J. A. (1996). Sleep, dreams, and sudden death: The case for sleep as an autonomic stress test for the heart. *Cardiovascular Research,* 31(2), 181-211.

Vgontzas, A. N., Kales, A., Seip, J., Mascari, M. J., Bixler, E. O., Myers, D. C., et al. (1996). Relationship of sleep abnormalities to patient genotypes in Prader-Willi syndrome. *American Journal of Medical Genetics,* 67, 478-482.

Vogel, G., & Hagler, M. (1996). Effects of neonatally administered iprindole on adult behaviors of rats. *Pharmacology, Biochemistry, and Behavior,* 55(1), 157-161.

Vogel, G. W. (1999). REM sleep deprivation and behavioral changes. In S. Inoue (ed.), *Rapid Eye Movement Sleep* (pp. 355-366). New York: Dekker.

Voss, U., Holzmann, R., Tuin, I., & Hobson, J. A. (2009). Lucid dreaming: A state of consciousness with features of both waking and non-lucid dreaming. *Sleep, 32*(9), 1191-1200. https://doi.org/10.1093/sleep/32.9.1191.

Wagner, U., Gais, S., & Born, J. (2001). Emotional memory formation is enhanced across sleep intervals with high amounts of rapid eye movement sleep. *Learning and Memory, 8*(2), 112-119.

Wagner, U., Gais, S., Haider, H., Verleger, R., & Born, J. (2004). Sleep inspires insight. *Nature, 427*, 352-355.

Walker, M. P. (2005). A refined model of sleep and the time course of memory formation. *Behavioral and Brain Sciences, 28*(1), 51-64.

Walker, M. P., Brakefield, T., Morgan, A., Hobson, J. A., & Stickgold, R. (2002). Practice with sleep makes perfect: Sleep-dependent motor skill learning. *Neuron, 35*, 205-211.

Walker, M. P., & Stickgold, R. (2001). Sleep-dependent learning and memory consolidation. *Neuron, 44*, 121-133.

Walker, M. P., & Stickgold, R. (2006). Sleep, memory, and plasticity. *Annual Review of Psychology, 57*, 139-166.

Walker, M. P., & van der Helm, E. (2009). Overnight therapy? The role of sleep in emotional brain processing. *Psychological Bulletin, 135*(5), 731-748. https://doi.org/10.1037/a0016570.

Werth, E., Achermann, P., & Borbély, A. A. (1996). Brain topography of the human sleep EEG: Antero-posterior shifts of spectral power. *NeuroReport, 8*, 123-127.

Werth, E., Achermann, P., & Borbély A. A. (1997). Fronto-occipital EEG power gradients in human sleep. *Journal of Sleep Research, 6*, 102-112.

White, H. (1999). *Figural Realism: Studies in Mimesis Effect.* Baltimore: Johns Hopkins University Press.

Wilson, M. A., & McNaughton, B. L. (1994). Reactivation of hippocampal ensemble memories during sleep. *Science, 265*, 676-679.

Windt, J. M. (2015). *Dreaming: A Conceptual Framework for Philosophy of Mind and Empirical Research*. Cambridge, MA: MIT Press.

Winget, C., & Kramer, M. (1979). *Dimensions of the Dream*. Gainesville: University of Florida Press.

Winson, J. (1985). *Brain and Psyche*. New York: Doubleday.

Yetish, G., Kaplan, H., Gurven, M., et al. (2015) Natural sleep and its seasonal variations in three pre-industrial societies. *Current Biology, 25*, 2862-2868.

찾아보기